DEVOCIONAL DE ESPERANZA DIARIA

RICK WARREN

DEVOCIONAL DE ESPERANZA DIARIA

365 días de propósito, paz y promesa

Tyndale House Publishers
Carol Stream, Illinois, EE. UU.

Visite Tyndale en Internet: tyndaleespanol.com y BibliaNTV.com.

Visite a Rick Warren en PastorRick.com/espanol.

Tyndale y el logotipo de la pluma son marcas registradas de Tyndale House Ministries.

Devocional de esperanza diaria: 365 días de propósito, paz y promesa

© 2025 por Rick Warren. Todos los derechos reservados.

Originalmente publicado en inglés en el 2024 como *Daily Hope Devotional* por Tyndale House Publishers, Inc. con ISBN 979-8-4005-0112-8.

Fotografía de la pintura abstracta en la portada por Henrik Dønnestad en Unsplash.

Ilustración del logo del amanecer en la portada y en el interior © Leone_V/Shutterstock. Todos los derechos reservados.

Fotografía del autor © 2021 por Saddleback Church. Todos los derechos reservados.

Diseño: Dean Renninger

Traducción al español: Marcelo Rubén Valdez para AdrianaPowellTraducciones

Edición en español: Ayelén Horwitz para AdrianaPowellTraduciones

Los créditos de las Escrituras se encuentran en la página 385.

Para información acerca de descuentos especiales para compras al por mayor, por favor contacte a Tyndale House Publishers a través de espanol@tyndale.com.

Los enlaces en este libro fueron verificadas antes de la publicación. La editorial no es responsable del contenido en los enlaces, enlaces que ya no existen o páginas que han cambiado de dueño desde entonces.

ISBN 979-8-4005-0501-0

Impreso en Estados Unidos de América
Printed in the United States of America

31 30 29 28 27 26 25
7 6 5 4 3 2 1

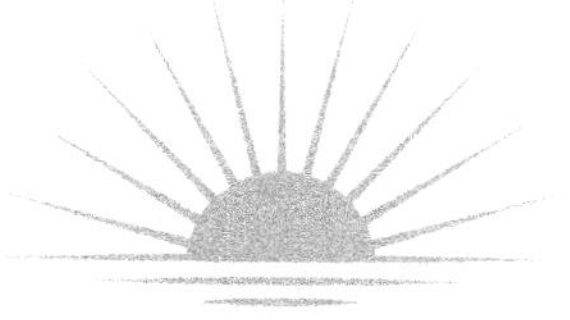

Introducción

La esperanza comienza aquí

¿Te has dado cuenta de cuántas personas pasan por tu lado con una sonrisa como si les estuvieran diciendo a todos que están «bien»? Esto puede hacerte pensar que eres el único que está cansado y batallando. Quizás te preguntes si siempre te sentirás estresado, preocupado y agotado.

Donde sea que te encuentres hoy, Jesús tiene una oferta increíble para ti: *«Vengan a mí todos los que están cansados y llevan cargas pesadas, y yo les daré descanso»* (Mateo 11:28).

Esto es lo opuesto a lo que la mayoría de las personas esperan que Dios les diga. Lo más seguro es que, si Dios quiere que vengan a él, ese llamado venga con algunas exigencias. Piensan que les dirá algo así como: «Vengan a mí y les daré reglas». «Vengan a mí y les pondré restricciones». «Vengan a mí y les daré religión». «Vengan a mí y les daré rituales».

Dios no dice ninguna de esas cosas. Por el contrario, manifiesta: *«Vengan a mí [...], y yo les daré descanso»*.

Dios te está ofreciendo descanso verdadero de tus pesadas cargas.

¿Te encuentras en un estado constante de cansancio y presión? Eso se debe a que estás tratando de vivir con tus propias fuerzas. Dios nunca quiso que hicieras eso. Por el contrario, Dios desea que confíes y descanses en su poder.

Colosenses 1:11 promete: *«Además, estarán llenos del grande y glorioso poder divino para perseverar a pesar de las circunstancias adversas»* (NBV). E Isaías afirma: *«Él da esfuerzo al cansado, y multiplica las fuerzas al que no tiene ningunas. [...] Pero los que esperan a Jehová tendrán nuevas fuerzas»* (Isaías 40:29, 31, RVR60).

Presta atención a lo que necesitas hacer para acceder al poder de Dios. Necesitas *esperar*; eso es todo. ¿Con cuánta frecuencia te tomas un tiempo para detenerte y escuchar a Dios para ser renovado y fortalecido? Este devocional está diseñado para ayudarte a hacer justamente eso. Cada día puede conectarte con Dios y con su Palabra por algunos minutos. Puedes descansar en sus promesas porque la Palabra de Dios afirma: «*¡Tú guardarás en perfecta paz a todos los que confían en ti, a todos los que concentran en ti sus pensamientos!*» (Isaías 26:3).

Si has estado sintiéndote deprimido, nervioso, desesperado, agotado o preocupado, vuélvete a Dios. Él es la fuente de toda esperanza. Él es quien te creó, quien estuvo contigo en cada instante de tu vida. Él es quien conoce todo acerca de ti y, aun así, te ama. Imagínate comenzar cada día anclado en la esperanza. Tu futuro está en sus manos amorosas. Él es digno de toda tu confianza.

Si estás cansado de esperar que las cosas cambien, toma la decisión de esperar en Dios. Ven a él hoy para encontrar verdadero descanso y esperanza viva.

Amigo, amiga, estoy muy contento de que te unas a mí todos los días para acudir a Dios y a su Palabra con el fin de encontrar promesas fieles y un propósito y paz duraderos. Pero, por sobre todo, oro que conocer a Dios sea tu prioridad principal y tu pasión diaria durante este tiempo.

Pastor Rick

Rick

1 DE ENERO

¿Qué está en el centro de tu vida?

«Ama al Señor *tu Dios con todo tu corazón, con toda tu alma y con toda tu mente». Este es el primero y el más importante de los mandamientos.*

MATEO 22:37-38 (NVI)

Dios desea estar en el centro mismo de tu vida. No quiere estar en los márgenes de tu vida ni tampoco quiere ser solo un segmento de ella. El Dios del universo, el Dios que te hizo y te ama, quiere ser el núcleo de tu corazón y el eje de tu existencia.

Esta es otra forma de verlo: Dios quiere tener una relación de amor contigo.

La Biblia enseña: *«"Ama al Señor tu Dios con todo tu corazón, con toda tu alma y con toda tu mente". Este es el primer mandamiento y el más importante»* (Mateo 22:37-38).

La verdad es que centrarás tu vida alrededor de algo. Tal vez la centres alrededor de tu vida profesional, tu familia o tus pasatiempos. Tal vez la centres alrededor del objetivo de ganar dinero o de ser popular.

Todo lo que esté en el centro de tu vida aparte de Dios es un ídolo. Éxodo 20:3-4 establece: *«No tengas ningún otro dios aparte de mí. No te hagas ninguna clase de ídolo ni imagen de ninguna cosa que está en los cielos, en la tierra o en el mar»*.

¿Cómo sabrás cuando algo, aparte de Dios, tomó el papel protagónico en tu vida? Es sencillo. Cuando Dios no está en el centro de tu vida, comienzas a preocuparte y a ponerte nervioso; te vuelves temeroso. Estas son las señales que te advierten que Dios ya no es el núcleo de tu corazón.

En contraste, ¿cómo puedes saber que tu vida está centrada en Dios? Estás en paz. Dejas de estar preocupado. La Biblia señala: *«Así experimentarán la paz de Dios, que supera todo lo que podemos entender. La paz de Dios cuidará su corazón y su mente mientras vivan en Cristo Jesús»* (Filipenses 4:7).

Hazte la siguiente pregunta: «¿Qué ocupará el centro de mi vida por el resto de mi vida?».

Esto es lo más importante que tendrás que decidir en toda tu existencia.

2 DE ENERO

Recibe con los brazos abiertos lo que Dios está haciendo

Olviden las cosas de antaño;
ya no vivan en el pasado.
¡Voy a hacer algo nuevo!
Ya está sucediendo, ¿no se dan cuenta?
ISAÍAS 43:18-19 (NVI)

No puedes volver atrás en la vida. Solo puedes avanzar. Eso significa que solo tienes dos opciones: puedes anhelar la forma en que las cosas solían ser y no cambiar ni la más mínima cosa en el presente o puedes confiar en que Dios hará algo nuevo.

La Biblia afirma: «*Sus misericordias jamás terminan. [...] Sus misericordias son nuevas cada mañana*» (Lamentaciones 3:22-23). Dios es un Dios innovador. No hace las mismas cosas todo el tiempo. Para vivir la vida que planeó para ti, necesitas cooperar con las cosas nuevas que quiere hacer en tu familia, en tu profesión, en tus amistades, en su iglesia y en el mundo que te rodea.

Dicho eso, la gente no siempre está interesada en las cosas nuevas que Dios está haciendo. A veces, fantasearás con el pasado y dirás: «Cómo me hubiera gustado vivir en *esa* época» o «Me gustaría volver a *ese* período de mi vida». Anhelar el pasado, sin embargo, es como mirar en el espejo retrovisor, en vez de mirar hacia adelante por el parabrisas, mientras estás conduciendo. Si sigues así, ¡sin duda te estrellarás contra algo!

Dios afirma en Isaías 43:18-19: «*Olviden las cosas de antaño; ya no vivan en el pasado. ¡Voy a hacer algo nuevo! Ya está sucediendo, ¿no se dan cuenta?*» (NVI). Para poder aceptar las cosas nuevas que Dios está haciendo en tu vida y en el mundo, debes buscarlas. Si estás siempre mirando hacia atrás, te perderás lo que Dios dice: «*¡Voy a hacer algo nuevo!*».

Recibir con los brazos abiertos significa más que simplemente estar de acuerdo con algo o aceptarlo a regañadientes. *Recibir con los brazos abiertos* significa estar contento con lo nuevo, ¡incluso amarlo! No recibes con los brazos abiertos las cosas que no amas. Dios quiere que recibas con los brazos abiertos las cosas nuevas que está haciendo.

¿Cómo le muestras a Dios que estás enfocado en lo nuevo que está generando? En lugar de orar: «Dios bendice lo que estoy haciendo», puedes decir: «Dios, ayúdame a hacer lo que estás bendiciendo». Cuando ores de esa forma, podrás aceptar las cosas increíbles que él hará a continuación.

3 DE ENERO

Enfócate en lo que dura para siempre

Así que no nos fijamos en lo visible, sino en lo invisible, ya que lo que se ve es pasajero, mientras que lo que no se ve es eterno.

2 CORINTIOS 4:18 (NVI)

Los seres humanos podemos manejar grandes frustraciones, demoras y dolores, siempre y cuando tengamos esperanza.

Cuando la esperanza se va, sin embargo, la gente abandona.

Jesús ofrece la única esperanza que es eterna. Una esperanza que nunca decepciona. Y tú necesitas la perspectiva correcta para entender la esperanza que se encuentra en Jesús.

Esto significa que no te enfocas solo en lo que está sucediendo en este momento. En lugar de enfocarte en lo temporal, te enfocas en lo eterno. Por ejemplo, le prestas más atención a la Palabra de Dios que a las noticias en tus dispositivos electrónicos.

Las dificultades no duran para siempre. Pero la esperanza en Dios sí durará para siempre. La Biblia afirma: *«Tres cosas durarán para siempre: la fe, la esperanza y el amor; y la mayor de las tres es el amor»* (1 Corintios 13:13).

Hay una placa grabada con letras hebreas colgada en la pared de mi oficina. Las personas me preguntan todo el tiempo lo que significan esas letras. Simplemente expresan: «Esto también pasará».

Me gusta mirar la placa cuando estoy pasando por un tiempo difícil. Me recuerda que cualesquiera sean mis circunstancias, son temporales. Ningún problema viene para quedarse en tu vida. Eso también pasará. Incluso si es un problema crónico que arrastraste toda tu vida, no lo llevarás a la eternidad.

Pablo nos recuerda sobre esto en 2 Corintios 4:18: *«Así que no nos fijamos en lo visible, sino en lo invisible, ya que lo que se ve es pasajero, mientras que lo que no se ve es eterno»* (NVI).

Tus problemas no durarán para siempre. La incertidumbre no durará para siempre.

Ahora bien, en el universo de Dios hay cosas que no puedes ver que sí durarán para siempre. La fe, la esperanza y el amor permanecerán para siempre. Si confías en Jesús, estarás con Dios para siempre en la eternidad.

Pon tu esperanza en Jesús. *«Por eso, dediquen toda su vida a hacer lo que a Dios le agrada. Piensen en las cosas del cielo, donde Cristo gobierna a la derecha de Dios. No piensen en las cosas de este mundo»* (Colosenses 3:2, TLA).

Tu esperanza en Cristo será una esperanza cumplida.

4 DE ENERO

Ya eres escogido, amado y aceptado

Incluso antes de haber hecho el mundo, Dios nos amó y nos eligió en Cristo para que seamos santos e intachables a sus ojos. Dios decidió de antemano adoptarnos como miembros de su familia al acercarnos a sí mismo por medio de Jesucristo. Eso es precisamente lo que él quería hacer, y le dio gran gusto hacerlo.

EFESIOS 1:4-5

Todas las personas desean estas tres cosas más que cualquier otra: ser amadas, ser aceptadas y ser escogidas. Estos anhelos están presentes aun cuando las personas no estén dispuestas a admitirlo.

Te tengo buenas noticias: no tienes que seguir buscando amor y aceptación. No tienes que seguir preguntándote si le importas a alguien. Ya eres escogido, amado y aceptado por Jesucristo. ¡En realidad le importas al Creador del universo!

Todos deseamos ser escogidos: cuando somos niños en el recreo en la escuela, en el trabajo cuando somos adultos y también cuando estamos enamorados. Ser escogido es clave para afirmar la autoestima.

La Biblia enseña en Efesios 1:4-5: «*Incluso antes de haber hecho el mundo, Dios nos amó y nos eligió en Cristo para que seamos santos e intachables a sus ojos. Dios decidió de antemano adoptarnos como miembros de su familia al acercarnos a sí mismo por medio de Jesucristo. Eso es precisamente lo que él quería hacer, y le dio gran gusto hacerlo*». Dios creó todo el universo porque quería una familia. La única razón por la cual el universo existe es porque Dios quería hijos a quienes amar.

Según Efesios 1, ¿cuándo te escogió Dios? Dios te escogió antes de haber hecho el mundo.

Antes de escoger crear el universo, Dios ya te había escogido. Antes de escoger algunos de los árboles, te escogió a ti. Antes de escoger los océanos, te escogió a ti. Antes de escoger las rocas que existen, te escogió a ti.

Ese es un pensamiento asombroso: incluso antes de escoger crear el sol y la luna y las estrellas, Dios te conocía y escogió amarte. Este es el fundamento de tu identidad.

A nadie le gusta que lo escojan de último, pero nunca estuviste de último en los pensamientos de Dios. Siempre estuviste primero en su mente. Te escogió a ti, te ama y te acepta.

Conocer estas verdades y creerlas lo cambia todo. Cuando estás seguro en tu identidad como hijo de Dios, puedes descansar en su amor y aceptación.

5 DE ENERO

Verdad que no cambia en tiempos cambiantes

En cambio, entréguense completamente a Dios, porque antes estaban muertos pero ahora tienen una vida nueva. Así que usen todo su cuerpo como un instrumento para hacer lo que es correcto para la gloria de Dios.

ROMANOS 6:13

El verdadero éxito no se mide por el placer, la popularidad, las posesiones, el poder ni la posición social, sino por el propósito personal. Si deseas medir tu éxito, pregúntate: ¿he cumplido con los cinco propósitos para los cuales Dios me creó?

Dicho eso, por supuesto que no puedes responder si no sabes cuáles son esos propósitos. Son los mismos para todos. Primero, Dios quiere que lo conozcas y que lo ames. Eso se llama adoración. Segundo, desea que pertenezcas a su familia. Eso se llama compañerismo. Tercero, Dios desea que crezcas espiritualmente para que llegues a ser como Jesús. Eso se llama discipulado. Cuarto, quiere que lo sirvas sirviendo a los demás. Eso se llama ministerio. Por último, Dios desea que les cuentes a los demás la Buena Noticia de la salvación a través de Jesucristo. Eso se llama evangelización.

Dios desea que lo conozcas, que crezcas en él, que le pertenezcas, que le sirvas y que lo compartas con los demás. Si te pierdes estos cinco propósitos, no tendrás un propósito claro y firme en tu vida y te perderás la razón por la cual Dios te creó. Andarás sin rumbo por la vida. ¡Simplemente existirás!

Dios quiere más para ti. Te creó para sus cinco propósitos eternos y esos propósitos nunca van a cambiar. Te darán un ancla en los tiempos difíciles, cuando todo lo demás a tu alrededor esté cambiando.

Romanos 6:13 manifiesta: «*En cambio, entréguense completamente a Dios, porque antes estaban muertos pero ahora tienen una vida nueva. Así que usen todo su cuerpo como un instrumento para hacer lo que es correcto para la gloria de Dios*». A pesar de las circunstancias difíciles por las que estés pasando en este momento, necesitas reafirmar tu compromiso con los cinco propósitos de Dios para tu vida. Cuando todo esté cambiando a tu alrededor, cuando estés confundido, cuando tengas dudas, cuando necesites dirección, regresa siempre a lo fundamental. Regresa a la verdad.

Dios te ama. Te creó con un propósito y te dará todo lo que necesites para cumplir con tu propósito en tu caminar diario con él, incluso cuando sea difícil hacerlo.

6 DE ENERO

Todavía estás en el plan A de Dios

Y sabemos que Dios hace que todas las cosas cooperen para el bien de quienes lo aman y son llamados según el propósito que él tiene para ellos.

ROMANOS 8:28

Dios no tiene un plan B para tu vida.

A pesar de lo que haya pasado en tu vida, todavía estás en el plan A de Dios. El sueño original que tuvo para tu vida no ha cambiado. No importa lo que te hayan hecho o las malas decisiones que hayas tomado. Todavía puedes cumplir con el sueño de Dios para tu vida.

Incluso tus errores son parte del plan de Dios. Esta verdad te hará libre si te apropias de ella. Te liberará de pensar: *No soy digno de soñar porque cometí demasiados errores. Ciertamente no merezco tener un gran sueño.* Ya no tienes que seguir creyendo esas mentiras. ¡Sirves a un Dios más grande que esas mentiras!

Uno de los versículos más famosos de la Biblia declara: *«Y sabemos que Dios hace que todas las cosas cooperen para el bien de quienes lo aman y son llamados según el propósito que él tiene para ellos»* (Romanos 8:28).

Todo está en las manos de Dios: lo bueno, lo malo, lo perverso, las malas decisiones, los pecados. Él no causó todo eso, pero está en control de todo. Él puede hacer que todas las cosas cooperen para bien.

La Biblia no dice que todo *es* bueno, porque no lo es. Hay mucho pecado y maldad en el mundo, pero Dios hace que todo coopere *para* el bien de aquellos que lo aman y son llamados según su propósito y su sueño para su vida.

Cuando pienses que Dios no puede rearmar las piezas de tu vida, recuerda que Dios puede hacerlo todo. Todavía está desarrollando su plan para tu vida. Y, si aún no se lo pediste, está esperando darte el sueño que preparó para ti.

Cuando rindas tu vida a Dios, él hará que todas las piezas encajen de modo tal que tu vida completa sirva a sus propósitos en la tierra.

7 DE ENERO

Cómo enfocarse en lo importante y no en lo urgente

Saquen el mayor provecho de cada oportunidad en estos días malos.

EFESIOS 5:16

Tal vez, sientas que los 365 días que te son dados cada año no son suficientes para hacer todo lo que te gustaría. De hecho, ¡es probable que sientas que no hay suficientes minutos en este *día* para lograr todo lo que piensas que necesitas hacer!

Te tengo buenas noticias: Dios no espera que lo hagas todo. Te dio el tiempo suficiente para que hagas todo lo que él quiere que hagas; todo lo que planeó y propuso que hicieras.

Esta es la razón por la cual es importante que te pongas metas. Las metas te ayudan a orientar tu vida. Pablo expuso esto cuando dijo: «*Por eso yo corro cada paso con propósito. No solo doy golpes al aire*» (1 Corintios 9:26).

Pablo conocía su propósito. Todos sus planes y metas estaban orientados a eso. Necesitas tener la misma clase de enfoque.

Muchos de nosotros enfocamos nuestra vida en las causas poco importantes. *Trivial Pursuit* no es solo un juego, sino también una descripción de nuestra cultura. La mayoría de las cosas que están pasando en nuestro mundo hoy no tendrán importancia la semana que viene; mucho menos para la eternidad.

Muchas personas no pueden notar la diferencia entre lo «urgente» y lo «importante». Lo que parece urgente casi nunca es lo importante. Dejamos de lado nuestro tiempo con la familia, nuestro tiempo con Dios y nuestro tiempo con los amigos por los asuntos urgentes, los cuales raramente tendrán importancia a largo plazo.

A través de las metas podemos enfocarnos y crear la clase de vida que persigue lo importante en lugar de lo urgente. Las metas orientan tu energía y te ayudan a traer salud y equilibrio a tu vida.

Por ejemplo, si tu meta es ser saludable en alguna forma específica este año, esta decisión hará que tu energía se enfoque en esa tarea. Cuando te sientas tentado a comer comida chatarra o a no hacer ejercicio para dormir más, tu meta te ayudará a mantenerte en el camino correcto. Te recordará lo que es importante.

La Biblia enseña: «*Saquen el mayor provecho de cada oportunidad en estos días malos*» (Efesios 5:16).

Aprovecha al máximo tu vida estableciendo metas. No desperdicies otro año enfocado en lo urgente a costa de lo importante.

8 DE ENERO

Todo lo que necesitas es un poco de fe

Les digo la verdad, si tuvieran fe, aunque fuera tan pequeña como una semilla de mostaza, podrían decirle a esta montaña: «Muévete de aquí hasta allá», y la montaña se movería. Nada sería imposible.

MATEO 17:20

Aquí hay una verdad sorprendente: puedes tener fe y dudar a la vez.

Puedes tener fe en Dios y, a la misma vez, estar nervioso o incluso aterrado por algo que él quiere que hagas. El valor no es la ausencia de temor. Valor es cuando sigues adelante y haces algo, algo que crees Dios te llamó a hacer, a pesar de tu temor.

En Marcos 9 un hombre trajo a su hijo enfermo a Jesús. Jesús le dijo al padre que podía sanar al niño si el padre creía. El hombre respondió: «*¡Sí, creo, pero ayúdame a superar mi incredulidad!*» (Marcos 9:24). Este hombre estaba lleno de fe *y* de dudas. Acudió a Jesús con sus dudas sinceras y Jesús hizo un milagro.

No necesitas una gran fe para ser un gran cristiano porque no es el tamaño de tu fe lo que marca la diferencia. Lo que importa es dónde pones tu fe. Solo necesitas un poco de fe en un gran Dios.

Alguien me dijo una vez: «Quiero ser bautizado y unirme a la iglesia, pero ¿no crees que primero tendría que tener resueltas todas mis preguntas y dudas?». Por supuesto que no. Hace más de cincuenta años que soy cristiano y todavía tengo preguntas sobre muchas cosas. No tienes que tener todo resuelto por adelantado. Comienza con la fe que tienes.

Mateo 17:20 dice: «*Les digo la verdad, si tuvieran fe, aunque fuera tan pequeña como una semilla de mostaza, podrían decirle a esta montaña: "Muévete de aquí hasta allá", y la montaña se movería. Nada sería imposible*».

No importa lo débil que pienses que es tu fe, esta es suficiente para que salgas adelante. ¿Por qué? Porque Dios puede lograr mucho más en tu vida de lo que podrías imaginarte. ¡No depende de ti de todas maneras! Dios quiere que tengas fe. Pero también desea que confíes en él.

Cada pequeño paso que das hacia Cristo te aleja más de la duda y del desánimo. Da un paso hacia adelante en fe hoy.

9 DE ENERO

Escoge la gracia, no la amargura

Asegúrense de que nadie quede fuera de la gracia de Dios, de que ninguna raíz amarga brote y cause dificultades y corrompa a muchos.

HEBREOS 12:15 (NVI)

Si todavía estás aferrado al resentimiento, alguien te está controlando.

¿Alguna vez dijiste: «Me haces enojar tanto?». Eso es un reconocimiento de que la otra persona te está controlando. La única forma de sacar a esta persona de tu mente y de tu corazón es sanar la herida con la gracia de Dios.

Hebreos 12:15 enseña: *«Asegúrense de que nadie quede fuera de la gracia de Dios, de que ninguna raíz amarga brote y cause dificultades y corrompa a muchos»* (NVI).

¿Conociste alguna vez una familia donde un padre amargado envenena a toda la familia? La amargura es contagiosa y puede volverse generacional. Es necesario romper la cadena. Si la amargura ha echado raíces en tu familia, tú puedes ser la persona que rompa la cadena.

¿Tus padres están llenos de amargura porque sus padres estaban llenos de amargura? Es tiempo de romper la cadena. Hay una sola forma de quebrarla: con la gracia.

Si no recibes la gracia de Dios, la vida te hará una persona amargada. ¿Por qué? Porque hay pecado en el mundo. Vivimos en un planeta arruinado por el pecado. Esto no es el cielo. Las personas malvadas hacen el mal que quieren todo el tiempo sin sufrir ninguna consecuencia. La vida no es justa.

¿El perdón es justo? Para nada. El perdón no tiene que ver con lo que es justo ni con vengarse del otro. El perdón tiene que ver con la gracia.

No perdonas a una persona porque es justo perdonarla. Perdonas a una persona porque es lo correcto y porque no quieres seguir ligado a la herida y al odio.

El perdón es gratuito, pero no es barato. Costó la vida de Jesús. Le costó a Dios la vida de su Hijo.

Cuando Jesús estaba muriendo en la cruz, con sus brazos extendidos, dijo: *«Padre, perdónalos, porque no saben lo que hacen»* (Lucas 23:34). Es como si estuviera diciendo: «Te amo, te amo, te amo». De hecho, les dijo: «No lo merecen. Ni siquiera saben lo que están haciendo. Sin embargo, padre, perdónalos de todos modos».

Sigue el ejemplo de Jesús y ofrece perdón hoy. Sana tu amargura con su gracia.

10 DE ENERO

Cómo mantenerse estable cuando los vientos cambian constantemente

No duden, porque una persona que duda tiene la lealtad dividida y es tan inestable como una ola del mar que el viento arrastra y empuja de un lado a otro.

SANTIAGO 1:6

¿Alguna vez has tomado una decisión difícil y luego comenzaste a dudar de ti mismo en el momento en que la tomaste? No dejabas de preguntarte si habías hecho lo correcto. Tal vez, incluso, te angustiaste por ello.

La Biblia enseña que cuando haces esto, eres como una ola empujada de aquí para allá en una tormenta: *«Cuando se la pidan, asegúrense de que su fe sea solamente en Dios, y no duden, porque una persona que duda tiene la lealtad dividida y es tan inestable como una ola del mar que el viento arrastra y empuja de un lado a otro»* (Santiago 1:6).

Cuando dependes de tu propia sabiduría, tus dudas te sacuden de un lado al otro. Lo que Dios quiere es que le pidas orientación antes de tomar una decisión y que confíes en él y en su bondad una vez que la hayas tomado.

Confiar en Dios te libera de cuestionarte a ti mismo. No te dejarás llevar por el viento aunque los vientos sigan cambiando y el futuro parezca incierto.

Cuando no confías en Dios para tomar decisiones, Santiago explica que tu lealtad está dividida entre Dios y el mundo. En algunas traducciones de Santiago 1:8, esta lealtad dividida se traduce como «doble ánimo». Esto se deriva de una palabra griega que significa «de dos almas». Significa que eres arrastrado en direcciones opuestas, que eres indeciso y que te dejas llevar por las circunstancias.

Santiago sostiene que no debes esperar que Dios te dé su sabiduría si estás constantemente cuestionándote. Esto se debe a que el doble ánimo crea una vida espiritual inestable. Afecta tus oraciones y te impide recibir el entendimiento de Dios.

Las buenas noticias son que ¡Dios quiere darte sabiduría! Cuando confías en Dios en momentos de incertidumbre, y en realidad en cualquier tipo de momento, él te da todo lo que necesitas para tomar decisiones sabias.

11 DE ENERO

Vale la pena ser paciente

Consideramos dichosos a los que perseveraron.
SANTIAGO 5:11 (NVI)

Dios recompensa la paciencia. Santiago 5:11 expresa: «*Consideramos dichosos a los que perseveraron*» (NVI). En otras palabras, vale la pena ser paciente.

Cuando eres paciente, construyes tu carácter, evitas cometer errores y es más probable que alcances tus metas. Cuando eres paciente, eres honrado por los demás y tienes relaciones más felices. Hay todo tipo de bendiciones y beneficios en la paciencia.

La Biblia promete: «*Así que no nos cansemos de hacer el bien. A su debido tiempo, cosecharemos numerosas bendiciones si no nos damos por vencidos*» (Gálatas 6:9).

Hay bendiciones que se pueden obtener cuando se es paciente en las temporadas difíciles, de agotamiento y espera: bendiciones en tu carácter, tus circunstancias, tu familia y en la iglesia de Dios. Y no son solo recompensas para disfrutar en este momento. La Biblia afirma que también habrá recompensas en el cielo.

Jesús lo dijo en Mateo 5:11-12: «*Dichosos serán ustedes cuando por mi causa la gente los insulte, los persiga y levante contra ustedes toda clase de calumnias. Alégrense y llénense de júbilo, porque les espera una gran recompensa en el cielo*» (NVI). Cuando alguien te lastima, uno de tus deseos más fuertes es tomar represalias.

Cada vez que te sientas tentado a contraatacar, piensa primero: ¿Vale la pena renunciar a tu recompensa eterna por esta pelea? No lo vale. En lugar de eso, escoge la paciencia.

Como líder, me critican mucho. La gente me juzga mal, me cuestiona, y duda de mí todo el tiempo. Aprendí a no defenderme. Permanezco en silencio porque descubrí que nos parecemos más a Jesús cuando no tomamos represalias. Nos parecemos más a Jesús cuando nos negamos a defendernos.

Incluso cuando fue acusado y maltratado, Jesús eligió hacer lo correcto y no tomar represalias en medio de la crisis. Optó por ser paciente. Si eliges ser paciente y dejar que Dios maneje las cosas cuando alguien te lastima, él se hará cargo y te bendecirá.

12 DE ENERO

¿Tienes una habitación en la casa de Dios?

Cuando todo esté listo, volveré para llevarlos, para que siempre estén conmigo donde yo estoy.

JUAN 14:3

La noche antes de ir a la cruz Jesús estaba pensando en *ti.*

Él les dijo: «*En el hogar de mi Padre hay muchas viviendas. Si no fuera así, ¿les habría dicho yo a ustedes que voy a prepararles un lugar allí? Y si me voy y se lo preparo, vendré para llevármelos conmigo. Así ustedes estarán donde yo esté*» (Juan 14:2-3, NVI).

El Dios que creó el universo con unas pocas palabras desde hace dos mil años está preparando un hogar eterno para ti. ¡Ese lugar sin duda será algo que supere lo que alguna vez te hayas imaginado!

De hecho, la Biblia afirma: «*Ningún ojo ha visto, ningún oído ha escuchado, ninguna mente ha imaginado lo que Dios tiene preparado para quienes lo aman*» (1 Corintios 2:9).

No podemos comprender lo maravilloso que será el cielo. Es un lugar de perfección donde viviremos con gozo en la presencia de Dios. Deseo que estés allí. Jesús quiere que estés allí. Él dio su vida para que tú pudieras estar allí.

Ir al cielo, sin embargo, no es algo automático. Para entrar en el hogar de la familia de Dios necesitas convertirte en parte de su familia a través de la fe en Jesucristo.

Lo haces admitiendo ante Dios que eres pecador y pidiéndole perdón. Le dices que crees que Jesucristo es su Hijo, que Jesús murió por tus pecados y que Dios lo resucitó. Decides que vas a confiar en Jesús para tu salvación. Te comprometes a seguir a Jesús como Señor de tu vida y le pides que te guíe y te dirija mientras tratas de hacer su voluntad y de serle obediente.

Cuando dices y haces esas cosas, le muestras a Dios que quieres ser parte de su familia. ¡Y eso significa que pasaremos la eternidad juntos en el hogar de Dios en el cielo!

13 DE ENERO

Saber cuál es el momento adecuado para dar el siguiente paso

Hay un momento y una manera apropiados para hacer todo lo que hay que hacer, pero el problema del ser humano es que nunca se sabe lo que va a suceder y no hay quien se lo diga.

ECLESIASTÉS 8:6-7 (PDT)

En todo desde las decisiones comerciales hasta las relaciones más cercanas en la vida, el tiempo adecuado marca la diferencia. Por eso, como seguidor de Cristo, es fundamental que te mantengas sintonizado con el tiempo de Dios.

Todo gran logro implica sincronización. Una atajada exitosa en un partido de fútbol requiere una sincronización increíble entre el pateador y el arquero. En los negocios, tomar decisiones en el tiempo preciso en el mercado, en particular respecto a las contrataciones y la expansión, puede significar todo. Si cantas, sabes lo importante que es estar en sintonía con los demás músicos.

Hace años, escribí *Una iglesia con propósito*. En la introducción, comparo el liderazgo con surfear. Ningún surfista dice: «Vamos a hacer olas hoy». No pueden. Solo Dios puede crear olas en el océano, y los surfistas las esperan.

Eso significa que los surfistas pasan mucho tiempo esperando. A veces ven una ola y la dejan ir porque saben que no es el momento adecuado. Cuando el surfista ve la ola correcta, comienza a remar cada vez más rápido, alcanza la ola, la monta y se desliza sobre ella sin caerse.

Surfear parece fácil, pero requiere mucha habilidad. Así también la vida. Tienes que desarrollar la habilidad de la sincronización. La Biblia dice en Eclesiastés 8:6-7: *«Hay un momento y una manera apropiados para hacer todo lo que hay que hacer, pero el problema del ser humano es que nunca se sabe lo que va a suceder y no hay quien se lo diga»* (PDT).

La vida tiene un ritmo. Aprender a hacer lo correcto en el momento adecuado requiere habilidad, la cual a menudo la llamamos «caminar en el Espíritu». Cuanto más crezcas como seguidor de Cristo, más fácil te será caminar en sintonía con el Espíritu Santo.

Si quieres saber cuándo y cómo hacer algo, necesitas pedirle ayuda al Espíritu Santo y mantener los ojos abiertos para verlo moverse. Puedes vivir la vida tratando de hacer tus propias olas. O puedes aprender a ver y a alcanzar las olas que Dios está haciendo a tu alrededor.

14 DE ENERO

Desiste y ríndete a Dios

La batalla no es de ustedes, sino de Dios.

2 CRÓNICAS 20:15

Imagina que estás sentado en un avión que está a punto de despegar. A medida que el avión adquiere velocidad en la pista, comienzas a agitar los brazos. Cuanto más aumenta la velocidad y comienza a elevarse en el aire, más rápido agitas los brazos. Una vez en el aire, la azafata se acerca a ti y te dice:

—¿Qué está haciendo?

Tú respondes:

—Ah, estaba ayudando al avión a despegar.

Suena ridículo, ¿no? Pero eso es básicamente lo que haces cuando tratas de hacer cosas para las que solo Dios está equipado. Así como no necesitas sostener a un avión en el aire, no necesitas sostener a Dios.

¿Quieres saber por qué estás cansado todo el tiempo? ¿Por qué te sientes frustrado? ¿Por qué estás desgastado por la vida? Una de las razones es que estás tratando de pelear batallas que le pertenecen a Dios cuando tú no eres Dios.

«La batalla no es de ustedes, sino de Dios» (2 Crónicas 20:15).

La mayoría de la gente tiende a ser independiente. Se enfrenta a un problema y piensa: *Tengo que resolver esto. ¡Depende de mí!* Tratar de asumir el papel de Dios, sin embargo, es agotador porque, en primer lugar, no fuimos creados para asumirlo.

Tal vez, estás corriendo en círculos tratando de resolver problemas en tu matrimonio, tu cuerpo, la economía, la escuela, el mundo. Estás tratando de resolverlos con tus propias fuerzas. Estás tratando de pelear la batalla solo y estás cansado.

Cuando eso te sucede y al fin te das por vencido y regresas a Dios, puedes pensar que lo has decepcionado.

Pero no puedes decepcionar a Dios porque nunca lo estuviste sosteniendo. No tienes a Dios en las manos; él *te* tiene a ti en *sus* manos. Puede que pienses que tienes a Dios en las manos, pero si así fuera no sería Dios; sería un ídolo. Si estás confiando en algo que crees que puedes controlar, eso que puedes controlar no es Dios.

Dios no está decepcionado de ti porque no espera que hagas lo que solo él puede hacer. Tú no sostienes a Dios; él te sostiene a ti.

Desiste de tus intentos y ríndete a Dios. Solo entonces él hará su obra más poderosa en ti.

15 DE ENERO

Cómo confiar en Dios en las demoras

Piensen en los agricultores, que con paciencia esperan las lluvias en el otoño y la primavera. Con ansias esperan a que maduren los preciosos cultivos. Ustedes también deben ser pacientes. Anímense, porque la venida del Señor está cerca.

SANTIAGO 5:7-8

Cualesquiera sean los problemas que estés enfrentando, Dios está obrando tras el telón. Solo necesitas confiar en él y ser paciente.

Pero ¿cómo se cultiva una fe que confíe en Dios durante los tiempos de demoras?

La Biblia enseña: «*Piensen en los agricultores, que con paciencia esperan las lluvias en el otoño y la primavera. Con ansias esperan a que maduren los preciosos cultivos. Ustedes también deben ser pacientes. Anímense, porque la venida del Señor está cerca*» (Santiago 5:7-8).

Al igual que un agricultor, debes esperar con esperanza. Ellos no se sientan a preguntarse si algo crecerá. *Esperan* que sus cultivos crezcan. Mientras tanto, se preparan para poder cosechar los frutos de su labor.

Tú también puedes esperar que Dios actúe y provea. El Salmo 130:5 manifiesta: «*Yo cuento con el Señor; sí, cuento con él. En su palabra he puesto mi esperanza*». Y en Isaías 49:23 Dios promete: «*Los que confíen en mí no saldrán defraudados*» (PDT).

¿Qué has estado esperando que Dios haga? Tal vez estés esperando que transforme tu matrimonio, resuelva un problema financiero, sane una herida o alcance a alguien que no es creyente. ¿Estás esperando con fiel certeza que Dios conteste tus oraciones, creyendo que hará lo que estás esperando? Si no te estás preparando mientras esperas, en realidad no estás esperando que suceda algo.

Muy a menudo, cuando pensamos que estamos esperando en Dios, Dios es quien en realidad nos está esperando a nosotros. Es posible que Dios esté esperando que madures espiritualmente, de modo que estés listo para manejar la bendición que quiere darte.

Recordar su bondad y su gracia puede ayudarte a esperar pacientemente en Dios. Él está obrando en tu vida, incluso cuando no puedes ver lo que está haciendo e incluso si piensas que se demora demasiado.

Reduce la velocidad, quédate quieto, dedica tiempo a la Palabra de Dios y aprende a ser más como Jesús. Luego, ocúpate de hacer el trabajo que te preparará para la cosecha.

16 DE ENERO

Solo un bocado de pecado será suficiente para atraparte

La tentación viene de nuestros propios deseos,
los cuales nos seducen y nos arrastran.

SANTIAGO 1:14

Para mi papá, un día sin ir a pescar era un día perdido. Sin importar lo que estuviera pasando, se las arreglaba para pescar al menos treinta minutos al día. Al verlo pescar un pez tras otro (sin yo pescar nada), aprendí una valiosa lección: los peces no muerden los anzuelos sin carnada. No puedes solo lanzar una línea con un anzuelo al agua y esperar que los peces piquen. ¡Tienes que usar carnada en el anzuelo! Un buen pescador sabe que a diferentes peces les gustan diferentes tipos de carnadas.

Al igual que un pescador sabe qué carnada usar para qué pez, Satanás sabe cómo engañarte. Sabe lo que te llama la atención. Conoce tu punto débil: esa necesidad emocional insatisfecha o ese deseo profundo. Por eso debes examinar tus pensamientos. El anzuelo es el pecado, pero el cebo es cualquier mentira a la que Satanás sabe que eres vulnerable: «Si haces *esto*, te sentirás mejor». «Si haces *aquello*, será gratificante». «Si haces lo *otro*, todo estará bien».

Aun cuando sabes que hay un anzuelo debajo del cebo, es posible que sigas mordisqueando. ¿Por qué? Porque crees que puedes mordisquear sin engancharte. Sin embargo, la idea de que no saldrás lastimado es otro de los engaños de Satanás.

Una de las mentiras más comunes es que cada vez que eres tentado, lo que te tengo es algo externo a ti. El verdadero problema, sin embargo, no es externo. Santiago 1:14 afirma: «*La tentación viene de nuestros propios deseos, los cuales nos seducen y nos arrastran*».

La tentación comienza con nuestros deseos internos: esos puntos vulnerables que Satanás usa como cebo. Esos deseos conducen a acciones pecaminosas, y esas acciones conducen a la muerte. Lo que *piensas* determina cómo te *sientes*. Lo que *sientes* determina cómo *actúas*.

No adquieras el hábito de culpar a tus circunstancias. Cuando te sientes tentado es posible que pienses que no puedes evitarlo, pero ¡sí puedes! Comienza por cambiar tu forma de pensar.

Cuando te sientas tentado, detente y pregúntate: «¿Qué mentira estoy creyendo?». Luego reemplázala con la verdad de Dios, la cual siempre te conducirá a la vida.

17 DE ENERO

Dondequiera que vayas, Dios está allí

Si fuera al oriente donde nace el sol, allí estarías; o al occidente, al fin de los mares, allí estarías. Aun allí me tomarías de la mano y me conducirías; tú fuerte mano derecha me ayudaría.

SALMO 139:9-10 (PDT)

Nunca estás solo porque Dios está en todas las dimensiones al mismo tiempo.

Dios está en el pasado, está en el presente y está en el futuro. Está en el cielo y está en la tierra. Está en el mundo de los espíritus. Está en nuestro mundo. Está en ti, está por encima de ti, está a tu alrededor. Él es multidimensional.

No hay un montón de dioses que cubren todas las dimensiones. Hay un solo Dios en las personas del Padre, del Hijo y del Espíritu Santo. Debido a que él es multidimensional nunca estás solo.

«¡Jamás podría escaparme de tu Espíritu! ¡Jamás podría huir de tu presencia! Si subo al cielo, allí estás tú; si desciendo a la tumba, allí estás tú. Si cabalgo sobre las alas de la mañana, si habito junto a los océanos más lejanos, aun allí me guiará tu mano y me sostendrá tu fuerza» (Salmo 139:7-10).

No sirve de nada tratar de jugar a las escondidas con Dios. No tiene que buscarte porque en cada lugar donde tratas de esconderte, él ya está allí. Esto es lo que se conoce como la omnipresencia de Dios. ¡Está en todas partes! Está en todas las cosas. Es el principio y el fin. No hay ningún lugar en el que hayas estado, ningún lugar en el que estés y ningún lugar en el que vayas a estar en el cual Dios no haya estado, no esté o no vaya a estar.

Esta verdad debería animarte. No importa a dónde vayas, Dios irá contigo; es más, ya estará allí esperándote.

Debido a que Dios está en todas las dimensiones del mundo, e incluso en las dimensiones que no conocemos, no hay nada que podamos traerle de nuestro pasado, presente o futuro de lo cual no esté ya en completo control. No hay nada que lo sorprenda, nada que pueda evitar que quiera estar cerca de ti ni nada que cambie su amor por ti.

No puedes alejarte de Dios. Él quiere que su presencia te traiga consuelo, paz y alegría. No importa dónde estés; Dios está cerca.

18 DE ENERO

¿Cómo respondes a la gracia?

Dios nos hace justos a sus ojos cuando ponemos nuestra fe en Jesucristo. Y eso es verdad para todo el que cree, sea quien fuere.
ROMANOS 3:22

La salvación es un don gratuito. Todos tus pecados pueden ser perdonados de manera gratuita y puedes obtener un boleto gratis al cielo, pero la salvación también es costosa porque alguien tuvo que pagar por ella. Cuando Jesús fue a la cruz, pagó el precio para que tus pecados fueran perdonados.

Si hubiera otra manera de ir al cielo, ¿no crees que Dios la hubiera usado? Si hubiera otra manera para que un Dios santo permitiera que una persona imperfecta entrara en un lugar perfecto, ¿no crees que Dios la hubiera usado en lugar de sacrificar a su propio Hijo? Por supuesto que sí.

Algunas personas afirman que pueden ir al cielo siendo buenas o creyendo que Dios existe. Si eso fuera cierto, ¿por qué Jesús tuvo que morir? No se hubiera sometido a ese tipo de agonía si no fuera necesario.

El hecho es que todos estamos llenos de pecado. No hay ni siquiera una persona que en verdad sea buena. La Biblia afirma que cada uno de nosotros está destituido de la santidad de Dios. ¡Es por eso que necesitas un Salvador!

La Biblia enseña: *«Dios nos hace justos a sus ojos cuando ponemos nuestra fe en Jesucristo. Y eso es verdad para todo el que cree, sea quien fuere»* (Romanos 3:22). Puedes venir a Cristo sin importar quién seas o lo que hayas hecho. ¿No es este el mejor ofrecimiento que te hayan hecho alguna vez?

Venir a Cristo comienza cuando dices una oración simple como esta: «Dios, confieso que pequé y seguí mi propio camino. Creo que Jesús murió en la cruz y resucitó de la tumba para que yo no tuviera que pagar por mi pecado y para que yo pudiera vivir para siempre contigo. Por favor, perdóname por las formas en que arruiné las cosas y acéptame en tu familia. Quiero entregarte cada parte de mi vida. Ayúdame a seguirte y a servirte fielmente. En el nombre de Jesús, amén».

Aléjate de tu pecado hoy y confía en que Jesús ya ha pagado por tus pecados al ocupar tu lugar en la cruz. ¡Consumado es! Así de grande es el amor de Jesús.

19 DE ENERO

Planea para mañana, pero vive para hoy

Así que no se preocupen por el mañana, porque el día de mañana traerá sus propias preocupaciones. Los problemas del día de hoy son suficientes por hoy.

MATEO 6:34

Lo bueno del futuro es que no te golpea de una vez. Si te arrojaran encima toda tu vida en un instante, te sentirías agobiado. Así que Dios te la da en bocados, en segmentos de veinticuatro horas.

Ya que Dios te da solo un día a la vez, así es como espera que abordes tu vida. Solo tienes que vivirla un día a la vez.

Jesús enseñó: «*Así que no se preocupen por el mañana, porque el día de mañana traerá sus propias preocupaciones. Los problemas del día de hoy son suficientes por hoy*» (Mateo 6:34).

En otras palabras, deja de pedir problemas prestados. Si hay algo que sucederá la próxima semana, no arruines el hoy al preocuparte por ello.

La preocupación no puede cambiar el pasado. No puede controlar el futuro. ¡La preocupación solo te hace miserable hoy!

Dios te da toda la gracia que necesitas pero, cada día, solo la que necesitas para ese día. No te da poder acumulado para que enfrentes tu próxima semana o mes. Jesús dice que oremos: «*Danos hoy el alimento que necesitamos*» (Mateo 6:11). Él quiere que tomes la vida un día a la vez.

Cuando todo es incierto y no sabes cómo tomar decisiones sabias para el futuro, solo ocúpate del hoy. Dios no quiere que te preocupes por el mañana. Puedes planear, orar y confiar en Dios para el futuro. Pon tu energía en hacer que el día de hoy valga la pena.

Una forma práctica de hacerlo en el mundo actual es reducir el consumo de medios de comunicación. En lugar de eso, concéntrate en las cosas que Dios ama y le importan, como tu crecimiento espiritual y el cuidado de las personas necesitadas. Así es como haces que el día valga la pena.

La Biblia instruye: «*No te jactes del mañana, ya que no sabes lo que el día traerá*» (Proverbios 27:1). Cuando todo lo demás en la vida parece poco claro, ¡este versículo puede darte la claridad que necesitas!

Planea para mañana, pero vive para hoy. Dios te dará todo lo que necesitas para hacer ambas cosas.

20 DE ENERO

Cómo hacer un inventario de tu vida

De modo que ustedes también están completos mediante la unión con Cristo, quien es la cabeza de todo gobernante y toda autoridad.

COLOSENSES 2:10

Si estás listo para comenzar de nuevo, debes hacer un inventario personal. Eso significa que haces un balance y evalúas con qué herramientas cuentas para trabajar. Para hacer un inventario personal, debes hacerte estas tres preguntas:

1. **¿Cuáles son mis activos?** Considera tus activos físicos, educativos y financieros. Recuerda tener en cuenta tus activos espirituales como hijo de Dios. ¿Qué es lo que Dios te dio para trabajar?

   Colosenses 2:10 afirma: «*De modo que ustedes también están completos mediante la unión con Cristo, quien es la cabeza de todo gobernante y toda autoridad*».

2. **¿Qué he aprendido?** Tómate un tiempo para escribir las lecciones que aprendiste sobre la vida, sobre ti mismo, sobre Dios; lo que sea que te venga a la mente. Gálatas 3:4 expresa: «*¿Acaso han pasado por tantas experiencias en vano? ¡No puede ser que no les hayan servido para nada!*». No desperdiciarás tus experiencias si aprendes de ellas.

   Presta especial atención a tus experiencias dolorosas porque Dios nunca desperdicia una herida. No te regodees en la autocompasión. Deja de lamentarte y de repetir tus errores, empieza a aprender de ellos.

   También puedes repasar todo lo que aprendiste de las buenas enseñanzas bíblicas. La Biblia manifiesta en 2 Timoteo 3:14: «*Pero tú debes permanecer fiel a las cosas que se te han enseñado. Sabes que son verdad, porque sabes que puedes confiar en quienes te las enseñaron*».

3. **¿Quién puede ayudarme con mi nuevo comienzo?** Proverbios 15:22 dice: «*Los planes fracasan por falta de consejo; muchos consejeros traen éxito*».

   El orgullo a menudo impide que las personas alcancen sus sueños y metas. En lugar de pedir consejo, la gente insiste en resolver las cosas por sí misma.

> La Biblia dice que el orgullo lleva a la destrucción. También asegura que Dios le da gracia a los humildes porque son enseñables. Nunca tendrás un nuevo comienzo si actúas como si ya lo hubieras logrado todo. Necesitas que otras personas te digan la verdad, te muestren tus puntos ciegos, te animen y te ayuden a recordar las promesas de Dios.

Cuando hagas un inventario minucioso y honesto de tu vida, verás cómo Dios te preparó para empezar de nuevo.

Mientras te haces estas preguntas, pídele a Dios que guíe tus pensamientos y te revele su sabiduría. Dile: «Dios, por favor, muéstrame que ya me has provisto todas las herramientas y experiencias y que ya pusiste en mi camino las personas que me ayudarán a aprovechar al máximo mi vida. Quiero que incluso mis experiencias dolorosas me conviertan en la persona que quieres que sea. Ayúdame a ser humilde y honesto conmigo mismo y contigo para que pueda seguir aprendiendo y sea más como tú. En el nombre de Jesús, amén».

21 DE ENERO

Cuando llega el momento de limpiar la casa

Quitémonos todo peso que nos impida correr, especialmente el pecado que tan fácilmente nos hace tropezar. Y corramos con perseverancia la carrera que Dios nos ha puesto por delante.

HEBREOS 12:1

El verdadero cambio requiere limpiar la casa.

Si te resulta difícil motivarte para limpiar tu casa física, limpiar tu casa espiritual puede parecerte una tarea aún mayor. Es en este aspecto, sin embargo, que necesitas esforzarte más, porque Dios quiere que pases tu vida volviéndote más como él. Esto a veces requiere cambios difíciles. La Biblia lo expresa así: «*Quitémonos todo peso que nos impida correr, especialmente el pecado que tan fácilmente nos hace tropezar. Y corramos con perseverancia la carrera que Dios nos ha puesto por delante*» (Hebreos 12:1).

Para decidir lo que necesitas limpiar en tu casa espiritual, solo tienes que averiguar qué necesitas cambiar en tu vida.

Si quieres un cuerpo sano, tal vez necesites alimentos más saludables o ejercicio regular. Puedes comenzar poco a poco con solo quince minutos al día.

Si quieres una mente sana, es posible que tengas que darte de baja de algunas subscripciones o evitar ciertos programas de televisión. También es posible que debas eliminar aplicaciones o establecer límites más saludables con tus pantallas.

Si quieres una agenda saludable, tienes que decidir qué es lo que más te importa. Puedes eliminar las actividades menos importantes, a veces incluso actividades buenas, y concentrarte en lo que más te importa.

Si quieres un corazón limpio, necesitas pasar tiempo en oración preguntándole a Dios qué necesitas confesar y luego arrepentirte de esas cosas. Este puede ser el paso más difícil para lograr la limpieza espiritual. A través de la confesión, estás reconociendo y erradicando los pecados que causan hábitos poco saludables que afectan toda tu casa espiritual.

La Biblia sostiene en Efesios 4:22: «*Deshráganse de su vieja naturaleza pecaminosa y de su antigua manera de vivir, que está corrompida por la sensualidad y el engaño*». Es hora de limpiar la casa, pero no es una práctica de una sola vez. Así como tu hogar físico necesita limpieza regular, tienes habitaciones espirituales que necesitan una buena limpieza, y debes crear el hábito de hacer las preguntas difíciles para identificar cuáles son. Luego, con la bendición de Dios, te pones a trabajar.

22 DE ENERO

¿Cuántas veces debes perdonar?

Luego Pedro se le acercó y preguntó:
—Señor, ¿cuántas veces debo perdonar a alguien
que peca contra mí? ¿Siete veces?
—No siete veces —respondió Jesús—, sino setenta veces siete.
MATEO 18:21-22

El perdón en raras ocasiones es un evento único. Por lo tanto, ¿con qué frecuencia tienes que seguir renunciando a tu derecho a desquitarte?

Hasta que dejes de sentir dolor; entonces sabrás que perdonaste a quien te hizo daño. Mateo 18:21-22 señala que Pedro le preguntó a Jesús si debía perdonar a alguien siete veces, y Jesús le respondió: *«No siete veces [...], sino setenta veces siete»*.

Pedro pensó que estaba siendo bastante generoso. Según la ley judía, se debía perdonar a una persona tres veces. Después de haberla perdonado tres veces, eso era todo. Ya no tenías que volver a perdonarla. Así que Pedro estaría pensando: *La ley menciona tres veces. ¿Y si doblo la cantidad y agrego una por si acaso? ¿Siete veces? (¡Dios va a estar tan impresionado con esto!).*

Y Jesús le dice: «¡Equivocado! ¡Ni siquiera estás cerca! ¡Qué tal setenta veces siete!». Lo que quiere decir es que simplemente tienes que seguir haciéndolo. Sigues perdonando hasta que el dolor se detenga. Cada vez que recuerdas esa herida, tomas la decisión deliberada de decir: «Dios, esa persona me lastimó muchísimo, y todavía me duele. Pero como quiero estar lleno de amor y no de resentimiento, escojo renunciar a mi derecho a vengarme. Elijo bendecir a aquellos que me lastimaron. Dios, te pido que bendigas su vida. No porque lo merezcan. No lo merecen, así como yo no merezco tu bendición, Dios. Pero te pido que tengas misericordia de ellos como la has tenido de mí».

No es fácil. De hecho, no tengo ninguna duda de que el matrimonio de algunos de quienes están leyendo este devocional está a punto de autodestruirse; no por el dolor, sino por la falta de perdón. No es el dolor, sino la negativa a perdonar lo que destruye un matrimonio.

Es posible que digas: «No tengo ganas de perdonar». ¿Quién tiene? Nadie *tiene* ganas de perdonar. Lo haces porque es lo correcto y lo haces para seguir con tu vida. Estos pasos no son fáciles, pero puedes hacerlo con el poder de Dios.

23 DE ENERO

Necesitas una visión basada en la fe y no en el temor

Subamos a conquistar esa tierra. Estoy seguro de que podremos hacerlo.

NÚMEROS 13:30 (NVI)

Ver la vida a través de los ojos del temor te hace enterrar tus talentos. Cuando miras el futuro con temor en lugar de fe, terminas subestimando las capacidades que Dios te dio.

Cuando Moisés envió espías para explorar la Tierra Prometida, diez de los doce regresaron y dijeron: *«No podremos combatir contra esa gente. ¡Son más fuertes que nosotros!»* (Números 13:31, NVI). A pesar de que Dios había prometido estar con ellos, respondieron con temor en lugar de fe. Solo Josué y Caleb creyeron en la promesa de Dios de que podían tomar posesión de la tierra.

Una visión basada en el miedo, en lugar de la fe, te va a limitar durante toda tu vida. Perderás oportunidades. Desperdiciarás el talento que Dios te dio. Y te prepararás para la derrota porque el miedo crea profecías que se cumplirán.

Los espías con visión basada en el miedo se veían a sí mismos como incompetentes. Dijeron: *«La tierra que hemos explorado se traga a sus habitantes, y los hombres que allí vimos son enormes. ¡Hasta vimos a los gigantes anaquitas! Comparados con ellos, parecíamos langostas y así nos veían ellos a nosotros»* (Números 13:32-33, NVI).

¡En realidad había gigantes en la Tierra Prometida! Estos gigantes hicieron que algunos de los israelitas se vieran a sí mismos como pequeños insectos que de seguro serían aplastados. Esa es una percepción de uno mismo que lleva a una derrota segura. No afectó solo la confianza de los espías; también hizo que proyectaran sus temores en los demás. Ese es el problema con una visión basada en el miedo: la forma en que te ves a ti mismo y a la vida contagiará a las personas que te rodean.

Si los espías hubieran mirado a la Tierra Prometida con fe en lugar de temor, hubieran visto lo mismo que Josué y Caleb: una tierra de la cual fluye leche y miel. Incluso cuando miraban a los gigantes, Josué y Caleb vieron el potencial de la tierra a través de los ojos de Dios. Dijeron: *«Subamos a conquistar esa tierra. Estoy seguro de que podremos hacerlo»* (Números 13:30, NVI).

Nunca subestimes lo que Dios puede hacer a través de ti cuando le obedeces con fe. Lo que sea que él te haya llamado a hacer, ciertamente puedes hacerlo con su fuerza.

24 DE ENERO

Fuiste hecho para más

Ustedes no están limitados por nosotros, sino que están limitados en sus sentimientos. Ahora bien, en igual reciprocidad (les hablo como a niños) ustedes también abran de par en par su corazón.

2 CORINTIOS 6:12-13 (NBLA)

Un líder empresarial conocido a nivel nacional me envió una vez un mensaje que decía: «Soy un éxito rotundo a los ojos de quienes me rodean. Pero, por dentro, me siento inseguro, insignificante y pequeño». Se refería a lo que se conoce como «síndrome del impostor». Las personas con síndrome del impostor se preguntan: *Si tengo tanto éxito, ¿por qué me siento como un farsante? ¿Por qué no me siento realizado? ¿Por qué sigo sintiendo que falta algo en mi vida?*

Si vives para el éxito, *es cierto* que algo hace falta en tu vida. El éxito no basta porque no satisface. Necesitas ir más allá del éxito, a un nivel más alto: del éxito al sentido. Fuiste hecho para algo más que tener dinero. Fuiste hecho para tener sentido.

Conozco a algunas de las personas más ricas del mundo. Todas estarían de acuerdo en decir: «El dinero te hará la vida más fácil, pero no te dará sentido». La vida sin sentido y propósito es mezquina, inútil y trivial. ¡Fuiste hecho para mucho más! La Biblia lo expresa así: «*Ustedes no están limitados por nosotros, sino que están limitados en sus sentimientos. [...] Abran de par en par su corazón*» (2 Corintios 6:12-13, NBLA).

La verdad es que tu vida es significativa. De hecho es tan significativa que Dios se preocupó lo suficiente por ti como para venir a la tierra, vivir una vida perfecta y morir por tus pecados. Si quieres saber cuánto le importas a Dios, solo mira a Jesús colgado en la cruz. Jesús preferiría morir antes que vivir sin ti. Te ama tanto que duele.

Tu vida tiene un significado eterno, pero es posible que la estés viviendo de una manera insignificante. Si le estás dando más importancia a las cosas que no durarán que a tu relación con Jesús, es hora de volver a enfocarte. A medida que le des a Jesús más de tu tiempo y atención, él llenará tu vida de paz y poder. Entonces te impulsará hacia tu propósito para que seas parte de su misión en la tierra.

¡Fuiste hecho para esto!

25 DE ENERO

Confiar en Dios significa obedecerlo en todo

Les corresponde obedecer la ley, no hacer la función de jueces

SANTIAGO 4:11

Hay dos verdades importantes que entender acerca de los mandamientos de Dios:

El estándar de Dios sobre el bien y el mal nunca cambia. Si algo era malo hace seis mil años atrás, sigue siendo malo hoy. Las culturas cambian. Las opiniones populares cambian. La verdad, por otro lado, nunca cambia. La verdad es eterna.

La perspectiva de Dios es más amplia que la tuya. Dios ve lo que tú no puedes ver. Es humanamente imposible remontarse hasta antes de que comenzara el tiempo o mirar hacia adelante a la eternidad. Y no hay forma de que puedas entender todo, visible e invisible, lo que está sucediendo a tu alrededor.

Necesitas confiar en Dios. *«En cambio, les corresponde obedecer la ley, no hacer la función de jueces»* (Santiago 4:11).

La tentación más antigua es la tentación de dudar de la Palabra de Dios. Satanás sigue usando la misma mentira que usó con Eva cuando le preguntó: *«¿De veras Dios les dijo que no deben comer del fruto de ninguno de los árboles del huerto?»* (Génesis 3:1). La convenció de que sus deseos eran más importantes que los mandamientos de Dios.

La fe es confiar en Dios en los detalles y obedecerlo en todo, no solo en la parte que entiendes o en la parte que te gusta. Proverbios 3:5 nos dice: *«Confía en el Señor con todo tu corazón; no dependas de tu propio entendimiento»*.

La historia de Naamán en 2 Reyes 5 ilustra la necesidad de una obediencia completa. Naamán, el comandante del ejército sirio, tenía lepra. Un mensajero del profeta Eliseo le dijo que se sumergiera en el río Jordán siete veces para ser sanado.

Las instrucciones parecían ridículas y Naamán casi las ignoró, pero sus sirvientes lo convencieron de que lo intentara. Así que Naamán se sumergió siete veces en el río. ¡Y Dios lo sanó! Imagínate si Naamán hubiera regresado a su casa enojado o si solo se hubiera sumergido en el agua seis veces porque decidió que Dios lo estaba poniendo en ridículo. Naamán confió en Dios y lo obedeció por completo. Dios lo sanó de la lepra.

Imagínate lo que Dios hará en tu vida cuando le obedezcas plenamente con todo tu corazón.

26 DE ENERO

No cedas al desánimo

No debemos cansarnos de hacer el bien; porque si no nos desanimamos, a su debido tiempo cosecharemos.
GÁLATAS 6:9 (DHH)

A veces, hacer lo correcto te cansa porque es más fácil hacer lo que está mal que hacer lo correcto. ¿Alguna vez te diste cuenta de eso?

Es más fácil ser indisciplinado que disciplinado. Es más fácil mentir que decir la verdad. Es más fácil ser egoísta que ser altruista. Es más fácil ser codependiente que confrontar a alguien de quien estás enamorado.

Para hacer lo correcto, necesitamos dominio propio, sabiduría y fuerza de voluntad. Es por eso que nos cansamos. Dios promete que si seguimos haciendo lo correcto, incluso cuando estamos cansados, experimentaremos su bendición.

Gálatas 6:9 manifiesta: *«Así que no debemos cansarnos de hacer el bien; porque si no nos desanimamos, a su debido tiempo cosecharemos»* (DHH).

Cuando plantas una semilla, no obtienes una planta de manera instantánea. Siempre hay un tiempo de espera. Se planta en una temporada y se cosecha en otra.

De la misma manera, puede haber un tiempo de espera entre el momento en que haces lo correcto y el momento en que ves la bendición de Dios. ¿Por qué? Porque Dios no es una máquina expendedora donde pones una buena obra y al instante recibes una bendición en retorno. No puedes decidir comenzar a poner a Dios primero en tus finanzas, ser generoso con los demás y esperar que todos tus problemas desaparezcan al día siguiente. No es así como funciona la promesa de Dios.

Entonces, ¿qué haces hasta que llegue el *«debido tiempo»*? Sigues haciendo lo correcto.

Una de las grandes pruebas de fe es cómo manejas la demora cuando estás haciendo lo correcto y no recibes la recompensa de inmediato.

Las promesas de Dios pueden darte el valor y la determinación que necesitas para seguir adelante cuando la vida se pone difícil. No permitas que el desánimo te agobie. En lugar de eso, recuerda lo que te espera cuando eliges hacer lo correcto.

¡No te rindas!

27 DE ENERO

Conocer a Dios es lo más importante

Así es, todo lo demás no vale nada cuando se le compara con el infinito valor de conocer a Cristo Jesús, mi Señor. Por amor a él, he desechado todo lo demás y lo considero basura a fin de ganar a Cristo.

FILIPENSES 3:8

Puedes saber lo que más les importa a las personas por aquello de lo que se jactan. Si tus hijos son lo que más te importan, presumes de tus hijos. Si tu trabajo es lo que más te importa en la vida, presumes de tu trabajo. Si viajar y tener experiencias es lo que más te importa, de eso hablas. Te jactas de lo que más valoras.

Dios afirma en Jeremías 9:23-24: «*Esto dice el Señor: "No dejen que el sabio se jacte de su sabiduría, o el poderoso, de su poder, o el rico, de sus riquezas. Pero los que desean jactarse, que lo hagan solamente en esto: en conocerme verdaderamente y entender que yo soy el Señor"*».

Conocer a Dios es lo más importante. ¡De eso se trata la vida! El Dios del universo te ama y quiere tener una relación contigo. Acercarte a él te dará paz y perspectiva. Juan 6:63 afirma: «*Las palabras que yo les he hablado son espíritu y son vida*».

La amistad se demuestra a través del compromiso con otra persona. Demostramos nuestra amistad con Dios y la hacemos crecer cuando pasamos tiempo con él y leemos su Palabra. No obstante, nunca te harás amigo de Dios si lees la Biblia solo en tu tiempo libre. Para convertirte en su amigo, conocerlo tiene que ser tu prioridad número uno; hasta el punto que sea de lo que más hables y en lo que más pienses. Dios quiere que quieras pasar tiempo con él.

Pablo lo dijo así: «*Así es, todo lo demás no vale nada cuando se le compara con el infinito valor de conocer a Cristo Jesús, mi Señor. Por amor a él, he desechado todo lo demás y lo considero basura a fin de ganar a Cristo*» (Filipenses 3:8).

¿Estás haciendo eso? ¿Estás buscando con todo tu corazón conocer más a Jesús cada día? Puedes estar tan cerca de Dios como elijas estar. Te convertirás en un amigo de Dios solo cuando decidas que quieres conocerlo más que lo que quieres cualquier otra cosa.

Conocer y amar a Dios es nuestro mayor privilegio. Y ser conocidos y amados por Dios es nuestro mayor placer. ¡Es lo que nos da vida!

28 DE ENERO

Que todo sea acerca de Jesús

Como ven, no andamos predicando acerca de nosotros mismos. Predicamos que Jesucristo es Señor, y nosotros somos siervos de ustedes por causa de Jesús.

2 CORINTIOS 4:5

No se trata de ti.

Si quieres que Dios te use, necesitas recordar que la vida no se trata solo de ti. ¡Se trata de Jesús!

«No se trata de ti» es exactamente lo contrario a todo lo que te han enseñado. Muchas culturas apelan al egocentrismo. Los anuncios en todas partes te dicen: «¡Eres el número uno! ¡Haz lo que sea mejor para ti! ¡Piensa primero en ti mismo!».

Pero tú no eres el centro del universo; Dios lo es. Es por eso que te sientes frustrado e insatisfecho cuando haces que todos los problemas, oportunidades y críticas giren en torno a ti. Y por fin te aburres porque la vida es mucho más que vivir para ti mismo.

La Biblia expresa: *«Como ven, no andamos predicando acerca de nosotros mismos. Predicamos que Jesucristo es Señor, y nosotros somos siervos de ustedes por causa de Jesús»* (2 Corintios 4:5).

Dos veces en este pasaje, el apóstol Pablo dijo que todo es acerca de Jesús. Todo lo que Pablo hizo estaba relacionado con Jesús y con el bien del evangelio. En otras palabras, aprender a seguir a Jesús tiene que ver con la motivación.

Quizás haya cientos de cosas diferentes que podrías hacer con tu vida sobre las cuales Dios diría: «Porque te hice y te formé, todo lo bueno que haces está bien para mí».

Dios está mucho más interesado en tu motivación para hacer algo que en tu metodología. Podrías estar usando el método correcto y tener mucho éxito en la vida. Pero si tienes la motivación errada —codicia, competencia, envidia o culpa—, Dios no respaldará tu método.

Por otro lado, podrías hacer todo mal y fracasar de muchas maneras, pero si tienes la motivación correcta y lo haces por Jesús, Dios dice: «Lo que hiciste es suficiente». Dios está más interesado en tu «por qué» que en tu «cómo».

La Biblia enseña: *«Y todo lo que hagan, de palabra o de obra, háganlo en el nombre del Señor Jesús, dando gracias a Dios el Padre por medio de él»* (Colosenses 3:17, NVI).

29 DE ENERO

Los hábitos de aquellos con aptitudes espirituales

Por el contrario, sigamos adelante hasta llegar a ser maduros en nuestro entendimiento.

HEBREOS 6:1

Crecer en la fe no es un fin en sí mismo. Al cultivar tu fe, te equipas para el ministerio. Una señal de madurez espiritual es ser capaz de compartir el evangelio, la Buena Noticia acerca de la salvación por medio de Jesucristo, con los demás.

La Biblia manifiesta: «*Por el contrario, sigamos adelante hasta llegar a ser maduros en nuestro entendimiento*» (Hebreos 6:1).

Dios no quiere que te quedes atascado en la inmadurez perpetua y sigas siendo un bebé espiritual. En cambio, quiere que te conviertas en alguien que está dispuesto a aprender de por vida y que transmitas lo que has aprendido sobre él. ¡Él quiere que seas maestro! Hebreos 5:12 expresa: «*Hace tanto que son creyentes que ya deberían estar enseñando a otros. En cambio, necesitan que alguien vuelva a enseñarles las cosas básicas de la palabra de Dios*».

No todos están llamados a ser maestros de tiempo completo, pero hay cosas que Dios quiere que les enseñes a los demás en diferentes momentos de tu vida. A veces enseñas a través de conversaciones personales con amigos. Otras veces, podrías compartir tus experiencias con las personas de tu grupo pequeño.

Los grandes maestros son primero grandes alumnos. ¿Cuáles son algunos de los hábitos de quienes están dispuestos a aprender siempre? Pasan tiempo regular en oración y en la Palabra de Dios. Leen libros sobre crecimiento espiritual y hacen estudios bíblicos. Asisten a grupos pequeños y participan en clases que fortalecen su fe. En otras palabras, «*no pierde[n] el tiempo discutiendo sobre ideas mundanas y cuentos de viejas. En lugar de eso, [se] entrena[n] para la sumisión a Dios*» (1 Timoteo 4:7).

¿Quieres estar espiritualmente apto para enseñar eficazmente a los demás acerca de la esperanza que tienes en Jesús? Comienza haciéndote la siguiente pregunta: «¿En qué áreas de mi vida necesito crecer más?».

Tal vez necesitas adquirir una mejor comprensión de la Biblia. Quizás necesitas aprender a resistir la tentación. O quizás necesites desarrollar una actitud más cristiana o amor por el compañerismo bíblico y la comunidad. Una vez que tengas una buena meta, puedes comenzar a desarrollar hábitos que te lleven a la madurez espiritual.

30 DE ENERO

Dale a Dios lo mejor de tu tiempo

El Señor es amigo de los que le temen;
a ellos les enseña su pacto.
SALMO 25:14

La amistad con Dios es como cualquier otra amistad, debes dedicarle tiempo. Si no haces tiempo para tus amigos terrenales, en realidad no son tus amigos. Para que Dios llegue a ser tu *mejor* amigo tienes que brindarle lo mejor de tu tiempo.

Lo mejor de tu tiempo no es cuando tienes prisa, cuando estás constantemente distraído ni lo que te sobre del día. Cuando le das a Dios lo mejor de ti, lo eliges por encima de cualquier otra cosa a la que le dediques tu tiempo y tu atención. Programas tu tiempo con él y mantienes tu compromiso.

La Biblia afirma que, si quieres conocer a Dios, tienes que estar quieto (Salmo 46:10). Y en el mundo frenético de hoy, no puedes estar quieto sin tener un tiempo diario y constante de quietud con Dios.

El Salmo 25:14 manifiesta: *«El Señor es amigo de los que le temen; a ellos les enseña su pacto»*.

Mucha gente no conoce a Dios. No han experimentado su amor ni su poder porque no tienen tiempo para él. La amistad con Dios está reservada para aquellos que lo reverencian; en otras palabras, aquellos que se detienen y pasan tiempo con él.

¿Qué sería de una amistad si nunca invirtieras tiempo en ella? Las amistades necesitan atención. Nunca conocerás a Dios íntimamente si tu único compromiso con él es ir a la iglesia una vez a la semana.

Tienes que sentarte en quietud y asombro ante Dios. A medida que te enfocas en él, Dios se revelará a sí mismo a través de su Palabra y del Espíritu Santo. A medida que estudies la Biblia, aprenderás más acerca de quién es él, por qué puedes confiar en él y qué quiere hacer en el mundo a través de ti. Cuanto más tiempo pases con él, más profunda será tu amistad.

Es probable que hayas escuchado que tu vida está moldeada por tus amigos, pero es Dios quien ha moldeado todo lo que se refiere a ti. Tu amistad con él será la más significativa de tu vida cuando hagas tiempo para conocerlo y amarlo más.

31 DE ENERO

Paz que perdura

Les dejo un regalo: paz en la mente y en el corazón. Y la paz que yo doy es un regalo que el mundo no puede dar. Así que no se angustien ni tengan miedo.

JUAN 14:27

Cuando le das lugar a Jesús, él te da uno de los regalos más grandes: «*Les dejo un regalo: paz en la mente y en el corazón. Y la paz que yo doy es un regalo que el mundo no puede dar. Así que no se angustien ni tengan miedo*» (Juan 14:27).

El tipo de paz que el mundo da es temporal. En los últimos trescientos años se han firmado cientos de tratados de paz. Casi ninguno de ellos ha sido cumplido.

La paz que viene del mundo es circunstancial. Si tienes un buen trabajo, tienes paz. Si pierdes tu trabajo, ya no tienes paz. Si tienes dinero en el banco, tienes paz. Cuando ese dinero se acaba, ya no tienes paz.

Jesús te da una clase de paz diferente. La Biblia la llama paz «*que supera todo lo que podemos entender*» (Filipenses 4:7).

¿Qué significa eso? Significa que tienes paz cuando no hay una razón obvia o visible por la que debas estar en paz. Todo a tu alrededor podría ser un caos, pero, por alguna razón inexplicable, estás en paz. Esa es la paz que sobrepasa todo entendimiento y solo puede venir de Jesús, el Príncipe de Paz.

Jesús quiere darte esa clase de paz para que no te preocupes ni tengas miedo.

Cada vez que Jesús entra en una habitación, la llena de paz. ¿Tienes habitaciones en tu corazón que están llenas de preocupación, desorden, ansiedad o miedo? Esas son las habitaciones a las que no has invitado a Jesús. Tus preocupaciones revelan las áreas que no rendiste a Dios. Eso podría incluir tus finanzas, vida amorosa, carrera, crianza de los hijos, tu agenda o ministerio. Sea lo que fuera, tienes que dejarlo ir. Tienes que entregárselo a Jesús.

Esta es la única manera en que vas a tener verdadera paz: rindiendo todas las áreas de tu vida a Dios para que las use para sus propósitos. Solo así tendrás una paz que resistirá todas las presiones de la vida.

1 DE FEBRERO

Estás calificado para servir a Dios

En cambio, entréguense completamente a Dios, porque antes estaban muertos pero ahora tienen una vida nueva. Así que usen todo su cuerpo como un instrumento para hacer lo que es correcto para la gloria de Dios.

ROMANOS 6:13

No hay mayor gozo que ser usado por Dios para un propósito más grande que uno mismo. El propósito de la vida no es obtener una buena educación, encontrar un trabajo, ganar dinero y jubilarse antes de morir. Tu vida es mucho más importante que tu profesión. Fuiste creado para propósitos eternos.

La Biblia expresa: «*En cambio, entréguense completamente a Dios, porque antes estaban muertos pero ahora tienen una vida nueva. Así que usen todo su cuerpo como un instrumento para hacer lo que es correcto para la gloria de Dios*» (Romanos 6:13).

El problema es que muchas personas secretamente temen que Dios nunca vaya a usarlas. Algunas personas se sienten *descalificadas* debido a sus pecados y errores pasados. Otras se sienten *no aptas* porque creen que no tienen la educación, los talentos o los antecedentes adecuados.

Tal vez te sientas de una de esas dos maneras: descalificado o no apto. Respecto a eso, solo tienes que mirar la vida del apóstol Pablo para saber que Dios quiere usarte de maneras que ni siquiera puedes imaginar.

Casi nadie en la historia fue usado por Dios más que Pablo. Casi sin ayuda de nadie difundió el cristianismo por todo el Imperio romano. Plantó iglesias por todas partes. Escribió aproximadamente la mitad del Nuevo Testamento y vivió con el propósito de agradar a Dios.

¿Sabes lo que Pablo estaba haciendo antes de convertirse en predicador, pastor y plantador de iglesias? Era perseguidor de los cristianos. Era exactamente lo opuesto a alguien que uno pensaría que Dios podría usar. Pablo escribió: «*Ustedes saben cómo me comportaba cuando pertenecía a la religión judía y cómo perseguí con violencia a la iglesia de Dios. Hice todo lo posible por destruirla. [...] Pero aun antes de que yo naciera, Dios me eligió y me llamó por su gracia maravillosa*» (Gálatas 1:13, 15).

Tu pasado no determina tu futuro. ¡Tu pasado es pasado! No te descalifica para ser usado por Dios. Las oportunidades que hayas o no hayas tenido no determinan si estás calificado para la misión de Dios.

Dios te escogió y te llamó. Él quiere usarte hoy por su gracia maravillosa.

2 DE FEBRERO

Ya no tienes que vivir con culpa

Y conocerán la verdad, y la verdad los hará libres

JUAN 8:32

Aunque la carga de la culpa puede ser aplastante, ¡es una de las cosas de las que Jesús promete liberarte! En Juan 8:32 dijo: *«Y conocerán la verdad, y la verdad los hará libres»*.

Ya sabes lo que la culpa puede hacerle a tu vida. La culpa te roba la felicidad, causa depresión e incluso puede enfermarte físicamente. Cuando David, un gran rey de Israel, hubo pecado, sintió el peso de la culpa. Le dijo a Dios: *«Restaura en mí la alegría de tu salvación»* (Salmo 51:12).

Dios tiene una respuesta para la culpa: la confesión. La Biblia señala en 1 Juan 1:9: *«Pero si confesamos nuestros pecados a Dios, él es fiel y justo para perdonarnos nuestros pecados y limpiarnos de toda maldad»*.

Es posible que hayas pasado años trabajando en un problema que en realidad tiene una solución muy sencilla: solo necesitas tener la conciencia limpia. Jesús te ofrece eso. ¡Él ofrece perdón instantáneo!

Dios promete: *«Perdonaré sus maldades y nunca más me acordaré de sus pecados»* (Jeremías 31:34).

Satanás quiere mantenerte agobiado bajo la carga de la culpa. Quiere mantenerte atado para que no puedas vivir en la libertad de Dios. Por el contrario, Dios no obra así.

Así es como Dios obra: pides perdón y él te perdona. Luego, va un paso más allá y, en realidad, olvida lo que hiciste mal.

Es como si Dios tomara tus pecados y los lanzara a la parte más profunda del océano y luego pusiera en ese lugar un letrero con la leyenda «No pescar». Dios no volverá a sacar a relucir tus pecados; y tampoco quiere que tú lo hagas. Quiere que seas libre.

¿Estás sintiendo la carga de la culpa hoy? Recuerda que Jesús vino a liberarte. Cuando confieses tus pecados, él te perdonará y te liberará de la culpa.

Puedes vivir en la verdadera libertad de saber que tu pasado está perdonado y que ya no estás atado a él.

3 DE FEBRERO

Con qué puedes contar en tiempos de incertidumbre

Ustedes también deben ser pacientes. Anímense, porque la venida del Señor está cerca.
SANTIAGO 5:8

Vivimos tiempos extraños e inciertos. A pesar de lo que esté sucediendo en nuestras comunidades y en todo el mundo, sin embargo, podemos estar seguros de esta verdad: Dios tiene el control.

La Biblia nos da este estímulo: «*Amados hermanos, tengan paciencia mientras esperan el regreso del Señor. Piensen en los agricultores, que con paciencia esperan las lluvias en el otoño y la primavera. Con ansias esperan a que maduren los preciosos cultivos. Ustedes también deben ser pacientes. Anímense, porque la venida del Señor está cerca. Hermanos, no se quejen unos de otros, o serán juzgados. ¡Pues miren, el Juez ya está a la puerta!*» (Santiago 5:7-9).

¿Por qué Santiago nos recuerda varias veces en este pasaje que el Señor regresará? Porque es la prueba definitiva de que Dios tiene el control.

La historia es la historia de Dios. No es circular; no hay círculo de vida. La historia es lineal y se está moviendo hacia un punto culminante. Dios tiene un plan y un propósito. Un día Jesús regresará.

Todo va según lo previsto. Aunque no sabemos cuándo regresará, la Biblia habla más de la segunda venida de Jesús que de su primera venida. Debido a eso, la esperanza de la segunda venida debería cambiar nuestra vida cotidiana. ¡Deberíamos vivir con grandes expectativas!

Sé paciente. El tiempo de Dios es perfecto. Nunca llega tarde y siempre tiene el control, incluso cuando tus circunstancias puedan parecer fuera de control y aquello por lo que estás pasando sea doloroso.

La promesa de Jesús es para ti hoy: «*Cuando todo esté listo, volveré para llevarlos, para que siempre estén conmigo donde yo estoy*» (Juan 14:3).

Hay pocas cosas que son seguras en la vida. Algo que sí puedes decir con absoluta seguridad que Jesús regresará algún día. Puedes construir tu esperanza sobre esta certeza. ¡No te decepcionará!

Cuando sientas que no puedes contar con nada más, cuenta con esto: Dios está en control. Jesús regresará un día para poner todas las cosas en orden y para hacerlas nuevas.

4 DE FEBRERO

¿Ves a los demás como Jesús los ve?

Cuando Jesús salió de la barca, vio a la gran multitud y tuvo compasión de ellos porque eran como ovejas sin pastor.
MARCOS 6:34

¿Cómo sabes si estás percibiendo la vida desde la perspectiva de Dios? Comienzas a mirar a los demás de manera diferente.

Esta es una gran prueba de tu madurez espiritual; mejor que preguntar cuánto sabes de la Biblia, con qué frecuencia vas a la iglesia o si sirves, diezmas y oras.

La vida tiene que ver con el amor y las relaciones. Así que, si quieres medir tu madurez espiritual, piensa en cómo ves a otras personas.

Considera esto: Dios ve a tu cónyuge como alguien valioso, digno, adorable y a quien no dudaría en perdonar. ¿Es esa la forma en que ves a tu cónyuge?

¿Cómo ves al desconocido en la tienda de comestibles? ¿A la persona que te cortó el paso en el tráfico? ¿A la persona que pide limosnas en la calle? ¿Qué ves cuando miras a otras personas? ¿Las ves como molestias o cargas? ¿O ves su valor inherente como creación de Dios?

¿Cómo ves a las personas con quienes trabajas? ¿Como enemigos? ¿Competencia? ¿O las ves de la manera en que Dios las ve, personas a quienes quiere llamar sus hijos e hijas amados?

Todas las personas son importantes para Dios. No importa quiénes sean, lo que hayan hecho o incluso en qué crean. Jesús las ama y murió por ellas. Dios tiene un plan para cada persona y quiere que tengan una relación con él.

La Biblia expresa en Marcos 6:34: «*Cuando Jesús salió de la barca, vio a la gran multitud y tuvo compasión de ellos porque eran como ovejas sin pastor*».

Esa es la forma en que Jesús ve a las personas. No actúa como si fueran perfectas o siempre adorables, pero siempre las mira a través de los ojos del amor y la compasión. Jesús escoge la gracia.

Y esa es la forma en que puedes aprender a ver a la gente también. Puedes aprender a tener compasión tanto por tu propia familia como por tus vecinos, tu comunidad y el resto del mundo.

Deja que tu visión espiritual se fortalezca a medida que aprendes a ver a las personas de la manera en que Jesús las ve.

5 DE FEBRERO

La batalla por tu mente

Amo la ley de Dios con todo mi corazón, pero hay otro poder dentro de mí que está en guerra con mi mente. Ese poder me esclaviza al pecado que todavía está dentro de mí.

ROMANOS 7:22-23

Una batalla se libra en tu cerebro cada segundo de tu vida, ¡incluso ahora mismo! Podría ser entre lo correcto y lo incorrecto, entre lo fácil y lo difícil, o entre lo saludable y lo dañino.

Todas tus emociones negativas, como el estrés, la ansiedad, la soledad, el miedo y los celos, son luchas mentales. Todos tus conflictos, tanto internos como externos, comienzan en tu mente.

Santiago 4:1 expresa: *«¿Qué es lo que causa las disputas y las peleas entre ustedes? ¿Acaso no surgen de los malos deseos que combaten en su interior?»*. La batalla entre los deseos conflictivos que se libra dentro de tu mente se libra las veinticuatro horas del día, los siete días de la semana, incluso cuando estás durmiendo. Esta batalla es constante e intensa porque tu mente es tu mayor activo. Tú *eres* tus pensamientos, tu voluntad, tus emociones, tu alma. Sin tu cerebro, no eres tú.

La Biblia dice en Romanos 7:22-23: *«Amo la ley de Dios con todo mi corazón, pero hay otro poder dentro de mí que está en guerra con mi mente. Ese poder me esclaviza al pecado que todavía está dentro de mí»*.

Si eres seguidor de Jesús el Espíritu de Dios está en ti; es parte de tu nueva naturaleza. Así que Satanás no puede controlar tu mente, pero *puede* hacerte sugerencias. En otras palabras, puede colocar pensamientos en tu mente que llamen tu atención. Eso es un gran problema. Lo que sea que llame tu atención te atrapa. Tienes que decidir entre aceptar o rechazar las sugerencias de Satanás.

Muchas cosas están ocupando tu cerebro en este momento, todo eso se manifestará en tu actitud y tus acciones. Pídele a Dios que te ayude a elegir lo correcto en lugar de lo incorrecto, lo saludable y no lo destructivo, su verdad por encima de las mentiras de Satanás. ¡Él está listo para darte el poder que necesitas a través del Espíritu Santo!

6 DE FEBRERO

La obediencia debe venir del amor

Ustedes son mis amigos si hacen lo que yo les mando.

JUAN 15:14

No puedes decir que amas a Jesús y, luego, seguir un estilo de vida pecaminoso. No puedes decir que eres cristiano y, luego, seguir viviendo una vida egocéntrica. No puedes decir que eres un seguidor de Jesús y, luego, elegir los versículos que quieres obedecer e ignorar los que no quieres.

Jesús expresó en Juan 15:14: «*Ustedes son mis amigos si hacen lo que yo les mando*».

Aquellos que no siguen a Jesús no pueden entender por qué sus seguidores lo obedecen. Piensan que es por temor, culpa u obligación y no quieren eso para su vida. ¡Yo tampoco lo querría!

Entonces, ¿por qué obedecemos a Dios? ¡Porque nos ama! Porque quiere lo mejor para nosotros. Porque nos ama como nadie más podría amarnos jamás.

No obedecemos a Dios por temor, culpa u obligación. Obedecemos a Dios por amor: porque nos amó primero y nos salvó.

Cuando estaba en la escuela secundaria, algunas personas pensaban que no podía hacer ninguna de las cosas divertidas que ellos estaban haciendo porque era cristiano.

Les dije que podía consumir todas las drogas que quisiera, emborracharme tanto como quisiera e ir a todas las fiestas que quisiera, pero que no lo hacía porque Jesús había cambiado mi *deseo*.

No quería hacer esas cosas porque generan emociones baratas y falsas, parecen darte libertad, pero nunca duran. Solo conducen a la desesperación, no a la dignidad; terminan en depresión, no en deleite.

Obedecer a Jesús, por otro lado, conduce a la vida. Jesús afirmó: «*Yo los he amado a ustedes tanto como el Padre me ha amado a mí. [...] Cuando obedecen mis mandamientos, permanecen en mi amor, así como yo obedezco los mandamientos de mi Padre y permanezco en su amor. Les he dicho estas cosas para que se llenen de mi gozo; así es, desbordarán de gozo*» (Juan 15:9-11).

Dios no quiere que le obedezcas porque le temes o porque temes ser castigado, sino que quiere que le obedezcas por amor. Cuando lo hagas, encontrarás la alegría y la libertad verdaderas.

7 DE FEBRERO

Confía en Jesús un día a la vez

Así que no se preocupen por el mañana, porque el día de mañana traerá sus propias preocupaciones. Los problemas del día de hoy son suficientes por hoy.

MATEO 6:34

Hay dos días por los que nunca debes preocuparte: ayer y mañana.

Jesús les dijo: *«Así que no se preocupen por el mañana, porque el día de mañana traerá sus propias preocupaciones. Los problemas del día de hoy son suficientes por hoy»* (Mateo 6:34).

No puedes vivir en el pasado. No puedes vivir en el futuro. Solo puedes vivir en el hoy.

¿Por qué solo debes vivir un día a la vez? Primero, cuando te preocupas por los problemas de mañana, te pierdes las bendiciones de hoy. En segundo lugar, no se pueden resolver los problemas de mañana con el poder de hoy. Cuando llegue el mañana, Dios te dará el poder, la perspectiva, la gracia y la sabiduría que necesitas.

Cuando era niño, no me preocupaba por nada de lo que *necesitaba.* En lugar de eso, simplemente, acudía a mi papá o a mi mamá y les decía lo que necesitaba. Nunca, ni siquiera una sola vez me preocupé por cómo iban a satisfacer mis necesidades porque ellos asumieron esa responsabilidad.

Dios quiere que obres de la misma manera con él.

Mateo 6:30 indica: *«Si Dios cuida de manera tan maravillosa a las flores silvestres que hoy están y mañana se echan al fuego, tengan por seguro que cuidará de ustedes».*

Cuando te preocupas, asumes una responsabilidad que Dios nunca quiso que tuvieras. Es posible que hoy estés preocupado por muchas cosas que en realidad son responsabilidad de Dios. De hecho, cada vez que te preocupas, es un llamado de atención de que estás tratando de ocupar el lugar de Dios y que crees que todo depende de ti. Estás actuando como si no tuvieras un Padre celestial quien te alimentará, te guiará y satisfará tus necesidades.

La Biblia no dice: «Danos hoy nuestro pan de cada semana». Sino: *«Danos hoy nuestro pan cotidiano»* (Mateo 6:11, NVI).

Dios quiere que dependas de él un día a la vez. Él te proveerá *todo* lo que necesitas para hoy. Debido a que él es un Dios bueno puedes confiar en que no te faltará nada.

Está bien planear para mañana. ¡Pero no te preocupes por ello! Confía en Dios para cada día, tal y como se presente.

¿Estás tratando de vencer la tentación por tu cuenta?

Es mejor ser dos que uno, porque ambos pueden ayudarse mutuamente a lograr el éxito. Si uno cae, el otro puede darle la mano y ayudarlo; pero el que cae y está solo, ese sí que está en problemas.

ECLESIASTÉS 4:9-10

¿Sigues tropezando con la misma tentación? Tal vez esté relacionada con celos, preocupaciones, lujuria, chisme, codicia o glotonería. Sea lo que sea, no tendrás la victoria sobre una tentación persistente si tratas de superarla por ti mismo.

La Biblia señala: «*Es mejor ser dos que uno, porque ambos pueden ayudarse mutuamente a lograr el éxito. Si uno cae, el otro puede darle la mano y ayudarlo; pero el que cae y está solo, ese sí que está en problemas*» (Eclesiastés 4:9-10).

Dios nos hizo para necesitarnos los unos a los otros porque sabe que juntos somos mejores. Somos mejores cuando servimos juntos, cuando adoramos juntos, cuando lloramos juntos, cuando tenemos comunión y cuando luchamos juntos contra la tentación.

¿Quién te ayuda a combatir la tentación? ¿Quién te está controlando? ¿A quién has invitado para que te ayude a crecer espiritualmente? ¿A quién permites que te haga las preguntas difíciles? ¿A quién *estás* controlando?

No tienes que contarle a todo el mundo de las tentaciones con las que batallas, pero sí tienes que decírselo a alguien. Esa persona puede apoyarte y ayudarte a superar tus dificultades.

Cuando alguien expresa: «Nunca le dije esto a nadie antes...», sé pronto para escuchar y prestar atención porque puede significar que está dando el primer paso hacia la libertad. Recuerda esto: revelar tus sentimientos es el comienzo de la sanidad. Hablar sobre tus tentaciones es la forma en que las superas.

¿En realidad quieres cambiar? ¿Te gustaría salir de esta etapa de tu vida con una fe más fuerte por haber superado una tentación persistente? ¿Por qué no te pones en contacto con un amigo ante quien puedas rendir cuentas?

Es posible que haya algunos malos hábitos en tu vida que no puedas superar hasta que recibas el apoyo de un amigo comprometido. Encuentra a esa persona y, luego, sé esa persona para alguien más.

9 DE FEBRERO

Donde comienza el sueño de Dios para ti

Esto significa que todo el que pertenece a Cristo se ha convertido en una persona nueva. La vida antigua ha pasado; ¡una nueva vida ha comenzado!

2 CORINTIOS 5:17

Dios tiene un gran sueño para tu vida, pero antes de ayudarte a ver ese sueño, quiere cambiar cómo te ves a ti mismo, porque eso afecta todo lo demás en tu vida, incluyendo a tus sueños.

Con demasiada frecuencia te percibes a ti mismo conforme a como los demás te dictaban que te percibieras. Pero las personas que te ayudaron a formar tu identidad no siempre decían la verdad y, ciertamente, no te amaban de la manera en que Dios te ama.

Una de las formas en que Dios hace su obra más profunda en ti es cambiando la forma en que te ves a ti mismo.

Eso es lo que hizo por Jacob. Después de que Jacob luchó con Dios obtuvo tres cosas: una nueva identidad, una bendición y un recordatorio diario de depender de Dios y no de sí mismo.

Dios le dio a Jacob un nuevo nombre, Israel —que significa «príncipe de Dios»—, porque vio su potencial. Dios bendijo a Jacob con un sueño más grande que cualquier cosa que él pudiera imaginar: como parte del pacto de Dios, los descendientes de Jacob se extenderían por toda la tierra. Dios también le dio a Jacob una cojera para que dejara de huir y, en cambio, aprendiera a descansar y confiar en él.

De esta experiencia, Jacob emergió más débil en sus propias fuerzas pero más fuerte en el poder de Dios y en su nueva identidad. Solo Dios puede producir el tipo de cambio radical en una persona que la lleve de ser «engañador y manipulador» —el significado del nombre de Jacob— a ser «príncipe de Dios».

No importa lo que otras personas hayan dicho acerca de ti o cómo te hayan etiquetado. No importa quién seas o lo que hayas hecho, Dios quiere darte una nueva identidad. La Biblia afirma en 2 Corintios 5:17: *«Esto significa que todo el que pertenece a Cristo se ha convertido en una persona nueva. La vida antigua ha pasado; ¡una nueva vida ha comenzado!»*.

Dios no solo quiere que cambies tu comportamiento. Quiere darte una vida completamente nueva con un sueño y un propósito que superan lo que puedas imaginar.

No dejes que la amargura te desgaste

Una piedra es pesada, y la arena también, pero el resentimiento causado por el necio es aún más pesado.
PROVERBIOS 27:3

Cada vez que respiras amargura, sofocas tu espíritu.

Esto se debe a que cuando tienes amargura en tu corazón no puedes respirar espiritualmente. La amargura ahoga tu felicidad y tus emociones sanas. También te agobia, te deprime y estrangula tu espíritu. Proverbios 27:3 expresa: «*Una piedra es pesada, y la arena también, pero el resentimiento causado por el necio es aún más pesado*».

Elegir la amargura es como elegir llevar un gran peso a donde quiera que vayas, todo el tiempo. Es una carga innecesaria, pero has tomado la decisión de soportarla.

La amargura a menudo se desarrolla porque te aferras a lo que sucedió en el pasado en un intento de lastimar a alguien que te lastimó. Piensas que si permaneces enojado, la otra persona se sentirá miserable.

La amargura es un arma inútil. No lastima a la otra persona. Solo te hace sentir miserable a *ti*.

Es como beber veneno y esperar que mate a la persona que te lastimó. Pero esa persona está en alguna parte, tal vez viviendo su vida plenamente. Ni siquiera está pensando en ti; ¡y ciertamente no está consciente de que estás pensando en ella! Siguió con su vida.

Eso es lo que tienes que hacer tú también. Tienes que seguir adelante porque es una pérdida de tiempo seguir tratando de usar la amargura como arma. Esa amargura solo te hace daño a ti.

Es posible que alguien te haya lastimado hace mucho tiempo. Lamento que hayas tenido que experimentar ese dolor. Y te tengo buenas noticias: ¡ya no puede hacerte daño! La única forma en que puede seguir lastimándote es si escoges aferrarte a la herida. La Biblia relata en Job 18:4: «*Tan enojado está que él mismo se despedaza; ¡pero eso no cambia nada!*» (TLA).

Ya no tienes que dolerte más. Deja ir tus heridas. Ríndelas a Dios. Cuando lo hagas, respirarás el aire fresco y dulce de la libertad y podrás avanzar con propósito.

11 DE FEBRERO

Encontrarás la luz de Dios en la Palabra de Dios

Si caminan en tinieblas, sin un solo rayo de luz,
confíen en el Señor y dependan de su Dios.
ISAÍAS 50:10

En los días oscuros, necesitas la luz de Jesús. Cuando no puedes ver el camino a seguir, cuando te sientes confundido o indeciso, cuando no sabes qué es lo mejor, cuando no puedes decidir qué hacer a continuación, necesitas su luz.

Cuando estés desconcertado, las personas bien intencionadas te dirán: «Confía en ti mismo. ¡Solo sigue tus instintos!». Pero cualquiera que lo haya intentado sabe que, en el mejor de los casos, tienes razón solo el 50% de las veces. Tu perspectiva es limitada. Tu luz es débil. Es como usar una de esas pequeñas linternas que caben en un llavero; en sí no iluminan nada. Es probable que como resultado de confiar solo en ti mismo hayas tenido dificultades para tomar buenas decisiones.

En cambio, esto es lo que la Biblia afirma que hay que hacer: *«Si caminan en tinieblas, sin un solo rayo de luz, confíen en el Señor y dependan de su Dios»* (Isaías 50:10). No te respaldes en tu propia luz. Confía en la luz del Señor.

Para tener la perspectiva y el punto de vista de Dios acerca de tus problemas necesitas llegar a conocer a Dios a través de la Biblia. Necesitas leer y estudiar y saturar tu mente, y tu corazón con ella, porque la voluntad de Dios siempre se encuentra en su Palabra.

Continuamente me sorprende la cantidad de personas que están esperando que Dios les dé una señal en lugar de simplemente leer las instrucciones que ya les dio. Si quieres mantenerte en el camino correcto tienes que estudiar la Biblia.

Dios promete guiarte si se lo permites. En Isaías 42:16 se manifiesta: *«Conduciré a los ciegos por caminos desconocidos, los guiaré por senderos inexplorados; ante ellos convertiré en luz las tinieblas, y allanaré los lugares escabrosos. Esto haré y no los abandonaré»* (NVI).

Deja que Dios sea tu guía personal a partir de este momento. Nunca tendrás que tropezar en la oscuridad si dejas que la luz de su Palabra ilumine tu vida.

12 DE FEBRERO

Orar con confianza

Esta es la confianza que tenemos al acercarnos a Dios: que, si pedimos cualquier cosa conforme a su voluntad, él nos oye.

1 JUAN 5:14 (NVI)

¿Por qué Dios no sana a todos aquellos que le piden sanidad?

Cuando oras y pides la sanidad de Dios, puedes confiar en que te escuchará y te responderá. Ahora bien, es posible que no responda de la manera que esperas porque no te dará algo en contra de su voluntad. Dios siempre quiere lo mejor para ti; y lo mejor, a veces, puede ser usar una enfermedad de maneras que no esperabas.

A veces Dios usa una enfermedad para llamar tu atención y para volverte a la dirección correcta. Es posible que permita que alguna enfermedad cause que estés acostado boca arriba con el propósito de que lo admires. Salmo 119:71 relata: *«El sufrimiento me hizo bien, porque me enseñó a prestar atención a tus decretos»*.

A veces Dios permite que una enfermedad sea testimonio para los demás. Pablo expresó: *«Además, mis amados hermanos, quiero que sepan que todo lo que me ha sucedido en este lugar ha servido para difundir la Buena Noticia»* (Filipenses 1:12). Pablo estaba enfermo y en prisión cuando escribió esto, testificando sobre la forma en que Dios usó sus circunstancias para difundir la Buena Noticia.

El testimonio más grande que jamás tendrás es tu ejemplo de confiar en Dios en medio del dolor. Cuando respondes a la presión y al dolor de una manera que permite que las personas vean a Dios obrar en medio de tus circunstancias, él recibe la gloria.

A veces Dios permite que una enfermedad lleve a una persona a la eternidad. Hebreos 9:27 afirma: *«Y así como cada persona está destinada a morir una sola vez y después vendrá el juicio»*. Si pudieras ser sanado de toda enfermedad con solo tener suficiente fe, nunca morirías. Ciertamente, esa no es la voluntad de Dios.

Cuando estás enfermo puedes orar y pedirle a Dios con confianza que te sane. ¿Por qué deberías tener confianza? *«Esta es la confianza que tenemos al acercarnos a Dios: que, si pedimos cualquier cosa conforme a su voluntad, él nos oye»* (1 Juan 5:14, NVI).

Cuando tu oras en la voluntad de Dios, Dios siempre te escucha. Es posible que su respuesta no llegue en la forma que deseas o en el momento que deseas. Pero su respuesta y la manera en que está usando tu dolor son siempre para su buen propósito.

13 DE FEBRERO

¿En quién debes confiar?

Pues la palabra del Señor es verdadera
y podemos confiar en todo lo que él hace.
SALMO 33:4

Una de las grandes preguntas de la vida es esta: ¿En quién confiarás?

La forma en que respondas a esa pregunta determinará si eres feliz o miserable, si tienes éxito o fracasas, si haces algo que valga la pena con tu vida o la desperdicias.

Para determinar en quién debes confiar hazte preguntas como estas: ¿Quién siempre piensa en lo que es mejor para ti? ¿Quién te ayudará a tomar decisiones importantes? ¿A quién le interesa verte triunfar?

¿Deberías confiar en la opinión popular? Puede que no sea una buena idea, porque cambia de manera constante. ¿Deberías confiar en las celebridades que crean tendencias? Las tendencias cambian y las modas pasan. ¿Deberías tomar decisiones cruciales basándote en lo que lees en las redes sociales? El hecho de que esté en línea no significa que sea confiable.

¿Y si confías en ti mismo? La verdad es que tus emociones pueden mentirte. La Biblia expresa: *«El corazón humano es lo más engañoso que hay, y extremadamente perverso. ¿Quién realmente sabe qué tan malo es?»* (Jeremías 17:9).

Si vas a confiar tu vida a alguien, es mejor que elijas a alguien que tenga en mente lo que sea mejor para ti, que lo sepa todo, que sea perfecto y que nunca te mienta. Estos requisitos limitan un poco tus opciones, ¿no? Solo queda Dios.

Nadie más te dirá *siempre* la verdad. Incluso alguien que te ama y quiere lo mejor para ti puede diluir la verdad para tratar de hacer que suene bien. Pero lo que necesitas es oír la verdad porque la verdad te hace libre.

Aunque la verdad te haga libre, puede que al principio te haga sentir miserable. Es por esto que la gente a menudo evita la verdad. No quieres escuchar que la mayoría de tus problemas fueron provocados por tus malas decisiones o que tu propio ego causa gran parte del estrés en tu vida; pero es verdad.

El Salmo 33:4 manifiesta: *«Pues la palabra del Señor es verdadera y podemos confiar en todo lo que él hace»*. Cada día, las voces a tu alrededor están tratando de hacer que confíes en ellas. Pero solo hay una voz confiable cuyo mayor interés será siempre lo que sea mejor para ti. Encomienda a Dios tu presente y tu futuro. Él nunca te defraudará.

14 DE FEBRERO

El amor de Dios por ti dura para siempre

Pues el SEÑOR es bueno.
Su amor inagotable permanece para siempre,
y su fidelidad continúa de generación en generación.
SALMO 100:5

Nadie te ama como Dios te ama.

De hecho, Dios expresa: «*Yo te he amado [...] con un amor eterno. Con amor inagotable te acerqué a mí*» (Jeremías 31:3). A pesar de lo mucho que se aman las personas, ese amor siempre falla de alguna manera. Por ejemplo, amo a mi esposa, pero en ocasiones le fallo. Les he fallado a mis hijos a pesar de lo mucho que los amo. Aunque amo a la gente de la iglesia de Saddleback, les fallé en más de una ocasión.

Dios, por su parte, tiene un amor eterno e inagotable. ¡La Biblia dice que el amor de Dios incluso te atrae hacia él! Necesitas entender dos aspectos del amor de Dios:

Primero, el amor de Dios es incondicional. El amor de Dios no dice: «Te amo *siempre y cuando...*». Eso es condicional. El amor condicional manifiesta cosas como: «Te amo si me amas. Te amo si me complaces. Te amo si cambias para ser como yo quiero. Te amo siempre y cuando no cambies». Eso no es amor verdadero. ¿Qué pasa cuando alguien pierde su buena apariencia? ¿Qué pasa cuando encuentras a otra persona más interesante? ¿Tu amor simplemente desaparece? Ese tipo de amor es condicional.

En cambio, el amor de Dios por ti asegura: «Te amo y punto. Te amo aunque no siempre me ames, no siempre seas fiel y no siempre hagas lo correcto». El amor de Dios es incondicional.

Segundo, el amor de Dios es consistente. No es voluble. No es impredecible. Tal vez creciste con padres inconstantes. Los padres inconstantes crean niños inseguros. Un hombre me dijo una vez: «Nunca sabía si mi papá me iba a golpear o a abrazar. Era impredecible». Eso es amor inconsistente.

Por el contrario, nunca tendrás que preguntarte acerca de Dios: «¿Me amará hoy?». Su amor es constante y eterno. El Salmo 100:5 señala: «*El SEÑOR es bueno. Su amor inagotable permanece para siempre, y su fidelidad continúa de generación en generación*».

Nunca encontrarás otro amor como el amor de Dios por ti. Este amor dura para siempre, a pesar de las circunstancias.

15 DE FEBRERO

Apresúrate a hacer el bien y a aceptar la salvación

No dejes de hacer el bien a todo el que lo merece,
cuando esté a tu alcance ayudarlos.
PROVERBIOS 3:27

Muy a menudo debes apresurarte a obedecer las indicaciones del Espíritu de Dios, como cuando te dice que hagas algo o pidas perdón. Otras dos instancias son:

Primero, apresúrate cuando tengas la oportunidad de hacer el bien. La Biblia lo dice una y otra vez: cuando se te presente la oportunidad de hacer algo bueno por otra persona, hazlo de inmediato.

Dios trae a personas con necesidades a tu vida una y otra vez; solo tienes que estar atento para reconocerlas. Sus necesidades pueden ser físicas o emocionales, como cuando alguien necesita un acto de amabilidad o que le den ánimo.

Proverbios 3:27 afirma: *«No dejes de hacer el bien a todo el que lo merece, cuando esté a tu alcance ayudarlos»*. Por ejemplo, si ves a alguien sin hogar, no digas: «Un día de estos voy a ayudar a alguna persona sin hogar». En lugar de eso, haz algo para ayudar en ese momento.

La Biblia menciona en Eclesiastés 11:4: *«El agricultor que espera el clima perfecto nunca siembra; si contempla cada nube, nunca cosecha»*. Nunca encontrarás el momento perfecto para hacer algo. Además, ni siquiera tienes garantizado el mañana. En Juan 9:4, Jesús señala: *«Debemos llevar a cabo cuanto antes las tareas que nos encargó el que nos envió. Pronto viene la noche cuando nadie puede trabajar»*.

Segundo, apresúrate cuando Dios te ofrezca la salvación. ¡Este es el momento más importante de tu vida! ¡No te demores! Dios te ha ofrecido la salvación; hoy es el día para aceptarla.

No decidir es decidir. Cuando dices «todavía no», le estás diciendo «no» a Cristo. La Biblia afirma en 2 Corintios 6:2: *«Pues Dios dice: "En el momento preciso, te oí. En el día de salvación te ayudé". Efectivamente, el "momento preciso" es ahora. Hoy es el día de salvación»*.

¿Cómo aceptas la salvación? Te alejas de ti mismo y te acercas a Dios. Le pides a Cristo que entre en tu vida, que perdone tus pecados y te haga quien anhela que seas.

La salvación es el mejor regalo que jamás se te ofrecerá. Apresúrate a aceptarlo hoy.

16 DE FEBRERO

Un buen momento para reducir la velocidad

El que es paciente muestra gran inteligencia.
PROVERBIOS 14:29 (NVI)

A veces Dios quiere que te des prisa, pero a veces quiere que desaceleres. Como señala Proverbios 14:29, *«el que es paciente muestra gran inteligencia»* (NVI). ¿Cuándo debes desacelerar?

Cuando no tengas todos los hechos. Nuestra cultura rinde culto a la impulsividad y a la espontaneidad. Te dice que las decisiones espontáneas son las correctas. Pero la Biblia señala: *«Precipitarse a responder antes de escuchar los hechos es a la vez necio y vergonzoso»* (Proverbios 18:13).

Es probable que hayas escuchado que debes «seguir tu corazón», pero la Biblia indica que *«el corazón humano es lo más engañoso que hay, y extremadamente perverso»* (Jeremías 17:9). Los sentimientos a menudo te llevan en la dirección equivocada. Necesitas confiar en la verdad objetiva, no basada en tus emociones. Cuando no tengas toda la información, ve más despacio. No confíes en tu instinto, tu corazón ni tus sentimientos. Busca con cuidado la verdad objetiva, la cual viene solo de Dios.

Cuando estés herido, enojado o deprimido. Cuando estás molesto, es más fácil reaccionar y tomar represalias en lugar de actuar con sabiduría. Santiago 1:19 dice: *«Deben ser rápidos para escuchar, lentos para hablar y lentos para enojarse»*. ¿Ves el ritmo? Rápido, lento, lento. Si eres rápido para escuchar y lento para hablar, serás lento para enojarte. Pero si eres lento para escuchar y rápido para hablar, lo más probable es que te enojes pronto.

Proverbios 15:28 manifiesta: *«El corazón del justo piensa bien antes de hablar»*. Las personas piadosas usan su mente antes que su boca. Cuando te sientas enojado, herido o deprimido, ten en cuenta que es parte de la vida y desacelera. Proverbios 14:29 dice: *«El que es paciente muestra gran inteligencia; el que es agresivo muestra mucha insensatez»* (NVI).

Evita tomar decisiones apresuradas impulsadas por las emociones o la falta de información. En lugar de «seguir tu corazón», tómate el tiempo que necesites para desacelerar y tomar una decisión cuidadosa.

¡Es inteligente ser paciente!

17 DE FEBRERO

Cómo combatir la tentación paso a paso

Estoy decidido a obedecer tus decretos hasta el final.

SALMO 119:112

Cuando las personas se sienten ineficaces o derrotadas en la vida, a menudo es porque no saben cómo pelear la batalla que se libra en su mente. No se dan cuenta de que la tentación implica un proceso; no es un acto aislado. Y, aunque es un proceso, ese proceso puede ocurrir con rapidez en solo cuatro pasos.

El primer paso es el deseo. Dios te dio el deseo de beber, dormir, comer y tener relaciones sexuales; esos deseos no tienen nada malo. Pero la tentación convierte un deseo natural en un deseo desenfrenado. Se vuelve más importante que otras cosas. Es todo en lo que puedes pensar.

El segundo paso es la duda, la duda acerca de Dios, su Palabra y su amor. La duda ocurre cada vez que cuestionas y piensas: *Sé que la Biblia dice* esto, *pero ¿Dios en realidad decir que esto se aplica al sexo [o a la comida o a lo que sea]?* Comienzas a dudar de si puedes confiar en Dios y en su Palabra.

El tercer paso es el engaño. Empiezas a creer una mentira. Satanás conoce tus debilidades. Sabe qué es lo que llamará tu atención y te moverá del deseo a la duda y luego al engaño.

El cuarto paso es la desobediencia y la derrota. En esta instancia es cuando tu tentación se convierte en pecado. Lo que llamó tu atención se convierte en atracción, la atracción se convierte en una actitud y la actitud se convierte en una acción. La tentación no es un pecado; la acción sí lo es.

La Biblia lo explica así: *«La tentación viene de nuestros propios deseos, los cuales nos seducen y nos arrastran. De esos deseos nacen los actos pecaminosos, y el pecado, cuando se deja crecer, da a luz la muerte»* (Santiago 1:14-15).

Eres libre de elegir lo que piensas en la vida, pero no estás libre de las consecuencias de tus elecciones. Es por eso que el mejor momento para ganar la batalla que se libra en tu mente es antes de que comience. El Salmo 119:112 lo explica así: *«Estoy decidido a obedecer tus decretos hasta el final»*.

¿Has tomado la decisión de obedecer la Palabra de Dios, pase lo que pase? Decide hoy reconocer la tentación y aléjate de ella antes de que avance un paso más.

18 DE FEBRERO

Regocijarse cuando no tiene sentido

Amados hermanos, cuando tengan que enfrentar cualquier tipo de problemas, considérenlo como un tiempo para alegrarse mucho.

SANTIAGO 1:2

A pesar de los desafíos y las dificultades que estés enfrentando puedes confiar en que Dios te ayudará a superarlos.

Es por eso que puedes regocijarte cuando te enfrentas a cualquier clase de problemas: «*Amados hermanos, cuando tengan que enfrentar cualquier tipo de problemas, considérenlo como un tiempo para alegrarse mucho*» (Santiago 1:2).

Es fácil malinterpretar este versículo. Dios no está diciendo que debas buscar las dificultades, negar la realidad o «fingir que todo está bien hasta que lo logres». No tienes que estar contento con tus circunstancias.

No necesitas regocijarte *por* los problemas. Pero puedes regocijarte *durante* los problemas debido a lo que sabes que es verdad.

¿Qué es verdad? Dios ve y se preocupa por todo lo que estás pasando. Nunca estás solo; Dios siempre está contigo. Te dará fuerzas si confías en él.

Uno de los mayores consuelos cuando estás pasando por problemas es la promesa de Dios en Romanos 8:28: «*Ahora bien, sabemos que Dios dispone todas las cosas para el bien de quienes lo aman*» (NVI).

Dios ha prometido sacar lo bueno de lo malo para ti, en *todo*. Esa no es una promesa para todos. Es una promesa para los creyentes, aquellos que siguen a Jesús y se comprometen a vivir según su plan y su propósito.

Cuando estás en un momento difícil, puedes elegir el gozo mientras confías en la bondad de Dios. El gozo se basa en lo que sabes que es verdad: Dios cumplirá su promesa de hacer que todo funcione para bien, según su propósito. Debido a que el gozo no se basa en las circunstancias, puedes tomar la decisión de regocijarte sin importar cuál sea tu situación.

En el Salmo 34:1, el rey David dijo: «*Alabaré al Señor en todo tiempo; a cada momento pronunciaré sus alabanzas*». Incluso ahora, en tus momentos difíciles, puedes dar gracias a Dios, alabar a Dios y regocijarte en Dios.

No solo en los buenos tiempos. En todo momento.

19 DE FEBRERO

Deja que tus pruebas te hagan más como Jesús

Porque ustedes saben que, siempre que se pone a prueba la fe, la constancia tiene una oportunidad para desarrollarse. Así que dejen que crezca, pues una vez que su constancia se haya desarrollado plenamente, serán perfectos y completos, y no les faltará nada.

SANTIAGO 1:3-4

¡Jesús vuelve! Cuando lo haga arreglará todas las cosas. Si eres su seguidor, pasarás la eternidad con él.

Así es como termina la historia; pero ¿qué haces mientras tanto? En la vida, sin lugar a dudas, te enfrentarás al estrés y a los problemas. Dios quiere que uses esas pruebas para desarrollar perseverancia y llegar a ser más como Cristo.

La Biblia expresa: «*Porque ustedes saben que, siempre que se pone a prueba la fe, la constancia tiene una oportunidad para desarrollarse. Así que dejen que crezca, pues una vez que su constancia se haya desarrollado plenamente, serán perfectos y completos, y no les faltará nada*» (Santiago 1:3-4).

¿Suena imposible llegar a ser como Cristo: «*Perfectos y completos, y no les faltará nada*»? La Biblia afirma que Dios puede hacer esa obra en ti: «*Ahora, que el Dios de paz los haga santos en todos los aspectos, y que todo su espíritu, alma y cuerpo se mantenga sin culpa hasta que nuestro Señor Jesucristo vuelva*» (1 Tesalonicenses 5:23).

¿Estás completo o fragmentado? ¿Te estás armando o te estás desmoronando? Si te sientes fragmentado en este momento, no te preocupes. No se supone que debas tener todo bajo control. No puedes ser perfecto mientras estás aquí en la tierra.

Lo que puedes hacer es esforzarte por estar espiritualmente apto en preparación para la venida de Jesucristo.

Es importante que te mantengas en buen estado físico y que cuides tu salud mental. Pero no descuides tu aptitud espiritual. No tienes que ser el más fuerte, el más rápido o el más saludable cuando se trata de estar en forma espiritualmente. Solo necesitas seguir trabajando en ello y dejar que los problemas que enfrentas te ayuden a crecer en la fe.

Si no tienes trabajo, si estás sufriendo una enfermedad o sintiendo el peso de los prejuicios, acude a la Palabra de Dios y a sus promesas. Cuando sientas que te estás desmoronando, recuerda que Dios está obrando para hacerte más como él. Y puede usar incluso las circunstancias más difíciles de tu vida para lograrlo.

20 DE FEBRERO

Dios puede usar tus debilidades para bien

Así que ahora me alegra jactarme de mis debilidades, para que el poder de Cristo pueda actuar a través de mí.

2 CORINTIOS 12:9

Dios es fuerte cuando somos débiles; e incluso puede usar nuestros puntos más débiles para bien.

Encontrarás a continuación cuatro maneras en que Dios usa tus debilidades para bien:

Tus debilidades impiden la arrogancia. Darte cuenta de que no eres perfecto te hace humilde. Y ser humilde te hace más como Jesús. El apóstol Pablo tenía una *«espina en la carne»* que le impedía volverse arrogante. Le pidió a Dios que se la quitara: *«En tres ocasiones distintas, le supliqué al Señor que me la quitara. Cada vez él me dijo: "Mi gracia es todo lo que necesitas"»* (2 Corintios 12:8-9). La gracia de Dios es suficiente para ti también.

Tus debilidades te ayudan a valorar a los demás. La Biblia expone: *«De hecho, algunas partes del cuerpo que parecieran las más débiles y menos importantes, en realidad, son las más necesarias»* (1 Corintios 12:22). A medida que aprendes a depender de las personas que tienen lo que a ti te falta, tus debilidades te ayudan a aprender a vivir en comunidad bíblica.

Tus debilidades te hacen más dependiente de Dios. Si no tuvieras debilidades, vivirías una vida autosuficiente, como si no necesitaras a Dios. Pablo dijo: *«Así que ahora me alegra jactarme de mis debilidades, para que el poder de Cristo pueda actuar a través de mí. [...] Pues, cuando soy débil, entonces soy fuerte»* (2 Corintios 12:9-10).

Tus debilidades te dan un ministerio. Dios usa tus fortalezas y debilidades en el ministerio. *«Él nos consuela en todas nuestras dificultades para que nosotros podamos consolar a otros. Cuando otros pasen por dificultades, podremos ofrecerles el mismo consuelo que Dios nos ha dado a nosotros»* (2 Corintios 1:4). Cuando has resuelto un problema o has aprendido a vivir con una debilidad, puedes ayudar a otras personas en circunstancias similares.

Tal vez seas como Pablo y le ruegas a Dios que te quite una debilidad. Hoy puede ser el momento de comenzar a confiar en Dios para que use esa debilidad con el fin de hacerte más como Jesús.

21 DE FEBRERO

La velocidad de Dios siempre es la correcta

Piensa qué camino vas a seguir, y plántate firme en todos tus caminos.

PROVERBIOS 4:26 (RVC)

Cuando tienes que tomar una decisión importante, Dios quiere que vayas más despacio. Proverbios tiene mucho que decir al respecto. Proverbios 21:29 señala: «*El perverso finge para salir del apuro, pero el honrado piensa antes de actuar*». Y Proverbios 4:26 expresa: «*Piensa qué camino vas a seguir, y plántate firme en todos tus caminos*» (RVC). ¿Qué significa *pensar*? Meditar, reflexionar o considerar con cuidado. No se puede reflexionar con prisa.

¿Cuándo necesitas reflexionar? Cuando estás tomando decisiones importantes. Un cambio de profesión, un cambio de ministerio, con quién te casarás o una compra importante, por ejemplo.

Proverbios 22:3 manifiesta: «*El prudente se anticipa al peligro y toma precauciones. El simplón avanza a ciegas y sufre las consecuencias*». Solemos tomar decisiones «irreflexivas» al gastar dinero. Es por eso que tanta gente está endeudada.

¿La solución? «*Los planes bien pensados producen ganancias; los apresurados traen pobreza*» (Proverbios 21:5, NVI).

También debes moverte lentamente cuando esperas que crezca una semilla que plantaste.

La Biblia habla mucho sobre la siembra y la cosecha. Cuando se planta una semilla, se recibe una cosecha.

Esto sucede en todas las áreas de tu vida. Si siembras bondad, cosechas bondad. Si siembras chismes, cosechas chismes. Si siembras generosidad, cosechas generosidad. Todo lo que siembres, cosecharás.

Pero siempre hay un periodo de tiempo entre la siembra y la cosecha. No pones una semilla en la tierra y al día siguiente tienes un manzano.

Tal vez sientas que has pasado mucho tiempo esperando la cosecha. En ese caso esta promesa es para ti: «*Tardará un poco en cumplirse, pero tú no te desesperes; aún no ha llegado la hora de que todo esto se cumpla, pero puedo asegurarte que se cumplirá sin falta*» (Habacuc 2:3, TLA).

Es importante que sepas que puedes confiar en el tiempo de Dios. A veces Dios quiere que vayas rápido y, a veces, te pide que vayas despacio. Cualquiera que sea, su velocidad siempre es la correcta.

22 DE FEBRERO

La fe agrada a Dios, no los sentimientos

Desnudo salí del vientre de mi madre y desnudo he de partir. El Señor *ha dado; el* Señor *ha quitado. ¡Bendito sea el nombre del* Señor*!*

JOB 1:21 (NVI)

Cuando eres un cristiano nuevo, Dios a menudo te da emociones que te aseguran que está presente y que le importas. Conforme crezcas en la fe, sin embargo, Dios te liberará de depender de tus emociones para que creas que está presente y obrando en tu vida.

La omnipresencia de Dios y la manifestación de su presencia son dos cosas diferentes. Una es un hecho. La otra es, a menudo, un sentimiento. Dios está siempre presente, incluso cuando no te das cuenta. Su presencia es demasiado profunda para ser medida por simples emociones.

Sin lugar a dudas, quiere que sientas su presencia, pero está más interesado en que confíes en él que en que lo sientas. La fe es lo que agrada a Dios, no los sentimientos.

Las situaciones que sin duda pondrán a prueba tu fe serán aquellos momentos en los que tu vida se desmorona y Dios parece estar ausente. Esto le sucedió a Job. En un solo día, perdió todo: familia, negocio, salud y todo lo que poseía. Y lo que es más desalentador, ¡Dios guardó silencio durante treinta y siete capítulos de la Biblia!

¿Cómo alabas a Dios cuando no entiendes lo que está sucediendo en tu vida y Dios está en silencio? ¿Cómo te mantienes conectado en una crisis si no hay comunicación? ¿Cómo mantienes tus ojos en Jesús cuando están llenos de lágrimas?

Haces lo que hizo Job: «*Se dejó caer al suelo en actitud de adoración. Entonces dijo: "Desnudo salí del vientre de mi madre y desnudo he de partir. El* Señor *ha dado; el* Señor *ha quitado. ¡Bendito sea el nombre del* Señor*!"*» (Job 1:20-21, NVI).

Le abres tu corazón a Dios y le dices exactamente cómo te sientes. Descargas todas tus emociones. Job hizo esto cuando dijo: «*Por lo que a mí toca, no guardaré silencio; la angustia de mi espíritu me lleva a hablar, la amargura en que vivo me obliga a protestar*» (Job 7:11, NVI).

Dios puede manejar tus dudas, enojo, miedo, dolor, confusión y preguntas. Los sentimientos en sí mismos no prueban la presencia de Dios. Pero a Dios le agrada cuando le expresas tus sentimientos porque crees que te escucha y se preocupa por ti.

23 DE FEBRERO

Tres pasos para revelar tus puntos ciegos

Señálame cualquier cosa en mí que te ofenda
y guíame por el camino de la vida eterna.
SALMO 139:24

Nuestra tendencia natural es autoengañarnos. Creemos en nuestros sentimientos aunque no siempre son precisos. Creemos en nuestros pensamientos aunque no siempre son la verdad. Y es porque todos tenemos puntos ciegos: actitudes o debilidades que no podemos ver, o nos negamos a ver, aunque causen conflictos con los demás. ¿Cómo puedes ver la verdad más allá de tus autoengaños? Tres pasos sencillos para comenzar son:

Primero, pídele a Dios claridad. Dile: «*Señálame cualquier cosa en mí que te ofenda y guíame por el camino de la vida eterna*» (Salmo 139:24). La Biblia afirma que el corazón es engañoso, así que pídele a Dios que te recuerde la verdad acerca de él y la verdad acerca de ti. Además, pídele que te ayude a confiar en él.

Después de haberle pedido claridad a Dios, pídeles a algunos amigos cristianos o familiares de confianza ayuda. Dios trae personas a tu vida que pueden ver tus puntos ciegos para ayudarte, y tú puedes ver los suyos. Proverbios 12:15 afirma: «*Los necios creen que su propio camino es el correcto, pero los sabios prestan atención a otros*». Si crees que puedes trabajar en ti mismo solo, eso es un punto ciego.

Luego, pídele a Jesús que te cambie. Jesús manifestó: «*Yo soy [...] la verdad*» (Juan 14:6). Y la Biblia expresa: «*La verdad los hará libres*» (Juan 8:32). Cuanto más cerca estás de Jesús, menos vulnerable eres al autoengaño porque caminas en la luz de la verdad de Dios, la cual te ayuda a verte como eres en realidad y a ver a los demás como son en realidad.

Jesús lo dijo en Juan 9:39: «*Yo entré en este mundo para hacer juicio, para dar vista a los ciegos y para demostrarles a los que creen que ven, que, en realidad, son ciegos*». Jesús vino para ayudarte a ver tus puntos ciegos y a recuperar la vista, de modo que puedas verte a ti mismo como eres en realidad.

Dios puede liberarte de tus faltas ocultas, de tus puntos ciegos y de tus autoengaños. Pídele claridad, pídeles ayuda a algunos amigos cristianos o familiares de confianza y luego pídele a Jesús que te cambie.

¡La verdad te hará libre!

24 DE FEBRERO

La unidad es nuestro mayor testimonio ante el mundo

Yo les he dado la gloria que me diste, para que sean uno, así como nosotros somos uno: yo en ellos y tú en mí. Permite que alcancen la perfección en la unidad, y así el mundo reconozca que tú me enviaste y que los has amado a ellos tal como me has amado a mí.

JUAN 17:22-23 (NVI)

Nuestra unidad como familia de Dios, la iglesia, es nuestro mayor testimonio para los incrédulos.

Es por eso que la última oración de Jesús antes de ir a la cruz fue que la iglesia viviera en unidad: *«Te pido que todos sean uno, así como tú y yo somos uno, es decir, como tú estás en mí, Padre, y yo estoy en ti. Y que ellos estén en nosotros, para que el mundo crea que tú me enviaste»* (Juan 17:21).

¿Te diste cuenta de que Jesús dijo que la unidad de sus seguidores haría que las personas vinieran a Cristo? Dijo que otros creerían en él cuando vieran a los cristianos amarse los unos a los otros y vivir en unidad. Esta es la visión y la meta de Jesús para todos aquellos que afirman que él es su Salvador.

Los siguientes versículos de la oración de Jesús dicen que Dios nos da su gloria para que estemos unidos y los demás vean el evangelio: *«Yo les he dado la gloria que me diste, para que sean uno, así como nosotros somos uno: yo en ellos y tú en mí. Permite que alcancen la perfección en la unidad, y así el mundo reconozca que tú me enviaste y que los has amado a ellos tal como me has amado a mí»* (Juan 17:22-23, NVI).

El propósito de la presencia de Dios en tu vida es hacerte más amoroso, no más duro, ni más tendencioso, ni más obstinado, sino más amoroso. Jesús les dijo: *«Este es mi mandamiento: ámense unos a otros de la misma manera en que yo los he amado»* (Juan 15:12).

¿Quieres la gloria de Dios en tu vida? ¿Quieres el poder de Dios en tu vida? ¿Quieres sentir la presencia de Dios en tu vida? Jesús afirma que le da su gloria, su poder, a aquellos que dejan de lado las diferencias que tienen con otros cristianos. Jesús quiere que priorices las necesidades de los demás por encima de tus preferencias para que puedas vivir en unidad con otros creyentes. Pablo compartió ese mismo mensaje con algunos de los primeros cristianos: *«Siempre humildes y amables, pacientes, tolerantes unos con otros en amor. Esfuércense por mantener la unidad del Espíritu mediante el vínculo de la paz»* (Efesios 4:2-3, NVI).

Hoy más que nunca, la gente necesita ver que la unidad es posible, y que se encuentra en la iglesia. Es nuestra responsabilidad dejar a un lado nuestro orgullo y prioridades para enfocarnos en el propósito de Dios.

Si quieres que Dios te use así, haz la siguiente oración ahora: «Padre, le has dado a tu iglesia una gran misión en el mundo, quiero ser parte de ella. Confieso mi orgullo y egoísmo, los cuales han impedido que considere las necesidades de los demás antes que las mías. Por favor, desarrolla en mí el carácter de Jesús para que elija hacer a un lado mis preferencias y necesidades por el bien de la unidad en la iglesia. Ayúdame a ver a las personas como tú las ves para que pueda tratarlas con compasión y gracia. Solo tú puedes cambiar mi corazón. Deseo que mi vida muestre ese cambio. Te lo ruego en el nombre de Jesús, amén».

Nuestro amor mutuo mostrará al mundo que pertenecemos a Jesús y será un testimonio del poder de Cristo para transformar vidas.

25 DE FEBRERO

Para cumplir con la misión de Dios deberás dar un paso de fe

En realidad, sin fe es imposible agradar a Dios, ya que cualquiera que se acerca a Dios tiene que creer que él existe y que recompensa a quienes lo buscan.

HEBREOS 11:6 (NVI)

Cuando Dios le encomendó a Jonás la misión de ir a Nínive, para cumplir con esa misión, Jonás debía dar un gran paso de fe. Era un paso tan grande que al principio huyó de él.

Nínive era la ciudad más grande e importante del mundo en esa época. Era la capital de Asiria, el imperio más fuerte de la época. Nínive era conocida por su belleza: amplios bulevares, parques, canales, gran arquitectura, palacios y templos.

Pero los asirios también eran conocidos por ser crueles y malvados. ¡Destruían casi todo a su paso!

A Jonás se le exigía que tuviera una fe increíble para poder predicarles. Asiria había capturado, dominado y esclavizado a los judíos en repetidas ocasiones. Odiaban a Israel, e Israel los odiaba a ellos. Eran enemigos mortales con quienes tenían diferencias políticas, religiosas y raciales irreconciliables.

Dios quería salvar a los asirios, así que envió a Jonás a predicar el arrepentimiento en Nínive. En lugar de obedecer a Dios, Jonás huyó. Se negó a dar el paso de fe necesario para comenzar su misión, mucho menos para completarla.

Jonás al fin cumplió con su misión y aprendió que Dios está con nosotros en cada paso de nuestra misión, para guiarnos y proveer lo que necesitemos. Jesús prometió lo mismo cuando nos dio la gran comisión: *«Por tanto, vayan y hagan discípulos de todas las naciones, bautizándolos en el nombre del Padre y del Hijo y del Espíritu Santo, enseñándoles a obedecer todo lo que les he mandado a ustedes. Y les aseguro que estaré con ustedes siempre, hasta el fin del mundo»* (Mateo 28:19-20, NVI).

Al igual que la misión de Jonás, la misión que Dios te dio pondrá a prueba tu fe. Puede que desafíe tus comodidades, tus prejuicios o tu posición política.

La Biblia expresa: *«En realidad, sin fe es imposible agradar a Dios, ya que cualquiera que se acerca a Dios tiene que creer que él existe y que recompensa a quienes lo buscan»* (Hebreos 11:6, NVI).

Dios te ayudará a cumplir su misión en la tierra. ¡Solo debes dar un paso de fe!

26 DE FEBRERO

No puedes huir de Dios

Pero Jonás huyó del SEÑOR y se dirigió a Tarsis.
JONÁS 1:3 (NVI)

Dios nos asigna a cada uno de nosotros una misión única y nos permite escoger cumplirla o no.

La misión que Dios encomendó a Jonás era advertir al pueblo de Nínive que el juicio se acercaba. «*Pero Jonás huyó del SEÑOR y se dirigió a Tarsis*» (Jonás 1:3, NVI).

Jonás tuvo que enfrentar las consecuencias de su decisión; el mismo tipo de consecuencias que podrías enfrentar si huyes de la misión de Dios para tu vida.

La Biblia relata que cuando Jonás abordó un barco para alejarse de su misión, Dios envió una poderosa tormenta para evitar que el barco avanzara (Jonás 1:4).

¿Por qué Dios hizo eso? Una de las razones es porque amaba a Jonás y quería que tomara una buena decisión, una que le diera una vida de propósito y satisfacción. Dios nos envía oposición para animarnos a tomar mejores decisiones.

La desobediencia de Jonás también puso en peligro la vida de todos aquellos que viajaban a Tarsis en ese barco. Cuando huyes de Dios, las consecuencias no solo te afectan a ti. Las personas inocentes, incluidas las que te importan, pueden resultar heridas. Tal vez sea tu cónyuge, tus hijos, tus nietos o tus amigos. A veces son personas que ni siquiera conoces. Tu desobediencia también daña a otras personas.

Jonás muestra que cuando huyes de Dios, tu vida comienza una trayectoria descendente. La desobediencia te costará desde el aspecto económico al físico y relacional.

Nínive estaba a 885 kilómetros de distancia del pueblo de Israel donde Jonás vivía. Él trató de huir a Tarsis, a 4023 kilómetros de distancia en la dirección opuesta. Tomó lo que pensó era el camino fácil, porque era el mejor camino para él. Eso es parte del problema: ¡solo estaba pensando en sí mismo! No quería ser parte de la redención de Nínive porque no creía que se lo merecieran.

La verdad es que no puedes huir de Dios porque está en todas partes y lo sabe todo. No te obliga a seguirlo porque quiere que *escojas* amarlo y seguirlo.

No trates de huir de Dios, quien te hizo, te salvó, te ama y está obrando para tu bien. Seguirlo y cumplir con la misión que te encomiende siempre será la elección correcta.

27 DE FEBRERO

Dios hace milagros cuando aceptas tu misión

Los marineros quedaron asombrados por el gran poder del Señor, le ofrecieron un sacrificio y prometieron servirle.

JONÁS 1:16

Cuando aceptas la misión de Dios para tu vida, suceden milagros.

Lo vemos en la vida de Jonás. Dios le dijo que le advirtiera a la gente de Nínive, pero Jonás no quiso y abordó un barco en dirección opuesta. Para hacerlo volver a la misión, Dios envió una violenta tormenta. Jonás dijo: «*Échenme al mar [...] y volverá la calma. Yo sé que soy el único culpable de esta terrible tormenta*» (1:12).

Cuando Jonás por fin estuvo listo para obedecer a Dios, ocurrieron tres milagros. Estos mismos milagros sucederán cuando aceptes la misión de Dios para *tu* vida.

La vida se calma. Dios calmó la tormenta cuando Jonás fue arrojado al mar. El mar pasó de grandes olas que se estrellaban contra el barco a estar en completa calma.

Cuando aceptes la misión de Dios, él calmará la tormenta que envió para llamar tu atención. Es posible que tus circunstancias externas no cambien de inmediato, pero encontrarás una sensación de paz donde antes hubo tormenta y descanso donde antes hubo pánico.

Los incrédulos creerán. Cuando Dios detuvo la tormenta, «*los marineros quedaron asombrados por el gran poder del Señor, le ofrecieron un sacrificio y prometieron servirle*» (Jonás 1:16). Los incrédulos creyeron porque un seguidor de Dios siguió el camino correcto.

Es probable que tengas un amigo o pariente que no es cristiano. Es posible que estén más dispuestos a confiar en Jesús cuando elijas seguir a Dios de todo corazón.

Dios tiene misericordia de ti. La Biblia relata en Jonás 1:17 que «*el Señor había provisto que un gran pez se tragara a Jonás*». No suena a misericordia, pero lo fue. Jonás fue arrojado por la borda en una tormenta. Solo sobrevivió porque Dios envió un gran pez a tragárselo.

Algunas personas piensan que, si regresan a Dios y aceptan su misión, él los castigará por todo el tiempo que perdieron. ¡Eso no es cierto! Él quiere que cumplas tu misión y te dará la bienvenida con los brazos abiertos.

Dios puede tomar cualquier cosa que le des y convertirla en algo milagroso.

28 DE FEBRERO

Cuando te sientas desesperado, ora apasionadamente

En mi gran aflicción clamé al Señor y él me respondió. Desde la tierra de los muertos te llamé, ¡y tú, Señor, me escuchaste!

JONÁS 2:2

Cuando oras, ¿solo le dices a Dios lo que crees que quiere escuchar? ¿O tienes un modelo que tiendes a seguir sin pensar en sí en lo que dices? Tal vez comiences con un simple: «Hola, Dios. ¿Cómo te va?». Luego sigues con una oración predecible, la cual se parece mucho a la última oración que hiciste.

Pero Dios no está buscando una oración trillada, memorizada y mecánica que en realidad no es sincera. Se aburre con oraciones como esas. Por el contrario, Dios quiere que ores con sinceridad y pasión.

Jonás puede enseñarnos mucho acerca de cómo orar apasionadamente. Mientras se sumergía como una piedra en el océano y un pez enorme lo tragaba, exclamó: *«En mi gran aflicción clamé al Señor y él me respondió. Desde la tierra de los muertos te llamé, ¡y tú, Señor, me escuchaste!»* (Jonás 2:2).

Como padre, siempre me daba cuenta cuando mis hijos decían algo diferente a lo que en realidad querían decir. Dios también lo sabe. No puedo imaginar a Jonás orando mecánicamente desde el interior del pez: «Ahora me voy a dormir». Jonás no oró así. Contrario a eso, *«clamó al Señor»*. Su oración de seguro sonó algo así como: «¡Dios! ¡Necesito ayuda ahora mismo!».

Dios contesta las oraciones sinceras, incluso las frenéticas y emotivas que oramos en medio de una crisis. Quiere que ores lo que está en tu corazón. Dios incluso quiere escuchar tus quejas. En la Biblia eso se llama *lamentarse*, la cual es otra palabra para quejarse. Está interesado en cada detalle de tu vida, incluso cuando no eres feliz.

Muchos de los salmos son lamentos u oraciones de queja a Dios. Incluso hay un libro en la Biblia que se llama Lamentaciones, el cual está lleno de las quejas del profeta Jeremías. Dios se preocupa por tu dolor. Quiere escuchar lo que hay en tu corazón. Él prefiere escuchar tus quejas que una oración cortés que no es sincera.

Si te encuentras en una situación desesperada en este momento (si no es así, en algún momento te encontrarás), omite la oración mecánica. Comparte lo que en verdad hay en tu corazón con Dios.

Él quiere escucharte.

1 DE MARZO

No permitas que el miedo al fracaso te detenga

Pues Dios no nos ha dado un espíritu de temor y timidez, sino de poder, amor y autodisciplina.
2 TIMOTEO 1:7

Apenas tres meses después de que Kay y yo nos casáramos, tuve un colapso físico y mental total que causó que terminara en el hospital. Tenía miedo al fracaso y pensé que mi vida había terminado aunque solo tenía veintiún años. El psiquiatra del hospital me dijo que necesitaba tomarme un tiempo de descanso.

Así que fuimos a la casa de mis padres en el norte de California, donde seguí sintiéndome como un fracasado total. Pensaba que no podía hacerme cargo de nada. Todo me molestaba y me ponía nervioso.

Entonces, una noche, tuve un sueño que parecía diabólico. Me desperté con un sudor frío. Mientras estaba acostado en la cama, respirando aceleradamente, escuché sonar el teléfono. Mi mamá respondió. El hombre al teléfono le dijo: «¿Es esta la casa donde está alojado Rick Warren? ¿Podría hablar con él?».

Cuando levanté el teléfono, el hombre dijo: «Rick, no me conoces. Nunca nos hemos conocido. No importa cómo conseguí este número. Vivo en San Diego. Dios me dijo que te llamara y te diera este versículo: *"Pues Dios no nos ha dado un espíritu de temor y timidez, sino de poder, amor y autodisciplina"* (2 Timoteo 1:7). Rick, tú tienes derecho en Jesucristo a tener una mente sana». Luego colgó.

¿No crees que Dios use a las personas así? La verdad es que sí lo hace. Podría haber sido un ángel, pero no tendría por qué serlo. Tal vez Dios simplemente le dijo a un hombre cualquiera: «Llama a ese muchacho». Y él, en obediencia, lo hizo.

Me aferré a ese versículo durante ese año de depresión en el que pensé que era un fracaso total a pesar de que mi vida apenas había comenzado. Dios no había terminado conmigo y ha hecho muchas cosas en mi vida desde entonces.

Dios tampoco ha terminado contigo. No importa por lo que hayas pasado. Lamento todo el dolor que puedas haber experimentado, pero no puedes dejar que el miedo te detenga. Esfuérzate por confiar en Dios en todo lo que haces. Luego, vive en fe y en amor.

2 DE MARZO

Dios hace crecer tu fe a través de la oración

Pidan y se les dará; busquen y encontrarán; llamen y se les abrirá.

MATEO 7:7 (NVI)

¡Dios *puede* y está *ansioso* por satisfacer nuestras necesidades! Sin embargo, a veces olvidamos lo comprometido que Dios está a ayudarnos. Como resultado, dejamos de pedirle ayuda y empezamos a depender de nosotros mismos.

Tal vez solo le pidas a Dios las «cosas grandes» no las «cosas pequeñas». Pero ¿sabes qué? Todo es pequeño para Dios. Ninguna de tus peticiones es grande a los ojos de Dios. Él tiene todos los cabellos de tu cabeza contados; y sabe cuántos se cayeron esta mañana.

No molestas a Dios con tus peticiones; él es quien estableció el sistema de oración. Es por eso que el Nuevo Testamento te dice más de veinte veces que pidas lo que sea que necesites en oración. Mateo 7:7 nos instruye: *«Pidan y se les dará; busquen y encontrarán; llamen y se les abrirá»* (NVI).

A veces, en lugar de pedirle algo a Dios, solo te preocupas por ello. Si es tan grande como para que te preocupes por ello, también es tan grande como para que ores por ello. La preocupación no resolverá nada. La oración sí lo hará.

Dios hace crecer tu fe y tu confianza de la misma manera que un padre le enseña a un hijo a confiar. La Biblia señala: *«Así que si ustedes [...] saben dar buenos regalos a sus hijos, cuánto más su Padre celestial dará [...] a quienes lo pidan»* (Lucas 11:13).

Esta es la forma como funciona entre un padre y un hijo. En primer lugar, el niño reconoce una necesidad insatisfecha. En segundo lugar, el niño expresa esa necesidad. En tercer lugar, el padre satisface esa necesidad.

Dios usa este mismo ciclo para enseñarte a confiar en él. Tienes una necesidad insatisfecha. Expresas esa necesidad insatisfecha a Dios. Él satisface esa necesidad y, como resultado, aprendes a confiar más en él. Si no estás expresando tus necesidades a Dios, ¿cómo puedes crecer en confianza? Dios siempre demuestra su bondad cuando le pides algo en oración.

Adelante; pruébalo hoy. Lleva tus necesidades a Dios en oración. Después de que lo hagas, presta atención a las formas en que él contesta tus oraciones y satisface tus necesidades. Aprenderás a confiar en que Dios es confiable y que puedes contar con él en cualquier circunstancia.

Sé quien Dios te creó para que fueras

No tratamos de engañar a nadie ni de distorsionar la palabra de Dios.
2 CORINTIOS 4:2

Nada es más desalentador que tratar de ser algo que no eres.

Tal vez mantienes una fachada porque tienes miedo de que otras personas descubran quién eres o tienes temor de que Dios no te ame. Pero cuando vives así, te pierdes lo mejor de Dios para tu vida.

Dios no te diseñó para que fueras un impostor o un farsante. Si quieres la bendición de Dios en tu vida, tienes que dejar de vivir para la aprobación de los demás y comenzar a ser quien Dios te hizo para que fueras. Cuando llegues al cielo no te va a preguntar: «¿Por qué no te parecías más a tu hermana o al chico popular de la escuela o a tu amigo exitoso?». Te hará rendir cuentas sobre si cumpliste o no sus propósitos para *tu* vida.

El mundo no necesita a dos versiones de ti ni de nadie más. Lo que *sí* necesita es que hagas la obra que Dios tiene para ti en la tierra. Él te formó de una manera única y te dio talentos únicos. Por lo tanto, si decides ser alguien más que tú mismo todos nos perderemos lo que eres en realidad.

Pablo expresó en 2 Corintios 4:2: *«No tratamos de engañar a nadie ni de distorsionar la palabra de Dios»*. En otras palabras, no nos estamos poniendo un disfraz o una máscara. No estamos fingiendo que somos algo que no somos. Enseñamos la verdad de la Palabra de Dios con claridad, reflejando quiénes somos en realidad como seguidores de Cristo.

Nada es más desalentador que tratar de complacer a todo el mundo. He estado en la portada de la revista *Newsweek* dos veces, una como héroe y otra como villano. ¡Así es la vida! Ni siquiera Dios puede satisfacer a todos. Cuando alguien está orando por un día de nieve, alguien más está orando por un cielo despejado.

Si siempre estás tratando de ser algo que no eres, estarás estresado, temeroso de ser descubierto y serás propenso al desánimo.

Para vencer el desánimo, sé auténtico. No tienes que ser perfecto para que Dios te bendiga; solo sé quien te diseñó para que fueras.

4 DE MARZO

¿Estás siendo honesto contigo mismo?

Los que están dominados por la naturaleza pecaminosa piensan en cosas pecaminosas, pero los que son controlados por el Espíritu Santo piensan en las cosas que agradan al Espíritu.

ROMANOS 8:5

¿Alguna vez te has sentido como si fueras rehén de tus pensamientos? Tal vez no puedas sacar cierto pensamiento de tu mente. O a pesar de que sabes que algo no te conviene, lo haces.

Romanos 7:23 afirma: «*Pero hay otro poder dentro de mí que está en guerra con mi mente. Ese poder me esclaviza al pecado que todavía está dentro de mí*». Una batalla se está librando en tu mente. Si no estás luchando activamente contra tu vieja naturaleza, estás perdiendo la batalla.

Tu vieja naturaleza, lo que eras antes de que Jesús cambiara tu vida, no es tu amiga. Por el contrario, es la fuente de todos tus hábitos autodestructivos.

¿Quieres romper esos hábitos y tener más control sobre tu forma de pensar? Entonces, necesitas recordar esta verdad: no tienes que creer todo lo que piensas.

Tu mente te miente todo el tiempo. El hecho de que pienses o sientas algo no significa que sea verdad. Parte del crecimiento espiritual es aprender a conocer la diferencia entre los pensamientos que tienen relación con la verdad y los que no lo tienen.

Una de las disciplinas más importantes que puedes aprender es cómo desafiar tus propios pensamientos. Hazte la siguiente pregunta: «¿Es la verdad lo que estoy pensando?».

A pesar de lo mucho que crezcas espiritualmente, tu vieja naturaleza pecaminosa seguirá tratando de tomar el control de tus pensamientos. Tienes que aprender a cuestionar tus pensamientos a lo largo del día; ¡y a lo largo de tu vida!

Cuando comiences a pensar cosas como: *Mi vida nunca mejorará* o *No valgo nada*, pregúntate si es la verdad. Luego, reemplaza esos pensamientos con la verdad de la Palabra de Dios.

Como expresa Romanos 8:5: «*Los que están dominados por la naturaleza pecaminosa piensan en cosas pecaminosas, pero los que son controlados por el Espíritu Santo piensan en las cosas que agradan al Espíritu*».

5 DE MARZO

Una oración poderosa para cuando te sientes impotente

Somos impotentes ante este ejército poderoso que está a punto de atacarnos. No sabemos qué hacer, pero en ti buscamos ayuda.

2 CRÓNICAS 20:12

Las oraciones que abren brechas son diferentes a las demás.

Es probable que ores a menudo y le pidas ayuda, fortaleza o sabiduría a Dios. Cuando dices: «Dios, necesito tu ayuda», todavía piensas que puedes lograr algo con la ayuda de Dios. ¡Esas oraciones no tienen nada de malo!

Pero una oración que abre brechas suena así: «Dios, no soy capaz de hacer esto. ¡Necesito que tú lo hagas!». Así es tu oración cuando te sientes impotente.

Ante los obstáculos insuperables que estaba enfrentando, el rey Josafat se enfocó en Dios y dijo: *«Oh Dios nuestro, ¿no los vas a detener? Somos impotentes ante este ejército poderoso que está a punto de atacarnos. No sabemos qué hacer, pero en ti buscamos ayuda»* (2 Crónicas 20:12).

Es lo que debes hacer cuando estés orando por algo en tu vida. Primero, le dices a Dios exactamente lo que sientes. ¿Te sientes impotente, como si hubieras estado luchando contra algo sin cesar y sin cambio alguno? ¡Cuéntaselo a Dios! Dile que la situación es desesperante, y admite tu debilidad. No tienes que ser poderoso ni saberlo todo si estás conectado con Dios; él es todopoderoso y omnisciente. No tienes que estar en todos lados si estás conectado con Dios; él es omnipresente.

¿Qué debes hacer cuando te encuentras en una situación que no puedes controlar, cambiar ni gestionar? Debes esperar, confiando en todas las cosas que sabes que son verdaderas acerca de Dios. A veces, tener fe significa no hacer nada. Simplemente quedarse quieto, esperar y confiar. Si tratas de hacer algo al respecto, vuelves a tener el control tú mismo.

En el versículo que sigue podrás entender la fe del pueblo del rey Josafat: *«Todos los hombres de Judá estaban de pie delante del SEÑOR, junto con sus mujeres y sus hijos, aun los más pequeños»* (2 Crónicas 20:13, NVI). Con el simple hecho de estar delante de Dios, estaban mostrando que lo que estaban enfrentando era demasiado grande para ellos. Aunque estaban al límite de sus fuerzas, seguían aguantando porque confiaban en que Dios proveería una salida.

Cuando necesites un gran alivio en tu vida, sigue el ejemplo del pueblo del rey Josafat. Espera, observa y confía.

6 DE MARZO

Dios está tratando de hablar contigo

¡No tengan miedo! No se desalienten por este poderoso ejército, porque la batalla no es de ustedes, sino de Dios.

2 CRÓNICAS 20:15

La oración es una conversación, no un monólogo. Cuando ores, ¡no hables todo el tiempo! No puedes construir una amistad con Dios si no dejas que te hable.

¿Cómo dejas que Dios te hable? A través de la Biblia. Mucho de lo que Dios quiere decirte ya está en su Palabra. La gente siempre está buscando alguna señal, pensando: *Si tan solo Dios me dijera lo que quiere que haga. Si tan solo lo escribiera en el cielo.* Dios no va a escribir su voluntad en el cielo, porque ya la ha escrito en un libro.

Deja de buscar una señal y comienza a mirar las Escrituras. Deja de buscar una visión y empieza a buscar un versículo. La voluntad de Dios está en la Palabra de Dios. Cuanto más leas la Biblia, más sabrás qué hacer.

El rey Josafat se enfrentaba a tres ejércitos enemigos que se unieron y avanzaban contra él y el pueblo de Judá. Sabían que serían derrotados si luchaban con sus propias fuerzas. Así que oraron pidiendo ayuda a Dios y esto es lo que Dios les dijo por medio de uno de los suyos: «*"¡No tengan miedo! No se desalienten por este poderoso ejército, porque la batalla no es de ustedes, sino de Dios. [...] Ustedes ni siquiera tendrán que luchar. Tomen sus posiciones; luego quédense quietos y observen la victoria del Señor. Él está con ustedes, pueblo de Judá y de Jerusalén. No tengan miedo ni se desalienten. ¡Salgan mañana contra ellos, porque el Señor está con ustedes!". Entonces el rey Josafat se inclinó rostro en tierra y todo el pueblo de Judá y de Jerusalén hizo lo mismo en adoración al Señor*» (2 Crónicas 20:15, 17-18).

Imagínate a toda una nación inclinándose con el rostro en tierra adorando a Dios porque les dijo que se encargaría de la situación. Josafat y el pueblo creyeron lo que Dios les había prometido; como resultado lo adoraron y dejaron de preocuparse. Cuando creas lo que Dios te ha prometido, también se encargará de tu situación.

Dios tiene tantas promesas asombrosas para ti. Pero nunca sabrás acerca de ellas si no abres la Biblia y comienzas a leerla.

No puedes disuadir a alguien de su dolor

Entonces, durante siete días y siete noches, se sentaron en el suelo junto a Job, y ninguno le decía nada porque veían que su sufrimiento era demasiado grande para expresarlo con palabras.

JOB 2:13

Si tienes prisa, no puedes ser un buen oyente. Las grandes conversaciones requieren inversión de tiempo.

Job era un hombre rico que lo había perdido casi todo, incluyendo el dinero, la salud y los hijos. «*Cuando tres de los amigos de Job se enteraron de la tragedia que había sufrido, viajaron juntos desde sus respectivos hogares para consolarlo y confortarlo. [...] Entonces, durante siete días y siete noches, se sentaron en el suelo junto a Job, y ninguno le decía nada porque veían que su sufrimiento era demasiado grande para expresarlo con palabras*» (Job 2:11, 13).

Los amigos de Job ofrecieron el ministerio de la presencia. Cuando estás ministrando a alguien que sufre, debes recordar lo siguiente: cuanto más profundo sea el dolor, menos palabras debes usar. Si alguien está teniendo un mal día por causa del peinado, puedes hablar de ello durante treinta minutos. Pero si esa persona tiene una crisis importante, no suele ayudar hablar de ello por mucho tiempo.

Es posible que no sepas cómo ayudar a alguien en crisis y que, por lo tanto, lo que sueles hacer sea mantenerte alejado por temor a decir algo incorrecto.

La verdad es que no necesitas decirle nada a un amigo que está sufriendo. ¡Solo ve a verlo y muestra interés! No se puede disuadir a la gente de su dolor, porque a veces el sufrimiento está más allá de las palabras. Cuando sea el momento adecuado, tanto tú como tu amigo podrán decir algo.

Este tipo de inversión lleva tiempo. Los amigos de Job se sentaron en el suelo con él durante siete días y siete noches. ¿Hay alguna persona en tu vida que se sentaría en silencio contigo durante siete días? Esa clase de presencia requiere que la persona sea muy madura y una amiga de verdad.

Para ser la clase de amigo que brinda a las personas el amor, la atención y la presencia que necesitan en su dolor, debes estar dispuesto a invertir tu tiempo.

8 DE MARZO

Mira sus sentimientos a través de sus palabras

Por último, todos deben ser de un mismo parecer. Tengan compasión unos de otros. Ámense como hermanos y hermanas. Sean de buen corazón y mantengan una actitud humilde.

1 PEDRO 3:8

Lo que la gente *dice* en una conversación no es tan importante como lo que *siente*. Muchas veces, alguien expresa una cosa cuando siente otra.

Si quieres ser un oyente de calidad, necesitas mirar más allá de las palabras de las personas, incluso cuando lo que dicen es ofensivo. Las personas heridas lastiman a las personas; y las palabras son un arma eficaz.

Cuando las personas atacan con palabras o se ponen a la defensiva, a menudo es porque tienen temores, inseguridades o frustraciones. Una vez que reconoces esos sentimientos en ellos, es mucho más fácil escuchar lo que en realidad quieren decir.

Las palabras no siempre dan el panorama completo. Por eso, debes escuchar el dolor, las experiencias que nublan cada interacción que tiene una persona, y comprender que a veces lo que dicen no tiene nada que ver contigo.

En otras palabras, aprender a escuchar con amor significa mirar lo que podrían estar sintiendo más allá de lo que están diciendo. La Biblia lo expresa así: «*Deben ser de un mismo parecer. Tengan compasión unos de otros. Ámense como hermanos y hermanas. Sean de buen corazón y mantengan una actitud humilde*» (1 Pedro 3:8).

Cuando eres humilde estás abierto a nuevas ideas. Estás dispuesto a considerar los sentimientos y las necesidades de los demás por encima de los tuyos. Cuando eres tierno, eliges la compasión en lugar de replicar. Cuando eres cariñoso y comprensivo, no respondes con resentimiento. Si las personas se enojan contigo, miras más allá de su enojo y te preguntas: «¿De qué tendrán temor? ¿Por qué estarán tan ansiosas? ¿Qué les habrá hecho tanto daño? ¿Qué necesitan que entienda?».

No siempre conocerás a las personas tan bien como para descifrar con exactitud qué es lo que dispara sus nervios o lo que está sucediendo con sus emociones. Pero puedes concederles el beneficio de la duda. Puedes elegir actuar con humildad y amabilidad, en lugar de tener la última palabra. Puedes tener misericordia de la gente, en lugar de vengarte.

Un gran oyente siempre elige el amor, incluso, cuando se enfrenta a palabras duras.

¿Estás haciendo lo que estás escuchando?

Sean hacedores de la palabra y no solamente oidores que se engañan a sí mismos.

SANTIAGO 1:22 (NBLA)

Dios quiere que te concentres en *hacer* lo que te dice que hagas, no solo en *escuchar* lo que te dice que hagas. Te llama a ser un seguidor activo de Jesús, no un oyente pasivo. Como señala Santiago 1:22: «*Sean hacedores de la palabra y no solamente oidores que se engañan a sí mismos*» (NBLA).

La verdad es que puedes escuchar sermones y estudiar la Biblia durante décadas, pero si nunca haces nada acerca de lo que has escuchado y aprendido, no estás creciendo para ser más como Cristo.

La Biblia indica: «*Toda la Escritura es inspirada por Dios y útil para enseñar, para reprender, para corregir y para instruir en la justicia, a fin de que el siervo de Dios esté enteramente capacitado para toda buena obra*» (2 Timoteo 3:16-17, NVI).

Ese versículo señala cuatro cosas acerca de la Palabra de Dios. La Biblia te muestra la senda por la que debes caminar; eso es doctrina. Te muestra dónde te saliste del camino; eso es reprensión. Te muestra cómo volver al camino; eso es corrección. Y te muestra cómo mantenerte en el camino; esa es instrucción en justicia. La Palabra de Dios es la verdad práctica del mundo real.

El problema es que la mayoría de nosotros sabemos mucho más de lo que ponemos en práctica. Dices que crees en el perdón, como resultado, ¿perdonas a las personas que te han lastimado? Dices que crees en esperar en Dios, como resultado, ¿eres paciente?

Dios no quiere que solo tomes notas y digas que crees cosas acerca de su Palabra. Quiere que seas un *hacedor* de su Palabra.

Jesús manifestó en Mateo 28:20: «*Enseñen a los nuevos discípulos a obedecer todos los mandatos que les he dado*». No dijo: «Enseñen para que sepan todo lo que les he ordenado». Tampoco dijo: «Enseñen a pensar en todo lo que les he ordenado». Sino que les dijo: «Enseñen a *obedecer*».

No te engañes a ti mismo pensando que escuchar la Palabra de Dios también significa que estás poniendo en práctica la Palabra de Dios. Planea hacer algo respecto a lo que escuchas para que puedas convertirte en la persona que Dios te creó para ser.

10 DE MARZO

No puedes perder lo que Jesús ha ganado

Mis ovejas oyen mi voz; yo las conozco y ellas me siguen. Yo les doy vida eterna y nunca perecerán, ni nadie podrá arrebatármelas de la mano.

JUAN 10:27-28 (NVI)

No puedes perder tu salvación. Jesús te salva de tus pecados y también garantiza que tu salvación es segura.

Jesús prometió en Juan 10:27-28: «*Mis ovejas oyen mi voz; yo las conozco y ellas me siguen. Yo les doy vida eterna y nunca perecerán, ni nadie podrá arrebatármelas de la mano*» (NVI).

Hay fuerzas malignas en el mundo que quieren atraer a los hijos de Dios. Como cualquier padre amoroso, Dios no quiere perder a ninguno de sus hijos; y no lo hará. Estás seguro en la promesa de salvación de Dios.

Una de las mentiras más grandes que Satanás susurra es que si entregas tu vida a Cristo, no podrás mantener ese compromiso. Esto lleva a algunas personas a pensar: *Tengo tantas tentaciones en mi vida que dudo poder mantenerme salvo.*

La verdad es que no tienes que trabajar para mantenerte salvo. Una vez que aceptas a Jesús como Señor y Salvador de tu vida, nadie puede quitarte tu salvación, pase lo que pase.

Nada de lo que hagas hará que Dios te ame menos; ni tampoco nada de lo que hagas hará que Dios te ame más de lo que te ama. La muerte de Jesús en la cruz es una prueba de cuánto te ama Dios.

Puedes perder muchas cosas en la vida. Puedes perder tu familia, tu trabajo, tu salud o tu memoria. Lo único que nunca podrás perder es tu salvación. Jesús te garantiza que tienes seguridad eterna. Por lo tanto, puedes confiar fielmente en que algún día te llevará al cielo para vivir con Dios para siempre.

El apóstol Pablo dijo acerca de Jesús: «*Yo sé en quién he puesto mi confianza y estoy seguro de que él es capaz de guardar lo que le he confiado hasta el día de su regreso*» (2 Timoteo 1:12).

11 DE MARZO

Jesús está orando por ti

Mi oración no es por el mundo, sino por los que me has dado, porque te pertenecen. Todos los que son míos te pertenecen, y me los has dado, para que me den gloria.

JUAN 17:9-10

¿Sabías que Jesús ora de manera constante por ti? La Biblia manifiesta en repetidas ocasiones que Jesús está orando por ti todo el tiempo.

Podrías estar pensando: *Si Jesús es Dios, ¿cómo puede orar a sí mismo?*

Ten en cuenta lo siguiente: ¡hablas contigo mismo todo el tiempo! Eso es porque estás hecho a imagen de Dios. Jesús *es* Dios; es parte de la Trinidad: Padre, Hijo y Espíritu Santo. Él está hablando consigo mismo acerca de ti todo el tiempo. Eres precioso para él; eres el objeto de su amor. ¡Por supuesto que piensa en ti y habla de ti!

Incluso antes de morir en la cruz, Jesús estaba orando por ti. Juan 17:9-10 expresa: *«Mi oración no es por el mundo, sino por los que me has dado, porque te pertenecen. Todos los que son míos te pertenecen, y me los has dado, para que me den gloria»*.

Dios está constantemente escuchando a Jesús decir: «Ayúdala, Señor. Ayúdalo, Señor. Ayuda a esa familia, Señor. Ayuda en esa relación, Señor». A esto se le llama interceder y significa abogar en nombre de alguien.

Jesús ha estado intercediendo por ti en cada momento de tu vida. Él puede hacerlo porque es Dios. No se confunde ni se siente agobiado. Tus circunstancias no son demasiado para él. Es tu Abogado que está sentado a la diestra del Padre en los cielos *«e intercede por nosotros»* (Romanos 8:34). Cada vez que pecas, Jesús se inclina y le recuerda al Padre que ya pagó por eso; tu pecado está cubierto.

Debido a que Jesús está intercediendo por ti, puedes hacer una oración sencilla en cualquier momento, incluso si no sabes qué más orar. Simplemente di: «Jesús, gracias por orar por mí en este momento porque en realidad estoy en un aprieto».

Descansa en el hecho de que Jesús siempre está pensando en ti y orando por ti.

12 DE MARZO

Cuando haces lo que sabes que está mal

Quien se conduce con integridad anda seguro;
quien anda en caminos perversos será descubierto.
PROVERBIOS 10:9 (NVI)

A la hora de tomar decisiones necesitas hacer la prueba de integridad. ¿Por qué?

La Biblia señala: *«Quien se conduce con integridad anda seguro; quien anda en caminos perversos será descubierto»* (Proverbios 10:9, NVI). Si no caminas con integridad, tus errores serán descubiertos.

Pasas la prueba de integridad cuando tu vida pública y tu vida privada coinciden; lo cual significa que los deseos de tu corazón coinciden con la forma en que vives tu vida. Te preguntas: «¿Desearía que todos supieran acerca de esta decisión que estoy por tomar?». La verdad es que cuando se trata de integridad, aun cuando pudieras engañar a todos los demás, no puedes engañarte a ti mismo. A menudo violas tu propia conciencia.

A veces sabemos que estamos a punto de hacer algo incorrecto. Aunque sabemos que no deberíamos hacerlo, pensamos que es mejor seguir adelante y hacerlo de todos modos. Nos convencemos a nosotros mismos de que no es gran cosa porque sabemos que Dios es un Dios que perdona.

¿Crees que puedes hacer algo que Dios asegura que está mal y no tener consecuencias en tu vida? Esa es la razón por la que Dios *no* quiere que tomes esa decisión. No es para evitar que te diviertas, sino para evitar las consecuencias negativas que sabe que vendrán con cada mala decisión. Sabe que dejarán cicatrices en tu vida y quiere algo mejor para ti porque te ama.

Eso no significa, por supuesto, que Dios no nos perdone por las cosas malas que hacemos. Él es un Dios perdonador y lleno de gracia.

Simplemente significa que el perdón no te liberará del dolor y las consecuencias que a menudo provienen de las malas decisiones. Puedes ser perdonado y, aun así, tener que lamentar lo que hiciste. Puedes ser perdonado y, aun así, tener que enfrentar el dolor. Puedes ser perdonado y, aun así, tener una relación rota.

Dios te creó y sabe lo que necesitas para vivir una vida plena y con propósito. Cuando aplicas la prueba de integridad a tus decisiones, revelas que estás confiando en la Palabra de Dios para que te muestre el camino correcto y guíe tus pasos.

13 DE MARZO

¿En realidad le estás dando el mejor uso a tu vida?

Así que tengan cuidado de cómo viven. No vivan como necios sino como sabios. Saquen el mayor provecho de cada oportunidad en estos días malos. No actúen sin pensar, más bien procuren entender lo que el Señor quiere que hagan.

EFESIOS 5:15-17

Si quieres causar un impacto con tu vida, tienes que tener el control de tu tiempo. Tu tiempo es tu vida. Cuando no aprendes a administrar tu tiempo, limitas el legado de tu vida.

Efesios 5:15-17 afirma: *«Así que tengan cuidado de cómo viven. No vivan como necios sino como sabios. Saquen el mayor provecho de cada oportunidad en estos días malos. No actúen sin pensar, más bien procuren entender lo que el Señor quiere que hagan».*

Todos tenemos la misma cantidad de tiempo cada semana. ¡Lo que cuenta es lo que haces con él! Si siempre estás perdiendo tu tiempo, estás desperdiciando tu vida porque tu tiempo es tu vida. Antes de hacer algo, detente y pregúntate: «¿Es este el mejor uso de mi tiempo? ¿Es este el mejor uso de mi vida?». No tienes tiempo para todo, y la buena noticia es que Dios no espera que lo hagas todo. Además, son pocas las cosas que vale la pena hacer.

Las personas efectivas descubren lo que es esencial en la vida y lo que es trivial y pasan más tiempo haciendo las cosas esenciales y menos tiempo haciendo las cosas triviales. No puedes eliminar todo lo trivial de tu vida, pero puedes reducirlo.

Esto suena fácil, pero a menudo es difícil elegir entre lo que es mejor para tu vida y lo que es más fácil, en especial cuando estás cansado, porque cuando estás cansado, no quieres hacer lo mejor, sino lo más fácil. Es por eso que necesitas descansar lo suficiente: porque, si no lo haces, no tendrás la fuerza mental, emocional y física para decir: «Voy a hacer lo correcto, en lugar de lo más fácil».

No desperdicies tu vida. No te conformes con el segundo puesto. No fuiste creado para vivir solo por inercia. Dios te hizo para una misión. Así que empieza a dedicar tu tiempo para hacer lo que sea mejor y te ayude a cumplir con el propósito de Dios para tu vida.

14 DE MARZO

Aprende a relajarte en tus limitaciones

Pero nosotros mismos somos como frágiles vasijas de barro que contienen este gran tesoro. Esto deja bien claro que nuestro gran poder proviene de Dios, no de nosotros mismos.

2 CORINTIOS 4:7

Siempre te desanimarás si intentas ser un superhéroe y haces más de lo que es humanamente posible. Necesitas una visión más realista de ti mismo: no puedes solucionar los problemas de todos. No puedes estar en más de un lugar a la vez. No puedes hacer todo lo que quieres hacer. Y no puedes gastar dinero que no tienes.

Necesitas aprender a relajarte en tus limitaciones. Te vas a desanimar si intentas vivir como si tus limitaciones no existieran. Es más fácil llenar tu agenda que *cumplir* con tu agenda. Siempre es más fácil entrar que salir. Es más fácil hacer una promesa que cumplirla. Siempre es más fácil endeudarse que salir de las deudas.

A menudo, las primeras señales de que estás viviendo una vida con demasiadas exigencias se manifiestan en tu cuerpo. ¿Por qué? Porque nuestros cuerpos son como vasijas de barro. Nos agrietamos con facilidad. Por eso necesitamos conocer nuestros límites. El apóstol Pablo manifestó en 2 Corintios 4:7: *«Pero nosotros mismos somos como frágiles vasijas de barro que contienen este gran tesoro. Esto deja bien claro que nuestro gran poder proviene de Dios, no de nosotros mismos»*. En otras palabras, necesitas reconocer las señales de advertencia cuando te estás extralimitando y darte cuenta de que solo eres el recipiente y que Dios es el poder.

Es asombroso pensar que Dios, a menudo, pone sus dones más grandiosos en las personas más débiles, dándonos la oportunidad de ser un reflejo de su poder y que los demás puedan decir: «Esto tiene que venir de Dios. Solo podría suceder a través del poder de Dios».

A lo largo de la historia, Dios ha usado instrumentos defectuosos para exhibir su gloria. Nada se haría si Dios solo usara a personas perfectas; ¡porque no hay ninguna!

Aunque pienses que es mejor ocultar tus debilidades, Dios quiere usarlas en tu vida. Pero primero tienes que reconocer y respetar tus limitaciones. Luego debes confiar en que el poder de Dios, no el tuyo, logrará su propósito para ti.

15 DE MARZO

Comprométete con Jesús y su familia

El cuerpo humano tiene muchas partes, pero las muchas partes forman un cuerpo entero. Lo mismo sucede con el cuerpo de Cristo.

1 CORINTIOS 12:12

Dios nunca tuvo la intención de que vivieras tu vida por tu cuenta. Quiere que seas parte de su familia: la iglesia. De hecho, la iglesia ha sido el plan de Dios desde el principio.

Hay quienes consideran a la iglesia un edificio, una institución o un evento al que asistes. La iglesia no es nada de eso. Es una familia a la que perteneces. La Biblia señala: «*Dios decidió de antemano adoptarnos como miembros de su familia al acercarnos a sí mismo por medio de Jesucristo. Eso es precisamente lo que él quería hacer, y le dio gran gusto hacerlo*» (Efesios 1:5).

Cuando eres parte de la iglesia, estás comprometido con Jesús y con las personas que forman la familia de tu iglesia. La Biblia expresa en 2 Corintios 8:5: «*Incluso hicieron más de lo que esperábamos, pues se entregaron a sí mismos; primeramente, al Señor y después a nosotros, conforme a la voluntad de Dios*» (NVI).

Te entregas al Señor y te entregas a un grupo de personas de la familia de Dios. La primera decisión te convierte en cristiano. La segunda te conecta con otros creyentes. Yo no soy la iglesia. Tú no eres la iglesia. *Juntos* sí somos la iglesia: el cuerpo de Cristo.

¿Qué significa ser parte del cuerpo de Cristo? La Biblia manifiesta: «*El cuerpo humano tiene muchas partes, pero las muchas partes forman un cuerpo entero. Lo mismo sucede con el cuerpo de Cristo*» (1 Corintios 12:12). Para entender cómo funciona la iglesia observa la forma en que Dios diseñó tu cuerpo. La mano, la nariz, el bazo y el hígado son partes del cuerpo. A pesar de que todos tienen funciones diferentes, juntos forman un cuerpo físico. Del mismo modo, la iglesia de Dios forma un cuerpo espiritual.

Es por eso que eres una parte tan necesaria de la familia de tu iglesia. No puedes decir: «Mis partes, mis talentos y habilidades no son necesarias». No hay partes innecesarias. Todos dependemos de otros, y cada uno de nosotros tiene un papel diferente que desempeñar.

La intención de Dios desde el principio de los tiempos fue que viviéramos nuestra vida juntos como su familia. Si quieres cumplir tu propósito en la vida, tienes que hacerlo en un contexto de comunidad con la familia de Dios. Tu iglesia te necesita y tú necesitas a tu iglesia.

16 DE MARZO

El verdadero éxito

Así que tengan cuidado de su manera de vivir. No vivan como necios, sino como sabios, aprovechando al máximo cada momento oportuno, porque los días son malos. Por tanto, no sean insensatos, sino entiendan cuál es la voluntad del Señor.

EFESIOS 5:15-17 (NVI)

Las personas que dedican su vida a servir a Dios experimentan verdadero éxito.

Ezequías vivió así. La Biblia menciona que «*Permaneció fiel al Señor en todo y obedeció cuidadosamente todos los mandatos que el Señor le había dado [...]. Por eso el Señor estaba con él, y Ezequías tuvo éxito en todo lo que hizo*» (2 Reyes 18:6-7). Ezequías tuvo éxito en todo lo que hizo. Pocas personas son tan exitosas, pero Ezequías lo fue porque siempre hizo lo que Dios quería que hiciera. Conocía su propósito y obedecía a Dios.

Pero un día Ezequías se enfermó y Dios le dijo que iba a morir. La Biblia señala: «*Cuando Ezequías oyó el mensaje, volvió su rostro hacia la pared y oró al Señor: "Acuérdate, oh Señor, que siempre te he sido fiel y te he servido con singular determinación, haciendo siempre lo que te agrada"; y el rey se echó a llorar amargamente*» (Isaías 38:2-3).

Imagínate diciéndole a Dios: «Dios, me gustaría vivir unos cuantos años más aquí en la tierra porque te he servido con fidelidad». Eso es exactamente lo que hizo Ezequías. Dios estuvo de acuerdo con él y le respondió: «*He oído tu oración y he visto tus lágrimas. Te añadiré quince años más de vida*» (Isaías 38:5).

Dios le dio a Ezequías quince años más de vida porque había aprovechado al máximo los años anteriores. Era un buen mayordomo de todo lo que Dios le había dado. No había desperdiciado su vida.

Ser un buen mayordomo de lo que Dios te da no significa necesariamente que tendrás una vida más larga, pero sí manifiesta que tendrás una vida en verdad exitosa. Porque a los ojos de Dios la buena mayordomía *es* el éxito. Efesios 5:15-17 nos advierte: «*Así que tengan cuidado de su manera de vivir. No vivan como necios, sino como sabios, aprovechando al máximo cada momento oportuno, porque los días son malos. Por tanto, no sean insensatos, sino entiendan cuál es la voluntad del Señor*» (NVI).

Tal vez no siempre has vivido la vida de la manera que Dios quiso. Solo dile a Dios que quieres comenzar a usar tu vida para cumplir con los propósitos para los cuales te creó. ¡Nunca es demasiado tarde para empezar a hacerlo!

17 DE MARZO

La razón por la que eres totalmente capaz

Pues todo lo puedo hacer por medio de Cristo, quien me da las fuerzas.
FILIPENSES 4:13

Dios dice que eres competente y totalmente capaz de convertirte exactamente en lo que te creó para que fueras.

De hecho, ¡todo creyente en Cristo es sacerdote! La Biblia expresa: «*Pero ustedes no son así porque son un pueblo elegido. Son sacerdotes del Rey [...]. Por eso pueden mostrar a otros la bondad de Dios, pues él los ha llamado a salir de la oscuridad y entrar en su luz maravillosa*» (1 Pedro 2:9).

¿Qué se supone que debes hacer como sacerdote? Dios manifiesta: «*Sí, te envío [...] para que les abras los ojos, a fin de que pasen de la oscuridad a la luz, y del poder de Satanás a Dios. Entonces recibirán el perdón de sus pecados y se les dará un lugar entre el pueblo de Dios, el cual es apartado por la fe en mí*» (Hechos 26:17-18).

Desarrollé el Plan P.E.A.C.E. debido a esta verdad: todos los creyentes son sacerdotes. El Plan P.E.A.C.E. no fue creado solo para pastores. Fue creado para que todos los creyentes de todo el mundo sirvieran al: Plantar iglesias que promuevan la reconciliación; Equipar líderes de servicio; Ayudar a los pobres; Cuidar a los enfermos; Educar a la próxima generación. Al hacer esto, la iglesia muestra amor a las personas afectadas por el vacío espiritual, el liderazgo egocéntrico, la pobreza extrema, las enfermedades pandémicas, el analfabetismo y la falta de educación.

Debido a que Cristo vive en ti, eres totalmente capaz de hacer estas cosas, pero no apoyándote en tu propio poder. Filipenses 4:13 afirma: «*Pues todo lo puedo hacer por medio de Cristo, quien me da las fuerzas*». Y 2 Corintios 3:5 manifiesta: «*No es que nos consideremos competentes en nosotros mismos. Nuestra capacidad viene de Dios*» (NVI). No puedes hacer todo con tus propias fuerzas, pero puedes hacer todo lo que Dios te ha llamado a hacer con el poder de Dios.

Muchas personas viven con una sensación continua de inseguridad. No se sienten capaces. A menudo se debe a que todavía creen las cosas negativas que la gente les dijo hace años. No tienen en cuenta que esas cosas no eran ciertas entonces ni tampoco son ciertas ahora.

Esto es lo que es cierto acerca de ti: si eres cristiano, eres hijo de Dios, tienes su Espíritu dentro de ti, eres sacerdote y puedes hacer todo a través de Cristo. Eres plenamente capaz en él.

Cinco razones para servir a Dios

Les aseguro que todo lo que hicieron por uno de mis hermanos, aun por el más pequeño, lo hicieron por mí.

MATEO 25:40 (NVI)

¿Cómo sirves a Dios? Sirviendo a los demás.

Jesús expresó: «*Les aseguro que todo lo que hicieron por uno de mis hermanos, aun por el más pequeño, lo hicieron por mí*» (Mateo 25:40, NVI). Cuando haces algo que de alguna manera mejora la vida de otra persona, estás sirviendo a Dios.

La Biblia menciona cinco cosas acerca de servir a Dios:

Servir es uno de los propósitos de tu vida. Marcos 8:35 señala: «*Si tratas de aferrarte a la vida, la perderás; pero si entregas tu vida por mi causa y por causa de la Buena Noticia, la salvarás*». Hasta que aprendas a servir, no estarás viviendo. Solo estarás existiendo.

Servir te hace más como Jesús. «*Pues ni aun el Hijo del Hombre vino para que le sirvan, sino para servir a otros y para dar su vida en rescate por muchos*» (Mateo 20:28). Si no aprendes a servir a los demás, nunca llegarás a la madurez espiritual.

Cuando sirves le das el mejor uso a tu tiempo. La Biblia manifiesta: «*Progresando siempre en la obra del Señor, conscientes de que su trabajo en el Señor no es en vano*» (1 Corintios 15:58, NVI). Si quieres causar un impacto y dejar un legado, sirve a Dios sirviendo a los demás. Tu servicio al Señor nunca es en vano.

Servir es el secreto de la grandeza. Mateo 20:26 estipula: «*Si alguno de ustedes quiere ser importante, tendrá que servir a los demás*» (TLA). La verdadera grandeza proviene del servicio y no de vivir para uno mismo. Los líderes más grandes son aquellos que más sirven.

Tu servicio será recompensado en el cielo. Jesús señaló en Colosenses 3:24: «*El Señor los recompensará con la herencia. Ustedes sirven a Cristo el Señor*» (NVI). Tu verdadero jefe, Jesús, te recompensará un día por todo lo que hiciste por él. ¡Puedes estar seguro de eso!

Si tu entusiasmo para servir a Dios necesita un impulso, recuerda cómo Dios quiere que sirvas: no por culpa, deber o presión, sino por gratitud por lo que hizo por ti. La gratitud es la mejor motivación para servir.

19 DE MARZO

La imaginación requiere valor

Si a alguno de ustedes le falta sabiduría, pídasela a Dios y él se la dará, pues Dios da a todos generosamente sin menospreciar a nadie. Pero que pida con fe, sin dudar, porque quien duda es como las olas del mar, agitadas y llevadas de un lado a otro por el viento. Quien es así no piense que va a recibir cosa alguna del Señor.

SANTIAGO 1:5-7 (NVI)

Cuando eras niño, tenías una gran imaginación. Pero cuando comenzaste a envejecer, tu imaginación comenzó a oxidarse. Dejaste de imaginar cómo *podrían* ser las cosas y simplemente empezaste a vivir las cosas como son. Te quedas atascado en las cosas como están. Tus dudas se convierten en enemigas de tu imaginación.

La duda y el miedo neutralizan lo que Dios quiere hacer en tu vida. Se necesita valor para imaginar, pero la mayoría de las personas no usan su imaginación porque tienen miedo al fracaso. Si no tienes miedo entonces no necesitas valor. Valor es cuando estás muerto de miedo y dices: «Lo voy a hacer de todos modos». Reconoces la inseguridad que sientes y que no puedes hacerlo por tus propios medios, pero lo haces porque confías en la fidelidad de Dios.

Durante los muchos años de ministerio, todas las grandes cosas que mi equipo y yo logramos me causaron terror. No obstante, no iba a permitir que el miedo dominara mi vida. Así que seguí adelante a pesar de que temblaba como una hoja.

Tal vez te preguntes: «¿Debo esperar hasta que todas mis dudas desaparezcan?». ¡No! Necesitas ir en contra de tus miedos, tras los planes de Dios para ti. Santiago 1:5-7 señala: *«Si a alguno de ustedes le falta sabiduría, pídasela a Dios y él se la dará, pues Dios da a todos generosamente sin menospreciar a nadie. Pero que pida con fe, sin dudar, porque quien duda es como las olas del mar, agitadas y llevadas de un lado a otro por el viento. Quien es así no piense que va a recibir cosa alguna del Señor»* (NVI).

Tienes solo dos opciones: permitir que tu imaginación sea gobernada por el miedo o que sea gobernada por la fe. Depende de ti. Si dejas que el miedo gobierne tu imaginación, te sentirás tenso y abatido todo el tiempo. Cuando permites que el miedo controle tu imaginación, vives una vida miserable.

En lugar de eso, toma la decisión de permitir que te guíe la fe no el miedo. Pon tu confianza en Dios. Luego avanza y permite que tu imaginación se llene de todo tipo de posibilidades; todas las cosas son posibles con Dios.

20 DE MARZO

Por qué es importante mostrar amor en el trabajo

Su obra se mostrará tal cual es, pues el día del juicio la dejará al descubierto. El fuego la dará a conocer y pondrá a prueba la calidad del trabajo de cada uno.

1 CORINTIOS 3:13 (NVI)

Dios quiere utilizar tu trabajo para hacerte más como Jesús, pero aprender cualidades semejantes a las de Cristo —como la responsabilidad, el carácter y el amor— no es fácil. Para aprenderlas, tienes que responder a las personas de la manera en que Jesús lo haría; eso puede ser particularmente difícil en el trabajo.

Entonces, ¿por qué deberías esforzarte tanto para parecerte a Jesús en tu trabajo?

Primero, porque Dios va a evaluar tu trabajo algún día. La Biblia manifiesta: *«Su obra se mostrará tal cual es, pues el día del juicio la dejará al descubierto. El fuego la dará a conocer y pondrá a prueba la calidad del trabajo de cada uno»* (1 Corintios 3:13, NVI).

Todo lo que has hecho en tu vida laboral, al final, será expuesto porque Cristo lo inspeccionará en el día del juicio. Ese día, el trabajo de todos será probado por fuego para mostrar el carácter y la calidad de lo que cada persona hizo.

Puedes hacer gran parte de tu trabajo en secreto, pero Dios lo sabe. Él está observando y tendrás que darle cuenta de tu trabajo a pesar de lo insignificante que parezca. No siempre tienes que hacerlo bien. Y ciertamente no tienes que ser el mejor. Pero tienes que trabajar como si lo estuvieras haciendo para Cristo porque en realidad lo estás haciendo para él.

Segundo, porque Dios va a dar recompensas eternas por todo lo que se haga con amor. Hebreos 6:10 señala: *«Pues Dios no es injusto. No olvidará con cuánto esfuerzo han trabajado para él y cómo han demostrado su amor por él»*. Necesitas recordar ese versículo todos los lunes por la mañana. Dios no olvidará lo duro que trabajas, que das lo mejor de ti y que muestras amor en su nombre.

Tu trabajo le importa a Dios. Uno de tus propósitos en la vida es llegar a ser como Cristo. Por esa razón, tu trabajo podría ser una de las formas más importantes en que Dios te enseñe a ser responsable, a desarrollar el carácter y a amar a los demás. Asimismo, podría ser una de las formas más importantes en que te use para atraer a otros a él.

21 DE MARZO

Para cambiar en realidad, debes saber la verdad

Santifícalos en la verdad; tu palabra es la verdad.
JUAN 17:17 (NVI)

Si quieres ser transformado, no puedes conformarte a la forma del mundo.

La Biblia dice en 1 Corintios 3:18-19: *«Dejen de engañarse a sí mismos. Si piensan que son sabios de acuerdo con los criterios de este mundo [...]. Pues la sabiduría de este mundo es necedad para Dios»*.

Si quieres que Dios transforme tu vida, tienes que elegir no conformarte a lo que la sociedad y la cultura dicen que debes ser o hacer. Pero no puedes cambiar la vida con tu propio poder.

Para cambiar tu vida, debes comenzar por cambiar tu forma de pensar. Eso no es algo que puedas hacer solo. Efesios 4:23 señala: *«En cambio, dejen que el Espíritu les renueve los pensamientos y las actitudes»*.

¿Cómo hace eso el Espíritu Santo? Para que ocurra un cambio real en tu vida debes aprender la verdad. Es posible que ya conozcas estas famosas palabras de Jesús: *«Conocerán la verdad, y la verdad los hará libres»* (Juan 8:32).

¿Sabías que la noche antes de que Jesús fuera a la cruz, oró: *«Santifícalos en la verdad; tu palabra es la verdad»* (Juan 17:17, NVI)? Dios usa la verdad de su Palabra, la Biblia, para hacerte una persona íntegra.

El secreto del cambio personal no es la fuerza de voluntad ni hacer resoluciones. El secreto para el cambio personal en las áreas difíciles de tu vida es conocer y aplicar la verdad, la cual encontrarás en la Palabra de Dios.

Si dedicas tiempo a leer la Biblia, empapando tu mente con la verdad, descubrirás esta promesa: *«Entonces ya no seremos inmaduros como los niños. No seremos arrastrados de un lado a otro ni empujados por cualquier corriente de nuevas enseñanzas. No nos dejaremos llevar por personas que intenten engañarnos con mentiras tan hábiles que parezcan la verdad. En cambio, hablaremos la verdad con amor y así creceremos en todo sentido hasta parecernos más y más a Cristo, quien es la cabeza de su cuerpo, que es la iglesia»* (Efesios 4:14-15).

Cuanto más conozcas a Jesús, más conocerás la verdad. Como resultado, te será más fácil identificar las mentiras que crees. Crecerás, cambiarás y te transformarás cada vez más a la semejanza de Cristo. Además, te darás cuenta de que la verdad en realidad te hace libre.

22 DE MARZO

La cruz hace posible la oración

Si Dios no se guardó ni a su propio Hijo, sino que lo entregó por todos nosotros, ¿no nos dará también todo lo demás?
ROMANOS 8:32

En los cuentos de hadas, todos están dispuestos a morir por el rey y a protegerlo a toda costa. Solo hay una historia en el mundo en la que el Rey muere por su pueblo. Se llama el evangelio.

El cristianismo está marcado por una trama única, diferente a la de cualquier otra religión en el mundo. Dios dice que pecaste y, por lo tanto, mereces el castigo. Sin embargo, ese no es el final de la historia. ¡Esta historia termina en esperanza! La Biblia afirma en Romanos 6:23: *«Porque la paga del pecado es muerte, mientras que el regalo de Dios es vida eterna en Cristo Jesús, nuestro Señor»* (NVI).

Debido a que Dios es justo, alguien debe pagar por tu pecado. Gracias a que él es un Dios bueno y te ama, hizo un plan para salvarte. Vino a la tierra como el Hijo de Dios, Jesucristo, y murió por tus pecados. Esta es la máxima expresión de amor: el Rey que muere por su pueblo; el Pastor que muere por sus ovejas.

Lo que Dios hizo por ti en la cruz abrió un camino para que fueras restaurado a él. No solo perdona el pasado, da propósito para el presente y esperanza para el futuro, sino que además hace posible la oración. *«Si Dios no se guardó ni a su propio Hijo, sino que lo entregó por todos nosotros, ¿no nos dará también todo lo demás?»* (Romanos 8:32).

Cuando Jesucristo murió por ti en la cruz, resolvió tu mayor problema. ¡Cualquier otro problema que tengas en tu vida es pequeño para él! Si te amó lo suficiente como para morir por ti, ¿no crees que te ama lo suficiente como para ayudarte con las deudas, la salud y las relaciones?

Nada es demasiado grande para Dios. Además, nada de lo que te importa es demasiado pequeño como para no hablarlo con él. Puedes llevar todo a Dios en oración. Te ama lo suficiente como para morir por ti. Eso significa que puedes estar seguro de que él te ama lo suficiente como para escucharte y preocuparse por tus oraciones.

La cruz hace posible que hables con el Creador del universo. ¿Qué le traerás en oración hoy?

¿Cómo perdonas?

Pues Dios estaba en Cristo reconciliando al mundo consigo mismo, no tomando más en cuenta el pecado de la gente. Y nos dio a nosotros este maravilloso mensaje de reconciliación.

2 CORINTIOS 5:19

En enero de 1956, cinco misioneros estadounidenses se adentraron en la selva tropical de Ecuador. Habían ido a visitar a la tribu Huaorani, la cual según los antropólogos era la sociedad más cruel y violenta de la tierra. Poco después de acampar cerca de la tribu, los misioneros fueron atravesados con lanzas. El brutal asesinato de estos hombres, entre ellos Nate Saint y Jim Elliot, fue noticia en todo el mundo.

Un par de años más tarde, Elisabeth y Valerie Elliot —esposa e hija de Jim respectivamente— y Rachel Saint —hermana de Nate— se mudaron a la aldea Huaorani para servir y mostrar amor y perdón. Con el tiempo, el líder de la tribu y otros hombres que participaron en el asesinato de los misioneros se convirtieron al cristianismo. El perdón que Elisabeth y Valerie Elliot y Rachel Saint modelaron solo tiene sentido cuando fuiste perdonado por Dios. Entonces, una vez que has experimentado el perdón de Dios, ¿cómo perdonas? Haces las cuatro cosas que hicieron estas mujeres:

Renuncias a tu derecho a vengarte. Romanos 12:19 indica: «*Queridos amigos, nunca tomen venganza. Dejen que se encargue la justa ira de Dios*». Dejas la situación en las manos de Dios, quien se encargará de ello y hará un trabajo mucho mejor de lo que tú podrías hacer.

Responde al mal con bien. ¿Cómo puedes saber si perdonaste a alguien por completo? De hecho, puedes pedirle a Dios que bendiga a la persona que te lastimó. La Biblia expresa: «*Amen a sus enemigos, hagan bien a quienes los odian, bendigan a quienes los maldicen y oren por quienes los maltratan*» (Lucas 6:27-28, NVI).

Repites estos pasos tantas veces como sea necesario. Pedro le preguntó a Jesús en Mateo 18:21: «*Señor, ¿cuántas veces debo perdonar a alguien que peca contra mí? ¿Siete veces?*». *Jesús respondió: «No siete veces [...], sino setenta veces siete»* (Mateo 18:21-22). A veces el perdón tiene que ser continuo.

Rescatas a los demás con la buena nueva del perdón de Dios. La Biblia señala en 2 Corintios 5:19-20: «*Pues Dios estaba en Cristo reconciliando al mundo consigo mismo, no tomando más en cuenta el pecado de la gente. [...] Hablamos en nombre de Cristo cuando les rogamos: "¡Vuelvan a Dios!"*».

Debido a que has sido perdonado por Dios, él espera que perdones a los demás. No tienes que minimizar el daño que te hicieron, pero tampoco tienes que esperar a que te pidan disculpas por lo que te hicieron. Cuando Jesús perdonó en la cruz, nadie se lo había pedido; simplemente ofreció su perdón: *«Padre —dijo Jesús—, perdónalos, porque no saben lo que hacen»* (Lucas 23:34, NVI). Cualquiera sea tu herida, Jesús te ayudará a superarla y te dará la gracia para perdonar a aquellos que te lastimaron.

¡El perdón rara vez es la elección fácil! No solo necesitas fuerza de voluntad para perdonar a alguien que te ha lastimado. Necesitas también el poder de Dios obrando en ti. Necesitas orar de la siguiente manera: «Dios, sé que quieres que perdone a esta persona. ¡Por favor, dame la fuerza para hacerlo! Necesito que me ayudes a rendir mi orgullo y a orar por esta persona para poder verla como tú la ves. Por favor, utilízame no solo para mostrar perdón, sino también para mostrarle que la perdonaste y que la quieres en tu familia. En el nombre de Jesús, amén».

Cualquiera sea tu dolor, Jesús te ayudará a superarlo y te dará la gracia que necesitas para perdonar a aquellos que te lastimaron.

Tu mayor problema y qué hacer al respecto

Son sus pecados los que los han separado de Dios.
A causa de esos pecados, él se alejó
y ya no los escuchará.
ISAÍAS 59:2

La mayoría de las culturas actuales no creen que el pecado sea malo. ¡Muchas personas hasta piensan que es divertido! Solo piensa en los medios de comunicación. Los programas de televisión, los memes de las redes sociales y las películas usan el pecado para causar risa. La estrategia de Satanás es hacerte que te rías de las mismas cosas que pusieron a Jesús en la cruz. Satanás disfraza el pecado para que parezca atractivo. Rara vez se ven en los medios de comunicación las consecuencias del pecado. Solo necesitas mirar a la cruz para saber lo malo que el pecado es en realidad. El sufrimiento de Jesús muestra el costo de tus pecados, y la cruz muestra el daño que hacen.

¡El pecado tiene varias consecuencias en tu vida! Tres de ellas son:

El pecado te aleja de Dios porque Dios es santo y tú no. Isaías 59:2 manifiesta: *«Son sus pecados los que los han separado de Dios. A causa de esos pecados, él se alejó y ya no los escuchará»*. El pecado siempre crea distancia, incluso entre tú y Dios.

El pecado crea bastante estrés en tu vida gracias a la culpa no reconocida y no resuelta. El rey David dijo: *«Mis maldades me abruman, son una carga demasiado pesada para mí»* (Salmo 38:4, NVI). Aferrarse al pecado tiene un costo emocional. Quebrantar las leyes de Dios lleva a la preocupación, el temor, la culpa y la inseguridad.

El pecado te condena. Cuando violas las leyes de Dios, siempre hay un castigo: el juicio de un Dios justo y tu autocondenación. El Salmo 7:11 afirma: *«Tú eres un juez justo y siempre castigas a los malvados»* (TLA).

Es posible que pienses que tu mayor problema es un conflicto de pareja, un problema de salud o la falta de empleo. Pero tu mayor problema es que estás en guerra con Dios. ¡Por eso estás tan frustrado! Por eso no duermes bien. Por eso estás agobiado. No fuiste diseñado para vivir fuera de la comunión con tu Creador que te ama. Él te hizo y envió a su Hijo a morir por ti. Por lo tanto, quiere que estés en comunión con él.

Arrepiéntete de tu pecado hoy, y todos los días, para estar en paz con Dios.

25 DE MARZO

El amor duradero extiende gracia

Sean siempre humildes y amables. Sean pacientes unos con otros y tolérense las faltas por amor.
EFESIOS 4:2

Ninguna relación sobreviviría sin gracia. ¡Tienes que tenerle paciencia a la gente! Tienes que dejar pasar algunas cosas.

La Biblia afirma que *«el amor acepta todo con paciencia»* (1 Corintios 13:7, PDT). En el griego original, el significado básico de la palabra traducida *«acepta todo con paciencia»* es «cubrir con un techo». ¿Comprarías una casa sin techo? Claro que no. No tendrías protección contra el viento ni la lluvia. Un techo cubre y protege tu hogar.

Asimismo, el amor bíblico cubre las relaciones y deja pasar algunas cosas. No responsabiliza a las personas por cada pequeño error. Necesitas un techo en tu relación porque es fácil dañar a los demás. Necesitamos el tipo de amor que extiende gracia.

¿Por qué es fundamental para las relaciones la gracia?

Porque todos somos pecadores. Si estás casado, te casaste con una pecadora, ¡y ella se casó con un pecador! Dos cónyuges imperfectos nunca compondrán un matrimonio perfecto. Lo mismo ocurre con las amistades. Ninguna amistad es perfecta porque ningún amigo es perfecto. Dos personas imperfectas nunca tendrán una relación perfecta.

La Biblia señala en Romanos 3:10: *«No hay ni un solo justo, ni siquiera uno»*. Nadie acierta cada vez. Solo en raras ocasiones es culpa de una sola persona. Todos cometemos errores. Siempre hay responsabilidad compartida. Como dice el refrán: «Se necesitan dos para bailar un tango». ¡Y también para estar en desacuerdo!

Es por eso que la Biblia dice que tenemos que aprender a extender gracia los unos a los otros. El perdón es una calle de doble sentido. No podemos recibir lo que no estamos dispuestos a dar a otras personas.

Para construir relaciones sólidas debes tratar a los demás de la manera en que Dios te trata a ti. Romanos 15:7 manifiesta: *«Por lo tanto, acéptense unos a otros, tal como Cristo los aceptó a ustedes, para que Dios reciba la gloria»*. Aceptar a los demás puede incluir escuchar a un amigo sin juzgar o dar lugar en tu casa a un familiar cansado y gruñón.

Cuando por amor aceptas a los demás tal como son, sin detenerte en sus fallas, les extiendes gracia.

26 DE MARZO

¿Vale la pena el cristianismo?

¿Y qué beneficio obtienes si ganas el mundo entero pero pierdes tu propia alma? ¿Hay algo que valga más que tu alma?
MATEO 16:26

El apóstol Pablo expresó: *«Si nuestra esperanza en Cristo es solo para esta vida, somos los más dignos de lástima de todo el mundo»* (1 Corintios 15:19).

¿Por qué Pablo dijo algo así? Porque no es fácil vivir para Cristo en un mundo que aborrece a Cristo.

Por lo tanto, esta es una de las preguntas más importantes que debes responder: «¿Vale la pena ser cristiano?». Todo en la vida tiene un precio. Cada vez que dices que sí a algo, estás diciendo que no a otra cosa. ¿Vale la pena pagar el precio de seguir a Cristo?

Jesús preguntó: *«¿Y qué beneficio obtienes si ganas el mundo entero pero pierdes tu propia alma? ¿Hay algo que valga más que tu alma?»* (Mateo 16:26). La traducción Reina-Valera Contemporánea de la Biblia plantea el mismo versículo así: *«Porque ¿de qué le sirve a uno ganarse todo el mundo, si pierde su alma? ¿O qué puede dar uno a cambio de su alma?»*.

La gente intercambia su alma por muchas cosas: dinero, fama, egocentrismo, sexo y materialismo, por nombrar algunas. Tu alma vale mucho más que todas esas cosas.

Pablo se dio cuenta de esto. Mientras compartía su testimonio manifestó: *«Antes creía que esas cosas eran valiosas, pero ahora considero que no tienen ningún valor debido a lo que Cristo ha hecho. Así es, todo lo demás no vale nada cuando se le compara con el infinito valor de conocer a Cristo Jesús, mi Señor. Por amor a él, he desechado todo lo demás y lo considero basura a fin de ganar a Cristo»* (Filipenses 3:7-8). Pablo se dio cuenta de que nada, ni la posición social, ni el dinero —por mucho que fuera— ni el placer, vale más que Jesús.

Necesitamos una nueva definición de éxito. El éxito real y significativo no se basa en lo que tienes, en tu apariencia ni en sentirte bien. El verdadero éxito viene de vivir tu vida según los valores de Dios. También viene con la recompensa final de disfrutar de la eternidad en el cielo.

Reflexionando sobre los sacrificios que se requieren para contarles a las personas no alcanzadas acerca de Jesús, el misionero mártir Jim Elliot dijo: «No es tonto aquel que da lo que no puede conservar para ganar lo que no puede perder».

27 DE MARZO

Cómo ver el propósito de tu dolor

Debido al gozo que le esperaba, Jesús soportó la cruz, sin importarle la vergüenza que esta representaba. Ahora está sentado en el lugar de honor, junto al trono de Dios.

HEBREOS 12:2

Si estás muy avanzado en la edad adulta, es probable que hayas aprendido que puedes soportar más dolor de lo que pensabas. De hecho, es probable que hayas tenido que pasar por momentos difíciles para darte cuenta de lo mucho que podías soportar.

Los seres humanos pueden soportar una enorme cantidad de dolor si pueden ver un propósito en el dolor y una recompensa más allá del dolor. Eso es exactamente lo que hizo Jesús cuando fue a la cruz. Sufrió un dolor insoportable, pero miraba más allá del dolor hacia la recompensa en el cielo porque tenía una perspectiva eterna.

Jesús no estaba mirando solo el aquí y el ahora. De ser así, su futuro hubiera sido sombrío y se hubiera desesperado. Jesús miraba más allá del dolor hacia la recompensa en el cielo. Valoraba esa recompensa eterna mucho más que cualquier alivio temporal en la tierra.

Cuando estás sufriendo y solo consideras el aquí y ahora, eso puede causar que te desanimes y te deprimas. A veces incluso puedes tener ganas de rendirte. La única manera de superar los momentos más difíciles de la vida es mirar más allá del dolor hacia la recompensa en el cielo.

Hebreos 12:2 señala: «*Debido al gozo que le esperaba, Jesús soportó la cruz, sin importarle la vergüenza que esta representaba. Ahora está sentado en el lugar de honor, junto al trono de Dios*».

Jesús soportó el vergonzoso sufrimiento en la cruz porque sabía del gozo que disfrutaría después del dolor. El gozo más grande para Jesús, y para nosotros, es la esperanza de una eternidad en el cielo donde estaremos en la presencia de Dios para siempre.

Cuando recibes la mente de Cristo, comienzas a pensar como Jesús acerca de tu pasado, tu presente, tu futuro, Dios, la vida, la muerte, el pecado, la salvación, tus amigos y en quién tienes puesta tu confianza. Te das cuenta de que la vida es más que solo el aquí y ahora. Esto te da fuerzas para resistir.

28 DE MARZO

¡Todo está cumplido!

Jesús sabía que su misión ya había terminado y, para cumplir las Escrituras, dijo: «Tengo sed». [...] Después de probar el vino, Jesús dijo: «¡Todo está cumplido!». Entonces inclinó la cabeza y entregó su espíritu.

JUAN 19:28, 30

Durante su ministerio terrenal, Jesús dijo varias veces que había venido a hacer la obra que Dios le había encomendado.

Cuando Jesús estaba muriendo en la cruz, él «*sabía que su misión ya había terminado y, para cumplir las Escrituras, dijo: "Tengo sed". [...] Después de probar el vino, Jesús dijo: "¡Todo está cumplido!". Entonces inclinó la cabeza y entregó su espíritu*» (Juan 19:28, 30). «¡Todo está cumplido!» fue un grito de victoria. En griego, el idioma original, es una sola palabra: *tetelestai*. Era una palabra común en la sociedad griega antigua con muchos significados. Jesús encarnó cada uno de ellos:

- Era utilizado por sirvientes y empleados que regresaban a su amo con la noticia de que habían terminado la tarea. Jesús había terminado la tarea que Dios le había encomendado.
- Era una palabra legal que los jueces usaban para anunciar que un prisionero había cumplido por completo con su condena en prisión. Jesús se aseguró de que se hiciera justicia por nuestros pecados.
- Era una palabra que se utilizaba en los negocios para indicar que una deuda había sido pagada en su totalidad. Jesús pagó por completo nuestra deuda de pecado.
- Los artistas usaban la palabra al pintar un cuadro para denotar su trazo final. El sacrificio de Jesús terminó la gran obra maestra de Dios e hizo posible que fuéramos redimidos de nuestro pecado.
- Los sacerdotes usaban la palabra cuando ofrecían un sacrificio a Dios para declarar: «El sacrificio ha sido hecho». La muerte de Jesús en la cruz fue el sacrificio por nuestros pecados.

Esa sola palabra —*tetelestai*— separa al cristianismo de todas las demás religiones. Todas las otras religiones tienen que ver con lo que tienes que hacer para estar bien con Dios. El cristianismo tiene que ver con lo que Dios ya hizo por ti.

Jesús dijo: «*¡Todo está cumplido!*». No necesitas hacer nada para tener acceso a Dios. ¡Él lo hizo todo!

Dios es un padre cariñoso

Así que si ustedes, gente pecadora, saben dar buenos regalos a sus hijos, cuánto más su Padre celestial dará buenos regalos a quienes le pidan.
MATEO 7:11

Todos necesitamos respuesta a una pregunta: «¿Alguien se preocupa por mí?». La respuesta enfática de Dios es: «¡Sí!».

En Marcos 4, los discípulos hicieron esta misma pregunta. Estaban en un bote en el lago cuando de repente se desató una tormenta. A medida que el viento soplaba más fuerte, comenzaron a hundirse. A pesar de todo, Jesús estaba dormido. Los discípulos lo despertaron con una pregunta importante: *«¡Maestro! ¿No te importa que nos ahoguemos?»* (Marcos 4:38).

Esa es la pregunta fundamental que la gente quiere saber acerca de Dios. Queremos saber si en realidad le importa lo que nos está pasando.

Hay muchos ejemplos en la Biblia del amor y el cuidado de Dios por nosotros. Jesús mostró su amor y cuidado por los discípulos cuando lo despertaron durante la tormenta. Habló al viento y a las olas y calmó la tormenta de inmediato.

La respuesta de Dios para ti es la misma: se preocupa por ti. Dios se preocupa por todos los diferentes aspectos de tu vida. Se preocupa por tu familia, tu trabajo, tu salud; ¡cada detalle! Si eres padre puedes entenderlo. Te preocupas por cada detalle de la vida de tu hijo porque su bienestar te importa. Nada de lo que haga cambia eso.

Jesús nos recuerda que el amor que un padre tiene por sus hijos nos da una idea del amor de Dios: *«Así que si ustedes, gente pecadora, saben dar buenos regalos a sus hijos, cuánto más su Padre celestial dará buenos regalos a quienes le pidan»* (Mateo 7:11). Dios es el Padre amoroso por excelencia. Cuando llegues a conocer mejor a Dios, entenderás más acerca de su amor por ti; y no dudarás de que él se preocupa por tu vida.

Las personas que creen que todos sus problemas existen porque no aman a Dios lo suficiente, en realidad, tienen un problema diferente: no reconocen cuánto *las* ama *Dios*.

Nuestro amor por Dios es una respuesta natural a lo mucho que creemos que Dios se preocupa por nosotros. No puedes evitar amar a Dios una vez que te das cuenta de cuánto te ama. *«Nosotros amamos porque él nos amó primero»* (1 Juan 4:19, NVI).

30 DE MARZO

Si tienes la mente de Cristo, nunca te sentirás solo

No estoy solo, porque el Padre está conmigo.

JUAN 16:32

Puede resultar desalentador seguir el consejo del siguiente versículo: «*Tengan la misma actitud que tuvo Cristo Jesús*» (Filipenses 2:5). Parte de tener la mente de Cristo no es más que estar siempre consciente de que Dios está contigo.

Incluso Jesús hizo esto. No importaba lo ocupado que estuviera, se mantenía en sintonía con el Padre. Jesús manifestó: «*No estoy solo, porque el Padre está conmigo*» (Juan 16:32).

Es por eso que el mayor antídoto contra la soledad es pensar como Jesús. Cuando tienes la mente de Cristo puedes decir como Jesús: «No estoy solo porque sé que el Padre siempre está conmigo».

Cuando te sientes solo, a menudo es el resultado de no vivir con la mente de Cristo y de no estar consciente del cuidado constante de Dios. Una forma de mantenerse consciente del cuidado de Dios es a través de la oración. Jesús hizo de la oración un hábito diario: «*Pero con frecuencia Él se retiraba a lugares solitarios y oraba*» (Lucas 5:16, NBLA).

Ten en cuenta que este versículo dice que Jesús *a menudo* se escabullía para poder orar. La vida de oración de Jesús era continua. Para Jesús la prioridad de su vida era estar en la presencia de su Padre.

¿Te detienes a orar durante el día? Si Jesús sintió la necesidad de escabullirse a menudo para orar, ¡entonces piensa cuánto más lo necesitamos nosotros!

Cuando no te tomas el tiempo para hablar con Dios te pierdes sus regalos. No es la voluntad de Dios que estés tan ocupado que no tengas tiempo para él. De hecho, harás más cosas en todas las áreas de tu vida si te detienes y te tomas un tiempo para orar. Esto se debe a que cuando te tomas el tiempo para permitir que el Espíritu de Dios te recuerde cuál es tu propósito, puedes enfocar mejor tu mente y tu corazón en lo que más importa.

Jesús sabía quién era y cuál era su propósito. Siempre estaba consciente de la presencia de Dios. Cuando aprendas a pensar como Jesús, también tendrás esas cosas y siempre estarás consciente de que Dios está contigo.

31 DE MARZO

Dios puede restaurarte después de que pecaste

Si regresas a mí te restauraré para que puedas continuar sirviéndome.
JEREMÍAS 15:19

Cuando te conviertes en un creyente en Cristo, naces de nuevo en la familia de Dios. Nada puede deshacer esto. Aunque el pecado puede dañar tu comunión con Dios, no puede quitarte tu relación con él. Siempre estás solo a un paso de volver a Dios.

Entonces, ¿qué debes hacer cuando pecas? ¡Regresa! Regresa a Cristo. Es así de simple. Dios manifiesta: «*Aunque sus pecados sean como la escarlata, yo los haré tan blancos como la nieve*» (Isaías 1:18).

La noche en que Jesús fue arrestado, Pedro negó tres veces haberlo conocido o seguido. Si alguna vez pensaste en un pecado imperdonable, ¡sería ese! No obstante, Jesús sabía tanto que Pedro lo negaría como que volvería a él. De hecho, incluso antes de que sucediera, Jesús le dijo a Pedro: «*Pero yo he rogado en oración por ti, Simón, para que tu fe no falle, de modo que cuando te arrepientas y vuelvas a mí fortalezcas a tus hermanos*» (Lucas 22:32).

Jesús sabía que el ministerio de Pedro sería más efectivo después de su negación que lo que fue antes. Y, efectivamente, así fue. Pedro escribió dos libros de la Biblia: 1 Pedro y 2 Pedro. También compartió sus memorias con el autor del Evangelio de Marcos.

Puede que pienses que Dios se ha olvidado de ti, pero no lo hizo. El Buen Pastor deja las noventa y nueve ovejas para ir tras la una que se perdió. Él sabe cómo te alejaste. Tal vez, lo hiciste dando un paso gigante o, quizás, dando una serie de pequeños pasos.

Sea lo que haya sido, necesitas hacer la oración que David hizo cuando regresó a Dios después de cometer adulterio. David oró así: «*Restaura en mí la alegría de tu salvación*» (Salmo 51:12). David no tuvo que orar: «Dios, devuélveme mi salvación» porque no había perdido su salvación; lo que había perdido era la alegría.

¿Has perdido tú también la alegría? ¿Por qué no vuelves a Cristo hoy?

1 DE ABRIL

Jesús ve, se preocupa e interviene en tus dificultades

No los abandonaré como a huérfanos; vendré a ustedes.

JUAN 14:18

Es probable que en ocasiones te encuentres en situaciones que no quieres y no te gustan. De hecho, algunos días puedes sentir que las tormentas de la vida amenazan con ahogarte. ¿Cómo evitas ser arrastrado por los vientos devastadores de la vida? Una forma es recordarte a ti mismo cuánto le importas a Jesús. Efectivamente, Jesús ve tus dificultades, se preocupa por ellas y hace algo al respecto.

Un ejemplo de cómo Jesús ve lo que te sucede, cuida de ti y hace algo al respecto se encuentra en la historia donde camina sobre el agua: «*Al anochecer, la barca se hallaba en medio del lago y Jesús estaba en tierra solo. En la madrugada, vio que los discípulos hacían grandes esfuerzos para remar, pues tenían el viento en contra. Se acercó a ellos caminando sobre el lago e iba a pasarlos de largo*» (Marcos 6:47-48, NVI).

Los discípulos tenían cuatro cosas en su contra: estaba oscuro, estaban en medio de un lago, estaban solos y tenían «*el viento en contra*».

¿Cómo respondió Jesús? No se limitó a pararse en la orilla y a indicarles lo que tenían que hacer. En lugar de eso, se acercó a ellos caminando sobre el agua en el momento en que más desesperados estaban. Les dijo: «*¡Cálmense! Soy yo. No tengan miedo*» (Marcos 6:50, NVI). Luego Jesús subió a la barca, y el viento se calmó.

Eso es lo que Jesús hace en tu momento de desesperación. Le importas lo suficiente como para acercarse hasta donde estás, donde quiera que estés, e intervenir.

Amigos, ese es el evangelio. Dios vino a la tierra, se convirtió en uno de nosotros y murió en la cruz por nuestros pecados. No se limitó a gritar instrucciones desde el cielo. Se acercó a nosotros y nos dijo: «Voy a resolver el problema que ustedes no pueden resolver».

Aunque desconozco la situación por la que estás pasando en este momento, te diré que no has sido abandonado... incluso si sientes que lo has sido. Dios te ve, se preocupa por ti y está contigo, incluso en la hora más oscura de la noche más tormentosa.

Juan 14:18 expresa: «*No los abandonaré como a huérfanos; vendré a ustedes*».

Sin importar a qué problemas te enfrentes, recuérdate a ti mismo que a Jesús le importas; deja que venga a ti hoy.

2 DE ABRIL

Ora con sencillez

Y al orar, no hablen solo por hablar como hacen los gentiles, porque ellos se imaginan que serán escuchados por sus muchas palabras. [...] Su Padre sabe lo que ustedes necesitan antes de que se lo pidan.

MATEO 6:7-8 (NVI)

Las oraciones más largas no son, necesariamente, las oraciones más fuertes.

Es posible que te sientas tentado a orar sin detenerte cuando hablas con Dios en oración, como si hablar más le llamara más la atención, pero Dios está escuchando. Y está mucho más interesado en oraciones humildes y auténticas que en una oración que parece un sermón interminable. ¡Ve al punto!

Jesús dijo mucho en el Sermón del monte acerca de orar simplemente y no tratar de sonar súper espiritual: «*Cuando oren, no sean como los hipócritas, porque a ellos les encanta orar de pie en las sinagogas y en las esquinas de las plazas para que la gente los vea. Les aseguro que ya han obtenido toda su recompensa. Pero tú, cuando te pongas a orar, entra en tu cuarto, cierra la puerta y ora a tu Padre, que está en lo secreto. Así tu Padre, que ve lo que se hace en secreto, te recompensará. Y al orar, no hablen solo por hablar como hacen los gentiles, porque ellos se imaginan que serán escuchados por sus muchas palabras. No sean como ellos, porque su Padre sabe lo que ustedes necesitan antes de que se lo pidan*» (Mateo 6:5-8, NVI).

No tienes que convencer a Dios de lo que necesitas. ¡Él ya lo sabe! Acércate a él de la manera más sencilla, honesta y humilde que puedas, y habla de lo que necesitas.

No uses la oración para presumir. Estoy seguro de que conoces personas que lo hacen, pero eso no significa que reciban algún crédito por esa clase de oración. Dios no quiere escuchar oraciones que están destinadas a llamar la atención de los demás. En lugar de eso, sé sincero. No uses frases trilladas. No agregues muletillas porque tienes temor de que tus oraciones sean demasiado cortas.

La oración es una conversación continua. No tienes que terminar cada una de ellas con cuidad. Más tarde puedes continuar donde la dejaste y mantener la conversación abierta. Puedes hablar con Dios como lo harías con un ser querido o un buen amigo.

Agregar palabras adicionales a tu oración no la hace más fuerte. Ora de manera simple, expresándote con un corazón sincero y una fe segura.

Tu plan de emergencia ante la tentación

Luego llámame cuando tengas problemas, y yo te rescataré.

SALMO 50:15

Hay ocasiones en las que necesitarás un «plan de emergencia» para la tentación.

Cuando te encuentras en una situación en la que eres tentado y no sabes qué hacer, debes clamar a Dios.

Si te enfrentas a una tentación y comienzas a entrar en pánico porque sientes que la adrenalina corre por tu cuerpo, es probable que no tengas tiempo para una larga conversación con Dios. En cambio, puedes hacer lo que yo llamo una «oración de microondas», la cual consiste en decir una sola palabra: *¡Ayuda!* Le dices a Dios: «Este no es el lugar donde quiero estar en este momento; estoy a punto de cruzar la línea. Necesito tu ayuda ahora mismo».

Por supuesto, él sabe lo que está sucediendo. Así que cuando todo lo que puedas hacer sea clamar por ayuda, Dios escuchará tu oración e intervendrá.

Puedes tener la certeza de que te ayudará porque la Biblia manifiesta: «*Luego llámame cuando tengas problemas, y yo te rescataré*» (Salmo 50:15).

Clama a Dios. Cuando lo haces, te ayuda porque entiende tu situación. La Biblia señala: «*Nuestro Sumo Sacerdote comprende nuestras debilidades, porque enfrentó todas y cada una de las pruebas que enfrentamos nosotros, sin embargo, él nunca pecó*» (Hebreos 4:15).

¿Jesús luchó alguna vez con la ira? Sí. ¿Jesús luchó alguna vez con la soledad? Sí. ¿Alguna vez tuvo que lidiar con el sexo y la sexualidad? Sí. ¿Alguna vez fue tentado por la fatiga y el desaliento? Sí. ¿Cómo puede ser? Porque a pesar de que él es Dios, cuando estuvo en la tierra era Dios en un cuerpo completamente humano. Jesús se hizo hombre y experimentó todo lo que nosotros experimentamos para poder interceder por nosotros ante Dios.

Jesús enfrentó las mismas tentaciones que nosotros, por lo que podemos esperar que nos ayude cuando clamamos a él. No tenemos que sentir vergüenza porque su gracia nos sostiene: «*Así que acerquémonos con toda confianza al trono de la gracia de nuestro Dios. Allí recibiremos su misericordia y encontraremos la gracia que nos ayudará cuando más la necesitemos*» (Hebreos 4:16).

Ese es un gran consuelo y el poder para cambiar. ¡Solo dile a Dios que necesitas su ayuda!

4 DE ABRIL

Resuelve tu salvación hoy

Te aseguro que hoy estarás conmigo en el paraíso.

LUCAS 23:43

Cuando el criminal colgado en la cruz al lado de Jesús le pidió que se acordara de él, Jesús respondió: *«Te aseguro que hoy estarás conmigo en el paraíso»* (Lucas 23:43). Con su respuesta, Jesús dio cuatro características de la salvación en las que puedes confiar y creer.

Primero, la salvación es inmediata. Jesús le dijo: *«Hoy»*. Cuando mueres, o vas directamente a la presencia de Dios o te separas directamente de Dios. Por lo tanto, la salvación es inmediata. En el momento en que le pides a Jesucristo que te salve, lo hace.

Segundo, la salvación es segura. Él expresó: *«Hoy estarás»*. No dijo: «Podría ser» o «espero que sí». Su respuesta no fue: «Déjame pensarlo».

Jesús manifestó: *«Estarás»*. Puedes estar seguro de tu salvación cuando aceptas a Cristo.

Tercero, la salvación es una relación. Jesús le dijo: *«Hoy estarás conmigo»*. La salvación no es una religión. No se trata de reglas, regulaciones ni rituales. Es una relación. Esa relación no comienza cuando llegas al cielo, sino que comienza aquí en la tierra. Jesucristo quiere ser tu mejor amigo; quiere hablar contigo todo el tiempo. ¡Dios te hizo para que tuvieras una relación con él!

Cuarto, la salvación conduce a un lugar real. Jesús le dijo: *«Hoy estarás conmigo en el paraíso»*. El cielo es un lugar real y es para siempre.

Dos criminales fueron crucificados con Jesús, uno a cada lado. Jesús les dio la opción de la salvación, y te da a ti la misma opción. No te obligará a amarlo. No te va a obligar a confiar en él ni a aceptar el cielo. Uno de los dos criminales rechazó a Jesús. El otro se volvió hacia él con fe. Tienes la misma opción.

Romanos 10:13 señala: *«Todo el que invoque el nombre del Señor será salvo»* (NVI). ¿Crees en estas verdades acerca de la salvación? ¿Estás listo para invocar el nombre del Señor? La Biblia expresa: *«Les digo que este es el momento propicio de Dios; hoy es el día de salvación»* (2 Corintios 6:2, NVI).

Escoge resolver el asunto de tu destino eterno hoy. Confía en la promesa de salvación de Jesús.

5 DE ABRIL

Alguien tiene que pagar por el pecado

Son tan puros tus ojos que no puedes ver el mal;
no te es posible contemplar la opresión.
HABACUC 1:13 (NVI)

En la mitología griega y romana los dioses como Zeus, Marte y Apolo tienen debilidades humanas. Se enojan. Son lujuriosos. Son impacientes. Atacan a la gente con rayos. Son inconsistentes y poco confiables.

Por el contrario, el Dios real, aquel Dios que creó el universo, es 100% puro, justo y sin contaminación de ninguna clase. Nunca hizo nada malo, impuro ni imperfecto. Es santo. Habacuc 1:13 manifiesta: *«Son tan puros tus ojos que no puedes ver el mal; no te es posible contemplar la opresión»* (NVI).

Puedes confiar en Dios porque él es perfecto, pero su perfección también significa que no puede soportar estar cerca del pecado. Por eso fue que, en la cruz, Dios tomó todos los pecados del mundo y los derramó sobre Jesucristo, su Hijo perfecto, quien se ofreció como voluntario para pagar por ellos.

Dios envió a Jesús para que fuera tu sustituto. Si Jesús no hubiera sido tu sustituto en la cruz, hubieras tenido que pagar por tus propios pecados. Pero Jesús satisfizo la ley e hizo lo que la justicia exige.

A Jesús no le fue fácil. De hecho, fue una tortura. Teniendo en cuenta lo culpable que puedes sentirte por un pecado. ¿Te gustaría cargar con la culpa por todos los pecados: desde los cometidos en secreto hasta los públicos y horribles? Sin lugar a dudas, la tortura mental, física, emocional y espiritual sería insoportable.

En la cruz, Jesús clamó: *«Dios mío, Dios mío, ¿por qué me has abandonado?»* (Mateo 27:46, NVI). Jesús estaba experimentando la agonía física y el tormento de estar separado de su Padre.

Un Dios santo no podía soportar ni siquiera mirar a su Hijo lleno de los pecados del mundo. Dios miró hacia otro lado porque él es perfecto. ¿Puedes imaginarte lo que esto le costó a Jesús?

Aun así, él estuvo dispuesto a pasar por ese dolor porque quiso proveerte el camino para estar en comunión con un Dios santo.

Alguien tenía que tomar el castigo y Jesús lo hizo por ti. Jesús se convirtió en tu sustituto para que cuando Dios te mirara no viera tu pecado, sino la justicia de Jesucristo.

Gracias a eso, puedes experimentar tanto la vida eterna como una vida plena y con propósito aquí en la tierra.

6 DE ABRIL

Lo que significa tener el poder del Espíritu Santo

Porque la ley del Espíritu de vida en Cristo Jesús me ha librado de la ley del pecado y de la muerte.

ROMANOS 8:2 (RVC)

Ninguno de nosotros es inmune a los pecados persistentes. Algunas personas batallan con la ira, mientras que otras batallan con la preocupación, el chisme o la lujuria.

¿Cómo te liberas del pecado persistente?

Entiendes lo que Jesús hizo por ti. En la cruz, Jesús pagó por el castigo de tus pecados para que tú no tuvieras que pagar por ellos. Todos tus pecados, incluso los que aún no has cometido, han sido pagados en la cruz.

Jesús no solo pagó por tu pecado, sino que también pagó para quebrar el *poder* del pecado en tu vida. Ahora tienes un poder que no tenías antes: el poder de decirle que no al pecado. Eso es más que fuerza de voluntad. ¡Es el poder del Espíritu Santo!

La Biblia menciona en Romanos 8:2: «*Porque la ley del Espíritu de vida en Cristo Jesús me ha librado de la ley del pecado y de la muerte*» (RVC).

Si eres cristiano, sabes que Jesús murió para pagar por tus pecados. Esa es la Buena Noticia. Si eso fuera todo, ya sería la mejor noticia del mundo. Cuando murió en la cruz, sin embargo, Jesús además tomó tu vieja naturaleza pecaminosa y te dio una nueva naturaleza, una que ya no tiene que vivir en pecado persistente. La Biblia enseña: «*Sabemos que nuestro antiguo ser pecaminoso fue crucificado con Cristo para que el pecado perdiera su poder en nuestra vida. Ya no somos esclavos del pecado*» (Romanos 6:6).

El pecado ya no tiene ningún poder en tu vida. ¡Una persona muerta no puede ser tentada! Esa vieja naturaleza no puede ser tentada y, puesto que murió con Cristo, puedes estar seguro de que también participas en su nueva vida.

La fuerza de voluntad nunca será suficiente para quebrar el poder del pecado en tu vida. Pero gracias a Jesús, tienes poder más que suficiente en el Espíritu Santo para resistir la tentación y romper el círculo de «*la ley del pecado y de la muerte*».

7 DE ABRIL

Volverás a encontrar el gozo

A todos los que se lamentan en Israel les dará una corona de belleza en lugar de cenizas, una gozosa bendición en lugar de luto, una festiva alabanza en lugar de desesperación.
ISAÍAS 61:3

Dios les promete a quienes lloran que *«les dará una corona de belleza en lugar de cenizas, una gozosa bendición en lugar de luto, una festiva alabanza en lugar de desesperación»* (Isaías 61:3).

El mayor ejemplo de cómo Dios transforma el dolor en gozo es la resurrección de Jesucristo. Después de que Jesús fuera crucificado, sus discípulos pasaron por los dos días de temor, dolor y aflicción más profundos que alguien podría experimentar. Aunque Jesús les había prometido a sus discípulos que volvería a vivir, su dolor les impidió comprender la realidad de que era eso lo que estaba sucediendo.

Fue cuando los discípulos vieron a Jesús resucitado que entendieron que el pecado y la muerte habían sido derrotados. Se liberaron de sus miedos y preocupaciones. En esa liberación volvieron a encontrar gozo.

Tu dolor importa. Dios no quiere que lo superes. De hecho, quiere caminar contigo *a través* de tu dolor. Quiere que recuerdes que está contigo y que tu dolor no siempre será tan profundo. A medida que te aferres a las promesas de Dios cuando estás afligido, tú también encontrarás liberación de tu miedo y preocupación. Volverás a encontrar gozo.

¿Cómo sucede eso? Confiando en el poder de Dios; ¡el mismo poder que resucitó a Jesús! Dios puede cambiar tus cenizas en belleza, tu luto en bendición y tu desesperación en alabanza. El dolor te cambiará, pero —por la gracia de Dios— no te paralizará.

En el momento de dolor, busca lo único que es absolutamente seguro: el perdón y la esperanza que solo se encuentran en Jesús.

Así es como obtenemos el poder de Dios: *«Dios nos hace justos a sus ojos cuando ponemos nuestra fe en Jesucristo. Y eso es verdad para todo el que cree, sea quien fuere. Pues todos hemos pecado; nadie puede alcanzar la meta gloriosa establecida por Dios. Sin embargo, en su gracia, Dios gratuitamente nos hace justos a sus ojos por medio de Cristo Jesús, quien nos liberó del castigo de nuestros pecados»* (Romanos 3:22-24).

8 DE ABRIL

En tus mejores y en tus peores días, Dios está contigo

Cuando pases por aguas profundas, yo estaré contigo.
Cuando pases por ríos de dificultad, no te ahogarás.
Cuando pases por el fuego de la opresión, no te quemarás; las llamas no te consumirán.
ISAÍAS 43:2

La vida está llena de circunstancias inesperadas. Algunas de ellas te hacen sentir como si el techo se hubiera derrumbado sobre ti.

¿Qué haces cuando tu mundo se derrumba? ¿Cuando llega la temida llamada telefónica? ¿Cuando llegan los papeles del divorcio? ¿Cuando te declaras en bancarrota? La primera pregunta de muchos es: «¿Alguien se preocupa por mí?».

Es una pregunta que los discípulos de seguro hicieron poco después de que Jesús fuera crucificado. Una noche se reunieron a puerta cerrada porque tenían temor de los líderes judíos que habían enviado a Jesús a la cruz. Se sentían solos. Por eso, esperaban lo peor.

Pero entonces sucedió lo siguiente: «*En eso llegó Jesús, se puso en medio y les dijo: "La paz sea con ustedes". Y mientras les decía esto, les mostró sus manos y su costado. Y los discípulos se regocijaron al ver al Señor*» (Juan 20:19-20, RVC).

El cambio fue inmediato. La presencia de Cristo convirtió su pánico en alabanza, su temor en alegría.

La Biblia señala: «*El Señor está cerca de los que tienen quebrantado el corazón; él rescata a los de espíritu destrozado*» (Salmo 34:18).

En cada momento de tu vida, desde el mejor hasta el peor, Dios está contigo. Cuida de ti cuando te sientes desesperado. Nunca atravesarás los momentos difíciles solo.

Dios afirma: «*Cuando pases por aguas profundas, yo estaré contigo. Cuando pases por ríos de dificultad, no te ahogarás. Cuando pases por el fuego de la opresión, no te quemarás; las llamas no te consumirán*» (Isaías 43:2).

¿Estás sufriendo hoy? ¿Te estás preguntando: «¿Alguien se preocupa por mí?». ¿Tienes miedo de que nadie lo haga?

Puedes estar tranquilo. Le importas a Dios. Está contigo ahora, y estuvo contigo todo el tiempo. ¡No estás solo!

9 DE ABRIL

Piensa en lo que piensas

La gente tonta cree todo lo que le dicen; la gente sabia piensa bien antes de actuar.

PROVERBIOS 14:15 (TLA)

Todo comportamiento se basa en una creencia.

Si actúas con miedo, es porque crees que estás en una situación aterradora. Si actúas con resentimiento, es porque crees que no te dieron el valor que te mereces y quieres defenderte. Si actúas con orgullo, es posible que creas que no eres lo suficientemente bueno, así que tratas de compensarlo siendo jactancioso.

Si hay un comportamiento en tu vida que no te gusta o sabes que está mal, ve a la fuente y cambia el pensamiento que subyace a ese comportamiento. Dios manifestó en Hageo 1:5: *«¡Reflexionen sobre su proceder!»* (NVI).

Pregúntate: ¿Por qué actúo de *esa* manera con esta persona? ¿Por qué actúo de *esta* manera en el trabajo o en la escuela o con ciertos vecinos? ¿Qué pensamiento desencadenó esa respuesta? ¿Qué supuesto hay detrás de aquella acción? ¿Qué creencia hay detrás de este comportamiento?

Tal vez hayas estado en este tipo de conflicto antes: comienza bastante simple y, antes de que te des cuenta, algo en la discusión desencadena tus emociones y pasas de cero a cien en intensidad emocional en dos segundos. Entonces pierdes el control, te sientes molesto, nervioso o temeroso. Es posible que comiences a sudar o que tu voz suba de tono. Quizás las lágrimas comiencen a rodar por tus mejillas.

Algo en ese momento se conectó con una creencia tácita. Es posible que creas que la otra persona te va a dejar. Puede que creas que no te han escuchado. Es probable que creas que tu idea no está siendo validada y que no te están tratando con respeto. Una creencia que guardas ha desencadenado una respuesta emocional.

Si alguna vez te encuentras en una situación como esta, debes examinar las creencias detrás de tu comportamiento.

La Biblia expresa en Proverbios 14:15: *«La gente tonta cree todo lo que le dicen; la gente sabia piensa bien antes de actuar»* (TLA).

Para crecer en cualquier área de la vida debes examinar lo que está sucediendo en tu mente. Comienza a pensar en lo que estás pensando, de modo que tus pensamientos te conduzcan a una acción saludable y con propósito.

10 DE ABRIL

Necesitas la ayuda de Dios para cambiar

Gracias a la acción de su Espíritu en nosotros,
cada vez nos parecemos más a él.
2 CORINTIOS 3:18 (TLA)

¿Necesitas reiniciar tu vida? No puedes hacerlo solo con tu capacidad. Dios es el único que puede producir ese tipo de transformación.

Piénsalo así: alguien podría hacer una ley que dijera: «Están prohibidos los prejuicios, el racismo y la intolerancia». Pero ninguna ley convertirá a un intolerante en una persona que ama. Solo Dios tiene el poder para hacer eso porque requiere un cambio interno. Solo Dios puede producir una transformación duradera en nuestro corazón.

De la misma manera, puedes decirte a ti mismo que estás listo para cambiar, que quieres cambiar, que puedes cambiar y que cambiarás. Pero no sucederá nada que dure o tenga un significado eterno sin la ayuda del Espíritu Santo. La Biblia señala en Zacarías 4:6: *«No vencerás con ejército, ni usando tu fuerza, sino sólo con mi Espíritu, dice el SEÑOR Todopoderoso»* (NBV).

Así como no puedes transformarte en un tigre, tampoco puedes transformarte en Cristo. No puedes cambiar tu vida por tus propios medios. La fuerza de voluntad no es suficiente.

Tus heridas, hábitos y complejos no pasaron a ser parte de tu vida de la noche a la mañana; tampoco podrás eliminarlos de la noche a la mañana. Te llevará tiempo. De hecho, ¡te va a llevar el resto de tu vida! Es un proceso lento. Además, no tendrás suficiente paciencia y resistencia por tu cuenta como para terminar bien el proceso.

He aquí la buena noticia: la Biblia promete que, *«gracias a la acción de su Espíritu en nosotros, cada vez nos parecemos más a él»* (2 Corintios 3:18, TLA).

El cambio es un proceso que dura toda la vida y que requiere el poder del Espíritu Santo. A medida que el Espíritu obra dentro de ti, Dios te transforma en lo que fuiste creado para ser y te hace cada vez más como él.

Cuando Dios quiere hacer un hongo, tarda seis horas. Cuando quiere un roble maduro, tarda sesenta años. ¿Quieres ser un hongo o un roble?

Dios quiere que crezcas y te conviertas en una mujer o en un hombre de Dios emocionalmente maduro, espiritualmente fuerte, feliz y saludable. No sucederá con rapidez. Pero sucederá con la ayuda del Espíritu Santo.

11 DE ABRIL

Jesús escogió sufrir por ti

Pero Dios demuestra su amor por nosotros en esto: en que cuando todavía éramos pecadores, Cristo murió por nosotros.

ROMANOS 5:8 (NVI)

Pocas personas están dispuestas a sufrir por otra persona, pero Jesús lo estuvo. De hecho, no sufrió por una sola persona, sino que ¡eligió sufrir por todas las personas del mundo!

Juan 19 describe algunos de los sufrimientos de Jesús: «*Jesús sabía que su misión ya había terminado y, para cumplir las Escrituras, dijo: "Tengo sed". Había allí una vasija de vino agrio, así que mojaron una esponja en el vino, la pusieron en una rama de hisopo y la acercaron a los labios de Jesús*» (versículos 28-29).

Jesús estaba en agonía en la cruz y tenía sed. Sufría no solo de dolor, sino también de gran sed.

El Señor no merecía sufrir por el pecado de todos. Cada uno de nosotros merece sufrir por sus propios pecados. Aun así, Jesús estuvo dispuesto a sufrir y a tener sed por ti para que pudieras ir al cielo.

Jesús no hizo nada malo. No cometió ningún delito. No le hizo daño a nadie. Vivió una vida perfecta. Entonces, ¿por qué lo mataron?

Él murió por la redención de otros. Tuvo sed en la cruz para *tu* beneficio.

«*Pero Dios demuestra su amor por nosotros en esto: en que cuando todavía éramos pecadores, Cristo murió por nosotros*» (Romanos 5:8, NVI).

El amor de Jesús por ti es tan grande, tan profundo y tan amplio que estuvo dispuesto a tomar tu pecado como suyo y a cubrirlo con su justicia. Tus pecados le costaron la vida. *¡Él considera que lo vales!*

Sufrió para que tú no tuvieras que hacerlo. Pasó un infierno en la cruz para que no tuvieras que estar en el infierno por la eternidad. Te cubrió y te protegió del castigo y del dolor de estar separado de Dios para siempre.

Jesús murió por voluntad propia para que pudieras tener vida eterna. Eligió sufrir para comprar tu redención.

Nunca tendrás que preguntarte cuánto te ama Dios. ¡Ya te lo demostró en la cruz!

12 DE ABRIL

Cree en la Palabra de Dios antes de abrir la Palabra de Dios

Así que quiten de su vida todo lo malo y lo sucio, y acepten con humildad la palabra que Dios les ha sembrado en el corazón, porque tiene el poder para salvar su alma.

SANTIAGO 1:21

Es posible que no siempre entiendas lo que expresa la Biblia. Para anclar tu vida en el fundamento sólido de la Palabra de Dios, primero necesitas aceptar con humildad lo que Dios te diga.

Santiago 1:21 estipula: *«Así que quiten de su vida todo lo malo y lo sucio, y acepten con humildad la palabra que Dios les ha sembrado en el corazón, porque tiene el poder para salvar su alma»*.

La palabra que se traduce como *aceptar* es un término de hospitalidad. Significa recibir a un desconocido.

Debes recibir la Palabra de Dios plenamente en tu vida. Eso significa que, incluso antes de abrir la Biblia, le dices a Dios que aceptas todo lo que te diga. Estás de acuerdo en creer en su Palabra, sea que la entiendas o no, porque confías en él.

Para aceptar la Palabra de Dios, primero tienes que ocuparte de *«lo malo y lo sucio»* que hay en tu vida. ¡Lo limpias! Cabe aclarar que esto no significa que necesites limpiar tu vida para poder venir ante la presencia de Dios. Lo que en realidad significa es que el pecado puede impedirte *escuchar* a Dios. No puedes escucharlo cuando hay algo más que llena tu mente y tu corazón.

Debes hacer lugar para la verdad. Creer y poner en práctica la verdad de Dios te cambiará y te hará más como Jesús.

En la Biblia, a menudo, Dios compara nuestra aceptación de su Palabra con la jardinería. Quiere que aceptemos las semillas que está plantando en nuestro corazón y nuestra mente. Pero para que Dios pueda sembrar y alimentar la semilla, hay que arrancar la mala hierba. Antes de que te encuentres con Dios tienes que sacar la basura emocional y espiritual de tu vida.

¿Cómo haces eso? Confiesas tus pecados y te apartas de ellos. Admites ante Dios que hiciste lo que va en contra de su Palabra. Le pides perdón y le agradeces de antemano por la forma en que está trabajando en tu vida.

Cuando confiesas, aceptas y confías en la Palabra de Dios, él puede producir entendimiento de la verdad y fruto de obediencia en tu vida.

Esta es la noticia que necesitas

El Señor llevará a cabo los planes que tiene para mi vida,
pues tu fiel amor, oh Señor, permanece para siempre.
SALMO 138:8

Es difícil mirar o leer las noticias hoy sin preocuparse. El mundo no está necesariamente peor que antes; solo que ¡sabemos mucho más al respecto! Tenemos acceso constante a lo que está sucediendo en todos los rincones del mundo, y no mucho de lo que se informa es alentador. Eso conduce al estrés, la ansiedad, la preocupación y el temor.

¡Tenemos que dejar de ponernos como locos! Las noticias reportarán lo que está sucediendo (o al menos las opiniones de la gente sobre lo que está sucediendo). Pero no compartirán la mejor noticia: Dios tiene un plan maestro que comenzó antes de la fundación de la tierra y fue revelado cuando Jesucristo vino a la tierra.

Aunque Dios da indicios de su plan a lo largo del Antiguo Testamento, la gente del Antiguo Testamento no conocía el plan como nosotros. Esperaban con ansias lo que Dios había prometido. Nosotros, por el contrario, miramos hacia atrás porque el gran plan de Dios ya ha sido revelado. ¿Cuál es ese plan?

«Ahora Dios nos ha dado a conocer su misteriosa voluntad respecto a Cristo, la cual es llevar a cabo su propio buen plan. Y el plan es el siguiente: a su debido tiempo, Dios reunirá todas las cosas y las pondrá bajo la autoridad de Cristo, todas las cosas que están en el cielo y también las que están en la tierra» (Efesios 1:9-10).

Es por esto que Dios envió a Jesús a la tierra: para salvarte del pecado, para que pudieras conocer a Dios y ser parte de su familia para siempre. ¡Y por eso es la mejor noticia de todas! Creer en Jesucristo como tu Salvador te da poder sobre la muerte *y* el poder que necesitas para buscar la justicia. Jesús te da un propósito a medida que lo buscas y eliges su plan para tu vida.

El Salmo 138:8 manifiesta: *«El Señor llevará a cabo los planes que tiene para mi vida, pues tu fiel amor, oh Señor, permanece para siempre»*.

Esta es la noticia que el mundo necesita escuchar: cuando buscas a Dios nunca te decepcionarás. A medida que dejas que te guíe y confías en su plan para tu vida, descubrirás el gozo y la paz que provienen de seguir el camino de Dios; el mejor camino.

14 DE ABRIL

Dios puede proveer a través de cualquier grifo

Recuerda al SEÑOR tu Dios, porque es él quien te da el poder para producir esa riqueza; así ha confirmado hoy su pacto que bajo juramento hizo con tus antepasados.

DEUTERONOMIO 8:18 (NVI)

La Biblia enseña que Dios es la fuente de nuestras finanzas. Él es quien provee para nuestras necesidades.

Deuteronomio 8:18 expresa: «*Recuerda al SEÑOR tu Dios, porque es él quien te da el poder para producir esa riqueza; así ha confirmado hoy su pacto que bajo juramento hizo con tus antepasados*» (NVI).

¿Qué significa eso para tu vida cotidiana?

Significa que, en lugar de buscar seguridad financiera en tu empleador, acudes a Dios. Significa que, en lugar de buscar seguridad financiera en tu cuenta de ahorros, buscas a Dios. En lugar de mirar tus inversiones o activos, miras a Dios. Significa que no dependes de nadie ni de nada más que de Dios para que satisfaga tus necesidades.

Déjame ilustrarlo así: cuando abres el agua en el fregadero de tu cocina, sabes que el agua en realidad no proviene del grifo. El agua entra *a través* del grifo. El agua proviene de un depósito o de un pozo. La forma en que la recibes es a través del grifo.

De la misma manera, los ingresos que Dios quiere darte pueden venir a través de un trabajo o una inversión o a través de algo o alguien más.

La fuente es siempre Dios.

No tienes que preocuparte por qué grifo usa Dios para suplir tus necesidades. En cierto sentido, Dios dice: «Si cierro un grifo, puedo abrir otro con la misma facilidad. Si pierdes un trabajo, te puedo dar otro. Tu trabajo no es tu fuente. Tu cuenta bancaria no es tu fuente. Yo soy tu fuente».

Aunque sientas que tu grifo se ha secado, debido a que sabes que el suministro de Dios nunca se agotará, puedes confiar en que ya ha elegido otra forma de proveer para ti.

La preocupación revela las áreas en las que no confiamos en Dios. Pídele que te ayude a identificar aquellas áreas en las que te cuesta confiar en él. Ora por más fe para confiar en que proveerá todo lo que necesitas para hacer su voluntad.

Luego, busca los «grifos» que usa para satisfacer tus necesidades.

15 DE ABRIL

Dios usa el tiempo para ayudarte a crecer

En el momento preciso, te responderé;
en el día de salvación te ayudaré.
ISAÍAS 49:8

En el momento adecuado, Dios puede hacer cualquier cosa al instante. En Isaías 60:22 (RVC), Dios manifiesta: *«Yo soy el Señor, y a su tiempo haré que esto se cumpla sin tardanza»*.

A menudo, nos cuesta aceptar esto porque la sala de espera de Dios suele ser el lugar más difícil de la vida. Cuando estamos en la sala de espera de Dios, tenemos prisa a menudo porque algo suceda, pero Dios no está apurado. Tal vez tengas prisa por graduarte o casarte o cerrar un gran negocio. Quizás estás esperando los resultados de los estudios médicos o la información para tomar una decisión importante. Ves que el tiempo se acorta cada vez más y piensas: «¡Dios, no queda mucho tiempo! Si esto no sucede ahora, no va a suceder nunca».

Pero Dios no está sujeto al tiempo. Dios creó el tiempo. Por lo tanto, opera fuera de él. Es por eso que la Biblia afirma en el Salmo 90:4: *«Para ti, mil años son como un día pasajero, tan breves como unas horas de la noche»*.

Dios está usando el tiempo para probar tu fe y para edificar tu carácter. Mientras tú estás trabajando en tus metas, Dios está trabajando en ti. Dios está mucho más interesado en *ti* que en lo que estás tratando de lograr porque no llevarás tus logros al cielo. Solo llevarás tu carácter.

Muchas veces pensamos que estamos esperando en Dios para que suceda algo como, por ejemplo, que responda una oración. Dios quiere que sepas que tú no estás esperando en él, sino que él te está esperando a ti. Él te está preparando. Está probando tu fe y tratando de hacerte madurar, porque la bendición que quiere darte es mucho más grande de lo que puedes manejar en este momento.

Los retrasos pueden ser parte del diseño de Dios para enseñarte a confiar en él y hacer crecer tu carácter.

Isaías 49:8 expresa: *«En el momento preciso, te responderé; en el día de salvación te ayudaré»*. No dice que «podría», sino que Dios *te escuchará*, te responderá y te ayudará cuando sea el momento adecuado.

16 DE ABRIL

Usa tus palabras para edificar a otros

Eviten toda conversación obscena. Por el contrario, que sus palabras contribuyan a la necesaria edificación y sean de bendición para quienes escuchan.

EFESIOS 4:29 (NVI)

Nuestras palabras pueden ser como un mazo. Decimos las cosas sin pensar y, luego, nos sorprenden los escombros relacionales. Tus relaciones se resienten cuando usas las palabras para destrozar a la gente.

Piensa en tu boca como una herramienta. Tiene poder para derribar... pero también para edificar. Y Dios quiere que uses tus palabras para edificar a los demás. Efesios 4:29 manifiesta: «*Eviten toda conversación obscena. Por el contrario, que sus palabras contribuyan a la necesaria edificación y sean de bendición para quienes escuchan*» (NVI).

A veces no nos damos cuenta de que nuestra boca y nuestras palabras son herramientas de impacto dadas por Dios. Es posible que recuerdes algo que alguien, sin pensar, te dijo en la primaria. ¡Así de poderosas son las palabras! Cuando hablamos, debemos tener el mismo cuidado que tenemos con las herramientas. ¿Cómo puedes usar tus palabras con más cuidado?

Deja de excusarte. Deja de decir: «No quise decir eso» o «Así soy cuando me levanto». Puedes elegir las palabras correctas sin importar cómo te sientas.

Habla menos. A menudo nos metemos en problemas porque no sabemos cuándo dejar de hablar. Si usas tu boca como una herramienta de precisión, no tienes que seguir martillando.

Escucha más. Cuando te tomas el tiempo para escuchar, puedes comprender mejor las necesidades de los demás y la razón por la cual ellos podrían estar usando las palabras como mazo.

Empieza a edificar. Cuando conozcas a alguien, que tu primer pensamiento sea: *¿Cómo puedo usar una palabra de aliento para edificar a esta persona*? o *¿Qué puedo decir para marcar una diferencia en su vida?*

Pídele a Dios que te ayude a usar las palabras con sabiduría al comenzar cada mañana con esta oración: «*Sean, pues, aceptables ante ti mis palabras y mis meditaciones oh SEÑOR, mi roca y mi redentor*» (Salmo 19:14, NVI).

17 DE ABRIL

Tus dones no son solo para tu propio bien

Siempre doy gracias a mi Dios por ustedes y por los dones inmerecidos que les dio ahora que pertenecen a Cristo Jesús. [...] Ahora tienen todos los dones espirituales que necesitan mientras esperan con anhelo el regreso de nuestro Señor Jesucristo.

1 CORINTIOS 1:4, 7

Cuando Dios te diseñó, te creó con diferentes dones, talentos, habilidades y destrezas. Piensas de una cierta forma y algunas cosas que haces te salen naturalmente bien.

Dios te formó con esos dones y habilidades, pero no te hizo único solo para tu propio beneficio. Aunque tus dones son para tu propio bien, también son para el beneficio de los demás. Eso significa que los dones de otras personas también son para tu beneficio.

Uno de mis dones es la enseñanza. Puse ese don a trabajar durante muchos años para beneficiar a otras personas. De la misma manera, tus dones pueden beneficiar a las personas con quienes te relacionas.

Piensa ahora mismo en algunas tareas específicas para las cuales eres capaz en realidad. ¿Por qué crees que Dios te hizo capaz en esas áreas? ¡Es porque quiere que uses esos dones para beneficiar a otras personas! Usa el tiempo que te queda en la tierra para poner a trabajar tus dones con el propósito de alcanzar a los demás para Jesús y ser un embajador de su amor en el mundo. De hecho, si no estás usando tus dones únicos de la manera que Dios quiere, en realidad, los estás desperdiciando.

Dios no te dio dones solo para que los uses para beneficiarte a ti mismo. Santiago 4:17 expresa: *«Recuerden que es pecado saber lo que se debe hacer y luego no hacerlo»*.

Si no estás seguro de cómo Dios quiere que sirvas, piensa en esto: ¿Qué es lo que puedes hacer bien de manera natural? ¿Quién puede beneficiarse de ello? Las respuestas a esas preguntas te dirán dónde se necesita tu ayuda y a quién debes servir. Dios te ha dado todo lo que necesitas para servir bien. El apóstol Pablo se lo dijo así a los cristianos de Corinto: *«Siempre doy gracias a mi Dios por ustedes y por los dones inmerecidos que les dio ahora que pertenecen a Cristo Jesús. [...] Ahora tienen todos los dones espirituales que necesitan mientras esperan con anhelo el regreso de nuestro Señor Jesucristo»* (1 Corintios 1:4, 7).

No desperdicies las habilidades que Dios te ha dado. Usa tus dones para servir a Dios sirviendo a los demás.

18 DE ABRIL

Enfócate en vivir para una audiencia de una sola persona

Ningún sirviente puede servir a dos señores.

LUCAS 16:13 (NVI)

Si siempre estás preocupado por lo que otras personas piensan de ti, nunca llegarás a ser lo que Dios quiere que seas. Estarás demasiado ocupado complaciendo a los demás y no vivirás para cumplir tu propósito. Cuando aprendas a pensar como Jesús, no te preocuparás por complacer a todos, porque Jesús tenía el enfoque correcto. Solo se preocupaba por complacer a su Padre.

Dios manifiesta en Mateo 3:17: *«Este es mi Hijo amado; estoy muy complacido con él»* (NVI). Es obvio que Jesús estaba haciendo bien las cosas.

Jesús nunca fue manipulado por las multitudes ni por la aprobación o desaprobación de nadie. Vivió para una audiencia de uno y por lo tanto su objetivo era: *«Cumplir la voluntad del que me envió»* (Juan 5:30, NVI). Cuando tienes la mente de Cristo, tu enfoque se alinea con el de él.

¿Tu vida no sería más simple si vivieras para una audiencia de una sola persona? Si a Dios le gusta lo que estás haciendo, sabes que estás haciendo lo correcto.

¡La verdad es que ni siquiera Dios puede complacer a todo el mundo! Cuando alguien está orando que a su equipo le vaya bien, alguien más quiere que gane el equipo contrario. No se puede complacer a todo el mundo.

Si siempre estás buscando la aprobación de otras personas, eso significa que en realidad no entiendes quién eres o para qué te hizo Dios. No crees que él tenga un plan y un propósito para tu vida. No crees que siempre esté contigo.

Lucas 16:13 señala: *«Ningún sirviente puede servir a dos señores»* (NVI).

Tienes que decidir la aprobación de quién vas a buscar: la de otras personas o la de Dios. ¿Vas a vivir para lo que los demás piensen o para lo que Dios piense?

Jesús nunca permitió que la aprobación de los demás ni el miedo al rechazo lo controlaran. No buscaba ganar un concurso de popularidad y no necesitaba las opiniones de otras personas para validarse a sí mismo.

Cuando tienes la mente de Cristo, estás tan seguro de tu identidad, propósito y de la presencia de Dios en tu vida que no necesitas buscar la aprobación de otras personas.

19 DE ABRIL

Haz duelo por tu fracaso

En ese instante cantó un gallo. Entonces Pedro se acordó de lo que Jesús había dicho: «Antes de que el gallo cante, me negarás tres veces». Y saliendo de allí, lloró amargamente.

MATEO 26:74-75 (NVI)

A veces, parece que nunca te recuperarás de un fracaso. Ya sea que hayas experimentado un fracaso económico, matrimonial, profesional o en cualquier otra área, sin embargo, *sí puedes* recuperarte.

La recuperación comienza con hacer duelo por tu fracaso. No lo minimices ni finjas que no sucedió. No te apresures a tratar de sentirte mejor. Por el contrario, tómate un tiempo para sentir el dolor.

Esto resalta un principio importante de la vida: para superarlo, tienes que pasarlo. Eso es cierto en muchas áreas de la vida, pero es particularmente cierto con el fracaso.

El duelo es la forma de pasar por el fracaso. Cuando fallas, a menudo solo quieres olvidarlo y seguir delante de inmediato. Pero eso es un error. Debes hacer el duelo para aprender las lecciones que te enseña el fracaso.

Pedro, uno de los discípulos de Jesús, experimentó el dolor del fracaso. En un momento de crisis negó conocer a Jesús. Ese fracaso lo llevó a una profunda tristeza. La Biblia manifiesta: *«En ese instante cantó un gallo. Entonces Pedro se acordó de lo que Jesús había dicho: "Antes de que el gallo cante, me negarás tres veces". Y saliendo de allí, lloró amargamente»* (Mateo 26:74-75, NVI).

Imagínate lo decepcionado consigo mismo que se debe haber sentido Pedro. Había caminado junto a Jesús. Lo había visto tener misericordia y ofrecer perdón una y otra vez. Aun así, la primera vez que su compromiso con Jesús fue probado, lo negó tres veces seguidas. En lugar de ignorar su fracaso, Pedro hizo lo correcto: fue humilde y se arrepintió. Reconoció su fracaso y se afligió; esa es la clave para sanar.

Muchas personas quieren tomar atajos cuando fallan. Quieren pasar por alto la aventura amorosa y fingir que no fue eso lo que destrozó su matrimonio, de modo que se zambullen en otra relación. O fingen que fue culpa de otra persona que el negocio fracasara y comienzan otro al día siguiente. Simplemente nunca aprenden la lección.

Pero no hay atajos para el duelo y la recuperación del fracaso. Cuanto mayor sea el fracaso en tu vida, más tiempo te llevará sanarte.

Deja que Dios obre en tu corazón. No se puede forzar la sanidad. La recuperación es un acto de misericordia de Dios y llegará con el tiempo.

Jesús te salva del temor a la muerte

El Hijo también se hizo de carne y sangre. Pues solo como ser humano podía morir y solo mediante la muerte podía quebrantar el poder del diablo, quien tenía el poder sobre la muerte. Únicamente de esa manera el Hijo podía libertar a todos los que vivían esclavizados por temor a la muerte.

HEBREOS 2:14-15

El temor a la muerte es universal. ¡Nadie está exento de ello!

¿Sabías que Jesús te salvó de ese temor? Así es; Jesús no solo te salvó de tu pecado, sino que también te salvó del poder y del temor a la muerte. «*El Hijo también se hizo de carne y sangre. Pues solo como ser humano podía morir y solo mediante la muerte podía quebrantar el poder del diablo, quien tenía el poder sobre la muerte. Únicamente de esa manera el Hijo podía libertar a todos los que vivían esclavizados por temor a la muerte*» (Hebreos 2:14-15).

Antes de morir en la cruz Jesús gritó: «*¡Todo está cumplido!*». Esta expresión que se traduce con la palabra griega «*¡Tetelestai!*» en el Evangelio de Juan, fue el grito de guerra de Jesús. *Tetelestai* es el grito de un conquistador victorioso que afirma: «He vencido a la muerte. Te demostré que no tienes que temer a la muerte porque voy a volver a la vida. Yo soy la Resurrección; también puedes resucitar si crees en mí. La muerte no es el final. ¡Ya no tienes que temer a la muerte nunca más!».

No tengo temor gracias a que Jesús murió en la cruz en mi lugar. La muerte no tiene poder sobre mí. Sé que la muerte es solo un cambio de estado y, además, sé a dónde iré cuando muera. También puedes tener la misma seguridad si confías en Jesús como tu Salvador.

Romanos 5:17 señala: «*Pues el pecado de un solo hombre, Adán, hizo que la muerte reinara sobre muchos; pero aún más grande es la gracia maravillosa de Dios y el regalo de su justicia, porque todos los que lo reciben vivirán en victoria sobre el pecado y la muerte por medio de un solo hombre, Jesucristo*».

Cuando te conviertes en cristiano, mueres al pecado, resucitas a una nueva vida y adquieres la seguridad que un día vivirás con Jesús para siempre. Es lo mejor que te puede pasar.

¿Ya tienes esa confianza en Jesús? Ahora puedes dedicar tu vida a ayudar a otras personas a tener la misma seguridad. Al hablar sobre la muerte y la vida en Jesús, tu historia puede hacer que otras personas también confíen en Jesús como su Salvador.

21 DE ABRIL

Dios muestra su amor cuando dice que no

Todas las sendas del SEÑOR son amor y verdad.

SALMO 25:10 (NVI)

Cuando Dios dice que no a una de tus oraciones, siempre debes tener presente lo siguiente: todo lo que Dios hace es para tu bien y lo hace porque te ama. La Biblia expresa: «*Todas las sendas del SEÑOR son amor y verdad*» (Salmo 25:10, NVI).

No es importante que entiendas por qué Dios dice que no. Lo importante es recordar que, a pesar de cómo Dios responda a tu oración, su motivación siempre es el amor.

El objetivo de Satanás es que dudes del amor de Dios, por lo que te susurrará mentiras como: «Dios no te ama. A él no le importas; de lo contrario, ¡te daría todo lo que quisieras!». Pero Satanás es un mentiroso, y su motivación *nunca* es el amor hacia ti.

Y la verdad es que Dios te ama demasiado como para darte todo lo que le pides. Tal vez lo que quieres llegue a tener graves consecuencias que no puedes ver en este momento y Dios sí las ve. O lo que le pides influirá de manera negativa en tu capacidad para completar la misión de tu vida.

Por lo tanto, cuando Dios dice que no, tienes tres opciones: puedes oponerte, ofenderte o relajarte.

Puedes luchar contra Dios y responder enojado: «Está bien, Dios, si no haces las cosas a mi manera, voy a tomar el asunto en mis propias manos». Cuando haces eso, te niegas a confiar en que Dios tiene una perspectiva más amplia y un plan más grande.

Puedes darle la espalda a Dios con resentimiento y rebelión. Algunas personas viven toda su vida con amargura y tristeza porque no aceptan la verdad de que Dios solo hace lo que nos conviene.

O puedes confiar en que Dios te ama y relajarte en su bondad. Cuando crees que Dios siempre se preocupa por lo que es mejor para ti, puedes mirar con nuevos ojos las cosas que hace que no tienen sentido.

Es posible que no entiendas la respuesta de Dios a tu oración. No tienes que hacerlo. Puedes decir: «Incluso en esto, el amor de Dios está presente».

22 DE ABRIL

Deja de juzgar

Hablen y pórtense como quienes han de ser juzgados por la ley que nos da libertad, porque habrá un juicio sin compasión para el que actúe sin compasión. ¡La compasión triunfa en el juicio!

SANTIAGO 2:12-13 (NVI)

Como seguidores de Jesús nuestro objetivo es honrar a Dios y hacer lo que quiere que hagamos.

¿Cómo se logra eso cuando el reino de Dios está en desacuerdo con las formas del mundo? ¿Cómo respondes cuando tus valores son diferentes a los valores que te rodean?

Demasiados cristianos responden juzgando a otras personas, pero Dios no nos dio una posición correcta ante él para que la usemos con el fin de menospreciar a los demás. Debes dar a los demás la misma gracia que se te dio a ti.

Santiago nos asegura que Dios desea misericordia en vez de juicio y que espera que sus seguidores sean misericordiosos. Santiago 2:12-13 manifiesta: «*Hablen y pórtense como quienes han de ser juzgados por la ley que nos da libertad, porque habrá un juicio sin compasión para el que actúe sin compasión. ¡La compasión triunfa en el juicio!*» (NVI).

¿Cómo puedes evitar ser sentencioso? Explica que desobedecer a Dios tendrá consecuencias negativas, pero hazlo sin juzgar. En otras palabras, di la verdad con gentileza.

Eres sentencioso cuando usas la verdad con los demás para sentirte superior. Los cristianos deben decir la verdad para ayudar a las personas, no para dañarlas ni menospreciarlas. Puedes estar en desacuerdo con alguien sin ser desagradable. Incluso si tienes razón en algo, ser grosero al respecto te pone en el lado incorrecto.

Ser sentencioso significa que esperas que un incrédulo actúe como un creyente. ¡Y eso no tiene sentido! La Biblia dice que las personas no pueden actuar de la manera en que Dios quiere que actúen hasta que inviten a Jesús a su vida y acepten su poder para cambiar su manera de vivir.

Podrás dejar de juzgar a los demás cuando recuerdes que todos tendremos que rendir cuentas ante Dios. Eso significa que *no son* responsables ante ti. Puedes ser fiel a Dios aun cuando pases por alto algunas cosas.

«*No juzguen a otros, y Dios no los juzgará a ustedes. No condenen a otros, y Dios no los condenará a ustedes. Perdonen, y Dios los perdonará*» (Lucas 6:37, DHH).

23 DE ABRIL

¿Estás ayunando de la Palabra de Dios o deleitándote en ella?

¡Qué dulces son a mi paladar tus palabras!
Son más dulces que la miel.
SALMO 119:103

Después de que mi esposa, Kay, y yo nos comprometimos hicimos algo inusual: nos mudamos a lados opuestos del mundo. Ella se mudó a Birmingham (Alabama, Estados Unidos) para trabajar en una iglesia del centro de la ciudad y yo me mudé a Nagasaki (Japón) para plantar una iglesia. Estuvimos separados durante la mayor parte de nuestro compromiso.

En esos días, no teníamos teléfonos celulares. Llamar a Japón costaba quince dólares el minuto, y éramos extremadamente pobres. Así que solo teníamos una alternativa: escribir cartas. Cada uno de nosotros escribía una carta al día. Recibir la suya era lo más destacado de mi día. En el momento en que llegaba la carta de amor, la abría y la leía. Luego la releía y trataba de leer entre líneas. Subrayaba y memorizaba partes de ella. Juntaba cada gota de amor que esta mujer tenía por mí.

¿Qué pasaría si leyeras la Biblia, la carta de amor de Dios para ti, de la misma manera?

Si no estás estudiando la Biblia con detenimiento y tratando de obtener cada pedacito de sabiduría de ella, no estás saboreando por completo el banquete que Dios ha preparado para ti. El Salmo 119:103 expresa: «*¡Qué dulces son a mi paladar tus palabras! Son más dulces que la miel*».

La Biblia está llena de alimento; tiene el alimento espiritual que te mantendrá saludable.

¿Estás ayunando o te estás deleitando en la Palabra de Dios? Ten en cuenta que ir a la iglesia una vez a la semana y escuchar un sermón no es un banquete. Si solo comieras una vez a la semana, no crecerías ni estarías saludable.

Jesús manifestó: «*No solo de pan vive el hombre, sino de toda palabra que sale de la boca de Dios*» (Mateo 4:4, NVI).

En realidad puedes saborear la dulzura de la Palabra de Dios cuando te alimentas de ella todos los días, leyéndola, estudiándola, meditando en ella, y dejando que sature tu corazón y tu mente.

24 DE ABRIL

Cómo dejar el hábito de la preocupación

Por eso les digo: No se preocupen por su vida, qué comerán o beberán; ni por su cuerpo, cómo se vestirán. ¿No tiene la vida más valor que la comida y el cuerpo más que la ropa?

MATEO 6:25 (NVI)

Dios es la fuente de todo lo que necesitas para vivir. Él es el Buen Pastor que te alimenta, te guía y satisface tus necesidades. No tienes que buscar en ningún otro lado. No tienes que depender del mercado cambiario. No tienes que depender del gobierno. No tienes que depender de tu cónyuge, los aportes jubilatorios ni de tu trabajo.

Si quieres poner tu seguridad en algo, ponla en algo que nunca te pueda ser arrebatado. Puedes perder la salud, el trabajo, la buena apariencia, la familia, la vida. Puedes perder la cabeza en incluso perderte en el camino.

Al que nunca perderás es a Dios. Además, no hay nada que necesites que Dios no pueda suplir. Filipenses 4:19 señala: *«Y este mismo Dios quien me cuida suplirá todo lo que necesiten, de las gloriosas riquezas que nos ha dado por medio de Cristo Jesús»*.

Entonces, ¿por qué la gente se preocupa tanto? Puede ser que la preocupación sea el pecado más común en el planeta. Es el resultado directo de olvidar que Dios es bueno todo el tiempo. Cuando te olvidas de la bondad de Dios, entras en pánico en lugar de orar; te preocupas en lugar de adorar.

La Biblia señala: *«Por eso les digo: No se preocupen por su vida, qué comerán o beberán; ni por su cuerpo, cómo se vestirán. ¿No tiene la vida más valor que la comida y el cuerpo más que la ropa?»* (Mateo 6:25, NVI).

Aunque queda claro que Dios no quiere que estés ansioso por nada, es difícil detener el hábito de la preocupación. ¡Es parte de la naturaleza humana!

Entonces, ¿cómo dejas de preocuparte? Primero, reconoce que la preocupación te aleja de la bondad de Dios. A continuación, toma la decisión de no permitir que la preocupación te domine. Luego, lleva tus inquietudes a Dios en oración en lugar de preocuparte por ellas.

Recuerda: la mejor manera de dejar de preocuparse es empezar a orar.

Elige la fe en lugar del miedo

Por la fe salió de Egipto sin tenerle miedo a la ira del rey y se mantuvo firme, pues había visto a aquel que es invisible.

HEBREOS 11:27 (NVI)

Moisés escogió vivir por fe y no por temor. Tomó una decisión consciente sobre cómo vivir su vida.

Te enfrentas a la misma decisión. ¿Elegirás vivir por fe o por temor?

La Biblia relata en Hebreos 11:27: «*Por la fe salió de Egipto sin tenerle miedo a la ira del rey y se mantuvo firme, pues había visto a aquel que es invisible*» (NVI).

Moisés confrontó al hombre más poderoso del mundo y básicamente le dijo: «Esos esclavos que están construyendo tus pirámides son mis hermanos y me los llevo a todos. Ya no vas a tener esclavos que trabajen para ti. Deja ir a mi gente».

Moisés tenía motivos para tener miedo. Se enfrentó al hombre más poderoso del planeta. En aquellos días, el faraón era considerado un dios, y todo lo que el faraón decía era la ley.

Moisés no tuvo miedo porque respondía a una autoridad superior: al faraón.

¿Cómo puedes tener esa clase de fe? Cuanto más te acerques a Dios, más te llenarás de fe. Cuanto más te alejes de Dios, más te llenarás de temor.

No puedo enfatizar lo suficiente la importancia de vivir por fe por el resto de tu vida. La Biblia señala: «*Todo lo que no procede de fe, es pecado*» (Romanos 14:23, NBLA).

¿Cuántas veces pecaste esta semana? ¿Muchas? Yo también. Todo lo que hice con duda en lugar de fe fue pecado.

La Biblia también manifiesta: «*Sin fe es imposible agradar a Dios*» (Hebreos 11:6, NVI). ¿Cuántas veces agradaste a Dios esta semana?

¿Quieres un cambio en tu vida? Deja de quejarte y empieza a creer. No son las quejas las que mueven a Dios, sino la fe: «*Que se haga con ustedes conforme a su fe*» (Mateo 9:29, NVI). Tu fe tiene un gran impacto en lo que Dios hace en tu vida.

Esta es la clave: lo que importa no es el tamaño de tu fe, sino el tamaño de nuestro Dios. ¡Una fe pequeña en un Dios grande obtiene grandes resultados!

26 DE ABRIL

Saber quién eres reduce el estrés

¡Fíjense qué gran amor nos ha dado el Padre, que se nos llame hijos de Dios! ¡Y lo somos!

1 JUAN 3:1 (NVI)

Vivimos tiempos estresantes. Hoy más que nunca necesitamos aprender a ser resilientes para poder hacer lo que Dios nos ha llamado a hacer. Es por eso que el primer paso para ser resiliente es recordar cuánto te ama Dios. ¡Ese es el antídoto contra el estrés!

Parte del cumplimiento de nuestro propósito es llegar a ser más como Jesús. Y Jesús no tenía ninguna duda de que Dios, el Padre, lo amaba. Habló de ello una y otra vez en versículos como Juan 10:17: «*El Padre me ama*».

Saber y recordar que Dios tiene un amor incondicional, extravagante, continuo e interminable por ti, tal como lo tuvo por Jesús, es la base de una vida resiliente. Como manifestara Pablo: «*Pues estoy convencido de que ni la muerte ni la vida, [...] ni cosa alguna en toda la creación podrá apartarnos del amor que Dios nos ha manifestado en Cristo Jesús nuestro Señor*» (Romanos 8:38-39, NVI). Podemos ser resilientes, sabiendo que nunca seremos separados del amor de Dios.

Es posible que estés pensando: *Claro que Dios ama a Jesús. Es su Hijo.* ¿Sabías que Jesús manifiesta lo mismo acerca de su amor por ti como hija o hijo de Dios? En Juan 15:9-10, Jesús manifestó: «*Así como el Padre me ha amado a mí, también yo los he amado a ustedes. Permanezcan en mi amor. Si obedecen mis mandamientos, permanecerán en mi amor*» (NVI).

Entender cuánto te ama Dios es la base de tu seguridad personal. Si no estás convencido de que Dios te ama en todo momento, sin condición y por completo, serás presa fácil de la desaprobación de los demás. Te convertirás en alguien que trata de complacer a la gente. Pero cuando entiendes y aceptas lo que Dios siente por ti como su hijo, como resultado, puedes enfrentar los momentos difíciles con confianza y menos estrés.

Cuando necesites que te recuerden cuánto te ama Dios, solo lee su Palabra. «*¡Fíjense qué gran amor nos ha dado el Padre, que se nos llame hijos de Dios! ¡Y lo somos!*» (1 Juan 3:1, NVI).

27 DE ABRIL

La humildad construye relaciones

Sean humildes, es decir, considerando a los demás como mejores que ustedes.

FILIPENSES 2:3

El orgullo destruye las relaciones. Se manifiesta de muchas formas diferentes, como: crítica, competitividad, obstinación y superficialidad.

El problema con el orgullo es que es engañoso. Cuando tienes demasiado orgullo no lo ves en ti mismo; ¡pero todos los demás sí! Proverbios 16:18 expresa: *«Tras el orgullo viene la destrucción; tras la altanería, el fracaso»* (NVI). El mismo versículo en la Nueva Traducción Viviente afirma: *«El orgullo va delante de la destrucción, y la arrogancia antes de la caída»*.

Mientras que el orgullo destruye las relaciones, la humildad sirve como su antídoto, construyendo relaciones. Filipenses 2:3 enseña cómo combatir el orgullo eligiendo la humildad: *«No sean egoístas; no traten de impresionar a nadie. Sean humildes, es decir, considerando a los demás como mejores que ustedes»*. La Biblia también señala en 1 Pedro 3:8: *«Por último, todos deben ser de un mismo parecer. Tengan compasión unos de otros. Ámense como hermanos y hermanas. Sean de buen corazón y mantengan una actitud humilde»*.

¿Cómo creces en humildad? Dejas que Jesucristo comience a controlar tus pensamientos, tu corazón, tu actitud y tus reacciones. Aprovechas al máximo al Espíritu Santo que mora en ti. Le pides que te ayude a cambiar tu forma de pensar para que puedas cambiar la forma en que sientes y, así, puedas cambiar la forma en que actúas por humildad, compasión y gracia.

La ley básica de las relaciones es esta: tiendes a parecerte a las personas con las que pasas tiempo. Si pasas tiempo con gente gruñona, te vuelves más gruñón. Si pasas tiempo con personas felices, te vuelves más feliz.

Si quieres convertirte en una persona nueva y más humilde, necesitas pasar tiempo con Jesucristo porque él es humilde. Al construir una relación con él a través de la oración y la lectura de su Palabra, llegarás a conocerlo y a ser más como él. *«Tengan la misma actitud que tuvo Cristo Jesús. Aunque era Dios, no consideró que el ser igual a Dios fuera algo a lo cual aferrarse»* (Filipenses 2:5-6).

Jesús es el máximo ejemplo de humildad. Dejó el cielo para dar su vida por ti en la cruz, de la posición más alta a la más baja, y lo hizo por amor. Cuando pasas tiempo con él, aprendes a mostrar el tipo de amor que no solo construye relaciones, sino que las transforma.

28 DE ABRIL

¿Esa en realidad es la mejor opción?

El que pone la mano en el arado y luego mira atrás no es apto para el reino de Dios.
LUCAS 9:62

Cuanto más envejezco, más me doy cuenta de lo importante que es ser selectivo. Siempre habrá muchas opciones y oportunidades. La clave de la eficacia es ser selectivo.

La Biblia expone en 1 Corintios 10:23: «*Ustedes dicen: "Se me permite hacer cualquier cosa", pero no todo les conviene. Dicen: "Se me permite hacer cualquier cosa", pero no todo trae beneficio*».

En otras palabras, algunas cosas no son necesariamente malas; simplemente son innecesarias. Una vez que entiendas esto podrás soportar mejor los momentos difíciles de la vida. ¡Te volverás resiliente!

Cuando sabes hacia dónde te diriges y te enfocas en esa dirección, es menos probable que te distraigas con cosas menos importantes. Establecerás prioridades que tienen un enfoque eterno. Te darás cuenta de lo que más importa en la vida y elegirás no solo las cosas buenas, sino las más importantes.

Jesús era un maestro de la concentración. Vivió una vida selectiva, lo que le permitió dar su vida por el reino de Dios y hacer lo que agradaba a su Padre.

Lucas 9:51 señala: «*Cuando se acercaba el tiempo de ascender al cielo, Jesús salió con determinación hacia Jerusalén*».

Modeló una voluntad de hierro y cumplió su propósito; a pesar de que sabía que lo llevaría a la muerte. Su concentración le ayudó a soportar el dolor, el estrés y la persecución. Pablo era así también. Dijo: «Esta sola cosa hago», no «estas cuarenta cosas en las que me involucré». Hizo una sola cosa con su vida: la más importante.

Tienes un potencial increíble para ser usado por Dios. El impedimento a menudo es que no has resuelto lo que es más importante. Si piensas que no tienes tiempo para servir a Dios, no estás enfocado. Si tienes que hacer otra cosa primero y después seguir a Jesús, no estás enfocado.

La Biblia es clara: «*El que pone la mano en el arado y luego mira atrás no es apto para el reino de Dios*» (Lucas 9:62).

Un día estarás ante la presencia de Dios. ¿Cómo le responderás cuando te pregunte qué hiciste con lo que te dio?

29 DE ABRIL

Estableciendo la unidad en tu iglesia

Por lo tanto, esforcémonos por promover todo lo que conduzca a la paz y a la mutua edificación.

ROMANOS 14:19 (NVI)

¿Quieres ser un agente de armonía y unidad en tu iglesia? Entonces, en lugar de enfocarte en las diferencias, enfócate en lo que tienes en común con los demás cristianos.

¿Cuáles son las cosas que tienes en común con tus hermanos y hermanas de la familia de Dios? Efesios 4:4-6 menciona que los cristianos compartimos siete cosas: *«Hay un solo cuerpo y un solo Espíritu, así como también fueron llamados a una sola esperanza; un solo Señor, una sola fe, un solo bautismo; un solo Dios y Padre de todos, que está sobre todos y por medio de todos y en todos»* (NVI).

Somos un solo cuerpo. Jesús no tiene múltiples cuerpos. ¡Solo tiene la iglesia!

Tenemos un solo Espíritu. A todos se nos dio el mismo Espíritu Santo en la salvación.

Tenemos una sola esperanza. Compartimos la esperanza de la segunda venida de Jesús, quien resucitó, volvió al cielo y prometió regresar a la tierra.

Tenemos un solo Señor. Tenemos unidad con todos los creyentes a través de nuestra relación con Jesús.

Tenemos una sola fe. Nuestra fe está contenida en un solo libro: la Biblia.

Tenemos un solo bautismo. No tenemos que ser bautizados de nuevo cada vez que pecamos.

Tenemos un solo Dios. No adoramos a múltiples dioses. Adoramos al único y verdadero Dios que conoce todas las cosas, ve todas las cosas y está con nosotros en todo momento.

Como miembros de la familia de Dios, también compartimos la misma salvación, el mismo perdón, la misma gracia, la misma misericordia y el mismo futuro. Estos factores son mucho más importantes que la posición económica, género o raza, que la forma o el tamaño, los antecedentes, los pecados, las buenas obras o cualquier otra cosa.

Mientras te enfocas en esas siete cosas significativas de Efesios, no olvides que Dios no solo te dio cosas en común con las otras personas de tu iglesia. También creó diferencias: *«Así como nuestro cuerpo tiene muchas partes y cada parte tiene una función específica, el cuerpo de Cristo también. Nosotros somos las diversas partes de un solo cuerpo y nos pertenecemos unos a otros»* (Romanos 12:4-5).

Al pensar en todas las formas singulares en que Dios te ha dotado y moldeado tanto a ti y como a las personas que te rodean, tómate un momento para decirle: «Gracias, Padre, por tu creatividad, la cual se despliega a través de todos los miembros de tu familia. Ruego ser alguien que celebre la diversidad en la iglesia y que también recuerde lo que tenemos en común gracias al evangelio. Ayúdanos a usar todos nuestros diferentes dones para servir y amar a los demás de manera correcta. En el nombre de Jesús, amén».

Dios eligió dar a las personas diferentes personalidades y equipó a cada una con diferentes dones. Puedes unirte a la iglesia en torno al fundamento del evangelio mientras valoras y aprendes también de todas las formas en que Dios te hizo único.

No solo debes llevarte bien con la gente de tu iglesia, sino que debes esforzarte por lograr verdadera armonía y unidad recordando la esperanza que comparten.

30 DE ABRIL

¿Tu alma está cansada? Ven a Jesús

Vengan a mí todos los que están cansados y llevan cargas pesadas, y yo les daré descanso.

MATEO 11:28

Cuando Jesús expresa: «*Vengan a mí todos los que están cansados y llevan cargas pesadas, y yo les daré descanso*» (Mateo 11:28), ¿de qué clase de descanso está hablando?

Jesús te ofrece un descanso para tu alma que es mucho más profundo que el descanso físico, porque sabe que el problema con el que necesitas ayuda en este momento de seguro no son los músculos sobrecargados por el exceso de trabajo.

Lo que de seguro tienes cuando vienes a Jesús con un vacío en tu alma es una mente, un alma y un espíritu sobrecargados. Necesitas descansar no solo del trabajo físico, sino también de la tensión, el estrés, la ansiedad, las prisas y las preocupaciones. Necesitas el tipo de descanso que no se logra con tomar una buena siesta ni con irte de vacaciones.

La mayoría de las personas tienen una forma de relajarse cuando están físicamente cansadas que es diferente a cómo se relajan cuando están agotadas emocional y espiritualmente. Tal vez, cuando estás cansado veas una película o pases tiempo en tu teléfono. Quizás, tengas que acostarte o necesites salir a caminar. Tal vez, escojas pasar tiempo con amigos o quizás sea mejor estar solo.

Todas esas actividades pueden ser cosas buenas, pero ninguna puede restaurar tu alma. Solo Dios puede hacer eso. Es por eso que Jesús quiere que vengas a él cuando tu alma está vacía, deprimida o sobrecargada.

Isaías 40:29 afirma: «*Él fortalece al cansado y acrecienta las fuerzas del débil*» (NVI).

Cuando estás vacío por dentro, la cultura dice que tienes que hacer más. Necesitas ganar más dinero, conseguir más cosas, hacer más cosas, viajar a más lugares. Hacer, hacer, hacer. Más, más, más. ¡Es probable que por eso estés vacío!

Jesús quiere que hagas lo contrario: que no vayas detrás del mundo, sino que te acerques a él y que vengas tal como eres.

Tu alma nunca encontrará descanso en nada de lo que el mundo tiene que ofrecer. Eso es porque tu alma no fue creada para ser llenada por las cosas de este mundo.

Fuiste hecho para Dios, solo encuentras verdadero descanso cuando llevas tu alma cansada a él.

1 DE MAYO

Cómo saciar tu sed espiritual

Cualquiera que beba de esta agua pronto volverá a tener sed, pero todos los que beban del agua que yo doy no tendrán sed jamás. Esa agua se convierte en un manantial que brota con frescura dentro de ellos y les da vida eterna.

JUAN 4:13-14

¿Te sientes insatisfecho con tu vida? ¿Estás listo para vivir una vida plena y significativa? Es hora de empezar a buscar satisfacción solo en Jesús.

Si eres como la mayoría de las personas, siempre estás mirando a tu alrededor, tratando de encontrar algo que te haga feliz y que haga que tu vida sea significativa. Piensas: «Si pudiera usar *ese* tipo de ropa, luciría genial. Si pudiera someterme a una cirugía plástica y que me arreglen *esto*, la vida sería grandiosa. Si pudiera conseguir *este* trabajo, estaría satisfecho».

La búsqueda de esas cosas te deja exhausto porque nunca te satisfarán en realidad. La Biblia manifiesta: *«Pues mi pueblo ha cometido dos maldades: me ha abandonado a mí —la fuente de agua viva— y ha cavado para sí cisternas rotas ¡que jamás pueden retener el agua!»* (Jeremías 2:13).

No solo rechazaste a Dios y no lo buscaste para que satisfaga todas tus necesidades y le de satisfacción a tu vida, sino que también estás tratando de satisfacer tus necesidades por tu cuenta. Los pozos que has cavado, cosas como una profesión lucrativa, buena apariencia o la casa perfecta, no van a retener el agua.

En Juan 4:13-14, Jesús expresó: *«Cualquiera que beba de esta agua pronto volverá a tener sed, pero todos los que beban del agua que yo doy no tendrán sed jamás. Esa agua se convierte en un manantial que brota con frescura dentro de ellos y les da vida eterna»*.

El pecado es adictivo. ¡Solo te da más sed! Si no lo crees, pregúntale a cualquiera que haya visto pornografía, una vez no es suficiente. Si eres adicto a los medicamentos recetados, una pastilla nunca es suficiente. Si tienes un problema con la ira, no perderás los estribos solo una vez. El pecado crea una sed de satisfacción.

Así es con cada búsqueda fuera de Jesús. ¡Solo te dejará más sediento de lo que estabas antes!

Pero Jesús ofrece agua viva que satisfará tu sed de manera permanente.

Si te sientes insatisfecho con tu vida es porque tienes sed espiritual. El único que puede saciar esa sed es Jesús.

Cómo resistir las fuerzas destructivas

No seremos arrastrados de un lado a otro ni empujados por cualquier corriente de nuevas enseñanzas. No nos dejaremos llevar por personas que intenten engañarnos con mentiras tan hábiles que parezcan la verdad.

EFESIOS 4:14

Una de las fuerzas naturales más poderosas es el viento. Es por eso que la Biblia lo usa como metáfora de, por ejemplo, pruebas, problemas, conflictos y tentaciones. La buena noticia es que Dios nos da la capacidad para resistir a cada viento.

Efesios 6:13 señala: *«Por lo tanto, pónganse todas las piezas de la armadura de Dios para poder resistir al enemigo en el tiempo del mal. Así, después de la batalla, todavía seguirán de pie, firmes»*. La palabra *resistir* significa «permanecer sin ser dañado por una fuerza destructiva». Una de las mejores maneras de no ser dañado por los vientos de la vida es mantenerse conectado con la familia espiritual.

Dios nunca quiso que soportaras los días difíciles en soledad. De lo primero que dijo fue: *«No es bueno que el hombre esté solo»* (Génesis 2:18). Necesitas una familia espiritual, una iglesia, la cual te apoye cuando soplan vientos fuertes.

Considera este pasaje de Efesios: *«Ahora bien, Cristo dio los siguientes dones a la iglesia: los apóstoles, los profetas, los evangelistas, y los pastores y maestros. Ellos tienen la responsabilidad de preparar al pueblo de Dios para que lleve a cabo la obra de Dios y edifique la iglesia, es decir, el cuerpo de Cristo. [...] Entonces ya no seremos inmaduros como los niños. No seremos arrastrados de un lado a otro ni empujados por cualquier corriente de nuevas enseñanzas. No nos dejaremos llevar por personas que intenten engañarnos con mentiras tan hábiles que parezcan la verdad»* (Efesios 4:11-12, 14).

La iglesia es la herramienta que Dios utiliza para edificar a su pueblo. Y es el trabajo de *«los apóstoles, los profetas, los evangelistas, y los pastores y maestros»* evitar que la iglesia sea arrastrada por ideas falsas y *«cualquier corriente de nuevas enseñanzas»*.

Las creencias de las personas pueden cambiar con facilidad. Pero la verdad nunca cambia. Lo que era verdad hace dos mil años seguirá siéndolo dentro de dos mil años. Isaías 40:8 manifiesta: *«La hierba se seca y las flores se marchitan, pero la palabra de nuestro Dios permanece para siempre»*.

Hay muchos vientos cambiantes en nuestra cultura actual que simplemente están equivocados: engaños, mentiras y medias verdades. No te dejes *«arrastra[r] de un lado a otro ni empuja[r]»*. En lugar de eso, mantente conectado con la familia de tu iglesia.

3 DE MAYO

Los problemas en tu trabajo tienen un propósito

También nos alegramos al enfrentar pruebas y dificultades porque sabemos que nos ayudan a desarrollar resistencia. Y la resistencia desarrolla firmeza de carácter, y el carácter fortalece nuestra esperanza segura de salvación.

ROMANOS 5:3-4

¿Alguna vez tuviste un problema en el trabajo? Por supuesto que sí. Todos, sin importar dónde o con quién trabajen, lo han tenido.

La Biblia enseña qué hacer con esa clase de problemas: «*También nos alegramos al enfrentar pruebas y dificultades porque sabemos que nos ayudan a desarrollar resistencia. Y la resistencia desarrolla firmeza de carácter, y el carácter fortalece nuestra esperanza segura de salvación*» (Romanos 5:3-4).

Dios está mucho más interesado en tu carácter que en tu comodidad. Está obrando para perfeccionarte, no para mimarte. Su objetivo en tu vida y en tu trabajo no es hacerte sentir cómodo; su objetivo es ayudarte a crecer. Como resultado, usa los problemas en tu vida para fortalecer tu carácter.

Cuando tengas un problema en el trabajo, no le preguntes a Dios por qué tienes ese problema. En su lugar, pregúntale: «¿Qué quieres que aprenda de esto? ¿Qué estás tratando de enseñarme? ¿Cuál es mi punto débil? ¿En qué aspecto de mi carácter tengo que trabajar?». Y recuerda esta simple verdad: mientras estás trabajando en tu oficina, Dios está trabajando en ti.

Los problemas laborales a veces vienen en forma de tentación, pero ¡Dios puede usar hasta las tentaciones para tu bien! Muchos creyentes dicen que no les gusta trabajar con incrédulos porque los incrédulos traen más tentaciones, pero eso no es cierto. Serás tentado ya sea trabajando con creyentes como con incrédulos. Cabe aclarar que ser tentado no es pecado; pecado es ceder a la tentación. La Biblia menciona que Jesús fue tentado en todos los sentidos, al igual que tú y, sin embargo, nunca pecó.

Sin importar dónde trabajes, serás tentado el resto de tu vida. No obstante, Dios puede usar las tentaciones para bien. Puede usarlas para forjar tu carácter. Cada vez que te sientas tentado, depende de ti elegir resistir la tentación o elegir actuar de acuerdo con ella. ¡Es tu decisión!

Cada vez que cedes, la tentación te hace daño. Cada vez que eliges hacer el bien, la tentación se convierte en un trampolín para tu crecimiento.

4 DE MAYO

Puedes estar seguro de que entrarás al cielo

Les digo la verdad, todos los que escuchan mi mensaje y creen en Dios, quien me envió, tienen vida eterna. Nunca serán condenados por sus pecados, pues ya han pasado de la muerte a la vida.

JUAN 5:24

La muerte y resurrección de Jesús te libran del juicio.

Tal vez, alguna vez te imaginaste que el día del juicio será más o menos así:

Te encuentras parado afuera de las puertas del cielo en una fila muy larga. Avanzas lentamente, un paso a la vez. A medida que te acercas, comienzas a sudar y a preguntarte: «¿Entraré al cielo? ¿Lo lograré? ¿Usará Dios una pantalla gigante para mostrar cada cosa tonta o incorrecta que hice? ¿Serán expuestos todos mis pecados?».

Te tengo buenas noticias, las cuales prometió Jesucristo mismo: *«No hay condenación para todo el que cree en él»* (Juan 3:18).

O, como Jesús dijo más adelante en el libro de Juan: *«Les digo la verdad, todos los que escuchan mi mensaje y creen en Dios, quien me envió, tienen vida eterna. Nunca serán condenados por sus pecados, pues ya han pasado de la muerte a la vida»* (Juan 5:24).

¿Es esa una buena noticia? ¡Claro que sí!

Un amigo mío llamado Buddy me contó que cuando era pequeño, su maestra de escuela dominical le enseñó que Dios estaba sentado en el cielo anotando cada cosa mala que él había hecho. Es más, hacía que cada semana la clase cantara una canción que decía: «Mi Señor está escribiendo todo el tiempo. Escribiendo, escribiendo, escribiendo todo el tiempo». Buddy dijo: «Me asustó. No podía dejar de pensar: *Nunca voy a llegar al cielo. Mi lista es cada vez más larga*».

¿Es esa la forma en que Dios te trata cuando vienes a él y pones tu fe en Cristo? ¡No! Por el contrario, Dios está borrando, borrando, borrando todo el tiempo. Perdonando, perdonando, perdonando todo el tiempo. Está sentado en el cielo, pulsando el botón «eliminar» una y otra vez.

¿Por qué? Porque la Biblia enseña que *«Dios es amor»* (1 Juan 4:8) y que el amor *«no se irrita ni lleva un registro de las ofensas recibidas»* (1 Corintios 13:5). Si pones tu confianza en el amor de Jesucristo, tus pecados son borrados.

Puedes estar seguro de que Dios cumplirá su promesa: *«Por lo tanto, ya no hay condenación para los que pertenecen a Cristo Jesús»* (Romanos 8:1).

5 DE MAYO

Tu Creador tiene soluciones creativas

Cuando traté de comprender todo esto,
me resultó una carga insoportable, hasta que entré en el
santuario de Dios; allí comprendí el fin que les espera.
SALMO 73:16-17 (NVI)

Nudo gordiano es un término utilizado para describir un problema que parece imposible de resolver. Se basa en el mito de que cualquiera que pudiera desenredar el nudo complejo y bien retorcido hecho por Gordio, el padre del rey Midas, se convertiría en gobernante de toda Asia. La leyenda dice que Alejandro Magno simplemente cortó el nudo por la mitad con su espada (y llegó a conquistar gran parte de Asia).

¿Tienes algunos nudos gordianos en tu vida, problemas que simplemente no puedes resolver? Es posible que no sepas cómo arreglar una relación, las finanzas o un problema de salud crónico. Quizás tus problemas son complejos y los tuviste durante mucho tiempo y te preguntas: «¿Tendré alguna vez una solución para esta situación?».

¿Qué haces cuando tienes un problema que no puedes resolver? Alabas a Dios.

Cuando lo alabes, Dios te dará respuestas que nunca se te ocurrirían por tu cuenta. David dijo en el Salmo 73:16-17: *«Cuando traté de comprender todo esto, me resultó una carga insoportable, hasta que entré en el santuario de Dios; allí comprendí el fin que les espera»* (NVI).

El santuario de Dios es una metáfora de venir a la presencia de Dios con alabanza. No fue hasta que David comenzó a adorar, alabar y agradecer a Dios que obtuvo la respuesta que necesitaba.

La mejor manera de obtener ideas nuevas y creativas es adorar y alabar a Dios. Nadie es más creativo que Dios. Cuanto más en sintonía estés con el Creador del universo, más creativo serás.

La Biblia instruye: *«Entren por sus puertas con acción de gracias; vayan a sus atrios con alabanza»* (Salmo 100:4). La puerta de entrada a la creatividad es la alabanza y la acción de gracias.

Sin lugar a dudas, tendrás problemas en la vida. Y los problemas que parecen más grandes y difíciles de resolver necesitan soluciones creativas.

Si necesitas soluciones, acércate a la presencia de Dios y alábalo, incluso antes de que tengas una solución. El Creador te dará ideas creativas.

6 DE MAYO

Enfrentar los hechos con fe

La fe de Abraham no se debilitó a pesar de que él reconocía que, por tener unos cien años de edad, su cuerpo ya estaba muy anciano para tener hijos, igual que el vientre de Sara.

ROMANOS 4:19

A veces, la gente cree erróneamente que la fe significa ignorar los hechos. ¡Nada puede estar más lejos!

Abraham entendió esto: «*Y la fe de Abraham no se debilitó a pesar de que él reconocía que, por tener unos cien años de edad, su cuerpo ya estaba muy anciano para tener hijos, igual que el vientre de Sara*» (Romanos 4:19).

Abraham tenía noventa y nueve años; su esposa tenía ochenta y nueve años. Sus cuerpos no podían tener hijos, pero Abraham no negó los hechos. Los enfrentó con fe.

La fe no es una tontería obstinada; no ignora la realidad. No vive en la negación: no finge que no hay un problema ni se aferra al pasado. La fe enfrenta los hechos de la vida sin desanimarse por ellos.

Si tienes cáncer, no puedes negar el diagnóstico, pero puedes desafiar el veredicto. En lugar de negar la realidad, haces todo lo posible para vencerla.

Algunas personas enseñan que los cristianos deben negar sus problemas y andar por la vida sonriendo, pero ese no es el camino de Jesús.

Es posible que necesites hacer un duelo legítimo por un diagnóstico inesperado o un sueño roto. Pero no es necesario que te regodees en la autocompasión. En lugar de eso, dile a Dios: «No salió como yo quería, pero sé que tienes un plan mejor para mi vida». Esa es la verdadera característica de la fe.

La fe cree que Dios todavía no terminó lo que está haciendo en tu vida. ¡La fe sabe que Dios tiene cosas buenas reservadas para ti!

De joven, Corrie ten Boom —escritora y sobreviviente del holocausto— estaba comprometida para casarse, pero el hombre rompió el compromiso con ella de manera inesperada y se casó con una amiga. Aunque Corrie quedó devastada y nunca se casó, no se metió en un caparazón. Redirigió su amor convirtiéndose en una de las líderes cristianas más amorosas del siglo XX e influyó a millones de personas. Pudo hacerlo porque se rehusó a negar los hechos. Incluso cuando enfrentó desafíos, confió en Dios y en su plan para su vida. Amó a los demás a través de su fe.

Tú puedes hacer lo mismo.

7 DE MAYO

¿Qué harás hoy que requiera fe?

No nos cansemos de hacer el bien, porque a su debido tiempo cosecharemos si no nos damos por vencidos.

GÁLATAS 6:9 (NVI)

El fracaso nunca es definitivo. No fracasas hasta que renuncias; ¡y siempre es demasiado pronto para renunciar!

La grandeza de una persona no se determina por su talento, riqueza o educación. La grandeza de una persona se determina por lo que se necesita para desanimarla.

La Biblia enseña en Gálatas 6:9: «*No nos cansemos de hacer el bien, porque a su debido tiempo cosecharemos si no nos damos por vencidos*» (NVI).

¿Sabes cuántas veces quise renunciar cuando era pastor principal de la iglesia de Saddleback? Todos los lunes por la mañana pensaba: *Dios, de seguro otra persona podría haber hecho un mejor trabajo que yo ayer. Esto es demasiado grande para cualquier persona.*

Y es como si Dios dijera: «Sigue haciendo lo que estás haciendo». Puede que no sea muy brillante a veces, pero no sé cómo renunciar; no sé cómo rendirme.

Dios obra en tu vida según tu fe. La Biblia expresa: «*Sin fe es imposible agradar a Dios*» (Hebreos 11:6) y «*Todo lo que no procede de fe, es pecado*» (Romanos 14:23, NBLA) y «*Que se haga con ustedes conforme a su fe*» (Mateo 9:29, NVI).

Todos los días cuando te levantes, debes hacer la siguiente pregunta: «Dios, ¿qué puedo hacer hoy que requiera fe?». Esa es una pregunta importante porque a Dios le agrada que vivas cada día por fe.

No tuviste control sobre muchas cosas como, por ejemplo, quiénes serían tus padres, cuándo nacerías, tu nacionalidad, tu raza o tus talentos. De lo que sí tienes control total es de cuánto elegirás creer en Dios. Él utiliza a personas que esperan que actúe, que nunca se dan por vencidas, que asumen riesgos con fe y que persiguen el sueño que les dio.

¿Quieres ser el tipo de persona que Dios usa para lograr su propósito? ¡No permitas que nada te desanime de seguir su sueño!

8 DE MAYO

La importancia de ser tú mismo

El corazón tranquilo da vida al cuerpo, pero la envidia carcome los huesos.
PROVERBIOS 14:30 (NVI)

Para vivir una vida abundante y llena de la bondad de Dios, lo primero que debes hacer es comenzar a ser agradecido y dejar de quejarte. Lo segundo que debes hacer es empezar a estar contento y dejar de compararte con los demás.

Dios te diseñó para que seas tú mismo. ¡No quiere que seas nadie más! Cuando te comparas con los demás, sientes envidia y resentimiento; incluso podrías empezar a imitarlos.

Pero Dios nunca hizo un clon. Dios solo hace originales. Incluso los gemelos idénticos son diferentes en miles de aspectos.

Compararte con los demás te causa problemas. Cuando comparas tu apariencia, calificaciones, cónyuge, trabajo o hijos, se generan dos problemas.

Primero, te llenas de desánimo porque siempre encontrarás a alguien que sea más guapo, gane más dinero o tenga más talento que tú. Segundo, te llenas de orgullo. ¿Por qué? Porque siempre encontrarás a alguien que *no* esté haciendo un trabajo tan bueno como el tuyo.

La Biblia expresa: *«Es mejor estar satisfecho con lo poco que se tiene que estar siempre luchando por conseguir más»* (Eclesiastés 4:6, PDT).

Gracias a las redes sociales, hoy es más fácil que nunca compararse con los demás. Ver publicaciones todos los días que gritan: «¡Mírame! ¡Mira lo que puedo hacer! ¡Mira lo que tengo!» puede llevarte a un estado de envidia y descontento. Incluso puede causar que intentes impresionar a los demás con tus publicaciones, pero la verdad es que no necesitas impresionar a nadie. Una clave para vivir una vida rebosante de gozo es simplemente ser tú mismo, estar contento con la forma en que Dios te diseñó.

¿Estás cansado de sentirte agobiado? ¿Quieres estar espiritual y emocionalmente sano? La Biblia enseña: *«El corazón tranquilo da vida al cuerpo, pero la envidia carcome los huesos»* (Proverbios 14:30, NVI).

La satisfacción viene cuando disfrutas de lo que tienes en lugar de esperar que otra cosa te haga feliz. Deja de compararte con otras personas y comienza a estar contento con lo que Dios te dio; ¡luego observa cómo se desborda tu alegría!

9 DE MAYO

Con la presencia de Dios, tienes lo que se necesita

Olviden las cosas de antaño; ya no vivan en el pasado. ¡Voy a hacer algo nuevo! Ya está sucediendo, ¿no se dan cuenta?
ISAÍAS 43:18-19 (NVI)

Cuando las personas dejan de seguir la visión de Dios para su vida, por lo general, es porque piensan una de dos cosas: «No tengo la capacidad para hacerlo» o «Ya fracasé en el pasado».

Si quieres empezar de nuevo a seguir la visión de Dios, debes dejar de poner esas excusas y creer en estas dos verdades:

***Sí* estás calificado.** ¿Alguna vez dijiste: «No tengo la capacidad que se necesita para perseguir mi sueño?». Moisés, Jeremías y muchas otras personas en la Biblia trataron de usar esta excusa con Dios cuando los llamó para que hicieran una tarea para él. Mi ejemplo favorito de «no estoy calificado» es Gedeón. Dios le dijo a Gedeón que quería usarlo para liberar a los israelitas. Gedeón respondió: *«"Pero, Señor [...], ¿cómo podré yo rescatar a Israel? ¡Mi clan es el más débil de toda la tribu de Manasés, y yo soy el de menor importancia en mi familia!". El Señor le dijo: "Yo estaré contigo"»* (Jueces 6:15-16).

Cuando piensas que no estás calificado para servir a Dios, debes recordar que no lo estás haciendo solo. Si Dios está contigo, puedes confiar en su poder, presencia, promesas y protección. ¡No tienes que preocuparte por nada!

Tu pasado es pasado. Todos hemos fracasado alguna vez. Eres un producto de tu pasado, pero no tienes que ser prisionero de tu pasado. Es posible que hayas sido moldeado por lo que te sucedió y por las cosas que hiciste, pero no eres una víctima a menos que escojas serlo. Dios está mucho más interesado en tu futuro que en tu pasado. Isaías 43:18-19 manifiesta: *«Olviden las cosas de antaño; ya no vivan en el pasado. ¡Voy a hacer algo nuevo! Ya está sucediendo, ¿no se dan cuenta?»* (NVI).

La mayor barrera para tu éxito pueden ser tus propias excusas. Dios quiere que dejes ir tanto tus sentimientos de insuficiencia como tu pasado. Entonces podrás avanzar hacia el futuro que preparó para ti.

10 DE MAYO

El sistema de multiplicación de Dios

Les aseguro que todo el que haya dejado casa o esposa o hermanos o padres o hijos por causa del reino de Dios recibirá mucho más en esta vida.

LUCAS 18:29-30

Dios multiplica todo lo que le das.

Si le das tu tiempo, lo multiplica. Si le das tu dinero, lo multiplica. Si le das tu talento, lo multiplica. Si le das tu energía, la multiplica.

Los agricultores saben que la semilla debe ser entregada, plantada en la tierra, para que sirva a un propósito. Si guardas la semilla en un saco no sirve para nada. Pero cuando la plantas, se multiplica. Cuando plantas una semilla de maíz, obtienes un tallo con cientos de granos de maíz. De la misma manera, Dios multiplica todo lo que le das.

«Recuerden lo siguiente: un agricultor que siembra solo unas cuantas semillas obtendrá una cosecha pequeña. Pero el que siembra abundantemente obtendrá una cosecha abundante. [...] Porque Dios ama a la persona que da con alegría» (2 Corintios 9:6-7).

Una de las grandes lecciones que mi esposa, Kay, y yo hemos aprendido es que no se puede dar más que Dios. Cada vez que obedecíamos la dirección de Dios de dar sacrificialmente, él reponía lo que le dábamos de maneras que superaban lo que habíamos dado.

No estoy diciendo que, si das todo tu dinero, Dios de alguna manera te hará rico, pero Dios sí recibe lo que le das con gozo y aumenta tu gozo y satisfacción en él; ese es el verdadero regalo. Él promete que tendrás todo lo que necesitas para vivir plenamente, incluso si lo que te da no está de acuerdo con lo que el mundo llama riquezas.

Dios quiere que des tus recursos con alegría y fe. La fe es diferente a la negociación. Negociación es cuando dices: «Dios, ayúdame a cerrar este trato y te daré parte de la ganancia». ¡Así no es como funciona! La fe es sacrificarse por adelantado y confiar en Dios por lo que obtendrás a cambio.

Jesús prometió: *«Les aseguro que todo el que haya dejado casa o esposa o hermanos o padres o hijos por causa del reino de Dios recibirá mucho más en esta vida y tendrá la vida eterna en el mundo que vendrá»* (Lucas 18:29-30).

¡Qué promesa! Nunca te arrepentirás de haberle dado a Dios lo primero y lo mejor.

11 DE MAYO

Cinco cosas que no encontrarás en el cielo

¿Puedes tú resolver los misterios de Dios?
¿Puedes descubrir todo acerca del Todopoderoso?
Tal conocimiento es más alto que los cielos
y tú, ¿quién eres?
Es más profundo que el averno
¿y qué sabes tú?
Es más extenso que la tierra y más ancho que el mar.

JOB 11:7-9

Cuando yo era pequeño, viajamos a Disneylandia de vacaciones. Mi papá trató de explicarme todo lo que vería y cómo era el lugar, pero no puede entender lo increíble que era hasta que entré al parque por primera vez.

Como leímos en Job 11:7-9, el cielo es un misterio que no entenderemos hasta que lleguemos, pero la Biblia nos revela cinco cosas que *no* estarán en el cielo:

No habrá enfermedad. «*Cuando alguien muere, se entierra su cuerpo, y ese cuerpo se vuelve feo y débil. Pero cuando esa persona vuelva a la vida, su cuerpo será hermoso y fuerte, y no volverá a morir*» (1 Corintios 15:43, TLA). No habrá ninguna enfermedad porque obtendrás un cuerpo nuevo y perfecto.

No habrá tristeza. Dios «*enjugará toda lágrima de los ojos*» (Apocalipsis 21:4, NVI). En el cielo, no habrá más rechazo, soledad, dolor ni angustia.

No habrá sufrimiento. La Biblia señala: «*Nunca más tendrán hambre ni sed; nunca más les quemará el calor del sol*» (Apocalipsis 7:16). Toda necesidad será satisfecha.

No habrá pecado. «*Y ahora, que toda la gloria sea para Dios, quien es poderoso para evitar que caigan, y para llevarlos sin mancha y con gran alegría a su gloriosa presencia*» (Judas 1:24). Jesucristo murió en la cruz y pagó por todos tus pecados para que cuando lo veas cara a cara, tu carácter refleje el suyo al instante.

No habrá ni muerte «*ni tristeza ni llanto ni dolor*» (Apocalipsis 21:4). De las muchas glorias del cielo, lo mejor es que estarás en la presencia de Dios *para siempre.*

En el cielo, todo quedará claro y tendrá sentido. Podrás decir: «¡Así que *por eso* es que Dios permitió aquello en mi vida!». Hasta entonces, Dios quiere que confíes en él.

12 DE MAYO

Dos formas de establecer metas en tiempos de incertidumbre

Podemos hacer nuestros planes,
pero el Señor determina nuestros pasos.
PROVERBIOS 16:9

Tus quejas, arrepentimientos y deseos no conmueven a Dios. Es tu fe lo que lo hace.

Mateo 9:29 expresa: «*Que se haga con ustedes conforme a su fe*» (NVI).

Sabes que estás actuando con fe cuando intentas hacer algo que no podrías hacer con tu propio poder; algo que requiere que confíes en Dios.

Establecer metas es un acto de fe.

Cuando estableces una meta, es como si estuvieras diciendo: «Dios, con tu ayuda, espero cumplir *esta* tarea específica para *esta* fecha específica». Esa clase de meta es una declaración de fe y Dios honra la fe.

Si te resulta difícil establecer metas durante tiempos inciertos, en especial porque las circunstancias cambian con mucha rapidez, intenta hacer estas dos cosas:

En primer lugar, puedes establecer objetivos para diferentes escenarios. Esto significa que estableces varios objetivos y planes en función del escenario que se presente. Por ejemplo: «Haré *esto* para *esta* fecha si sucede *tal cosa*. Pero haré *eso* otro para *esa* fecha si sucede *aquella otra*».

Establecer metas para diferentes escenarios durante tiempos inciertos es una forma legítima de planear para el futuro con la confianza puesta en Dios. Proverbios 16:9 expresa: «*Podemos hacer nuestros planes, pero el Señor determina nuestros pasos*».

En segundo lugar, puedes centrarte en objetivos que apunten al carácter en lugar de en objetivos que apunten a actividades. En otras palabras, puedes establecer metas para lo que quieres *ser* en lugar de lo que quieres *hacer*. ¿Qué cambios quisieras hacer de aquí a un año? ¿En qué aspectos quieres ser más como Cristo? ¿En qué rasgos del carácter necesitas trabajar?

A pesar de lo descontrolado que parezca el mundo, puedes tomar la decisión de cambiar y crecer para convertirte en la persona que Dios quiere que seas.

¡Es hora de poner manos a la obra! Deja de pensar en lo que «podría ser» y comienza a moverte con fe. La Biblia enseña: «*Sin fe es imposible agradar a Dios*» (Hebreos 11:6, NVI). Cuando actúes con fe, Dios honrará tus metas y te ayudará a alcanzar la meta superior: darle gloria a él.

13 DE MAYO

El pensamiento guiado por el Espíritu conduce a la vida

Permitir que la naturaleza pecaminosa les controle la mente lleva a la muerte. Pero permitir que el Espíritu les controle la mente lleva a la vida y a la paz.

ROMANOS 8:6

Hacer cambios en cualquier área de tu vida requiere que cambies tu forma de pensar. Esto se debe a que tu cerebro es donde el Espíritu de Dios obra.

A menudo usamos la metáfora de que nuestro corazón es el lugar donde Dios obra. Por ejemplo, decimos: «Invité a Jesús a mi corazón». Tu corazón, sin embargo, es en realidad solo un símbolo para tu cerebro. Es con tu cerebro que piensas; así que es en tu mente donde Dios comienza el proceso de transformación. Es allí donde Dios restablece tu vida.

La Biblia enseña en Efesios 4:23-24: *«Dejen que el Espíritu les renueve los pensamientos y las actitudes. Pónganse la nueva naturaleza, creada para ser a la semejanza de Dios, quien es verdaderamente justo y santo».*

Fuiste creado para ser como Dios. Pero eso no sucede de manera instantánea. Para convertirte en alguien que se parezca más a Jesús tienes que pasar por muchos cambios, incluyendo muchos reinicios, en tu vida. Además, esos cambios que te ayudan a convertirte en una nueva persona en Cristo comienzan con cambiar tu forma de pensar.

¿Cómo funciona esto? Las ideas que Satanás sugiere en tu mente se llaman tentación. Las ideas que Dios sugiere en tu mente se llaman inspiración.

Depende totalmente de ti aceptar o rechazar la tentación o la inspiración. ¿Vas a dejar que el Espíritu cambie tu forma de pensar? De hecho, en cada momento de tu vida estás eligiendo a qué ideas aferrarte y cuáles rechazar.

A medida que escoges, decides qué ideas van a controlar tu vida. Romanos 8:6 señala: *«Por lo tanto, permitir que la naturaleza pecaminosa les controle la mente lleva a la muerte. Pero permitir que el Espíritu les controle la mente lleva a la vida y a la paz».*

Dios quiere que vivas una vida plena, significativa y con propósito. Quiere que crezcas en fe y madurez espiritual.

Eso es algo que tú debes escoger en cada momento de cada día. ¿Elegirás el camino que lleva a la vida?

14 DE MAYO

Cómo vencer el desánimo

Por eso no nos desanimamos, porque Dios, en su misericordia, nos ha encargado este trabajo.

2 CORINTIOS 4:1 (DHH)

Dios te ama.

Es una verdad que quizás hayas escuchado toda tu vida.

Claro que hay una diferencia entre saber en tu intelecto que Dios te ama y en realidad sentir y creer en su amor. Cuando en verdad no crees que Dios te ama, te desanimas. ¿Por qué?

Si no crees que Dios te ama, te resulta más difícil detectar su gracia y su misericordia siempre presentes en tu vida.

La mejor manera de vencer el desánimo es recordar cuánto te ama Dios y mantenerte enfocado en esa verdad. Y la mejor manera de recordar el amor de Dios es leer su Palabra: la Biblia. Podrás enfocarte mejor en Dios y sentirte más cerca de él cuando leas tu Biblia todos los días.

La Biblia enseña: «*Por eso no nos desanimamos, porque Dios, en su misericordia, nos ha encargado este trabajo*» (2 Corintios 4:1, DHH).

¿Qué es la misericordia? Misericordia es cuando Dios te da lo que necesitas, no lo que mereces. Misericordia es cuando Dios conoce cada error que cometiste y cometerás y, aun así, te da cosas buenas. La misericordia de Dios es lo que te ayuda a seguir cuando comienzas a sentirte desesperado, agotado o desanimado. Recordar las formas en que Dios ha sido bueno contigo te ayudará a sentir cuánto te ama.

Muchas personas que fueron cristianas por mucho tiempo no sienten el amor de Dios porque piensan que Dios solo les habla con una voz crítica. Si la voz que estás escuchando es siempre negativa, no es la voz de Dios.

Dios te hizo para amarte. El propósito número uno de tu vida no es que hagas el bien. Ni siquiera es que ames a Dios.

El propósito número uno de tu vida es dejar que Dios te ame. Le crees y aceptas su gracia. ¡Como resultado, experimentarás aún más misericordia y gracia! Cuando vives seguro en la misericordia, la gracia y el amor de Dios, tienes la confianza y la esperanza para procurar las cosas buenas que planeó para ti.

15 DE MAYO

Tres cosas en las que enfocarte en lugar de en ti mismo

Piensen en las cosas del cielo, no en las de la tierra.
COLOSENSES 3:2

La verdadera libertad viene cuando enfocas tu mente en la verdad de Dios, pero son muchas las cosas que pueden distraerte a lo largo del día. ¿Cómo enfocas tu mente en lo correcto para poder experimentar la verdadera libertad?

A continuación, detallo tres cosas que marcarán una gran diferencia en el manejo de tu mente:

Primero, piensa en Jesús. Hebreos 12:3 enseña: *«Si alguna vez se sienten desfallecidos y agobiados, piensen en Jesús, quien soportó pacientemente el maltrato de parte de los pecadores»* (PDT). ¿Qué te da el poder para seguir adelante? Jesús. Persevera en el estudio de la Palabra de Dios. Mantén tu mente en quién la Biblia dice que es y en el ejemplo que te dio sobre cómo vivir una vida que agrada a Dios.

Segundo, piensa en los demás. *«Pensemos en maneras de motivarnos unos a otros a realizar actos de amor y buenas acciones»* (Hebreos 10:24). La mayoría de la gente piensa primero en sí misma. Eso significa que cualquiera que piense más en los demás que en sí mismo será como una estrella que resplandece.

Cuando eliges pensar en las necesidades de los demás y en cómo puedes ayudarlos, te resulta más difícil dejar que tus problemas te depriman. Elegir enfocarse en los demás te da una nueva perspectiva de tus propias circunstancias y preocupaciones.

Tercero, piensa en la eternidad. La Biblia señala en Colosenses 3:2: *«Piensen en las cosas del cielo, no en las de la tierra»*. Lo que sea que te preocupe hoy puede parecer un gran problema, pero es muy probable que no tenga ninguna importancia en cinco años y, mucho menos, en la eternidad. Las cosas con las que estás batallando no se minimizan cuando piensas en estar para siempre con Jesús en el cielo. Pero adquieres una perspectiva correcta cuando las ves a la luz de la eternidad. Y la mejor manera de recordar el amor de Dios es leer su Palabra: la Biblia.

Sea cual sea la situación a la que te estés enfrentando hoy, detente y piensa en lo que estás pensando. Luego escoge enfocarte en Jesús, en otras personas y en tu hogar en la eternidad. Esto hará que dejes de centrarte en ti mismo, que es como Dios quiere que vivas. ¡Y transformará tu vida!

¿Cómo puedes ayudar?

Todos debemos apoyar a los demás, y buscar su bien.
Así los ayudaremos a confiar más en Dios.
ROMANOS 15:2 (TLA)

Si estuvieras conduciendo y se te estallara un neumático y resultara que el presidente de los Estados Unidos pasaba cerca, no esperarías que se detuviera y te ayudara porque él es demasiado importante como para lidiar con tus problemas.

Esos no son los valores del reino, sino del mundo. Jesús dijo que, si quieres ser grande, debes ser el siervo de todos. Cuanto más das de ti mismo y sirves a otras personas, más grande eres en el reino de Dios.

Hace unos años, mi esposa tuvo cuatro conferencias importantes en un corto período. Un día, llegó a casa de uno de los viajes y estaba aniquilada. A pesar de su cansancio, se dirigió de inmediato a la cocina y comenzó a cocinar para los vecinos que estaban pasando por una situación muy difícil. No pensaba de sí misma que fuera demasiado importante. Dejó a un lado su agotamiento para poder ayudar a los demás. Lo hizo en repetidas ocasiones porque quiere ser como Jesús; quiere servir.

¿Qué significa amar como Jesús ama? «*Todos debemos apoyar a los demás, y buscar su bien. Así los ayudaremos a confiar más en Dios*» (Romanos 15:2, TLA).

De hecho, una forma de servir *como* Jesús lo hizo es servir a los demás como si estuvieras sirviendo a Jesús mismo. Puedes ver a Jesús en una persona que sufre. Es posible que lo veas en un compañero o compañera de oficina mientras le llenas su taza con café el lunes por la mañana. Puede que esté en un partido de fútbol. Quizás está detrás de ti en la fila de la tienda de comestibles. Puede que sea la persona más desagradable que conozcas y que esté cargando con un profundo dolor. Si quieres servir a Jesús, comienza por defender a las personas que sufren a tu alrededor.

Romanos 12:13 expresa: «*Cuando vean a algún hermano en necesidad, corran a ayudarlo. Y fórmense el hábito de ofrecer alojamiento a los que lo necesiten*» (NBV). Muchas personas en tu iglesia, vecindario e incluso familia son madres solteras que trabajan para alimentar a sus hijos, viudas que se sienten solas en sus casas vacías o estudiantes que están agobiados.

¿De qué maneras puedes amarlos como Jesús los ama?

17 DE MAYO

Cuando empieces a dudar, elige creer

¡Sé fuerte y valiente! No tengas miedo ni te desanimes, porque el Señor tu Dios está contigo dondequiera que vayas.

JOSUÉ 1:9

La duda es un gran enemigo del sueño de Dios para tu vida. La duda limita tu potencial, causa que pospongas las cosas y hace que te pierdas lo mejor de Dios.

La Biblia enseña: *«Los que dudan son como las olas del mar, que el viento lleva de un lado a otro. La gente que no es confiable ni capaz de tomar buenas decisiones no recibirá nada del Señor»* (Santiago 1:6-8, TLA). Para que Dios pueda usarte de una manera significativa, primero tienes que lidiar con tu duda.

Aunque Josué fue un gran líder que llevó a los israelitas a la Tierra Prometida, también batallaba con la duda. A pesar de que Dios lo había elegido para desempeñar un papel importante en la historia de Israel, batallaba con la falta de confianza en sí mismo... y por una buena razón.

En primer lugar, fue el sucesor de Moisés. ¡La Biblia afirma en Deuteronomio que Moisés fue el hombre más excelente que jamás haya vivido! También dudaría un poco si tuviera que entrar en escena después de una reputación como esa. Además de eso, Dios le dio a Josué algunas tareas bastante desafiantes, como guiar a los israelitas a una tierra habitada por siete naciones enemigas más grandes y fuertes.

Para que Dios pudiera usarlo, Josué tuvo que hacer a un lado sus dudas. Así que la noche antes de que los israelitas comenzaran su campaña para apoderarse de la Tierra Prometida, Dios le dio a Josué una charla para motivarlo. Le dijo: *«¡Sé fuerte y valiente! No tengas miedo ni te desanimes, porque el Señor tu Dios está contigo dondequiera que vayas»* (Josué 1:9). Dios le dijo a Josué que dejara de lado sus temores; y quiere que tú también lo hagas.

La duda es una elección. Cada vez que dudas de Dios, de tus habilidades o de otras personas, estás *eligiendo* creer en tus dudas y dudar de tus creencias. En cambio, necesitas dudar de tus dudas y creer en tus creencias. Cree que Dios está contigo, que te ayudará y que quiere obrar en tu vida.

Josué creyó en las promesas de Dios de estar con los israelitas y ayudarlos. Creyó en Dios cuando le dijo que sería un gran líder. Quería cumplir la misión que Dios le había encomendado. Por lo tanto, independientemente de las dudas y los temores que tuviera, Josué optó por creer en las promesas y la fidelidad de Dios.

No te fíes de tus dudas. ¡Cree en tus creencias!

18 DE MAYO

Dile a Dios exactamente cómo te sientes

No puedo evitar hablar; debo expresar mi angustia.
Mi alma llena de amargura debe quejarse.
JOB 7:11

Dios puede manejar tus emociones. Después de todo, ¡él te las dio!

Puede manejar tu enojo, tus dudas, tus temores, tus preguntas, tu dolor e incluso tus quejas. Así que dile a Dios lo que sientes. Eso hizo Job.

Su honestidad con Dios fue brutal: «*No puedo evitar hablar; debo expresar mi angustia. Mi alma llena de amargura debe quejarse. ¿Soy yo un monstruo marino o un dragón para que me pongas bajo custodia? Pienso: "Mi cama me dará consuelo, y el sueño aliviará mi sufrimiento"; pero entonces me destrozas con sueños y me aterras con visiones. Preferiría ser estrangulado; mejor morir que sufrir así. Odio mi vida y no quiero seguir viviendo. Oh, déjame en paz durante los pocos días que me quedan. ¿Qué son los seres humanos para que nos des tanta importancia, para que pienses tanto en nosotros? Pues nos examinas cada mañana y nos pruebas a cada momento. ¿Por qué no me dejas en paz?, ¡al menos el tiempo suficiente para poder tragar! Si he pecado, ¿qué te he hecho, oh vigilante de toda la humanidad?*» (Job 7:11-20).

Si fueras Dios, ¿cómo reaccionarías? ¿Hubieras destruido a Job con un rayo?

Dios no hizo eso porque entendía por lo que Job estaba pasando. Dios también entiende por lo tú estás pasando. Cuando dices: «¡Dios, no me gusta esto!». Dios no se sorprende porque él creó tus emociones; además, te dio la capacidad de enojarte y de expresar tus sentimientos.

En tiempos difíciles no sonrías ni asumas una postura valiente como si no pasara nada. En lugar de eso, cuéntale honestamente a Dios tu desacuerdo con él. Lamentaciones 2:19 señala: «*Levántense durante la noche y clamen. Desahoguen el corazón como agua delante del Señor*».

Job cuestionó las acciones de Dios, pero nunca dejó de confiar en él. La Biblia expresa: «*Job se levantó y rasgó su vestido en señal de dolor; después se rasuró la cabeza y se postró en el suelo para adorar*» (Job 1:20). ¿Sabías que confiarle tus sentimientos a Dios es un acto de adoración?

Así que adelante, descarga todos tus sentimientos sobre el Dios que creó esos sentimientos. Él entiende tu dolor y quiere que le confíes tus emociones.

19 DE MAYO

La batalla contra el mal ya fue ganada

No te dejes vencer por el mal; al contrario, vence el mal con el bien.
ROMANOS 12:21 (NVI)

Cuando te enfrentes al mal, no trates de vencerlo con mal. Véncelo con el bien.

Este principio se opone a la naturaleza humana. En el mundo cuando alguien nos hace daño, queremos devolverle el daño. Cuando alguien nos golpea, queremos devolverle el golpe. Cuando alguien nos calumnia, queremos calumniarlo.

Dios afirma que esa no es la manera de ganar la batalla contra el mal. Romanos 12:21 manifiesta: *«No te dejes vencer por el mal; al contrario, vence el mal con el bien»* (NVI). Así se ganan las batallas a la manera de Dios.

Jesucristo vino a la tierra para mostrar que no se destruye el mal tomando represalias; por el contrario, lo destruyes venciéndolo con el bien.

La Biblia señala: *«El Hijo de Dios vino para destruir las obras del diablo»* (1 Juan 3:8). Jesús vino para destruir el mal; para acabar con él. El mal terminará un día. No existirá para siempre. Un día Dios cerrará los libros y ajustará las cuentas. Pondrá fin a la historia y llevará a su familia a la eternidad con él.

Si quieres estar en el lado ganador, es mejor que te pongas del lado de Dios porque el mal va a perder. El mal gana algunas batallas aquí y allá, pero el resultado final de la guerra ya fue predeterminado.

El mal no puede competir con el bien en poder. Aunque parezca que el mal es más fuerte y que el mal está ganando, el amor es mucho más fuerte que el mal. La bondad es mucho más fuerte que la maldad. El bien es mucho más grande que el mal. El bien vencerá cien veces al mal.

Al final, Dios y sus seguidores ganarán. El bien triunfará sobre el mal porque Dios es amor, y su amor durará para siempre.

Jesús expresó: *«Edificaré mi iglesia, y el poder de la muerte no la conquistará»* (Mateo 16:18).

Puedes usar la bondad para luchar contra el mal con la confianza que Dios ya ganó la guerra. El mal va a perder. ¡La victoria está asegurada!

20 DE MAYO

Cuando Dios no responde de inmediato

En Dios he puesto mi esperanza; con toda el alma confío en él, pues confío en sus promesas.
SALMO 130:5 (TLA)

Dios quiere que esperes con paciencia su respuesta a tu oración, pero también quiere que esperes con expectativa. Ten fe. Confía en que Dios te escuchará y te responderá. Cuando esperas con expectativa le muestras a Dios que crees en sus promesas; que crees que cumplirá su palabra.

Una vez le preguntaron a Daniel Boone, el famoso pionero estadounidense, si alguna vez se había perdido en el bosque. Daniel respondió: «No puedo decir con certeza que estuve perdido, pero estuve desorientado una vez durante tres días».

Tal vez algunos de ustedes se sienten desorientados en este momento. Quizás estás desorientado en tu matrimonio: «Estoy orando que mejore, pero no está sucediendo nada». Estás desconcertado acerca de tu trabajo: «¿Sigo, no sigo, cambio de trabajo?». Estás desconcertado acerca de ciertas relaciones. Es posible que te sientas impotente y desesperanzado, como si no pudieras hacer nada para cambiar tu situación por tu cuenta.

¡No te desanimes! ¡No te rindas! Recurre a la oración. Le hice a Dios muchas peticiones en mi vida, las cuales hasta ahora no fueron respondidas. Viene a mi mente una oración que hice casi todos los días durante veinticuatro años que todavía no fue respondida. No sé por qué Dios decidió no contestar esa oración. No lo entiendo. Aun así, tomé la siguiente decisión: sea que Dios responda o no esa oración voy a morir creyendo en sus promesas. Porque Dios es un Dios bueno y sabe lo que es mejor, incluso, cuando yo no lo entiendo.

Cuando Dios no responde tus oraciones debes recordar dos verdades importantes. Primera, Dios tiene el control; tú no lo tienes. Él sabe lo que necesitas mejor que tú. No hay montaña demasiado alta que no pueda mover, ni problema demasiado grande que no pueda resolver ni dolor demasiado profundo que no pueda calmar. Dios tiene el control y tiene un plan.

Segunda verdad: ya sea que recibas o no tu respuesta, Dios honrará tu paciencia. Si no lo hace en este mundo, lo hará en la eternidad.

«En Dios he puesto mi esperanza; con toda el alma confío en él, pues confío en sus promesas» (Salmo 130:5, TLA).

21 DE MAYO

Edifica tu vida sobre lo que durará para siempre

Así que no nos fijamos en lo visible, sino en lo invisible, ya que lo que se ve es pasajero, mientras que lo que no se ve es eterno.

2 CORINTIOS 4:18 (NVI)

¿Habrá algo que permanezca para siempre? Esta es una pregunta importante que debes hacerte si estás tratando de decidir sobre qué vas a construir los valores de tu vida, porque necesitas invertir tu vida en las cosas que permanecen para siempre.

La verdad es que la mayoría de las personas solo en raras ocasiones evalúan sus valores o cuestionan sus percepciones hasta que tienen una crisis. Solo cuando tienes un dolor profundo comienzas a examinar sobre qué fundamento estás edificando tu vida. Es posible que te des cuenta de que estuviste invirtiendo tu vida en sentirte bien, verte bien o en acumular riquezas o poder. La crisis te ayuda a darte cuenta de manera instintiva que tiene que haber algo más en la vida.

No es necesario que esperes hasta tener una crisis para evaluar tus valores. Por el contrario, detente hoy mismo a considerar lo que debes valorar. Empieza por hacerte esta pregunta crucial: «¿Habrá algo que permanezca para siempre?».

El mundo parece valorar el aquí y ahora. Por lo tanto, su mensaje es que el mañana no importa; que el año que viene no importa; que mil años a partir de ahora no importan. La eternidad y el cielo no importan. Hay que vivir para el hoy.

La Biblia enseña algo diferente: *«El mundo se acaba con sus malos deseos, pero el que hace la voluntad de Dios permanece para siempre»* (1 Juan 2:17, NVI). Vivir solo para aquí y ahora es increíblemente corto de vista. La tentación es un gran ejemplo de ello porque la tentación no es solo una batalla entre lo bueno y lo malo o lo mejor y lo peor. La tentación es siempre una batalla entre el presente y el futuro, entre el corto plazo y el largo plazo: «¿Haré lo que Dios dice y disfrutaré de los beneficios más adelante o haré lo que quiero y disfrutaré de los beneficios ahora?».

La Biblia nos enseña: *«Así que no nos fijamos en lo visible, sino en lo invisible, ya que lo que se ve es pasajero, mientras que lo que no se ve es eterno»* (2 Corintios 4:18, NVI).

Independientemente de si estás pasando por un momento crítico o no, tómate un tiempo para evaluar sobre qué base estás edificando tu vida. Elige edificar tu vida sobre la verdad de Dios, la cual dura para siempre y nunca te defraudará.

22 DE MAYO

Cinco cosas que debes aprender en tu familia

Él hace que todo el cuerpo encaje perfectamente. Y cada parte, al cumplir con su función específica, ayuda a que las demás se desarrollen, y entonces todo el cuerpo crece y está sano y lleno de amor.

EFESIOS 4:16

Las familias fuertes fomentan el crecimiento mediante la creación de una atmósfera de aprendizaje permanente. Se ayudan mutuamente a desarrollarse. Fomentan el descubrimiento de los dones espirituales y las habilidades de cada miembro. Se permiten mutuamente aprender cosas nuevas y desarrollar nuevos intereses.

Pero no necesariamente necesitas una familia biológica o adoptiva que te ayude a crecer. La familia de la iglesia puede, y debe, ser una fuerza que te impulse al crecimiento.

La Biblia lo explica así: *«Él hace que todo el cuerpo encaje perfectamente. Y cada parte, al cumplir con su función específica, ayuda a que las demás se desarrollen, y entonces todo el cuerpo crece y está sano y lleno de amor»* (Efesios 4:16).

Hay algunas cosas que nunca vas a aprender si no las aprendes en relación con los demás. No puedes aprenderlas en la escuela o en el trabajo. Solo puedes aprenderlas con otras personas. Por eso necesitas una comunidad.

De hecho, la mayoría de tus problemas como adulto provienen del hecho de que no aprendiste ciertas cosas correctamente cuando eras niño. A continuación, desarrollo cinco cosas que debes aprender en tu familia; biológica o de otro tipo:

1. **Aprendes a lidiar con los sentimientos.** En una familia sana, aprendes a identificar, reconocer y expresar tus sentimientos. Las familias fuertes permiten que todos sean honestos y que los niños también expresen sus emociones.

2. **Aprendes a manejar los conflictos.** Los niños necesitan ver a sus padres resolver los problemas y lidiar con los desacuerdos de una manera saludable.

3. **Aprendes a manejar la pérdida.** No debes motivar a tus hijos a ganar todo el tiempo. Si lo hacen, les resultará devastador cuando se enfrenten a pérdidas inevitables como adultos en el mundo real. Necesitan aprender que el fracaso no los destruirá; que una pérdida no es el fin de la vida.

4. **Aprendes cuáles son los valores más importantes.** Es importante enseñar a los niños las tres tentaciones básicas de la vida para que no se dejen llevar por lo que el mundo valora. Esas tentaciones tienen que ver con cómo te sientes, lo que haces y lo que obtienes en la vida; en otras palabras: el sexo, el salario y la posición social.
5. **Aprendes buenos hábitos.** Los hábitos determinan tu carácter. Las familias deben ayudarse mutuamente a crecer para que el carácter de cada uno se parezca más al de Jesucristo.

Si quieres crecer espiritualmente y ayudar a otros dentro de la familia de Dios a crecer, puedes comenzar con esta oración: «Padre, sé que me diste a tu familia, la iglesia, por una razón. ¡No me diseñaste para andar solo por la vida! Quieres que sea más como Jesús, y el mejor lugar para aprender a hacerlo es en comunidad con la familia de mi iglesia. Por favor, muéstrame las oportunidades que ya me diste para hacerlo y dame sabiduría y gracia mientras ayudo a construir el tipo de comunidad, en mi iglesia y en mi hogar, que ayuda a las personas a crecer en estas cinco áreas. En el nombre de Jesús, amén».

Comienza a hacer cambios hoy para que tu familia sea un lugar seguro donde todos tengan oportunidades para aprender y crecer.

23 DE MAYO

El amor es una decisión

Si tengo una fe que logra trasladar montañas,
pero me falta el amor, no soy nada.
1 CORINTIOS 13:2 (NVI)

El amor no es un sentimiento, sino una decisión. El amor es una acción. Por lo tanto, puedes decidir mostrar amor incluso cuando no tengas ganas.

Una vez hablé con una joven madre que se sentía agobiada y batallaba con depresión. Sentía que todo lo que hacía era atosigar a sus hijos y regañarlos incesantemente. Cuando se miraba a sí misma, se veía como un fracaso. En su desesperación, clamó al Señor.

A medida que pasaba más tiempo leyendo la Biblia, esta verdad en 1 Corintios 13:2 le llamó la atención: *«Si [...] no tengo amor, nada soy»* (NBLA). Así que escribió estas palabras y las colocó por toda su casa: en la puerta de su refrigerador, en el tablero de su automóvil, en la parte superior de su calendario.

Dijo: «Me di cuenta de que lo más importante que podía hacer era amar a mi familia. Así que empecé a vivir mi vida por amor. Empecé a dirigir mi casa con amor. Esa decisión fue tan transformadora como cuando acepté a Cristo en mi vida. Y trajo felicidad de nuevo a mi vida y a mi hogar».

¿Qué marcó la diferencia para esta joven madre? Tomó una decisión. A pesar de que no fue la decisión más fácil cambió toda la dinámica de su hogar y la forma en que se veía a sí misma como madre y como hija de Dios.

Actuar con amor cuando no lo sientes es en realidad una expresión de amor mayor que cuando *sí* lo sientes. Amar es levantarse en medio de la noche para ayudar a un niño enfermo después de haber tenido un largo día y haberse acostado tarde. Amar es ser paciente con tu cónyuge cuando está de mal humor. Amar es darle a una persona lo que necesita, no lo que se merece.

Es más fácil actuar para sentir que sentir para actuar. Si actúas con amor, con el tiempo los sentimientos seguirán. Es importante recordar eso cuando intentas amar a personas que parecen no ser dignas de ser amadas.

Amar a pesar de los sentimientos es amar por fe. Amar por fe no solo cambia a la otra persona, sino que también te cambia a ti y, además, te hace más como Jesús.

24 DE MAYO

La cruz te hace libre para perdonar

Sabemos que nuestra vieja naturaleza fue crucificada con él para que nuestro cuerpo pecaminoso perdiera su poder, de modo que ya no siguiéramos siendo esclavos del pecado.

ROMANOS 6:6 (NVI)

En la cruz, Jesús rompió el poder del pecado. Romanos 6:6 expresa que *«sabemos que nuestra vieja naturaleza fue crucificada con él para que nuestro cuerpo pecaminoso perdiera su poder, de modo que ya no siguiéramos siendo esclavos del pecado»* (NVI). Esta es una gran noticia, en especial porque nuestra inclinación natural es lastimar a quienes nos lastiman. Si alguien dice algo malo de ti, es muy probable que tengas la necesidad de decir algo malo de esa persona. Tendemos a aferrarnos a las heridas y a luchar contra el perdón.

Puedes romper esa esclavitud a la amargura, la culpa, el resentimiento y la preocupación. Puedes evitar convertirte en un esclavo del pasado y de los recuerdos dolorosos. Puedes elegir perdonar.

¿A qué dolor te estás aferrando? Dos preguntas importantes acerca de ese dolor: ¿En verdad quieres ser sanado? ¿Estás dispuesto a dejarlo ir? Tal vez hayas repasado mil veces en tu mente lo que hicieron tus padres, hermanos o cónyuge. Cada vez que lo piensas, todavía duele.

La cruz tiene el poder de liberarte de rencores, dolores y resentimientos. No hay nada fuera de la cruz que te empodere para dejar ir las emociones que te agobian. En la cruz, Jesús rompió el poder del pecado, la muerte y la esclavitud.

Quiero que pienses en la persona a la que necesitas perdonar, aquella persona cuya ofensa sembró una semilla de amargura en ti, y que hagas esta oración ahora mismo:

«Padre, solo tú entiendes cuánto me ha herido esta persona. No quiero seguir cargando con el dolor ni la amargura. Necesito que tu gracia y el poder de la cruz me liberen del dolor y me ayuden a perdonar.

»Necesito experimentar tu perdón. Tú conoces todas las formas en que he lastimado a los demás. Estoy arrepentido de mis pecados. Jesús, gracias por morir por mí. Acepto tu gracia y tu perdón, los necesito a diario.

»Hoy me dirijo a ti y elijo perdonar como tú me perdonaste a mí. Cada vez que el recuerdo regrese, perdonaré a esa persona de nuevo hasta que el dolor desaparezca. Sana mi corazón con tu gracia. En el nombre de Jesús, amén.

Cuando la esperanza comience a desvanecerse, comienza a orar

Entonces Jonás oró al SEÑOR su Dios desde el vientre del pez.

JONÁS 2:1 (NVI)

¿Alguna vez has sentido que la vida te traga? Tal vez estabas rodeado de depresión, conflictos, preocupaciones o culpa y comenzaste a sentirte desesperanzado.

Espero que no te sientas así en este momento, pero en algún momento lo harás. ¡Todos nos sentiremos así! Podrías perder a un ser querido, tu trabajo o tu salud.

Piensa en lo que hizo Jonás cuando te enfrentes a una situación desesperante.

Jonás recibió una misión de parte de Dios, pero decidió huir de ella. Así que Dios lo detuvo enviando un gran pez para que se lo tragara. Y mientras Jonás estaba en el vientre de ese gran pez, por fin miró a Dios.

De hecho, todo el segundo capítulo de Jonás trata sobre la oración que Jonás hizo mientras se hundía en el océano, tragado por un pez gigante: «*Entonces Jonás oró al SEÑOR su Dios desde el vientre del pez*» (Jonás 2:1, NVI).

Esta es una lección a tener en cuenta cuando nos sentimos agobiados, cuando nos sentimos tragados por los problemas de la vida. Ese es el momento en que necesitamos mirar a Dios en oración.

Hay problemas tan difíciles en la vida que solo se pueden superar a través de la oración. En Marcos 9, algunos de los seguidores de Jesús habían estado tratando de expulsar a un demonio, pero no pudieron. Le preguntaron a Jesús por qué.

Jesús respondió: «*Esta clase de demonios solo puede ser expulsada a fuerza de oración*» (Marcos 9:29, NVI).

Algunos problemas tienen raíces tan profundas que solo la oración *persistente* los puede resolver. Eso significa que no solo oras por ellos una vez y luego esperas que Dios te responda. Si solo te importa algo lo suficiente como para orar por ello una vez, en realidad no te importa. Si de verdad quieres ver que algo suceda en tu vida, debes orar por eso una y otra vez.

¡Nunca te rindas! Dios quiere edificar tu fe a través de tu oración persistente. Si te sientes desesperado hoy, mira a Dios y sigue orando con la certeza de que te escucha y te responderá a su tiempo.

26 DE MAYO

Dos maneras de ser una persona más amable

En esa clase de amor no hay temor, porque el amor perfecto expulsa todo temor.

1 JUAN 4:18

La parábola del buen samaritano en Lucas 10 enseña lecciones profundas sobre la bondad: estar consciente de las necesidades que te rodean y compadecerse de los demás.

Una de las lecciones más importantes que enseña el buen samaritano es que si quieres convertirte en una persona más amable debes estar dispuesto a hacer dos cosas:

Debes estar dispuesto a que te interrumpan. La amabilidad no ocurre en *tu* horario disponible. Sucede en el horario *de los demás*. Es por eso que necesitan amabilidad. Cuando ves a alguien necesitado, tienes que dejarlo todo y detenerte. El amor es a menudo inoportuno y la bondad requiere tiempo.

Piensa en las excusas que el buen samaritano podría haber dado al hombre herido al costado del camino. Podría haber dicho: «Disculpa, tengo mis propios problemas en los cuales pensar» o «Lo siento, tengo asuntos importantes de los cuales ocuparme ahora. Además, es probable que esto sea una causa perdida». Cada vez que quieras una excusa para ser cruel, el diablo estará allí para dártela.

Dios a propósito pone a personas heridas en tu camino para enseñarte a ser bondadoso. Cuando te encuentres con esas oportunidades, ¡aprovéchalas al máximo!

Debes estar dispuesto a correr riesgos. Tus propios miedos pueden impedirte ser amable. Solo imagínate los temores legítimos que pudo haber tenido el buen samaritano.

Podría haber dicho: «¿Y si es una trampa?» o «¿Y si rechaza mi ayuda?». Hoy, podríamos decir: «¿Y si me demanda?» o «¿Y si en realidad no puedo ayudarlo? No estoy capacitado en primeros auxilios». Un gran temor que a menudo tenemos es que involucrarnos en el dolor de otra persona nos recuerde cuán dolidos estamos. Tenemos miedo de lidiar con el dolor de los demás porque, entonces, el nuestro podría brotar.

Nunca aprenderemos a mostrar bondad de verdad hasta que superemos nuestros miedos y extendamos el amor de Dios a las personas que están sufriendo. La Biblia enseña: *«En esa clase de amor no hay temor, porque el amor perfecto expulsa todo temor»* (1 Juan 4:18).

El amor de Dios nos ayuda a sanarnos de nuestro dolor y a superar nuestros miedos para que podamos mostrar amor y bondad a los demás.

27 DE MAYO

Aprovecha todas las oportunidades para mostrar amabilidad

No dejes de hacer el bien a todo el que lo merece,
cuando esté a tu alcance ayudarlos.
PROVERBIOS 3:27

Cuando lees la historia del buen samaritano en la Biblia, es importante que te des cuenta de *todas* las formas específicas en que el samaritano mostró bondad. Primero, abrió los ojos para ver la necesidad a su alrededor. A continuación, escuchó el dolor del herido y se compadeció de él.

Entonces, el buen samaritano aprovechó el momento: «*Se le acercó y le alivió las heridas con vino y aceite de oliva, y se las vendó*» (Lucas 10:34). No esperó ni postergó las cosas. Hizo lo que pudo en el mismo momento en que vio la necesidad.

El amor es algo que *haces*. El amor no solo dice: «Cuánto lo siento por esta persona. ¡Qué vergüenza! ¡Qué lástima!». El amor aprovecha la oportunidad.

El buen samaritano hizo varias cosas en ese momento. Podemos inferir que se *agachó* a curarlo. Por lo tanto, no fingió ser superior ni le habló con desprecio, sino que se puso al nivel del hombre.

A continuación, usó lo que tenía. Alivió las heridas del hombre con vino y aceite. ¿Por qué? Eso era lo que llevaba en las alforjas. El vino fue útil porque contenía alcohol; era un antiséptico. El aceite funcionó porque aliviaría las heridas del hombre. A continuación, el buen samaritano vendó al hombre. ¿De dónde sacó las vendas? No tenía un botiquín de primeros auxilios. Además, el herido había sido desnudado, así que no tenía ropa. Las vendas eran la ropa del propio samaritano.

El buen samaritano hizo lo que pudo con lo que tenía en ese momento en particular. Proverbios 3:27 señala: «*No dejes de hacer el bien a todo el que lo merece, cuando esté a tu alcance ayudarlos*».

El mundo está lleno de personas heridas. ¿Alguna vez te preguntaste con cuántas personas heridas te cruzas todos los días? Tal vez no estén heridas en lo físico pero sí en lo emocional. Están heridas en lo espiritual. Están heridas en lo económico. Y necesitan tu amor. Necesitan tu amabilidad.

No esperes a que las condiciones mejoren o hasta que haya un momento más conveniente. No pospongas lo que sabes que debes hacer por alguien hoy. Dios estará contigo mientras aprovechas el momento.

28 DE MAYO

Por qué haces lo que no quieres hacer

Conocerán la verdad, y la verdad los hará libres.
JUAN 8:32 (NVI)

¿Alguna vez te has preguntado por qué haces lo que no quieres hacer? ¿Alguna vez te has preguntado por qué es tan difícil hacer las cosas que sabes que son correctas?

Debido a nuestra naturaleza pecaminosa a menudo tomamos la decisión equivocada. Es probable que te identifiques con lo que el apóstol Pablo dijo: «*Realmente no me entiendo a mí mismo, porque quiero hacer lo que es correcto pero no lo hago. En cambio, hago lo que odio. [...] Entonces no soy yo el que hace lo que está mal, sino el pecado que vive en mí. Yo sé que en mí, es decir, en mi naturaleza pecaminosa no existe nada bueno. Quiero hacer lo que es correcto, pero no puedo*» (Romanos 7:15, 17-18).

Esta guerra sigue teniendo lugar en tu interior incluso después de convertirte en un seguidor de Jesús. Tienes la buena naturaleza que Dios te dio y también la vieja naturaleza pecaminosa que lucha contra la buena naturaleza, pero ¡hay una salida! Jesús prometió en Juan 8:32: «*Conocerán la verdad, y la verdad los hará libres*» (NVI).

El secreto del cambio personal no radica en la fuerza de voluntad ni en algo que hagas o digas. No es una píldora que tomas, una resolución ni una promesa.

El secreto del cambio personal es algo que *conoces*.

Conoces la verdad. Cuando cambias la forma en que piensas, cambia la forma en que sientes. Y cuando cambias la forma en que sientes, cambia la forma en que actúas.

Detrás de cada acto contraproducente hay una mentira en la que crees. Puede ser una mentira sobre ti mismo, tu pasado o futuro, Dios u otros.

¿Por qué haces algo que sabes que es malo para ti? Porque crees que hay algún tipo de recompensa. ¡Esa es la mentira! Solo puedes cambiar y cumplir el propósito de Dios para tu vida si comienzas con la verdad de Dios. Para cambiar la forma en que vives, tienes que empezar por tu mente. Necesitas conocer la verdad de Dios y creerla.

Cuando conozcas la verdad, la verdad te hará libre.

29 DE MAYO

La misericordia podría ser tu mayor testimonio

Sean compasivos, así como su Padre es compasivo.

LUCAS 6:36 (NVI)

En un mundo cada vez más cruel, tu mayor testimonio cristiano podría ser tener misericordia de la gente.

¿Te has dado cuenta de lo despiadado e implacable que es nuestro mundo? Parece que la forma más elevada de humor es el menosprecio. A los comediantes se les paga para que hagan comentarios sarcásticos y cínicos acerca de los demás.

Cuando la gente vea que eres misericordioso, en especial teniendo en cuenta lo grosera y mezquina que se ha vuelto la sociedad, dirá: «De seguro es cristiano, porque actúa como Jesús».

Jesús dijo en Lucas 6:36: *«Sean compasivos, así como su Padre es compasivo»* (NVI). ¿Cómo? Dos maneras en las que puedes ser más misericordioso son:

Presta atención a las necesidades de las personas y escúchalas. La misericordia siempre comienza con estar consciente de algo. Si no lo sabes, no te importa. La Biblia enseña: *«No se ocupen solo de sus propios intereses, sino también procuren interesarse en los demás»* (Filipenses 2:4). No te cuesta ser misericordioso porque seas una mala persona, sino ¡porque estás demasiado ocupado! Cuando pasas de un evento a otro y de una tarea a otra, es difícil prestarles atención a los demás. Empieza a levantar la mirada y observa a tu alrededor. Siempre encontrarás oportunidades para tener misericordia si estás más consciente de lo que le pasa a la gente y de lo que sienten.

No te ofendas por los pecados de los demás. No puedes decirle a alguien: «Organiza tu vida para que pueda aceptarte». La misericordia es incondicional. No puedes sentirte ofendido si quieres tener misericordia de alguien. Es difícil servir a las personas si las menosprecias.

Jesús no se ofendió por los pecados de la gente. De hecho, se juntaba con la peor clase de pecadores. Eso no significa que Jesús aprobara todo lo que hacían. Tampoco aprueba todo lo que haces tú, pero sí te acepta por completo. Asimismo, que tu tengas misericordia no significa que apruebas las cosas malas que hacen los demás.

Puedes hacer por los demás lo que Cristo ha hecho por ti. *«Ámense los unos a los otros profundamente, porque el amor cubre muchísimos pecados»* (1 Pedro 4:8, NVI).

30 DE MAYO

Tres maneras en que Jesús responde a tu fracaso

¡El fiel amor del SEÑOR nunca se acaba!
Sus misericordias jamás terminan. Grande es su fidelidad;
sus misericordias son nuevas cada mañana.
LAMENTACIONES 3:22-23

El fracaso puede llevarte a aislarte porque, a menudo, te sientes avergonzado y quieres estar solo. Pero Jesús está contigo siempre, incluso en tu mayor fracaso, y hace tres cosas para ayudarte a superarlos:

Jesús ora por ti. Incluso antes de que Pedro lo negara tres veces, Jesús le dijo: «*Yo he rogado en oración por ti, Simón, para que tu fe no falle*» (Lucas 22:32).

En este mismo momento, Jesús está orando por ti; «*por eso puede salvar —una vez y para siempre— a los que vienen a Dios por medio de él, quien vive para siempre, a fin de interceder con Dios a favor de ellos*» (Hebreos 7:25).

Jesús cree en ti. De hecho, espera que sanes y te recuperes. Es por eso que le dijo a Pedro antes de su gran fracaso: «*Cuando te arrepientas y vuelvas a mí*» (Lucas 22:32). Jesús sabía que Pedro pecaría y fracasaría y que, finalmente, regresaría a él.

Todos fracasamos. A pesar de las veces que falles, Dios siempre creerá en ti.

Jesús tiene misericordia de ti. Cuando estás deprimido, Jesús no aumenta tu culpa. Por el contrario, te salva. Los discípulos fueron a pescar unas semanas después de que Pedro negó a Jesús. No atraparon nada en toda la noche. Al amanecer, Jesús les dijo dónde echar las redes. «*Lo hicieron y no podían sacar la red por la gran cantidad de peces*» (Juan 21:6). Cuando Pedro siguió las instrucciones de Jesús, pescó más peces de los que podía manejar. Jesús puede hacer más en cinco minutos que tú en cincuenta años de planeación.

Y todavía tengo más buenas noticias: la misericordia de Dios no depende de tu desempeño. Lamentaciones 3:22-23 señala: «*¡El fiel amor del Señor nunca se acaba! Sus misericordias jamás terminan. Grande es su fidelidad; sus misericordias son nuevas cada mañana*».

Puedes darte por vencido con Dios, pero él nunca se dará por vencido contigo. Jesús está orando por ti, cree en ti y siempre tendrá misericordia de ti. A pesar de lo que hagas, Dios seguirá siendo fiel.

31 DE MAYO

Tres cosas que debes recordar cuando enfrentas oposición

Dios bendice a los que son perseguidos por hacer lo correcto, porque el reino del cielo les pertenece. Dios los bendice a ustedes cuando la gente les hace burla y los persigue y miente acerca de ustedes y dice toda clase de cosas malas en su contra porque son mis seguidores. ¡Alégrense! ¡Estén contentos, porque les espera una gran recompensa en el cielo!

MATEO 5:10-12

Cuando te sientas presionado porque amas a Jesús en un mundo que no lo ama, debes recordar tres cosas:

1. **La oposición puede hacerte más como Jesús.** Jesús dijo en Juan 15:18-19: *«Si el mundo los odia, recuerden que a mí me odió primero. Si pertenecieran al mundo, el mundo los amaría como a uno de los suyos, pero ustedes ya no forman parte del mundo».*

   Para crecer y ser como Jesucristo, tendrás que pasar por las cosas que Jesús pasó, incluyendo la soledad, el desánimo, el estrés y la tentación. ¿Por qué Dios te libraría a ti cuando no libró a su propio Hijo?

2. **La oposición profundizará tu fe.** Tu fe es como un músculo. Un músculo crece al ser estirado, tensado y puesto a prueba. No puedes desarrollar un músculo sin un peso que tire en la dirección opuesta.

   Si no tienes oposición en tu vida, tu fe no crece. Los creyentes más fuertes son aquellos cuya fe más se pone a prueba. La Biblia enseña en 1 Pedro 1:7: *«[Su fe] está siendo probada de la misma manera que el fuego prueba y purifica el oro, aunque la fe de ustedes es mucho más preciosa que el mismo oro».*

3. **La oposición te dará recompensas eternas.** Como leímos en Mateo 5:10 expresa, Dios bendecirá a aquellos que sean perseguidos por vivir para él. Pero ten en cuenta que no recibirás ninguna recompensa por ser grosero o desagradable. Si te persiguen por vivir una vida moralista, no eres un mártir, sino un alborotador, y no recibirás recompensa por eso. Eres recompensado por ser como Jesús. Por lo tanto, cuando compartas tu fe, compártela con gentileza y respeto; serás recompensado por ello un día en el cielo.

1 DE JUNIO

Cómo pasar de estar agobiado a estar rebosante

Ciertamente, yo soy la vid; ustedes son las ramas. Los que permanecen en mí y yo en ellos producirán mucho fruto porque, separados de mí, no pueden hacer nada.
JUAN 15:5

Es mejor descansar en la bondad de Dios que sentirse agobiado por el trabajo y la preocupación. Pero también es más fácil decirlo que hacerlo. Tal vez te resulte difícil dar los pasos que conducen al descanso y a la vida abundante que Dios tiene para ti.

Estos cuatro hábitos diarios te ayudarán a pasar de estar agobiado a estar rebosante.

1. **Mantente conectado con Jesús.** «*Los que permanecen en mí y yo en ellos producirán mucho fruto*» (Juan 15:5). Si tratas de vivir con tus propias fuerzas, te sentirás agobiado. Por otro lado, cuando te conectas al poder de Dios, puedes cumplir tu propósito y disfrutar de la bondad de Dios.

2. **Reemplaza la queja con agradecimiento.** «*Hagan todo sin quejarse y sin discutir*» (Filipenses 2:14). Mientras quejarse no es saludable, algunos estudios han demostrado que la gratitud es la emoción más saludable. Produce sustancias químicas cerebrales que aumentan la felicidad y reducen el estrés.

3. **Deja de ser tacaño y empieza a ser generoso.** «*Traigan todos los diezmos [...], les abriré las ventanas de los cielos. ¡Derramaré una bendición tan grande que no tendrán suficiente espacio para guardarla! ¡Inténtenlo! ¡Pónganme a prueba!*» (Malaquías 3:10). Dios puso una ley universal en el mundo: cuanto más das, más recibes. Lo hizo porque quiere que llegues a ser un dador alegre como él.

4. **Deja de compararte y empieza a estar satisfecho.** «*Es mejor estar satisfecho con lo poco que se tiene que estar siempre luchando por conseguir más*» (Eclesiastés 4:6, PDT). Estar satisfecho no significa que no tengas metas, sueños o planes. Simplemente significa que no necesitas *más* para ser feliz. Por naturaleza, la gente es inconformista. Por la gracia de Dios, puedes descansar satisfecho en su bondad. Cuando comprendas que la mayoría de las cosas son simplemente regalos de Dios en su gracia, tu vida pasará de ser un agobio a rebosar de la abundancia de Dios.

2 DE JUNIO

Dios quiere que descanses

En verdes pastos me hace descansar.
Junto a tranquilas aguas me conduce.
SALMO 23:2 (NVI)

¿Siempre tienes prisa? ¿Tu lista de tareas pendientes es demasiado larga? ¿Más de una persona te dijo que bajes el ritmo? ¿Te sientes culpable cuando te relajas? ¿Tienes que enfermarte para tomarte un tiempo libre?

El ritmo de la sociedad moderna nos empuja a vivir a un paso acelerado. Muchas personas trabajan incluso en su día libre. Y aquellos que van a la iglesia, con frecuencia, regresan apurados a su casa solo para sumergirse en el trabajo de nuevo (ya sea el trabajo doméstico, las tareas de la escuela o el trabajo remunerado) con la intención de hacer todas las cosas que no terminaron durante la semana laboral regular.

¡No es de extrañar que estemos tan agotados! La mayoría de nosotros estamos al límite de nuestras fuerzas, pero el Buen Pastor no quiere que vivamos así.

El Salmo 23:2 enseña: *«En verdes pastos me hace descansar. Junto a tranquilas aguas me conduce»* (NVI).

Dios te hace recostar en verdes pastos; eso es descanso. Y te conduce junto a aguas tranquilas; eso es refrigerio.

Dios, en su bondad, creó el descanso. Y lo considera tan importante como el trabajo. Un pastor amoroso se asegura de que sus ovejas descansen lo suficiente para mantenerse saludables. Dios, tu Buen Pastor, busca lo mismo para ti. Si no descansas, Dios hará que te acuestes. A veces, la única manera en que Dios puede hacer que mires hacia arriba es acostándote sobre tus espaldas. Lo hará porque se preocupa por tu salud física, emocional y espiritual.

¿No es sorprendente lo diferente que se ven las cosas después de una buena noche de descanso? A menudo, la diferencia entre estar estresado y ser bendecido es el descanso.

Gran parte de tu preocupación, prisa, apuro e inquietud provienen de no entender la bondad de Dios en tu vida. Cuando entiendes lo que Dios hizo por ti y lo que quiere hacer por ti en el futuro, te relajas, te dejas llevar y aprendes a descansar.

Aprendes a vivir en la bondad de Dios.

Cuatro pasos que te ayudarán a dejar de preocuparte

Pongan todas sus preocupaciones y ansiedades en las manos de Dios, porque él cuida de ustedes.

1 PEDRO 5:7

Sabes que se necesita más que fuerza de voluntad para dejar de preocuparse. Has pensado en más de una ocasión: *No debería preocuparme por esto* y, sin embargo, sigues haciéndolo. Cuatro pasos que pueden ayudarte a dejar de preocuparte son:

1. **Conoce a Dios.** Jesús dijo en Mateo 6:32: *«Solo los que no conocen a Dios se preocupan por eso. Ustedes tienen como padre a Dios que está en el cielo, y él sabe lo que ustedes necesitan»* (TLA). Sin una relación con Dios, tienes sobradas razones para preocuparte. Si eres creyente, tienes un Padre celestial que prometió cuidar de ti, y sus hijos tienen privilegios especiales. Preocuparte es actuar como si no tuvieras un Padre amoroso contigo siempre.

2. **Dale prioridad a Dios en cada área de tu vida.** Mateo 6:31-33 enseña: *«No se preocupen por todo eso diciendo: "¿Qué comeremos?, ¿qué beberemos?, ¿qué ropa nos pondremos?". [...] Su Padre celestial ya conoce todas sus necesidades. Busquen el reino de Dios por encima de todo lo demás y lleven una vida justa, y él les dará todo lo que necesiten».* Siempre que saques a Dios del centro de tu vida y lo reemplaces con algo más, tendrás razones para preocuparte.

3. **Vive un día a la vez.** La Biblia señala: *«No se preocupen por el mañana, porque el día de mañana traerá sus propias preocupaciones. Los problemas del día de hoy son suficientes por hoy»* (Mateo 6:34). Si te preocupas por el mañana, te abrumas y no puedes disfrutar del hoy. Dios promete darte gracia y fuerzas cuando las necesites. Solo necesitas suficiente energía para hoy.

4. **Confía en que Dios te cuidará.** *«Pongan todas sus preocupaciones y ansiedades en las manos de Dios, porque él cuida de ustedes»* (1 Pedro 5:7). ¿Cómo? Una forma es memorizando las promesas de Dios en la Biblia. Son como una póliza de seguro para los creyentes. Orar es otra forma. Si oraras tanto como te preocupas, tendrías mucho menos de qué preocuparte.

¿Cuál es el resultado de seguir estos cuatro pasos? *«Así experimentarán la paz de Dios, que supera todo lo que podemos entender»* (Filipenses 4:7).

4 DE JUNIO

Las características de un corazón puro

Dios bendice a los que tienen corazón puro,
porque ellos verán a Dios.
MATEO 5:8

Nuestra cultura está obsesionada con la apariencia. Celebramos lo más hermoso, lo más brilloso y lo mejor. Pero las prioridades de Dios son otras. Mientras que el mundo que te rodea aplaude la belleza, la riqueza, el poder y la popularidad, Dios se preocupa más por tu corazón. En el Sermón del monte, Jesús dijo: *«Dios bendice a los que tienen corazón puro, porque ellos verán a Dios»* (Mateo 5:8).

¿Qué significa tener un corazón puro? La palabra hoy es *integridad.* No significa que estés libre de culpa o que nunca cometas errores, sino que tu corazón ha vuelto a Dios. ¡Y Dios asegura que esa es la clase de corazón que él bendice!

David tuvo un corazón así. Aunque David cometió grandes errores, Dios dijo de él: *«He encontrado en David [...] a un hombre conforme a mi propio corazón»* (Hechos 13:22).

¿Quieres ser una persona íntegra, alguien conforme al corazón de Dios? Algo que define la integridad es *completitud.* Cuando tienes integridad, estás completo.

Piensa en tu vida como un pastel. Algunos se dividen en rebanadas. Una parte es la profesión o el trabajo. Otra es la iglesia, otra es la familia y así sucesivamente. Cuando tienes integridad, sin embargo, tu vida no se divide; es un pastel entero y consistente. Estés donde estés —en la iglesia, en el trabajo o solo en casa—, eres la misma persona. Eres coherente. Estás completo. Tienes integridad.

¿Y cuál es el resultado de ser una persona íntegra? Dios te bendice por toda la eternidad. Como le dijo el amo a su siervo fiel en Mateo 25:21: *«Bien hecho, mi buen siervo fiel. Has sido fiel en administrar esta pequeña cantidad, así que ahora te daré muchas más responsabilidades»*.

Tendemos a pensar que las bendiciones de Dios provienen de los grandes momentos de la vida cuando todo el mundo está mirando, pero son los momentos pequeños los que revelan la verdadera integridad. Cada pequeña palabra de aliento que des esta semana será recompensada en la eternidad. Cada pequeño acto de bondad será recompensado en la eternidad. Cada vez que rechaces una tentación, serás recompensado en la eternidad.

La integridad es poderosa. ¡Marca una diferencia no solo en el aquí y ahora, sino por la eternidad!

5 DE JUNIO

Dios está obrando para tu bien

Ciertamente tu bondad y tu amor inagotable me seguirán todos los días de mi vida.

SALMO 23:6

Dios te está cuidando incluso en medio de tus heridas, hábitos y complejos.

El rey David le dijo a Dios en el Salmo 23:6: *«Ciertamente tu bondad y tu amor inagotable me seguirán todos los días de mi vida»*.

Cuando David expresó: *«Ciertamente tu bondad me seguirá»*, no estaba diciendo: «Ciertamente solo me van a suceder cosas buenas». David sabía muy bien que a la gente buena le suceden cosas malas. Había sido maltratado y tratado injustamente y, aun así, era un hombre conforme al corazón de Dios. Pero también pecó terriblemente contra personas que no le habían hecho ningún mal.

El punto de David era que a pesar de lo malo, malvado o difícil que algo parezca y a pesar de cuánto estropeemos las cosas, Dios resolvería todo para bien. Su bondad nos persigue, sin importar la dirección que tomemos.

Esta es una de las grandes promesas que Dios les dio a los creyentes: *«Ahora bien, sabemos que Dios dispone todas las cosas para el bien de quienes lo aman, los que han sido llamados de acuerdo con su propósito»* (Romanos 8:28, NVI).

En todo lo que nos sucede, Dios está obrando para nuestro bien si amamos a Dios y seguimos sus planes. Este versículo no manifiesta que todas las cosas son buenas, pero, si eres creyente, todas las cosas están dispuestas para que se cumplan el plan y los propósitos de Dios, los cuales siempre son buenos.

Esto significa que no hay dificultad, dilema, derrota o desastre en la vida de un creyente que Dios no pueda llevarlo, a fin de cuentas, hacia su propósito.

Cuando lo crees, cambia la forma en que ves todo en tu vida: tu relación con Dios y con otras personas, tu pasado, tu futuro y lo que sea que estés enfrentando hoy. A medida que confíes en la buena obra de Dios en tu vida, podrás enfrentar con confianza incluso tus desafíos más difíciles.

6 DE JUNIO

Enfócate en agradar a Dios, no a las personas

Nuestro propósito es agradar a Dios, no a las personas. Solamente él examina las intenciones de nuestro corazón.
1 TESALONICENSES 2:4

Dios te hizo para que seas *tú*. No te hizo para que seas lo que tus padres, cónyuge, jefe o amigos quieren que seas.

Dios quiere que seas exactamente quien te creó para que fueras. Eso significa que tienes que negarte a ser definido por los demás.

Hebreos 11:24 señala: «*Por la fe Moisés, ya adulto, renunció a ser llamado hijo de la hija del faraón*» (NVI). Moisés tuvo una crisis de identidad. Nació como esclavo hebreo, pero fue criado como miembro de la realeza egipcia, como nieto del faraón. Cuando creció, tuvo que decidir entre dos opciones: fingir ser el nieto del faraón por el resto de su vida y vivir con lujo, fama y poder o admitir quién era en realidad, un hebreo esclavo. Si lo hacía, su familia egipcia lo echaría para que viviera con esclavos por el resto de su vida. Sería deshonrado y humillado y viviría una vida de dolor y monotonía.

¿Con cuál te quedarías?

La mayoría de las personas hoy viven mentiras. Tratan de ser personas que no son. Moisés se negó a vivir una mentira porque era un hombre íntegro. Rehusando ser presionados por sus pares insistió en ser quien Dios lo hizo para que fuera.

¿A quién estas permitiendo que determine tu identidad?

A pesar de que sus padres fallecieron hace años algunas personas todavía están tratando de estar a la altura de sus expectativas. Otras se aferran a lo que le dijo su exesposo o exesposa y tratan de demostrar que están equivocados. Algunas personas se esfuerzan por mantenerse al día con lo que la cultura dice que deberían ser, pero la Biblia expresa que «*nuestro propósito es agradar a Dios, no a las personas. Solamente él examina las intenciones de nuestro corazón*» (1 Tesalonicenses 2:4).

Elige ser quien Dios te diseñó. Simplemente di: «Resuelvo no dejar que otras personas me metan en su molde. Haré lo que Dios quiere que haga y seguiré el plan que tiene para mi vida; no el plan de los demás».

Ese es el verdadero éxito en la vida. Dios quiere que seas exactamente quien te creó para que fueras; nada más ni nada menos.

7 DE JUNIO

Mira a los demás de la misma manera en que Dios te mira a ti

Mi propósito es darles una vida plena y abundante. Yo soy el buen pastor. El buen pastor da su vida en sacrificio por las ovejas.

JUAN 10:10-11

Con frecuencia, lo que hay en nuestro corazón determina lo que sentimos cuando miramos a las personas. Quizás nos irritamos o impacientamos cuando vemos una multitud, pero cuando Jesús vio a las multitudes, *«les tuvo compasión, porque estaban confundidas y desamparadas, como ovejas sin pastor»* (Mateo 9:36).

Así es como Dios te mira: con compasión. No te menosprecia. ¡Te levanta! No importa cuán enojado, herido o traicionado te sientas, Jesús siempre responderá con compasión. Jesús sabe lo indefensos que estamos sin él: *«Como ovejas sin pastor»*.

Las ovejas están indefensas por sí solas porque no tienen garras, no corren rápido y sus dientes no son muy afilados. Como resultado, necesitan la protección de un pastor.

A lo largo de la Biblia, las ovejas son un símbolo del pueblo de Dios. Juan 10:10-11 señala: *«Mi propósito es darles una vida plena y abundante. Yo soy el buen pastor. El buen pastor da su vida en sacrificio por las ovejas»*.

Este tipo de compasión viene solo de Jesús, nuestro Buen Pastor. Y es diferente de la simpatía y la empatía. La simpatía dice: «Lamento que estés herido» y se detiene ahí. La empatía es un compromiso más profundo que expresa: «Me duelo contigo». Ahora bien, la compasión dice: «Haré lo que sea necesario para detener tu dolor».

En esencia, eso es lo que Jesús hizo a través de su vida, muerte y resurrección. Hizo lo que era necesario para detener tu dolor, incluso murió en la cruz y le clavaron clavos en las manos y los pies. La compasión hace lo que sea necesario. Jesús dijo acerca de la razón por la que vino: *«Ni aun el Hijo del Hombre vino para que le sirvan, sino para servir a otros y para dar su vida en rescate por muchos»* (Marcos 10:45). Ten en cuenta las palabras *servir* y *dar* porque definen lo que significa seguir a Jesús.

¿Miras a las personas heridas e indefensas de la manera en que Jesús lo hace? ¿Estás lleno de amor y compasión dispuesto a hacer todo lo posible para detener su dolor?

La Biblia menciona en repetidas ocasiones que cuando Jesús miraba a las personas que sufrían sentía compasión por ellas. Dios quiere que mires a los demás de la misma manera.

8 DE JUNIO

Dios es bueno, incluso cuando estás sufriendo

Mis pensamientos no se parecen en nada a sus
pensamientos —dice el Señor—.
Y mis caminos están muy por encima de lo que pudieran imaginarse.
Pues así como los cielos están más altos que la tierra,
así mis caminos están más altos que sus caminos,
y mis pensamientos, más altos que sus pensamientos.
ISAÍAS 55:8-9

Es probable que Dios no siempre te haya contestado tus oraciones como querías, o has sentido que no te respondió. ¿Significa que la oración no funciona? No, porque la viste funcionar demasiadas veces. ¿Significa que Dios no es bueno? No, porque el carácter de Dios no cambia: siempre es bueno. ¿Significa que debes renunciar a la oración? ¡No! Dios no es una máquina expendedora, y la oración no es un analgésico. No nos garantizó una vida sin dolor.

Cuando tengas dolor y ores, aunque no veas las respuestas, no te rindas. Tu trabajo es seguir orando y seguir confiando en Dios porque sabes que usará para bien todo lo que hace y permite en tu vida.

Sentirías dolor después de que un médico cirujano te cortara la piel durante una cirugía. Si esa cirugía te salvara la vida, no dirías que el médico fue malo. Reconocerías que esa operación, a pesar de ser dolorosa, te salvó la vida. Lo que Dios te está diciendo cuando no termina de inmediato con tu dolor es: «Tal vez este dolor parece más de lo que puedes soportar, pero mi gracia es suficiente».

He sufrido mucho dolor en mi vida. Pero casi todo lo que he aprendido ha sido a través del dolor, porque a Dios le importa más hacernos personas de carácter que hacernos sentir cómodos. Si nunca experimentaras ningún dolor o problema, nunca llegarías a la madurez espiritual. Nunca aprenderías a confiar en la sabiduría de Dios y en su plan para tu vida. Lee de nuevo Isaías 55:8-9.

Incluso más que tú, Dios quiere el bien para tu vida. A medida que confíes en él en tu dolor, él responderá a tus oraciones con sus mayores dones: su presencia, su poder y sus promesas.

9 DE JUNIO

Cómo vivir una vida significativa

Jabés fue más respetado que sus hermanos. [...] Jabés rogó al Dios de Israel: «Bendíceme y ensancha mi territorio; ayúdame y líbrame del mal, para que no padezca aflicción». Y Dios le concedió su petición.

1 CRÓNICAS 4:9-10 (NVI)

Aunque te sientas una persona común, Dios te hizo para que vivieras una vida significativa.

La Biblia está llena de personas comunes que vivieron una vida extraordinaria porque creyeron que Dios los hizo con un propósito y tuvieron la intención de cumplir con éxito su misión. Entre ellos estuvo un hombre común llamado Jabés. La Biblia dice que vivió una vida que fue cualquier cosa menos promedio. Estos son algunos de los secretos de su éxito:

1. **Tenía una gran ambición.** Mientras que muchas personas se contentan con ser promedio, Jabés quería que Dios hiciera algo significativo a través de él. No quería vivir a medias; quería una vida plena y significativa.

   Jabés era ambicioso y su motivación era correcta. ¿Cómo sabemos que los motivos de Jabés eran genuinos y no egoístas? Porque leemos: *«Y Dios le concedió su petición»*. Dios jamás honra una petición indigna.

   Muchas personas van a la deriva por la vida sin metas, un plan maestro o un propósito general. Como resultado, no llegan a ninguna parte. Si quieres vivir por encima de la media, ¡sueña en grande! No fuiste diseñado para ir por la vida preguntándote: «¿Qué estoy haciendo con mi vida? ¿Hacia dónde debo ir?». Dios quiere que tengas una gran ambición alimentada por el deseo de servirle.

2. **Tenía una fe creciente.** Jabés tenía confianza y fe profundas en Dios. No se menciona en ningún lado que haya tenido alguna habilidad, talento, riqueza o educación especiales. Solo era un hombre común con una fe poco común.

   Más importante que la habilidad y el talento es la fe: creer que Dios obrará a través de ti.

¿Cómo se sale de la mediocridad? Al igual que Jabés, debes tener una gran ambición y una fe creciente y debes depender de Dios para que haga lo imposible. William Carey, a menudo llamado el padre de las misiones modernas, lo resumió así: «Esperen grandes cosas de parte de Dios e intenten grandes cosas para Dios».

10 DE JUNIO

Cómo reconocer la voz de Dios

El cielo y la tierra pasarán, pero mis palabras jamás pasarán.
LUCAS 21:33 (NVI)

A veces es difícil reconocer la voz de Dios. Cuando una idea se te viene a la mente, te preguntas si es una instrucción de Dios, un engaño de Satanás o simplemente algo que quieres hacer. Es importante saber discernir la voz de Dios porque puede tener consecuencias eternas.

Se culpa a Dios por muchas maldades debido a que hay gente que afirma: «¡Dios me dijo que lo hiciera!». La Biblia instruye en 1 Juan 4:1: *«Amados míos, no crean nada por el simple hecho de que les digan que es mensaje de Dios. Pónganlo a prueba primero»* (NBV).

Dios nunca te dirá algo en contra de su Palabra. Así que debes preguntarte: «La idea que tengo en mente en este momento, ¿está de acuerdo con la Biblia?».

Dios no dice una cosa y, luego, cambia de opinión y dice otra. Si lo dijo, es verdad y siempre lo será.

Dios es consistente. No tiene un carácter cambiante ni cambia de opinión. Nunca te dirá que violes un principio que te dio en su Palabra, la Biblia.

Cuando dudes de si estás escuchando la voz de Dios, la primera pregunta que debes hacerte es: «¿Este pensamiento está de acuerdo con lo que Dios dijo en su Palabra?». Si lo que estás pensando contradice algo que Dios ya dijo en la Biblia, ya sabes que es errado.

Jesús manifestó en Lucas 21:33: *«El cielo y la tierra pasarán, pero mis palabras jamás pasarán»* (NVI). La Palabra de Dios es eterna porque la verdad nunca cambia. Si algo era verdad hace cinco mil años, era verdad hace mil años, es verdad hoy y será verdad dentro de cinco mil años.

La gente podría decir: «Dios lo dijo, yo lo creo. Por lo tanto, está decidido». ¡No! Dios lo dijo, y ese es el fundamento para tomar una decisión; ¡ya sea que lo creas o no!

Dios no se contradice a sí mismo. Por lo tanto, cuando estás tratando de reconocer su voz, el mejor punto de partida es preguntarte: «¿Esta idea está en armonía con la Palabra de Dios?».

11 DE JUNIO

Ríndete y confía en que Dios tiene el control

¡Ríndanse! ¡Reconozcan que yo soy Dios! ¡Yo estoy por encima de las naciones! ¡Yo estoy por encima de toda la tierra!

SALMO 46:10 (DHH)

Todos los días tienes que decidir quién tendrá el control de tu vida: tú o Dios.

Esta decisión es una batalla porque hay cosas en la vida que deseas controlar. Quieres poner tus propias reglas, pero el alivio del estrés comienza con dejar que Dios sea Dios. Comienza diciendo: «Dios, renuncio a tener el control, porque solo tú puedes controlar las cosas que están fuera de control en mi vida».

Una de las razones por las que estás estresado es porque estás tratando de hacerte cargo de cosas que solo Dios puede controlar. No puedes controlar a tu cónyuge, a tus hijos, a tu trabajo, a tu futuro ni a tu pasado. Cuando tratas de jugar a ser Dios, te opones a Dios. No solo vas a perder ese conflicto, sino que también vas a terminar agotado y estresado. Renuncia al control y confía en que Dios tiene el control. El Salmo 46:10 enseña: «*¡Ríndanse! ¡Reconozcan que yo soy Dios! ¡Yo estoy por encima de las naciones! ¡Yo estoy por encima de toda la tierra!*» (DHH).

Cuando las personas se enfrentan a situaciones fuera de control y se sienten estresadas, suelen llegar a uno de dos extremos. Algunos, cuanto más fuera de control está su vida, más se esfuerzan para controlarla. Otros hacen lo contrario: se dan por vencidos y se regodean en su fracaso. Ninguna de esas reacciones ante el estrés funciona. En lugar de ser una víctima o de esforzarte para controlar la situación, haz una oración de rendición.

Aunque millones de personas declaran la Oración de la Serenidad —la cual se basa en el Padre Nuestro—, la mayoría no ha prestado atención a las últimas ocho líneas de la oración: «Viviendo un día a la vez, disfrutando un momento a la vez; aceptando las adversidades como un camino hacia la paz; aceptando, como lo hizo Jesús, este mundo pecador tal y como es, y no como me gustaría que fuera; creyendo que tú harás que todas las cosas estén bien si yo me entrego a tu voluntad; de modo que pueda ser razonablemente feliz en esta vida e increíblemente feliz contigo en la siguiente. Amén».

¡En eso radica el poder! El poder viene cuando entregas a Dios todo lo que estuviste tratando de controlar, lo cual te llevará a vivir una vida de serenidad.

12 DE JUNIO

Cuando necesites sabiduría y poder, busca a Dios

Pero la verdadera sabiduría y el poder se encuentran en Dios; el consejo y el entendimiento le pertenecen.

JOB 12:13

La Biblia cuenta la historia de Job, un hombre que amaba y servía a Dios, quien lo perdió casi todo: riquezas, salud e hijos en el lapso de un día.

La historia de Job nos enseña a adorar a Dios incluso cuando estamos heridos. Aun en los peores momentos podemos adorar a Dios invocando su sabiduría y su fortaleza.

Poco después de que Job lo hubiera perdido todo, estaba en el suelo en agonía, lamentando sus pérdidas y sufriendo físicamente su enfermedad.

Tres de los amigos de Job aparecieron y comenzaron a darle consejos. Aunque mucho de lo que dijeron no fue muy útil, un amigo, Elifaz, le dijo: *«Si se tratara de mí, yo apelaría a Dios; ante él expondría mi caso»* (Job 5:8, NVI).

Elifaz estaba diciendo a Job que apelara a la ayuda de Dios. ¿Qué significa «apelar»? Significa acudir a alguien más grande que uno mismo para obtener una legislación, poder o privilegio especial. Fue un buen consejo. Cuando estés confundido, enojado, con dudas o herido, no te alejes de Dios. Por el contrario, vuélvete *a* él porque él es el único que tiene el poder para consolarte en realidad.

En una ocasión, Jesús le estaba hablando a una multitud y enseñándole sobre los cambios de vida necesarios para seguirlo. Ellos, no queriendo ninguna clase de exigencias en la vida, comenzaron a alejarse.

Jesús se volvió hacia sus discípulos y les preguntó: *«¿Ustedes también van a marcharse?»* (Juan 6:67). Uno de ellos, Pedro, le dijo: *«Señor, ¿a quién iríamos? Tú tienes las palabras que dan vida eterna»* (Juan 6:68).

Si te alejas de Dios en momentos de dolor, ¿a dónde irás? Nadie más puede ayudarte como él. Así que, en lugar de alejarte de él, apela a su fuerza y sabiduría.

La Biblia enseña: *«La verdadera sabiduría y el poder se encuentran en Dios; el consejo y el entendimiento le pertenecen»* (Job 12:13). Seguir a Jesús no te exime de los problemas de la vida. Pero sí significa que la sabiduría y la fuerza de Dios están disponibles para ti. Vuélvete a él, y él te mostrará qué hacer y te dará el poder para hacerlo.

13 DE JUNIO

Hay poder en agradecer a Dios por adelantado

El rey nombró cantores que caminaran delante del ejército cantando al Señor y alabándolo por su santo esplendor. Esto es lo que cantaban:
«¡Den gracias al Señor;
su fiel amor perdura para siempre!».

2 CRÓNICAS 20:21

La oración y la alabanza son fe verbalizada.

Cuando dices: «Dios, gracias porque te ocuparás de mis problemas financieros», «Gracias porque cuidarás de mis heridas», «Gracias porque resolverás este conflicto», le estás agradeciendo de antemano porque te sacará de una situación difícil.

La historia del rey Josafat ilustra perfectamente el poder de agradecerle a Dios por adelantado: *antes* de obtener la respuesta a tu oración. Cuando se enfrentó al ataque de tres ejércitos enemigos, Josafat tuvo una estrategia de batalla inusual, la cual hemos visto en 2 Crónicas 20:21.

¿Estás de acuerdo en que es una forma inusual de organizar un ejército? Imagínate lo que habrán pensado los ejércitos enemigos cuando vieron al ejército israelí dirigido por un grupo de arpistas y trompetistas.

Estoy seguro de que el coro también se preguntaba qué estaba pasando. Pero Josafat les había recordado que la batalla pertenecía a Dios y que si creían en él tendrían éxito. Es por eso que pudieron agradecer a Dios de antemano por la victoria que tendrían y, luego, *mostrarle* que creían poniendo el coro delante del ejército.

La forma en que le demuestras a Dios que tienes fe es agradeciéndole de antemano por las respuestas a tus oraciones.

¿Qué pasó cuando el coro agradeció a Dios por adelantado a través de su canto? *«Cuando comenzaron a cantar y a dar alabanzas, el Señor hizo que los ejércitos de Amón, de Moab y del monte Seir comenzaran a luchar entre sí»* (2 Crónicas 20:22). El ejército de Josafat no movió un dedo (excepto para tocar sus instrumentos). ¿Cómo ganaron la batalla? Dieron gracias a Dios de antemano. Creyeron que él cuidaría de ellos y los salvaría de sus enemigos. Mostraron fe en su formación de batalla. Luego, observaron cómo Dios los liberaba.

Recuerda, debido a que puedes confiar en que Dios te ayudará a superar una situación difícil, puedes alabarlo de antemano por su liberación.

Por qué el cambio no ocurre de manera instantánea

Tú guardarás en completa paz a aquel cuyo pensamiento en ti persevera; porque en ti ha confiado

ISAÍAS 26:3 (RVR60)

Dios quiere cambiarte y mejorar tu vida. Es posible que desees que el cambio que ocurra sea rápido, pero Dios no tiene prisa porque está interesado en hacer crecer tu carácter, lo cual lleva tiempo.

Un hombre me dijo una vez: «Rick, siento que mi vida está inundada de problemas y estoy a punto de ahogarme en la inundación». El primer versículo que me vino a la mente fue sobre Noé y el diluvio: *«Entonces las aguas del diluvio se retiraron de la tierra en forma gradual. Después de ciento cincuenta días [...], el barco se detuvo sobre las montañas de Ararat»* (Génesis 8:3-4). Ya que la inundación no desapareció de manera instantánea, supe que los problemas de este hombre tampoco lo harían. Un cambio duradero toma tiempo.

La verdad es que el crecimiento ocurre poco a poco a lo largo de tu vida. El crecimiento no ocurre en un solo paso ni en un solo salto. Ni siquiera viene de una sola decisión. Sucede a través de un cambio progresivo. Sucede a través de la santificación: el proceso por el cual Dios te hace crecer.

El apóstol Pablo señaló: *«Y estoy seguro de que Dios, quien comenzó la buena obra en ustedes, la continuará hasta que quede completamente terminada el día que Cristo Jesús vuelva»* (Filipenses 1:6).

La buena obra de Dios en ti comienza con un compromiso consciente, ese momento en el que dices: «Está bien, estoy de acuerdo. No quiero estar atrapado en una buena vida; quiero una vida mejor. Quiero todo lo que Dios tiene para mí. Quiero que el resto de mi vida sea lo mejor de mi vida».

Isaías 26:3-4 habla de ese compromiso: *«Tú guardarás en completa paz a aquel cuyo pensamiento en ti persevera; porque en ti ha confiado»* (RVR60).

¿Quieres estar en completa paz? Pon tu mente en Dios y *«persevera»*.

Cuando entiendes que Dios continuará su obra *«hasta que quede completamente terminada el día que Cristo Jesús vuelva»*, eres mucho más paciente en el largo proceso de pasar de una buena vida a una vida mejor.

Sé amable como Jesús

Pónganse mi yugo. Déjenme enseñarles, porque yo soy humilde y tierno de corazón, y encontrarán descanso para el alma.

MATEO 11:29

Todos quieren conocer el antídoto contra la ansiedad porque todos la experimentamos. Vivimos en tiempos estresantes, y el descanso de nuestro cuerpo y alma a menudo parece difícil de alcanzar.

No es un secreto que Jesús quiere que te preocupes menos y confíes más en él. Dijo en Mateo 11:29: «*Pónganse mi yugo. Déjenme enseñarles, porque yo soy humilde y tierno de corazón, y encontrarán descanso para el alma*».

Después de que vengas a él y le permitas compartir tu carga, Jesús quiere que aprendas de él. ¿Por qué? Porque Jesús nunca tiene prisa. Marca un ritmo que proviene de un corazón amable y humilde que está destinado a traer vida, no cansancio. Jesús nos dio ejemplos de cómo vivir en paz y con propósito; siguiendo su ejemplo podemos volver a llenar nuestros tanques espirituales y emocionales. Observa cómo vivió, y hazlo de la manera en que él lo hizo.

Aprender a vivir como Jesús es un proceso. No lo aprendes de la noche a la mañana como tampoco desarrollaste tu estilo de vida sobrecargado de la noche a la mañana. Aprender lleva tiempo.

¿Qué aprenderás de Jesús? Aprenderás a ser amable y humilde. ¿Cómo te ayudará eso? La gentileza y la humildad no parecen ser la cura natural para estar estresado y cansado. Tal vez esperarías que dijera: «Aprende de mí y te enseñaré a tener resistencia y fortaleza».

Jesús quiere que aprendas a ser amable y humilde porque la agresión y la arrogancia son dos de las mayores causas de estrés y vacío.

Agresión es cuando no queremos esperar y nos comprometemos demasiado. Es lo opuesto a la gentileza. Arrogancia es cuando tratamos de controlarlo todo. Nuestro ego es responsable de mucho más estrés y arrogancia de lo que creemos.

Es por eso que los antídotos para las dos mayores causas de estrés en tu vida son la gentileza y la humildad. Los aprendes recordándote a ti mismo todos los días que no eres Dios y que no eres el salvador de nadie.

Pasa tiempo con Jesús y verás cómo la mansedumbre y la humildad conducen al descanso.

16 DE JUNIO

Crece en la luz de la Palabra de Dios

Yo soy la luz del mundo. Si ustedes me siguen, no tendrán que andar en la oscuridad porque tendrán la luz que lleva a la vida.

JUAN 8:12

Como horticultor, puedo decirte que cuantas más horas de luz tengas, más crecerán tus cultivos. Durante más de treinta años, utilicé una bombilla especial para jardinería llamada luz de crecimiento. Esta emite un cierto tipo de luz que hace que crezcan tanto plantas como árboles. Se usa en áreas donde no hay suficiente luz para que las plantas sobrevivan. Planté secuoyas jóvenes en el lado sombreado de mi casa y usé las luces de crecimiento en ellas hasta que crecieron lo suficiente como para recibir la luz del sol por sí solas. Hoy, esos árboles miden unos doce metros de altura.

La luz es la clave de la vida. Todas las plantas crecen por fotosíntesis, la cual depende de la luz. Los seres humanos dependemos de la luz para ver y para que los sistemas de nuestro cuerpo funcionen normalmente. Sin luz, no hay energía. Sin luz, no hay crecimiento. No se puede vivir sin luz.

Lo que es cierto de la luz en el reino físico también es cierto en el reino espiritual. En tus días oscuros, cuando el sol está oculto y no puedes ver la luz, necesitas la luz de Jesús que puede hacerte mejor persona.

Hay dos formas de cambiar: cuando ves la luz y cuando sientes el calor. Una de esas formas es mucho menos dolorosa que la otra. Si solo necesitaras ver la luz para cambiar, no necesitarías sentir el calor para hacerlo.

¿Quieres saber cuál es tu luz de crecimiento? La Palabra de Dios. Estudiar la Palabra de Dios te ayudará a crecer en tu conocimiento de Dios y en tu amor por él. Efesios 1:16-17 enseña: «*No he dejado de dar gracias a Dios por ustedes. Los recuerdo constantemente en mis oraciones y le pido a Dios, [...] que les dé sabiduría espiritual y percepción, para que crezcan en el conocimiento de Dios*». Cuando conoces la Palabra de Dios, su luz inunda tu corazón, te da sabiduría y una nueva perspectiva. Entonces llegarás a entender el maravilloso futuro que Dios te prometió.

En la Biblia la luz y la vida van de la mano: «*En ti se halla el manantial de la vida, y por tu luz podemos ver la luz*» (Salmo 36:9, RVC).

La vida fue diseñada para ser disfrutada, no solo soportada. La clave es vivir en la luz de Dios.

17 DE JUNIO

¿En realidad necesitas todo lo que tienes?

Vendan sus posesiones y den a los que pasan necesidad. ¡Eso almacenará tesoros para ustedes en el cielo! Y las bolsas celestiales nunca se ponen viejas ni se agujerean. El tesoro de ustedes estará seguro; ningún ladrón podrá robarlo y ninguna polilla, destruirlo.

LUCAS 12:33

¿Sabías que hay un banco en el cielo?

¡Por supuesto que hay uno! En su Evangelio, Lucas habló de acumular tesoros en el cielo. Como cristiano, debes hacer las mayores inversiones de tu tiempo, talentos y recursos en este banco celestial.

Todo lo que tienes es gracias a la generosidad de Dios. No tendrías nada si no fuera por Dios. ¡Ni siquiera existirías! «*Toda buena dádiva y todo don perfecto viene de lo alto, desciende del Padre de las luces, con el cual no hay cambio ni sombra de variación*» (Santiago 1:17, NBLA). El hecho de que Dios sea generoso contigo debe hacerte generoso con otras personas. Debes usar lo que Dios te dio para ayudar a los demás.

Cualquier cosa que uses para ayudar a otras personas y guiarlas a Jesucristo será almacenada en tu banco en el cielo. Estás haciendo una inversión en la eternidad cuando usas tus recursos para lo más importante: ayudar a las personas a tener una relación con Dios.

Un día, un hombre muy rico se acercó a Jesús y le preguntó cómo prepararse para la eternidad en el cielo. Este hombre tenía mucho más dinero del que necesitaba o del que podía disfrutar. Quería saber cómo podía tener vida eterna.

Jesús le dio a este hombre un consejo sobre cómo invertir sus riquezas: «*Vendan sus posesiones y den a los que pasan necesidad. ¡Eso almacenará tesoros para ustedes en el cielo! Y las bolsas celestiales nunca se ponen viejas ni se agujerean. El tesoro de ustedes estará seguro; ningún ladrón podrá robarlo y ninguna polilla, destruirlo*» (Lucas 12:33). En otras palabras, le dijo: «Liquida algunos de tus bienes aquí en la tierra y envíalos al cielo donde tu tesoro durará para siempre».

¿Y tú? ¿En realidad necesitas todo lo que tienes? ¿O Jesús te está hablando a través de estos versículos para decirte que des algo de lo que tienes para ayudar a las personas que tienen mucho menos?

Cuando eres generoso, tu perspectiva sobre lo que en realidad necesitas cambia. Y, lo que es más importante, cada vez que eliges la generosidad estás acumulando un tesoro en el cielo.

Cuatro maneras de ser eficaz al orar

Te suplico que recuerdes lo que le dijiste a tu siervo Moisés: «Si me son infieles los dispersaré entre las naciones; pero si vuelven a mí y obedecen mis mandatos y viven conforme a ellos, [...] yo los volveré a traer al lugar que elegí para que mi nombre sea honrado».

NEHEMÍAS 1:8-9

Aunque es posible que sepas *por qué* orar, quizás te resulte difícil saber *cómo* orar. Nehemías vivía en el exilio en Persia cuando se enteró de que las murallas de Jerusalén habían sido destruidas. Nehemías se entristeció por esta noticia y oró a Dios. De su oración podemos aprender cuatro maneras de orar eficazmente:

1. **Basa tu petición en el carácter de Dios.** Nehemías llamó a Dios *«Dios del cielo, Dios grande y temible que cumples tu pacto»* (Nehemías 1:5). Ora como quien *sabe* que Dios responderá: «Espero que respondas esta oración por quien eres. ¡Eres fiel, grande, amoroso y maravilloso! ¡Tú puedes manejar este problema, Dios!».

2. **Confiesa los pecados de los que estás consciente.** Nehemías confesó sus pecados: *«Confieso que hemos pecado contra ti. ¡Es cierto, incluso mi propia familia y yo hemos pecado! Hemos pecado terriblemente al no haber obedecido los mandatos, los decretos y las ordenanzas que nos diste»* (Nehemías 1:6-7). No fue culpa de Nehemías que Israel fuera llevado al cautiverio. De hecho, lo más probable es que Nehemías haya nacido en cautiverio. Aun así, se incluyó a sí mismo en los pecados de su pueblo. Dijo en su oración: «Fui parte del problema».

3. **Reclama las promesas de Dios.** Nehemías oró, diciendo: *«Te suplico que recuerdes lo que le dijiste a tu siervo Moisés»* (Nehemías 1:8). ¿Te imaginas diciéndole a Dios te ruego que *«recuerdes»*? Nehemías le recordó a Dios la promesa que le había hecho a la nación de Israel. En efecto, Nehemías oró: «Dios, tú advertiste por medio de Moisés que si éramos infieles, perderíamos la tierra de Israel. Pero también prometiste que, si nos arrepentíamos, nos la devolverías». ¿Dios necesita que le recordemos sus promesas? No. ¿Se olvida Dios de lo que prometió? No. Entonces, ¿por qué reclamamos las promesas de Dios? Porque nos ayuda a recordar lo que Dios nos prometió.

4. **Sé específico en lo que pides.** Si quieres respuestas específicas a tus oraciones haz peticiones específicas. Si tus oraciones consisten en peticiones generales, ¿cómo sabrás si fueron contestadas?

¿Qué peticiones tienes que hacerle en oración a Dios hoy? Usa el ejemplo de Nehemías para dar forma a tu oración y agrega los detalles de tu situación mientras oras de la siguiente manera: «Dios, sé que mi oración te importa y sé que no es demasiado grande para ti. Me arrepiento por haber participado en causar este problema. Prometiste no dejarme en mi confusión y miedo, confío en que así es y, por eso, puedo enfrentar esto con tu ayuda. Por favor, ayúdame de esta manera específica: ______________________________».

Cuando no estés seguro de cómo orar, sigue el ejemplo de Nehemías. Luego confía en que Dios escucha y observa con atención mientras responde tu oración.

19 DE JUNIO

Corre hacia Dios con tu dolor

Fuimos oprimidos y agobiados más allá de nuestra capacidad de aguantar y hasta pensamos que no saldríamos con vida. De hecho, esperábamos morir; pero, como resultado, dejamos de confiar en nosotros mismos y aprendimos a confiar solo en Dios, quien resucita a los muertos.

2 CORINTIOS 1:8-9

Cada vez que experimentas algo doloroso en tu vida, tienes dos opciones: huir *de* Dios o huir *hacia* Dios.

Huir de Dios nunca tuvo sentido para mí. ¿Cómo obtendrás consuelo cuando estás huyendo de la mayor fuente de consuelo? Pasé más tiempo a solas con Dios en los años transcurridos desde que murió mi hijo menor, que en todos los años anteriores. En el dolor de esa pérdida, lo que me mantuvo en pie durante todos los días dolorosos fue adorar a Dios y estar cerca de él.

Puedes usar tu dolor para correr *hacia* Dios y acercarte a él en adoración. ¿Cómo se logra eso? No le dices lo que crees que debes decir. En lugar de eso, le dices exactamente cómo te sientes. Le dices que no te gusta el dolor. A esto se le llama lamento. La Biblia está llena de personas que claman a Dios en lamento. Los lamentos incluyen un tercio de los salmos.

Incluso quejarse ante Dios es un acto de adoración. Puedes adorar en todas las fases del duelo. Puedes expresar tu conmoción, descargar tu dolor, compartir tu lucha y rendirte. Puedes pedirle a Dios que use el dolor para bien en tu vida.

En 2 Corintios 1:8-9, Pablo expresó: «*Fuimos oprimidos y agobiados más allá de nuestra capacidad de aguantar y hasta pensamos que no saldríamos con vida. De hecho, esperábamos morir; pero, como resultado, dejamos de confiar en nosotros mismos y aprendimos a confiar solo en Dios, quien resucita a los muertos*».

Escuché miles de historias de personas que llegaron a conocer a Jesús a partir de su dolor, cuya vida fue transformada por completo durante el proceso de adoración mientras estaban de duelo. Y puedo decirles, tal y como dijo Pablo en 2 Corintios 7:9, que «*ahora estoy contento, porque esa tristeza hizo que ustedes cambiaran y que le pidieran perdón a Dios*» (TLA).

Cuando estés pasando por un tiempo de dolor no huyas de Dios. Por el contrario, aprovecha la oportunidad para acercarte más a Dios, para confiar más en él, adorarlo más y, a fin de cuentas, conocerlo y amarlo más.

20 DE JUNIO

La clave para alcanzar tus objetivos

Es mejor ser dos que uno, porque ambos pueden ayudarse mutuamente a lograr el éxito. Si uno cae, el otro puede darle la mano y ayudarlo; pero el que cae y está solo, ese sí que está en problemas. [...] Alguien que está solo puede ser atacado y vencido, pero si son dos, se ponen de espalda con espalda y vencen; mejor todavía si son tres, porque una cuerda triple no se corta fácilmente.

ECLESIASTÉS 4:9-10, 12

Dios no quiere que vivas aislado de los demás, tratando de hacer todo solo. El éxito tiene lugar cuando trabajas junto a otros.

Nehemías tuvo éxito en la reconstrucción de Jerusalén en parte porque dividió la obra en tareas manejables entre muchas personas diferentes. En Nehemías 3, dieciocho equipos ayudaron a hacer las reparaciones. Puedes ver se repite varias veces *«el siguiente tramo lo reconstruyó»* o *«el tramo contiguo lo reconstruyeron»*.

Nehemías quería que los del pueblo entendiera que no estaban solos. Les dio una charla motivacional que decía algo como: «Si se cansan y se desaniman, miren a su izquierda y a su derecha, y verán a otros trabajando a su lado. Se darán cuenta de que no están solos. Son parte de un equipo». Los ayudó a sentirse parte de algo más grande al crear un espíritu de trabajo en equipo entre el pueblo.

El Nuevo Testamento dice *«los unos a los otros»* cincuenta y nueve veces. Debemos amarnos los unos a los otros, ayudarnos los unos a los otros, servirnos los unos a los otros, llevar las cargas de los demás y más. Así se desarrolla el espíritu de equipo.

¿Por qué es este espíritu esencial para alcanzar tus objetivos? Lee Eclesiastés 4:9-10, 12 de nuevo.

El apóstol Pablo entendió este principio de desarrollar un espíritu de equipo. Nunca hizo nada relacionado con su ministerio solo. Siempre llevaba un equipo consigo. Lo mismo es cierto respecto a Jesús. Cumplió con su ministerio con un grupo de doce personas. De hecho, lo primero que hizo Jesús en su ministerio fue formar un grupo pequeño.

Tal vez estés luchando por lograr tu objetivo porque lo estuviste haciendo solo. Recuerda, Dios te diseñó para que vivas en comunidad. Solo podrás completar la obra que Dios tiene para ti si te asocias con otros.

Antes de que Dios te hable, decide decirle que sí

Las semillas que cayeron en la buena tierra representan a las personas sinceras, de buen corazón, que oyen la palabra de Dios, se aferran a ella y con paciencia producen una cosecha enorme.

LUCAS 8:15

Dios habla a las personas que deciden que van a hacer lo que él les dice que hagan, incluso antes de que se los diga.

Esta clase de personas dicen cosas como: «Dios, si quieres que me mude, me mudaré. Si quieres que me case, me casaré. Si quieres que deje este trabajo, lo dejaré. Antes de que me lo digas, mi respuesta es sí. Lo que sea que quieras que haga lo haré».

Lucas 8:15 enseña: *«Y las semillas que cayeron en la buena tierra representan a las personas sinceras, de buen corazón, que oyen la palabra de Dios, se aferran a ella y con paciencia producen una cosecha enorme»*. Cuando estudiaba esta parábola de Jesús solía pensar que hablaba de cuatro clases de personas: las que se resisten, las que son superficiales, las que están ocupadas y las que son buenas.

Esta parábola representa cuatro actitudes. ¡Puedes tener las cuatro actitudes el mismo día! En un momento piensas: «Dios, no quiero escucharte porque sé lo que vas a decir». Y, al momento siguiente, dices: «Señor, dímelo rápido». Luego lo escuchas y piensas que es bueno, pero no haces nada al respecto. Tal vez el fruto comienza a aparecer en tu vida, pero luego te ocupas de tu trabajo, la escuela o tus hijos, y las malas hierbas crecen. Otras veces dices: «Dios, haz lo que quieras. Estoy abierto a lo que quieras hacer».

Dios quiere que tengas una actitud de obediencia para que des fruto: el término bíblico de tener éxito. Dios quiere que seas fructífero en tu negocio, en tu familia, en tus amistades, en tu relación con él, en tus relaciones con los demás y en tu salud.

¿Cuál es la mejor y la más rápida manera de dar frutos? Tomar lo que Dios te dijo y compartirlo con alguien más. Otra versión de Lucas 8:15 expresa: *«La semilla que cayó en tierra buena son los que con corazón noble y bueno escuchan el mensaje. Lo obedecen y con paciencia producen buena cosecha»* (PDT).

Cuando Dios te diga algo, acéptalo con un corazón obediente y, luego, compártelo con alguien más.

22 DE JUNIO

Tres cosas que te impiden escuchar a Dios

La parte que cayó entre espinos son los que oyen, pero los ahogan las preocupaciones, las riquezas y los placeres de esta vida, y no maduran.
LUCAS 8:14 (NVI)

No puedes escuchar a Dios si tu mente está llena de otros pensamientos o asuntos; en particular preocupaciones, planes y actividades. Si siempre estás mirando tu teléfono o viendo televisión, es difícil que escuches a Dios cuando te llama. Para escuchar a Dios, tienes que eliminar las distracciones.

Jesús dijo en Lucas 8:7: *«Otras semillas cayeron entre espinos, los cuales crecieron junto con ellas y ahogaron los brotes»*. En esta historia, se plantan las semillas y comienzan a crecer, pero están en un suelo infestado de malezas. A medida que las plantas crecen, las malas hierbas crecen a su alrededor. Como resultado, las malas hierbas ahogan la vida de las plantas, y las plantas nunca dan fruto.

Encontramos la explicación de Lucas 8:7 en Lucas 8:14, nuestra lectura de hoy. Hay tres cosas que pueden ahogar tu crecimiento espiritual y evitar que escuches a Dios:

Las preocupaciones. Las preocupaciones son malas hierbas. Cuando estás preocupado por los problemas y las presiones de la vida diaria es más difícil escuchar a Dios.

Las riquezas. ¿Estás tan ocupado ganándote la vida que no tienes una vida? Trabajar para pagar las facturas de cosas que no necesitas, para salir de deudas innecesarias o para ganar más dinero del que necesitas puede atrofiar tu crecimiento espiritual.

Los placeres. El placer no tiene nada de malo, pero ten cuidado de no estar tan ocupado persiguiendo las diversiones que te pierdas a Dios y sus planes para tu vida.

¿Sabes lo que siempre ocurre con las malas hierbas? No tienes que cultivarlas. Crecen automáticamente. De hecho, las malas hierbas son un signo de abandono. Si ves malas hierbas en tu patio o jardín significa que no lo estás cuidando. Lo mismo sucede con tu vida espiritual. Las malas hierbas en tu vida espiritual muestran que estás descuidando tu tiempo con Dios.

Dedica tiempo cada día a cuidar tu jardín espiritual. Arranca las malas hierbas tan pronto como aparezcan para que no ahoguen la buena obra que Dios quiere hacer en ti.

23 DE JUNIO

Cuatro cosas que debes recordar cuando Dios cambia tus planes

Porque mis pensamientos no son los de ustedes
ni sus caminos son los míos.
ISAÍAS 55:8 (NVI)

Cuando nuestros planes y los planes de Dios no coinciden, a veces seguimos presionando con la intención de seguir nuestro propio camino, pero las cosas empeoran.

Si no lo crees, pregúntale a Jonás, quien aprendió de la manera más difícil cómo responder cuando los planes de Dios y los suyos no se alineaban. Dios le dijo que le advirtiera a la gente de Nínive que debía arrepentirse, pero Jonás huyó y terminó en el vientre de un gran pez. Dios lo rescató, y Jonás fue a Nínive. Con todo, cuando Nínive se arrepintió y Dios no los castigó, Jonás se decepcionó. No quería que los asirios recibieran la gracia de Dios porque eran enemigos de los israelitas.

Así que Dios le dio a Jonás una lección práctica: una planta creció para darle sombra a Jonás, y Dios envió un gusano a matarla. Al día siguiente, mientras el calor del sol azotaba la tierra, ¡Jonás le hizo saber a Dios que estaba frustrado!

Dios le recordó a Jonás cuatro verdades que nosotros también debemos recordar cuando los planes de Dios difieren de los nuestros.

Dios puede ver cosas que tú no. Puede ver el pasado, el presente y el futuro al mismo tiempo. Ya que creó el tiempo, no está sujeto al él.

Dios es bueno contigo, incluso cuando estás de mal humor. Incluso si huyes de Dios, como Jonás, Dios se preocupa por tu comodidad y te ama.

Dios tiene el control de cada detalle de tu vida. Dios tiene un propósito en todo y utiliza tanto las cosas grandes como las pequeñas para dirigir tu vida.

Dios quiere que te concentres en lo que durará. La mayoría de las cosas que te causan preocupación no estarán aquí mañana. Dios quiere que te concentres en parecerte más a él y en contarles a los demás acerca de él.

Cuando tus planes no salen como quisieras, Dios sigue obrando en su sabiduría para bien. Lee Isaías 55:8 de nuevo y pídele a Dios que te ayude a ver su mano en tus planes rotos. Confía en su bondad mientras te muestra el camino a seguir.

24 DE JUNIO

¿De quién es la opinión más importante?

Dichosos serán ustedes cuando por mi causa la gente los insulte, los persiga y levante contra ustedes toda clase de calumnias. Alégrense y llénense de júbilo, porque les espera una gran recompensa en el cielo.

MATEO 5:11-12 (NVI)

Cuando la gente te critique por vivir una vida que agrada a Dios, recuerda: tienes una gran recompensa esperándote en el cielo.

La Biblia enseña: «*Dichosos serán ustedes cuando por mi causa la gente los insulte, los persiga y levante contra ustedes toda clase de calumnias. Alégrense y llénense de júbilo, porque les espera una gran recompensa en el cielo*» (Mateo 5:11-12, NVI).

Enfocarse en la eternidad es el antídoto contra los insultos y el escarnio. ¿Por qué? Porque las opiniones y la desaprobación de los demás no duran. Por supuesto, puedes escuchar sus opiniones, pero no sobrevalores lo que dicen.

Lo único que perdurará es la iglesia de Dios. Solo la familia de Dios estará en el cielo para siempre. Es por eso que no querrás perder tu vida preocupándote por lo que la gente opina de ti. En cambio, Dios quiere que vivas tus días haciendo las cosas que le agradan: usando los dones, los talentos y las habilidades que te dio para adorarlo y marcar una diferencia eterna con tu vida.

Si a Dios le gusta lo que estás haciendo, sabes que estás haciendo lo correcto. ¡Imagínate lo simple que sería tu vida si vivieras para una audiencia de una sola persona!

Demasiado a menudo, sin embargo, te preocupas demasiado por lo que piensa la gente y te pones a merced de sus juicios. Si alguien piensa que eres un perdedor, de seguro eres un perdedor. Si alguien piensa que eres raro, de seguro lo eres. Yo no quiero vivir así; ¿y tú?

La verdad es que no habrá pasado ni un minuto en el cielo cuando dirás: «¿Por qué me preocupé tanto por lo que otras personas pensaban de mí?».

Como dijo el apóstol Pablo: «*Entonces, ¿busco ganarme la aprobación humana o la de Dios? ¿Piensan que procuro agradar a los demás? Si yo buscara agradar a otros, no sería siervo de Cristo*» (Gálatas 1:10, NVI).

Hoy, en lugar de vivir para la aprobación de la gente, vive para el gozo del cielo. Tu recompensa en el cielo será grande cuando tu única preocupación en la tierra sea agradar a Dios.

25 DE JUNIO

Mantén tus fortalezas en perspectiva

Si ustedes piensan que están firmes, tengan cuidado de no caer.
1 CORINTIOS 10:12

El fracaso es parte de la vida. A pesar de quién seas o cuál sea tu historia experimentarás el fracaso en algún momento. Es parte de vivir como una persona imperfecta en un mundo imperfecto.

La noche en que Jesús fue arrestado, antes de ir a la cruz, su amigo Pedro le falló de una manera significativa. Pedro negó a Jesús no solo una vez, sino *tres* veces.

Durante la última cena, Jesús les dijo a sus discípulos que sería arrestado, moriría y tres días después volvería a la vida. Jesús les dijo a los discípulos: *«Esta noche, todos ustedes me abandonarán»* (Mateo 26:31). Pedro no dejó de insistir que nunca negaría a Jesús. De hecho, ¡lo afirmó *tres* veces!

Pedro sobreestimó su fortaleza, y eso lo llevó a fracasar.

Sobreestimar nuestras fortalezas continua siendo una causa común de fracaso hoy. Creemos que somos más fuertes de lo que somos. Creemos que podemos manejar la tentación, a pesar de que tenemos mucha evidencia que demuestra que eso no es cierto.

Cuando sobreestimamos nuestras fortalezas, hay consecuencias nefastas: los negocios fracasan, las batallas se pierden y los matrimonios se desmoronan. Cuando perdemos la perspectiva correcta de nuestras habilidades, tomamos decisiones imprudentes. Es fácil pensar: *Eso jamás me pasará a mí.* Pero 1 Corintios 10:12 enseña: *«Si ustedes piensan que están firmes, tengan cuidado de no caer»*.

Nadie está exento. Dada la situación oportuna, tú y yo somos capaces de cometer cualquier pecado.

Cuando no prestas atención a tus fortalezas, estas se convierten en debilidades. En otras palabras, una fortaleza desprotegida se convierte en una doble debilidad. ¿Por qué? Porque te sientes orgulloso de tus fortalezas.

El mayor fracaso de Pedro, negar a Cristo, ocurrió justo después de la última cena, una experiencia muy íntima y poderosa. La siguiente área en la que tropieces puede venir justo después de una gran victoria en tu vida.

Resiste la tentación de sobreestimar tus fortalezas. En cambio, recuerda que eres un ser humano pecador que necesita la gracia de Dios. Mantén tus fortalezas en perspectiva para que no se conviertan en tu fuente de fracaso.

26 DE JUNIO

Dios no soltará tu mano

Mis ovejas oyen mi voz; yo las conozco y ellas me siguen. Yo les doy vida eterna y nunca perecerán, ni nadie podrá arrebatármelas de la mano.

JUAN 10:27-28 (NVI)

No puedes salvarte a ti mismo; ¡ni tampoco tienes que hacerlo! Todo lo que necesitas hacer es poner tu mano en la mano de Dios y decir: «Dios, te entrego mi vida, tanto las partes buenas como las malas. Acepto tu regalo de salvación». Cuando lo haces, puedes relajarte en tu salvación.

Es posible que algún día quieras soltar la mano de Dios porque pienses: *Ni siquiera estoy seguro de lo que creo.* Sin embargo, Dios nunca te soltará de la mano porque te ama demasiado. Jesús afirmó: *«Mis ovejas oyen mi voz; yo las conozco y ellas me siguen. Yo les doy vida eterna y nunca perecerán, ni nadie podrá arrebatármelas de la mano. Mi Padre, que me las ha dado, es más grande que todos; y de la mano del Padre nadie las puede arrebatar»* (Juan 10:27-29, NVI).

La *«vida eterna»* que Dios te da comienza en el momento en que pones tu mano en la suya. Jamás podrás perderla. ¿Por qué? Porque tu salvación no se basa en hacer tantas buenas obras que superen tus malas obras. Se fundamenta en los méritos de Jesucristo.

Si pudieras llegar al cielo simplemente porque eres una buena persona, la muerte de Jesús en la cruz hubiera sido un desperdicio total de sufrimiento, tristeza y dolor. Si hubiera alguna otra manera de entrar al cielo que no fuera por medio de Jesús, Dios la hubiera elegido. Pero no la hubo.

Jesús señaló: *«Porque el Hijo del hombre vino a buscar y a salvar lo que se había perdido»* (Lucas 19:10, NVI), lo cual significa que el mundo está perdido. No todo el mundo irá al cielo porque si todos nos fuéramos al cielo de manera automática, no hubiera sido necesario que Jesús viniera a la tierra, viviera una vida perfecta y llevara *«al madero nuestros pecados, para que muramos al pecado y vivamos para la justicia»* (1 Pedro 2:24, NVI).

Cuando pones tu vida en las manos de Dios, él promete que nunca te soltará. Si confías en Cristo en verdad, nada puede robarte tu salvación: ni Satanás, ni las enfermedades, ni la sociedad. Estás en las manos del Buen Pastor.

27 DE JUNIO

Cuando ores, concéntrate primero en Dios

Josafat quedó aterrado con la noticia y le suplicó al Señor que lo guiara.

2 CRÓNICAS 20:3

Es natural pedirle ayuda a Dios en medio de una crisis. Él desea que le derrames tu corazón, pero empieza dándole tu atención, no diciéndole qué necesitas.

Cuando tres naciones enemigas decidieron unirse contra el rey Josafat e Israel, el rey sabía que no había cómo superarlo, así que hizo oraciones centradas en Dios. Cuatro pasos que puedes usar para orar como Josafat son:

Primero, recuérdate la grandeza de Dios. Josafat oró: «*Oh Señor, Dios de nuestros antepasados, solo tú eres el Dios que está en el cielo. Tú eres el gobernante de todos los reinos de la tierra*» (2 Crónicas 20:6). Cuando estés orando por algo que no puedes controlar, no te concentres en el problema, sino en la grandeza de Dios. Cuanto más grande es Dios en tu mente, más pequeño se vuelve el problema.

Segundo, recuérdate el poder ilimitado de Dios. En medio de sus problemas, el rey se tomó un tiempo para alabar a Dios: «*Tú eres fuerte y poderoso. ¡Nadie puede hacerte frente!*» (2 Crónicas 20:6). Cuando entiendes que Dios tiene todo el poder del mundo, puedes confiar en él. Mientras oras, piensa en todas las formas en que Dios te ayudó a ti, a tus seres queridos y a las personas de la Biblia.

Tercero, recuérdale a Dios sus promesas. Josafat le recordó a Dios: «*Oh Dios nuestro, ¿acaso no expulsaste a los que vivían en esta tierra cuando llegó tu pueblo Israel? ¿Acaso no les diste esta tierra para siempre a los descendientes de tu amigo Abraham?*» (2 Crónicas 20:7). La Biblia está llena de promesas que Dios te hizo a ti también. ¡Miles de ellas! Puede ser frustrante que tus hijos te recuerden las promesas que les hiciste, pero a Dios le encanta que le cites su Palabra.

Cuarto, pídele a Dios una gran victoria. Josafat dijo de las fuerzas atacantes: «*Dios nuestro, ¿acaso no vas a dictar sentencia contra ellos? Nosotros no podemos oponernos a esa gran multitud que viene a atacarnos. ¡No sabemos qué hacer! Pero en ti hemos puesto nuestra esperanza*» (2 Crónicas 20:12, NVI).

No le pidas a Dios que bendiga tu vida. Enfócate en él, y luego dile qué necesitas para la victoria. Entonces verás a Dios proveer lo que necesitas.

28 DE JUNIO

No temas correr riesgos

Y ahora, que toda la gloria sea para Dios, quien puede lograr mucho más de lo que pudiéramos pedir o incluso imaginar mediante su gran poder, que actúa en nosotros.

EFESIOS 3:20

¿Qué significa tener una fe osada? Significa asumir riesgos. La Biblia enseña: *«Sin fe es imposible agradar a Dios»* (Hebreos 11:6).

En la parábola de los talentos se puede ver un ejemplo de tomar riesgos. En Mateo 25, Jesús cuenta la historia de un hombre que se fue por un tiempo y les dio a sus siervos algunos *«talentos»*: una gran cantidad de dinero. A una persona le dio un talento, a otra dos talentos y a una tercera cinco talentos.

La persona que recibió los cinco talentos invirtió su dinero y lo duplicó. La persona que recibió dos talentos los invirtió y obtuvo dos talentos más. Cuando el amo volvió y vio lo que habían hecho, le dijo a cada uno: *«¡Bien hecho, mi buen siervo fiel!»* (Mateo 25:21, 23).

Pero la persona a la que se le dio un talento tuvo miedo, así que escondió su talento en la tierra. Cuando el amo vio esto, le dijo: *«¡Siervo perverso y perezoso! [...] ¿Por qué no depositaste mi dinero en el banco? Al menos hubiera podido obtener algún interés de él»* (Mateo 25:26-27).

La lección que Jesús estaba enseñando es la siguiente: Dios quiere que tomes riesgos en fe. Si aprovechas al máximo lo que te dio, como resultado, te dará aún más. Pero si tienes temor y no corres riesgos, estás siendo infiel y *no estás actuando con fe*, con lo que Dios te confió.

Recuerdo cuando la Iglesia de Saddleback estaba comprando las instalaciones de 48 hectáreas en el condado de Orange, California. La gente de la comunidad comenzó a preguntar: «¿Quiénes se creen que son esas personas para comprar tanta tierra en el condado de Orange?».

Cuando las escuché, pensé: *Pregunta equivocada.* La pregunta correcta es: «¿Quién creemos que es Dios?». Así, dejamos que el tamaño de nuestro Dios determinara el tamaño de nuestra meta. Efesios 3:20 señala: *«Y ahora, que toda la gloria sea para Dios, quien puede lograr mucho más de lo que pudiéramos pedir o incluso imaginar mediante su gran poder, que actúa en nosotros»*.

Así que adelante, asume grandes riesgos y ten una fe osada. Porque Dios te dice: «¡Puedo superar tu sueño más grande!».

29 DE JUNIO

El pecado crece de las semillas del egoísmo

Habrá tanta maldad, que la mayoría dejará de tener amor hacia los demás.

MATEO 24:12 (DHH)

Alguien le preguntó una vez a Jesús: «¿Cuál es el mandamiento más importante de las Escrituras?». Su respuesta podría resumirse de la siguiente manera: «Son dos: amar a Dios con todo tu corazón, con toda tu alma, con toda tu mente y con todas tus fuerzas, y amar a tu prójimo como a ti mismo» (ver Mateo 22:36-40).

Si esos son los dos mandamientos más importantes de Dios, su opuesto —no amar a Dios y no amar al prójimo— es pecado. El pecado siempre es falta de amor.

Mateo 24:12 señala: *«Habrá tanta maldad, que la mayoría dejará de tener amor hacia los demás»* (DHH). ¿Te diste cuenta de que eso está pasando hoy? En general, la gente se volvió más crítica, menos civilizada y más grosera que nunca. ¿Por qué? Porque a medida que aumenta el pecado disminuye el amor.

El pecado es inútil, insalubre, injusto, imprudente, falso y, siempre, es egoísta.

A menudo, nos convencemos a nosotros mismos de que estamos haciendo algo para el beneficio de los demás cuando en realidad lo estamos haciendo para nuestro propio beneficio. La Biblia enseña: *«Pues, donde hay envidias y ambiciones egoístas, también habrá desorden y toda clase de maldad»* (Santiago 3:16). El egoísmo es la raíz de todo pecado.

¿Por qué estás aquí en la tierra? Dios no te hizo para que vivieras para ti mismo, sino para algo mucho más grande que eso.

Fuiste hecho por Dios y para Dios. Hasta que no entiendas y creas esta verdad, la vida no tendrá sentido para ti. Dios no te creó para que centraras tu vida en ti mismo y dejaras a otras personas a un lado. Dios te hizo para que lo conozcas, disfrutes de su presencia, tengas una amistad con él, lo sirvas y centres tu vida en él.

Aquello en torno a lo que construyes tu vida es tu dios, ya sea tu barco, tu negocio, un deporte u otra persona.

Dios quiere que centres tu vida en él, pero el pecado hará que vuelvas a centrar la atención en ti mismo. Elige el amor porque donde el amor abunda el egoísmo no crece.

30 DE JUNIO

El propósito de Dios y su visión van de la mano

Sin visión profética el pueblo perecerá.
PROVERBIOS 29:18 (JBS)

¿Por qué es tan importante la visión de Dios para tu vida? Porque *«sin visión profética, el pueblo perecerá»* (Proverbios 29:18, JBS).

¡Sin visión no puedes vivir la vida plena a la que Dios te llamó! A continuación, desarrollo tres razones por las cuales es esencial que tengas una visión clara del propósito de Dios para tu vida.

Sin la visión de Dios, hay indecisión. Santiago 1:8 señala: *«Porque hoy piensa una cosa y mañana otra, y no es constante en su conducta»* (DHH).

Sin la visión de Dios para tu futuro, vas a la deriva y vagas por la vida. No tienes metas, propósito ni significado. Cuando dejas que la vida simplemente pase, ¡en realidad no estás viviendo!

Sin la visión de Dios, hay división. Si no entiendes la visión de Dios para tu vida, ¿cómo puedes esperar que otros te apoyen en tu propósito? De hecho, la falta de visión te hace vulnerable a que los demás te dirijan hacia lo que piensan o suponen que es tu propósito.

Solo Dios puede decirte cuál es tu propósito porque te creó específica y exclusivamente para vivirlo. Proverbios 28:2 afirma: *«En un país lleno de maldad todos se creen líderes, pero el gobernante capaz logra poner el orden»* (TLA).

Sin la visión de Dios, hay colisión. Para muchas personas, la vida es solo una serie de confrontaciones relacionales, crisis financieras y personales. Es como viajar en un auto chocador donde te golpean por todos lados.

La Biblia advierte de las consecuencias de no seguir la visión de Dios para tu vida: *«Pues algunas personas desobedecieron a propósito lo que les dictaba su conciencia y, como resultado, su fe naufragó»* (1 Timoteo 1:19).

Para obtener la visión de Dios para tu vida debes orar, meditar con cuidado y hacer un esfuerzo continuo para escuchar la voz de Dios. La visión de Dios es el resultado de ver las cosas con claridad, con ojos de fe en lugar de hacerlo con ojos de temor. Cuando tu fe guíe tu conciencia, obtendrás una comprensión más clara de cómo seguir adelante con un propósito.

1 DE JULIO

¿En qué áreas de tu vida necesitas un reinicio?

Examínense para ver si están en la fe; pruébense a sí mismos.

2 CORINTIOS 13:5 (NVI)

Puedes pedirle a Dios un nuevo comienzo en cualquier momento de tu vida. Pero sé específico. No te limites solo a decir: «Dios, quiero que me cambies». ¡Dile a Dios exactamente lo que piensas!

No experimentarás ninguna transformación hasta que seas específico.

No podrás resolver ningún problema si primero no lo identificas como un problema. Eso significa que tienes que admitir que hay problemas en tu vida. Cuanto más específico seas acerca de lo que quieres que Dios cambie en tu vida, más probable es que suceda más rápido.

La Biblia lo expresa así: «*Examínense para ver si están en la fe; pruébense a sí mismos*» (2 Corintios 13:5, NVI).

¿En qué áreas necesitas un reinicio? ¿Qué te gustaría que Dios cambiara en tu vida para darte un nuevo comienzo?

¿Qué tal tu conexión con Dios? Si en algún momento de tu vida te sentiste más cerca de Dios de lo que te sientes ahora, necesitas un reinicio.

¿Y tu cuerpo? ¿Necesitas ayuda para tomar decisiones más saludables o para aprender a vivir con una enfermedad crónica? ¡Puedes pedirle ayuda a Dios!

¿Necesitas un reajuste en tus prioridades? ¿Empezaste a pasar todo tu tiempo haciendo cosas que sabes que no son importantes? Necesitas un reinicio en tu agenda.

¿Y en tus relaciones? ¿Necesitas restablecer una relación estancada o deteriorada? Puedes pedirle a Dios que te ayude con esa situación.

¿Y en tu profesión? Si estás sin trabajo en este momento o si tu trabajo te impide buscar a Cristo, necesitas un reinicio.

¿Necesitas un reinicio en tu vida mental? Si tienes pensamientos que sabes que están mal, que no puedes controlar o que te preocupan, necesitas que Dios te ayude a restablecer tus pensamientos y te dé otros nuevos.

Tal vez necesites un reajuste en tus hábitos, en la crianza de tus hijos, en tu agenda, tus finanzas o incluso en tus sueños.

Si necesitas un reinicio en cualquier área de tu vida lo único que tienes que hacer es pedirle a Dios que te ayude a tenerlo, ¡pero sé específico!

2 DE JULIO

Cuatro maneras en que la Biblia te ayuda a reiniciar tu vida

Toda la Escritura es inspirada por Dios y es útil para enseñarnos lo que es verdad y para hacernos ver lo que está mal en nuestra vida. Nos corrige cuando estamos equivocados y nos enseña a hacer lo correcto. Dios la usa para preparar y capacitar a su pueblo para que haga toda buena obra.

2 TIMOTEO 3:16-17

Jesús dijo en Juan 17:17: *«Santifícalos en la verdad; tu palabra es la verdad»* (NVI).

¿Qué significa *santificar*? Simplemente significa crecer y ser hecho más como Cristo: tener un reinicio. Una vez que eliges seguir a Jesús, no eres la misma persona. Jesús te cambia. El proceso de santificación comienza en tu vida.

¿Cómo eres santificado? A través de la verdad de Dios. Cuanto más incorpores la Palabra de Dios en tu vida, más serás transformado y renovado. Con la ayuda del Espíritu Santo podrás reiniciar las áreas de tu vida en las que deseas experimentar el cambio.

Para hacer un cambio es absolutamente necesario que conozcas la Palabra de Dios. ¡Es el manual para resetear tu vida!

Cuando decidas que no te gusta cómo vives y que las decisiones que tomaste simplemente no funcionan, acude a la Palabra de Dios. La Biblia te ayudará de cuatro maneras muy prácticas: mostrándote el camino que debes seguir, mostrándote dónde te desviaste del camino, mostrándote cómo volver al camino y mostrándote cómo *mantenerte* en el camino.

El apóstol Pablo describe los cuatro caminos en 2 Timoteo 3:16-17, nuestro pasaje de hoy. En su Palabra, Dios te dio todo lo que necesitas para hacer cambios y luego mantenerte en el camino correcto. Por eso, es importante tener un tiempo diario de quietud para el estudio de la Biblia y la oración. Cuando no estás en la Palabra de Dios, no estás aprendiendo la verdad ni siendo confrontado por ella a diario.

La Biblia es como un espejo que refleja lo bueno, lo malo y aquellas áreas que necesitan un reinicio. Deja que Dios te muestre la verdad que ofrece en su Palabra, la cual te ayudará a hacer los cambios que te lleven a una vida con propósito y gozo.

3 DE JULIO

El poder de la gratitud

No he dejado de dar gracias por ustedes al recordarlos en mis oraciones.
EFESIOS 1:16 (NVI)

No necesitas aprender un secreto complicado para poder trabajar bien con los demás. ¡Solo tienes que aprender a apreciarlos!

¿Cómo valoras a los demás? Es muy sencillo. Primero, formas el hábito de reconocer su valor y contribución. Como resultado, te acostumbras a agradecerles.

Nehemías enseña cuatro maneras prácticas de mostrar aprecio por los demás:

Reconoce a las personas por nombre. Cuando agradezcas a quienes mejoran tu vida, no te limites a decir: «Todos están haciendo un gran trabajo. ¡Gracias!». Sé específico. Nehemías mencionó a más de cuarenta individuos y grupos con un reconocimiento especial, y llamó a cada uno por nombre.

Reconoce el trabajo específico. Las personas se sienten apreciadas cuando les señalas los detalles de su trabajo. Solo decirles que hicieron un buen trabajo no es suficiente. Es mejor decir: «Estoy orgulloso de ti por hacer *esta* tarea específica». Nehemías reconoció con lujo de detalles el trabajo del pueblo. Dijo: *«La puerta de la Ciudad Antigua la repararon Joiada, hijo de Paseah, y Mesulam, hijo de Besodías. Colocaron las vigas, levantaron las puertas e instalaron sus cerrojos y barras»* (Nehemías 3:6). ¡La Biblia muestra que los detalles importan!

Reconoce una buena actitud. Es difícil no notar las buenas actitudes en un mundo lleno de malas actitudes. En Nehemías 3:20, Nehemías señala: *«Baruc [...] reparó con entusiasmo una sección adicional»*. Llamar la atención a la pasión y el entusiasmo de los demás renueva su energía y genera una nueva energía en los demás.

Reconoce el esfuerzo extra. Nehemías menciona a Meremot dos veces por hacer más de lo que debía. Reparó tanto una sección junto a la puerta del Pescado como la sección junto a la casa del sumo sacerdote (Nehemías 3:4, 21).

Me da mucha alegría señalar las contribuciones de los demás y decirles lo mucho que los valoro. A veces, es una conversación. Otras, una tarjeta o una nota. Se ha convertido en un hábito notar los esfuerzos y las actitudes de los demás, reconocer su perseverancia y alentarlos a seguir adelante.

Se necesita práctica para vivir con un espíritu de gratitud. ¡Puedes empezar hoy mismo!

4 DE JULIO

Lo que significa exaltar a Dios

Así alabaré entre cánticos tu nombre; ¡te exaltaré con alabanzas!

SALMO 69:30 (RVC)

Alabar a Dios amplía tu percepción de él. Es decir, lo agranda a tus ojos.

En Salmo 69:30, *exaltar* significa «alabar». Exaltar a Dios es como mirar a través de una lupa. Es decir, cuando exaltas a Dios —cuando lo alabas—, se hace más grande a tus ojos.

¿Por qué es tan importante exaltar a Dios? Porque cuando Dios parece más grande en tu vida, tus problemas se encojen. Lo contrario también es cierto. Cuando te enfocas en tus problemas en lugar de en Dios, sientes que tus problemas son demasiado grandes, mientras que Dios es pequeño.

Tienes que tomar una decisión porque solo una cosa puede ser grande en tu vida: tus problemas o Dios. Cuando eliges alabar a Dios, enfocarte en él y exaltarlo, él te parece más grande. Y cuanto más grande sea Dios en tu vida, menos preocupado estarás por tus problemas porque nada es demasiado grande para Dios. Tus problemas se vuelven menos agobiantes porque recuerdas que Dios es mucho más grande que cualquier cosa que estés experimentando. ¡Dios puede manejarlo!

Adorar, alabar y exaltar a Dios son la misma cosa. Cuando era pastor en la Iglesia de Saddleback, a menudo llamábamos a nuestro equipo de adoración nuestro «equipo de magnificación» porque su trabajo era guiarnos a magnificar a Dios, a hacerlo más grande a nuestros ojos.

La Biblia enseña en el Salmo 145:3: *«Grande es el SEÑOR y digno de toda alabanza; su grandeza es insondable»* (NVI). Nunca podremos saber o entender cuán grande y grandioso es Dios en realidad. ¡Sería como si una hormiga tratara de entender Internet! Simplemente no tenemos la capacidad cerebral para hacerlo. Si pudiéramos entender a Dios por completo, seríamos Dios.

Solo Dios es Dios, y nosotros no lo somos.

Cuando alabamos y exaltamos a Dios no lo estamos haciendo más grande, simplemente estamos cambiando nuestra propia perspectiva de modo que entendemos mejor lo grande que él es. Cuando eso sucede todo lo demás cambia con nuestra nueva perspectiva.

Para cualquier problema que te asusta, preocupa o causa temor en este momento el antídoto es alabar a Dios: cantar sobre su grandeza. Cuanto más grande es Dios a través de tus ojos, más pequeños se vuelven tus problemas.

5 DE JULIO

¿Por qué Dios no te dice *por qué*?

Quédate quieto en la presencia del Señor,
y espera con paciencia a que él actúe.
SALMO 37:7

Una de las razones por las cuales nos cuesta estar satisfechos es porque siempre estamos buscando explicaciones de por qué suceden las cosas en nuestra vida. Dios no nos dice por qué suceden la mayoría de las cosas, y eso nos hace sentir frustrados.

A veces, Dios no te lo dice porque te está probando. Quiere ver si cedes el control y aprendes a estar contento independientemente de si te explica o no por qué sucede algo en tu vida.

Dios no te debe una explicación por ninguna de las cosas que hace. Es más, no sabrás por qué suceden la mayoría de las cosas hasta que llegues al cielo.

Cuando era pequeño, la única vez en que nuestra aula se calmaba era durante un examen. La maestra decía: «¡No hablen! Tomen sus lápices y completen sus exámenes». Incluso la maestra permanecía en silencio.

Cuando Dios está en silencio en tu vida, cuando no lo escuchas y sientes como si estuviera a un millón de kilómetros de distancia, ¡eso es una prueba!

Cuando los estudiantes están haciendo un examen, el maestro está presente aunque esté en silencio. Cuando Dios guarda silencio en tu vida, tu fe está siendo probada. Aun así, Dios está contigo.

Durante la prueba, ¿soltarás el control o te aferrarás a él con más fuerzas? ¿Aprenderás a estar contento?

Quedarse quieto significa dejar el futuro en manos de Dios. Proverbios 3:5-6 enseña: *«Confía en el Señor con todo tu corazón; no dependas de tu propio entendimiento. Busca su voluntad en todo lo que hagas, y él te mostrará cuál camino tomar»*.

¿Qué áreas de tu vida no le has rendido a Dios? Tal vez le hayas rendido la cocina y la sala de estar, pero ¿qué del dormitorio, el armario y el garaje de tu vida?

¿No estás cansado de luchar contra Dios? Deja de pelear y simplemente quédate quieto. Quedarse quieto ante Dios es la máxima expresión de fe.

La Biblia señala: *«Quédate quieto en la presencia del Señor, y espera con paciencia a que él actúe»* (Salmo 37:7).

Si pasas por dolor la próxima semana o el próximo mes o el próximo año, no esperes que Dios te explique nada. Espera su presencia. Suelta el control, quédate quieto hoy y déjale el futuro a él.

6 DE JULIO

Aprovecha el momento

Jesús le dijo: «El que pone la mano en el arado y luego mira atrás no es apto para el reino de Dios».

LUCAS 9:62

Un día, una gran multitud siguió a Jesús cuando salía de Jericó. Un hombre llamado Bartimeo, quien era ciego, estaba pidiendo limosna al borde del camino. Cuando Bartimeo oyó que Jesús estaba cerca comenzó a gritar: *«¡Jesús, Hijo de David, ten compasión de mí!»* (Marcos 10:47, NVI).

Cuando Bartimeo se levantó esa mañana ni se imaginaba que Jesucristo pasaría junto a él ese día. Pensó que era un día como cualquier otro: el mismo lugar, la misma situación, el mismo grito de auxilio.

Hasta que, de repente, Jesús estaba allí. Bartimeo no tuvo tiempo de prepararse ni de pensar en cómo responder ante la situación. Era una oportunidad que le vino del cielo y decidió aprovechar el momento. No se demoró ni postergó las cosas. Lo haría *ahora.*

Esa es la clave para empezar de nuevo en tu vida: lo que sea que vayas a hacer, hazlo ahora. No digas: «El año que viene voy a empezar de nuevo» o «El mes que viene voy a hacer algunos cambios» o «Mañana voy a hacer de eso una prioridad». Es ahora o nunca. ¡Aprovecha el momento!

Todos los días tenemos oportunidades para empezar de nuevo, pero no las aprovechamos. ¿Por qué? Porque, a menudo, es más fácil posponer las cosas.

Posponer las cosas es un fenómeno extraño. Crees que te hará la vida más fácil cuando en realidad hace lo contrario: solo te genera estrés.

Cuando sabes lo que tienes que hacer, debes hacerlo sin demora. No supongas que puedes esperar a mañana. No pienses que puedes posponer lo que Dios te dijo que hicieras hoy.

La Biblia nos advierte una y otra vez acerca de suponer sobre el mañana. Ninguno de nosotros tiene garantizado un mañana. Jesús enseñó: *«El que pone la mano en el arado y luego mira atrás no es apto para el reino de Dios»* (Lucas 9:62).

Lo que sea que vayas a hacer, será mejor que lo hagas ahora. ¡Mañana puede ser demasiado tarde!

Si Jesús te está invitando a un nuevo comienzo hoy, no te demores. Sigue el ejemplo de Bartimeo y aprovecha el momento.

7 DE JULIO

Cuando vayas a la batalla, confía en que Dios peleará por ti

No tengan miedo ni se acobarden cuando vean ese gran ejército, porque la batalla no es de ustedes, sino mía.
2 CRÓNICAS 20:15 (NVI)

Todos los salvavidas opinan lo mismo: no puedes salvar a alguien que esté tratando de salvarse a sí mismo. Te hundirá a ti también. Tendrás que mantenerte a flote hasta que se rinda, y es solo entonces que puedes llevarlo de vuelta a la orilla.

Lo mismo ocurre con nuestra relación con Dios. Cuando tratamos de luchar contra los problemas de la vida por nuestra cuenta, nos hundimos. En cambio, Dios quiere que dejemos de pelear y confiemos en que él hará el trabajo.

Dios le enseñó esa lección al ejército de Israel. Tres ejércitos enemigos se preparaban para luchar contra ellos. Israel era superado ampliamente en número. En lugar de preocuparse, el rey Josafat llevó a su ejército a adorar a Dios confiando en que él los salvaría.

Josafat oró: *«No sabemos qué hacer, pero en ti buscamos ayuda»* (2 Crónicas 20:12).

Dios les respondió: *«No tengan miedo ni se acobarden cuando vean ese gran ejército, porque la batalla no es de ustedes, sino mía»* (2 Crónicas 20:15, NVI).

Dios quiere lo mismo de ti: que dejes de pelear tus batallas y que le permitas pelearlas por ti.

El relato de 2 Crónicas continúa: *«Pero ustedes no tendrán que intervenir en esta batalla. Simplemente, quédense quietos en sus puestos, para que vean la salvación que el SEÑOR les dará. ¡[...] no tengan miedo ni se acobarden! Salgan mañana contra ellos, porque el SEÑOR, estará con ustedes»* (2 Crónicas 20:17, NVI).

¿No son órdenes extrañas? Dios le está diciendo al ejército de Israel que vaya al campo de batalla pero que no pelee.

Dios espera que hagas lo mismo respecto a las batallas que estés enfrentando hoy. Te está diciendo que te mantengas firme y que confíes en él. Te está diciendo que no tengas miedo ni te desanimes.

Si huyes de tus enemigos, de tus problemas, las cosas nunca mejorarán. Dios quiere que te enfrentes a tus enemigos confiando en que él te librará de ellos.

Independientemente de aquello contra lo cual estés peleando hoy, confía en que Dios ganará la batalla por ti.

8 DE JULIO

¿De dónde sacas las fuerzas para seguir adelante?

Somos perseguidos pero nunca abandonados por Dios. Somos derribados, pero no destruidos.

2 CORINTIOS 4:9

Si alguna vez estuviste en una maratón, habrás escuchado a los espectadores gritar: «¡Sigue adelante!» para motivar a los atletas. También es un gran consejo cuando te sientes emocional, mental o espiritualmente agotado por correr la maratón de la vida: ¡sigue adelante!

Las Escrituras incluyen muchos ejemplos de personas que tuvieron la determinación de seguir adelante ante la oposición, incluyendo a Jesús y a Pablo.

Jesús se enfrentó a una oposición constante. Los líderes religiosos y políticos trataron de intimidarlo para detener su ministerio diciéndole que el rey Herodes quería matarlo.

Pero Jesús les respondió: *«Vayan y díganle a ese zorro que seguiré expulsando demonios y sanando a la gente hoy y mañana; y al tercer día cumpliré mi propósito. Sí, hoy, mañana y pasado mañana debo seguir mi camino»* (Lucas 13:32-33).

Nada podría impedir que Jesús lograra sus propósitos: ni el miedo, ni la oposición, ni la crítica. Era resiliente y tenía la resistencia para seguir adelante.

Pablo también se enfrentó a obstáculos que amenazaban con frenarlo. En 2 Corintios 4:8-9, escribió: *«Por todos lados nos presionan las dificultades, pero no nos aplastan. Estamos perplejos pero no caemos en la desesperación. Somos perseguidos pero nunca abandonados por Dios. Somos derribados, pero no destruidos».*

Tal vez eso te suene familiar porque sientes que los problemas te atacan desde todos los frentes. Estás cansado y agotado; no crees que llegues a la meta.

¿De dónde sacas las fuerzas para seguir adelante? Del mismo lugar de donde Jesús y Pablo lo obtuvieron: *de Dios.*

«Con las fuerzas que Dios te da prepárate para sufrir conmigo a causa de la Buena Noticia. Pues Dios nos salvó y nos llamó para vivir una vida santa» (2 Timoteo 1:8-9).

Dios no espera que cumplas tu propósito y hagas su voluntad con tus propias fuerzas. Primero, te salva y, luego, te da las fuerzas para la vida diaria. Él te dará todo lo que necesitas para seguir adelante y terminar lo que te llamó a hacer.

9 DE JULIO

Cómo llenarse de gratitud

Sean agradecidos en toda circunstancia, pues esta es la voluntad de Dios para ustedes, los que pertenecen a Cristo Jesús.
1 TESALONICENSES 5:18

Cuando estás pasando por una época de grandes cambios y estrés, ¿cómo mantienes el gozo?

Lo haces desarrollando el hábito de agradecerle a Dios por todo lo bueno, a pesar de todo lo malo.

Este principio se encuentra en 1 Tesalonicenses 5:18: «*Sean agradecidos en toda circunstancia, pues esta es la voluntad de Dios para ustedes, los que pertenecen a Cristo Jesús*». Esto significa que debemos desarrollar una actitud de agradecimiento en cualquier situación en que nos encontremos. Eso no significa que tengamos que estar agradecidos por todo lo que nos sucede, como las enfermedades o los accidentes automovilísticos, o la maldad que hay en el mundo.

Cada vez que te tomas un minuto para expresarle tu gratitud a Dios por cualquier cosa —ya sea tu música favorita, el lugar donde vives o las Escrituras—, vuelves a llenar tu tanque emocional para seguir adelante en la vida. Elegir ser agradecido te hace bien; evita que te amargues y te ayuda a llegar a la meta.

Es fácil ser agradecido cuando tu tanque emocional está lleno y todo te sale bien. Es mucho más difícil encontrar algo por lo que estar agradecido cuando te enfrentas a una crisis o a un estrés crónico prolongado. Es en esos momentos, sin embargo, que más necesitas expresar gratitud.

La historia de Job es un gran ejemplo de gratitud en tiempos difíciles. Este hombre rico y exitoso lo perdió todo en un solo día. No sabía por qué le había sucedido todo aquello y tenía motivos para estar enojado y amargado. A pesar de esto, incluso en su momento más oscuro, cayó al suelo y adoró a Dios diciendo: «*¡Alabado sea el nombre del Señor!*» (Job 1:21).

Un hábito práctico y, a la vez, poderoso que puedes desarrollar es hacer una lista diaria de gratitud. Haz una pausa de cinco minutos cada día y pregúntate: «¿Por qué cosas estoy agradecido hoy?». Es un hábito que fortalecerá tu alma y te mantendrá en marcha cuando tengas ganas de rendirte.

Incluso en nuestros momentos más oscuros, podemos seguir el ejemplo de Job y adorar a Dios con gratitud, sabiendo que su voluntad para nosotros es que demos gracias en todas las circunstancias.

10 DE JULIO

Cuatro razones para mantenerse fuerte

Así que no miramos las dificultades que ahora vemos; en cambio, fijamos nuestra vista en cosas que no pueden verse.

2 CORINTIOS 4:18

Es natural que quieras rendirte si solo estás pensando en tus dificultades o dolores actuales. Si miras las cosas desde una perspectiva eterna, sin embargo, podrás seguir adelante pase lo que pase: «*Es por esto que nunca nos damos por vencidos. Aunque nuestro cuerpo está muriéndose, nuestro espíritu va renovándose cada día. Pues nuestras dificultades actuales son pequeñas y no durarán mucho tiempo. Sin embargo, ¡nos producen una gloria que durará para siempre y que es de mucho más peso que las dificultades! Así que no miramos las dificultades que ahora vemos; en cambio, fijamos nuestra vista en cosas que no pueden verse*» (2 Corintios 4:16-18).

Según este pasaje, hay cuatro razones por las que nos mantenemos fuertes emocionalmente y nunca nos damos por vencidos:

Porque «*nuestro espíritu va renovándose cada día*». A la mayoría de la gente no se le ocurriría pasar una semana entera sin consumir alimento para su cuerpo. Si no abres tu Biblia por una semana, ¡estarás privando a tu alma de su alimento esencial! Para renovar tu espíritu todos los días, debes meditar en la Palabra de Dios.

Porque «*nuestras dificultades actuales son pequeñas y no durarán mucho tiempo*». Los problemas no vienen para quedarse; vienen y se van. Incluso si duraran toda la vida, serían insignificantes en comparación con los miles de millones de años que tendremos en el cielo. Sabemos que los problemas en la tierra son temporales y que Dios tiene planes a largo plazo para nosotros.

Porque nuestros problemas «*¡nos producen una gloria que durará para siempre!*». Dios lo usa todo, incluso las cosas difíciles, para edificar nuestro carácter para la eternidad. Romanos 8:28 enseña: «*Dios dispone todas las cosas para el bien de quienes lo aman, los que han sido llamados de acuerdo con su propósito*» (NVI).

Porque «*fijamos nuestra vista en cosas que no pueden verse*». Cuando nos enfocamos en cosas que duran para siempre, podemos terminar la carrera porque pensamos a largo plazo. Nuestra atención está fijamente colocada en la eternidad.

¿En qué estás enfocado hoy? En lugar de mirar tus problemas, mira a Jesús. ¡Y no te rindas!

11 DE JULIO

Cuando hayas perdido la esperanza, cree en las promesas de Dios

Fue por la fe que Abraham ofreció a Isaac en sacrificio cuando Dios lo puso a prueba. Abraham, quien había recibido las promesas de Dios, estuvo dispuesto a sacrificar a su único hijo, Isaac, aun cuando Dios le había dicho: «Isaac es el hijo mediante el cual procederán tus descendientes».

HEBREOS 11:17-18

¿Alguna vez sentiste que tu esperanza se estaba muriendo?

Sabes que la esperanza está muriendo cuando comienzas a decir la palabra *nunca*: «Nunca me casaré», «Nunca conseguiré ese trabajo», «Nunca tendré hijos». Déjame decirte que no estás solo si así es como te sientes hoy.

Cuando Abraham, uno de los más grandes héroes de la fe de la Biblia, se sintió así, siguió esperando. Romanos 4:18 señala: «*Aun cuando no había motivos para tener esperanza, Abraham siguió teniendo esperanza porque había creído en que llegaría a ser el padre de muchas naciones. Pues Dios le había dicho: "Esa es la cantidad de descendientes que tendrás"*».

¿Qué haces cuando la esperanza muere y estás listo para rendirte? Confías en lo que Dios prometió. ¿A dónde te diriges cuando todo tu ser duda de Dios? Vuelves a la Palabra de Dios.

¡Nada es más confiable que la Palabra de Dios! Incluso cuando Abraham se enfrentó a su mayor prueba, confió en las promesas de Dios. «*Fue por la fe que Abraham ofreció a Isaac en sacrificio cuando Dios lo puso a prueba. Abraham, quien había recibido las promesas de Dios, estuvo dispuesto a sacrificar a su único hijo, Isaac, aun cuando Dios le había dicho: "Isaac es el hijo mediante el cual procederán tus descendientes"*» (Hebreos 11:17-18).

Después de que Abraham y Sara esperaran muchos años por un hijo, Dios les dio a Isaac. Luego, Dios le dijo a Abraham que sacrificara a Isaac. Abraham no entró en pánico. Respecto a esto, la Biblia nos muestra tres maneras en que Abraham respondió con fe:

- Abraham creyó que Dios podía resucitar a su hijo de entre los muertos (Hebreos 11:19).

- Mientras Abraham e Isaac subían la colina para hacer el sacrificio, Abraham le dijo a su siervo: «Volveremos enseguida» y no: «Volveré» (Génesis 22:5).
- Cuando Isaac le preguntó a Abraham: «¿Dónde está el cordero que sacrificaremos?», Abraham respondió: «El Señor proveerá» (Génesis 22:8).

Abraham sabía que Dios perdonaría la vida a su hijo o lo resucitaría. ¡Creyó en las promesas de Dios!

Puedes mostrarle a Dios que crees en sus promesas orando con fe hoy: «Padre, tu Palabra es un regalo. Tus promesas me sostendrán toda mi vida. Creo que harás por mí todo lo que dijiste que harás y, por eso, te lo agradezco de antemano, incluso cuando no entiendo las formas en que estás trabajando en mi vida. ¡Aunque estoy batallando en este momento, seguiré confiando en ti!».

Pon tu esperanza en Dios cuando toda esperanza parezca perdida. Aunque es probable que la situación a la que te enfrentas esté fuera de tu control, no está fuera del control de Dios. Jesús prometió: *«Lo que es imposible para los hombres es posible para Dios»* (Lucas 18:27, NVI).

Pon tu fe en Jesús; él nunca te defraudará. *«Y esa esperanza no acabará en desilusión. Pues sabemos con cuánta ternura nos ama Dios, porque nos ha dado el Espíritu Santo para llenar nuestro corazón con su amor»* (Romanos 5:5).

12 DE JULIO

¿Qué es el sufrimiento redentor?

Él nos consuela en todas nuestras dificultades para que nosotros podamos consolar a otros. Cuando otros pasen por dificultades, podremos ofrecerles el mismo consuelo que Dios nos ha dado a nosotros.
2 CORINTIOS 1:4

Uno de los propósitos de tu vida es servir a los demás. A veces, Dios usa tu dolor para ayudarte a servir de manera más efectiva. A través del dolor te hace más sensible al dolor de otras personas.

El dolor te hace más comprensivo con aquellos que están experimentando el mismo tipo de angustia que estás viviendo. En lugar de enfocarte en tu propio dolor, puedes optar por redirigir tu enfoque a ayudar a otros que están sufriendo.

Jesús quiere redimir tu sufrimiento. Sufrimiento redentor significa usar el dolor por el que estás pasando para ayudar a otras personas. Esto es lo que mi esposa, Kay, y yo hemos tratado de hacer con el dolor que sentimos por perder a nuestro hijo que se suicidó. En los años transcurridos desde la muerte de Matthew, todas las semanas infaltablemente alguien, un amigo o un extraño, conocido o desconocido, viejo o joven, nos llama a Kay o a mí y nos pide ayuda porque saben que hemos pasado por eso y que estamos dispuestos a compartir el consuelo de Dios con ellos.

La Biblia enseña: «*Él nos consuela en todas nuestras dificultades para que nosotros podamos consolar a otros. Cuando otros pasen por dificultades, podremos ofrecerles el mismo consuelo que Dios nos ha dado a nosotros. Pues, cuanto más sufrimos por Cristo, tanto más Dios nos colmará de su consuelo por medio de Cristo. Aun cuando estamos abrumados por dificultades, ¡es para el consuelo y la salvación de ustedes! Pues, cuando nosotros somos consolados, ciertamente los consolaremos a ustedes. Entonces podrán soportar con paciencia los mismos sufrimientos que nosotros*» (2 Corintios 1:4-6).

¿Quién está mejor calificado para ministrar a un padre que está de duelo por la pérdida de un hijo que otro padre que experimentó tal dolor? ¿Quién está mejor calificado para ayudar a alguien con una adicción que alguien que también luchó contra una adicción? ¿Quién está mejor calificado para acompañar a otros a través de un diagnóstico de cáncer que aquel que luchó contra su propio cáncer?

Si le entregas a Dios cualquier dolor que estés sufriendo en este momento, él puede usarlo para ayudar a otros.

No tienes que ser perfecto para que Dios te use

Por tanto, si alguien se limpia de estas cosas, será un vaso para honra, santificado, útil para el Señor, preparado para toda buena obra.

2 TIMOTEO 2:21 (NBLA)

Para ser usado por Dios, no tienes que ser una persona perfecta. Lo que sí necesitas es purificar tu corazón.

La Biblia afirma en 2 Timoteo 2:21: *«Por tanto, si alguien se limpia de estas cosas, será un vaso para honra, santificado, útil para el Señor, preparado para toda buena obra»* (NBLA).

Dios usa toda clase de personas: hombres, mujeres, niños y niñas. Utiliza a personas tímidas, extrovertidas y personas de diferentes razas, edades y orígenes. Usa vasijas sencillas y vasijas ornamentadas.

Algo que Dios nunca usará es una vasija sucia. Debes estar limpio por dentro si deseas que Dios te use. Sin importar quién seas o lo que hayas hecho, Dios puede limpiarte.

¿Qué es lo que hay que hacer para llegar a ser puro? La pureza se logra a través de un simple acto: confesión. La Biblia enseña en 1 Juan 1:9: *«Pero si confesamos nuestros pecados a Dios, él es fiel y justo para perdonarnos nuestros pecados y limpiarnos de toda maldad»*.

La palabra *confesar* en griego es la palabra *homologeo. Homo* significa «igual» y *logeo* significa «hablar». Así que *homologeo* significa, en esencia, «hablar lo mismo». En este caso, decir lo mismo que Dios dice respecto a mi pecado. Significa que estás de acuerdo con él: «Dios, tienes razón. No fue un error; fue pecado».

No tratas de negociar con Dios ni de sobornarlo. Simplemente, admites tu pecado. ¿Te parece demasiado sencillo? Solo admítelo y Dios te perdonará. Eso se llama gracia.

Si quieres que Dios te use para su reino, tómate un tiempo esta semana para preguntarle: «¿Qué hay en mi vida que no sea de tu agrado? Por favor, muéstramelo». Luego, escribe todo lo que Dios te muestre. La primera vez que hice esto, ¡mi lista era casi tan larga como un libro! Lo hice muchas veces desde entonces. Luego escribe 1 Juan 1:9 sobre la lista y di: «Dios, te confieso estos pecados. Son cosas malas que hice. No las quiero en mi vida». Pídele a Dios que limpie tu vida. ¡Dios te perdonará!

Purificar tu corazón es el punto de partida para que Dios te use.

14 DE JULIO

Suelta tus remordimientos

Olvido el pasado y fijo la mirada en lo que tengo por delante, y así avanzo hasta llegar al final de la carrera.

FILIPENSES 3:13-14

La Biblia a menudo compara la vida con una carrera; una carrera que está llena de distracciones que pueden impedirte correr de la manera que Dios quiere que corras.

Para correr bien tu carrera debes eliminar las distracciones. Hebreos 12:1 señala: «*Quitémonos todo peso que nos impida correr, especialmente el pecado que tan fácilmente nos hace tropezar. Y corramos con perseverancia la carrera que Dios nos ha puesto por delante*».

Pablo dice que la clave para persistir es simplificar tu vida. Eso significa que te deshaces del equipaje, eliminas las distracciones y eliminas las pérdidas de tiempo que te impiden dar lo mejor de ti.

¿Qué podría distraerte de tu propósito? Muchas cosas: tratar de ser como otras personas, hacer de la riqueza tu objetivo principal, mantener los malos hábitos, salir con el tipo equivocado de amigos, perder el tiempo en las redes sociales. Incluso, pueden distraerte algunas cosas que parecen ser buenas.

Pero una de las mayores distracciones es tu pasado. Tu pasado te agobia y te impide correr bien. Cuando caminas con culpa, resentimiento, vergüenza y amargura, es como tratar de correr una carrera cargando pesas de cuarenta y cinco kilos sobre tus hombros. ¡Harán que disminuyas la velocidad! Cuando te castigas a ti mismo por una mala decisión o te niegas a perdonar a alguien, quedas atascado y marginado.

El apóstol Pablo tenía mucho de qué arrepentirse. Antes de convertirse en un creyente en Jesucristo, mataba cristianos para ganarse la vida. Después de seguir a Jesús, expresó: «*Olvido el pasado y fijo la mirada en lo que tengo por delante, y así avanzo hasta llegar al final de la carrera*» (Filipenses 3:13-14).

Pablo no quedó atrapado en su pasado. Se concentró en la línea de llegada, no en cómo había sido herido o había lastimado a otras personas.

Tú también tienes que hacer eso. Para correr bien tu carrera tendrás que conservar tu energía emocional para el futuro en lugar de gastarla toda pensando en el pasado. Deja ir la culpa y los remordimientos así podrás terminar bien la carrera.

15 DE JULIO

Dios siempre llega a tiempo

Pues la visión se realizará en el tiempo señalado;
marcha hacia su cumplimiento
y no dejará de cumplirse.
Aunque parezca tardar, espérala;
porque sin falta vendrá.
HABACUC 2:3 (NVI)

Dios nunca tiene prisa y nunca llega tarde. Siempre llega a tiempo. El tiempo de Dios es perfecto, incluso cuando no podemos entenderlo.

Debido a que Dios es atemporal tiene una visión diferente del tiempo. La Biblia lo explica así: *«Pero no olviden, queridos hermanos, que para el Señor un día es como mil años y mil años, como un día»* (2 Pedro 3:8, NVI).

La atemporalidad de Dios tiene grandes implicancias para tu vida. Cuando Dios te creó, puso un sueño en tu corazón. La mayoría de las personas comienzan con una gran visión y un gran objetivo. Tienen algún tipo de sueño, plan o proyecto para su vida.

¿Qué visión te dio Dios? A lo largo de los años descubrí que, si bien todo el mundo tiende a comenzar temprano en la vida con una visión, a medida que pasa el tiempo, más y más personas renuncian a su sueño antes de que se cumpla. La razón suele ser porque no se cumple con suficiente rapidez.

Tal vez tienes un sueño roto o golpeado por las circunstancias. O quizás, enterraste tu sueño por desánimo y decepción.

Dios no quiere que hagas eso. Si Dios te dio un sueño para tu vida, *se cumplirá.* Solo que sucederá en su tiempo, no en el tuyo.

Dios dice esto acerca de tu sueño: *«Pues la visión se realizará en el tiempo señalado; marcha hacia su cumplimiento y no dejará de cumplirse. Aunque parezca tardar, espérala; porque sin falta vendrá»* (Habacuc 2:3, NVI).

Cuando comencé la Iglesia de Saddleback, tenía prisa por hacer todo rápido. Pero Dios me dijo lo mismo que te dirá a ti acerca de tu sueño: «No, no todo sucederá en este momento. Pero poco a poco, de manera constante, la visión se cumplirá».

No siempre entenderás el tiempo de Dios; pero no tienes que hacerlo. Solo tienes que recordar esta poderosa verdad: Dios nunca llega temprano a tu vida y nunca llega tarde. Siempre llega justo a tiempo.

16 DE JULIO

Cómo tener las manos limpias

La gente justa se aferra a su camino;
los de manos limpias aumentan su fuerza.
JOB 17:9 (NVI)

Tal vez muchas personas en este momento pueden identificarse con lo que David sintió cuando escribió: *«Pues soy pecador de nacimiento [...]. Pero tú deseas honradez desde el vientre [...] lávame, y quedaré más blanco que la nieve. [...] Crea en mí, oh Dios, un corazón limpio y renueva un espíritu fiel dentro de mí»* (Salmo 51:5-7, 10).

Si eso te describe, necesitas confesarle tu pecado a Dios.

Puedes hacerlo ahora mismo. Todo lo que tienes que hacer es orar. ¿Cómo debes orar? Piensa en estas preguntas: ¿Qué necesitas limpiar en tu vida? ¿Qué necesitas para dejar ir tu pasado? Simplemente dile eso a Dios. Evalúa tu vida y confiesa todo lo que te impida tener una relación correcta con Dios. Dile que estás equivocado y que quieres que cubra tu pecado con su gracia.

Tu tarea es hacer una lista. A medida que Dios te muestra lo que está fuera de lugar en tu vida, escríbelo. Es posible que te sientas emocional al hacerlo, pero la confesión no tiene nada que ver con tus emociones. Se trata de tomar la decisión de admitir y abandonar cualquier pecado conocido en tu vida y hacer lo correcto. Lo único que se interpone entre tú y una conciencia limpia es tu orgullo.

Job 17:9 expresa que *«la gente justa se aferra a su camino; los de manos limpias aumentan su fuerza»* (NVI).

¿No te gustaría ser más fuerte en los días venideros? Para ser espiritualmente fuerte, incluso en los tiempos y en los días difíciles, necesitas tener las manos limpias.

«Quién puede subir al monte del SEÑOR? ¿Quién puede estar en su Lugar Santo? Solo el de manos limpias y corazón puro, el que no adora ídolos vanos ni jura por dioses falsos. Quien es así recibe bendiciones del SEÑOR» (Salmo 24:3-5, NVI).

17 DE JULIO

Enfocarse en el propósito de Dios deja poco tiempo para la envidia

Y corramos con perseverancia la carrera que Dios nos ha puesto por delante.
HEBREOS 12:1

Cuando comiences a sentirte afectado por algo que Dios está haciendo en la vida de otra persona y la envidia comience a crecer, concéntrate en el plan que Dios tiene para ti. No te distraigas; por el contrario, concéntrate en la voluntad de Dios para *tu* vida.

Dios te creó con un plan único para tu vida y, por eso, quiere que corras la carrera que tiene preparada para ti en lo personal. Cuando te enfoques en la carrera de Dios, no tendrás que preocuparte por la carrera que todos los demás están corriendo. No te molestarán las multitudes que vitorean o abuchean en las gradas. Estás viviendo para una audiencia de uno: Dios.

En la historia bíblica sobre los trabajadores de la viña, algunos trabajadores se quejan porque sienten que no se les ha pagado lo que merecen. El dueño de la viña les dice una frase simple: «*Toma tu dinero y vete*» (Mateo 20:14). Les está diciendo a aquellos que no pueden superar la envidia que sienten: «Es hora de que sigas adelante. ¡Deja de sentir lástima por ti mismo; supéralo!».

A veces, nos quedamos atascados en el pasado. Tal vez todavía envidias a la persona que llegó a ser abanderada en el acto de graduación. ¿Por qué permitirías que lo que otra persona obtuvo en el pasado te aleje del plan de Dios para tu vida en este momento?

Hebreos 12:1 enseña: «*Y corramos con perseverancia la carrera que Dios nos ha puesto por delante*». La «*carrera que Dios nos ha puesto por delante*» significa tu carrera personal: la carrera diseñada solo para ti. Dios tiene un plan que quiere que sigas, el cual es único e irrepetible. Lo planeó para ti incluso antes de que nacieras e incluye mejores cosas de las que podrías soñar para ti mismo. Cuanto más entiendas tu llamado personal de parte de Dios, menos te preocuparás por lo que Dios llamó a hacer a otras personas.

Dios te libera de la tiranía de tener que ser el mejor todo el tiempo. Solo tienes que ser la mejor versión de *ti mismo*; la persona que Dios *te* diseñó para que fueras.

El plan de Dios para tu dolor

De modo que, si sufren de la manera que agrada a Dios, sigan haciendo lo correcto y confíenle su vida a Dios, quien los creó, pues él nunca les fallará.

1 PEDRO 4:19

¿Recuerdas cómo era el proceso fotográfico antes de que todo se volviera digital? Cuando tomabas una foto obtenías un negativo. Luego, en un cuarto oscuro, iluminabas el negativo sobre papel fotográfico. Ese proceso convertía el negativo en una fotografía positiva a todo color.

Eso es lo que Dios quiere hacer con las injusticias en tu vida.

Todos hemos experimentado injusticias. Fuimos maltratados, ignorados y se aprovecharon de nosotros. Dios quiere tomar todos los aspectos negativos, hacer brillar la luz de Jesús a través de ellos y convertirlos en positivos: imágenes a todo color de la vida que fuimos diseñados para vivir.

La Biblia enseña: *«De modo que, si sufren de la manera que agrada a Dios, sigan haciendo lo correcto y confíenle su vida a Dios, quien los creó, pues él nunca les fallará»* (1 Pedro 4:19).

Cuando hayas sido tratado injustamente recuerda que Jesús está de tu lado.

A lo largo de las Escrituras, Dios muestra un cuidado especial por las personas que son tratadas de manera injusta. Es un Dios de justicia que escucha tu clamor, ve tu sufrimiento y conoce tu dolor. Aunque no has obtenido lo que pensabas que merecías, Dios tiene un plan para tu dolor.

Cuando haces brillar la luz del amor de Dios a través de tus circunstancias él puede convertir tu dolor en una hermosa imagen. Dios desarrolla tu carácter a través de tu dolor y te hace más fuerte. Lo más importante es que usa tu sufrimiento para su propósito y para tu bien.

Es posible que nunca recibas una explicación del dolor que soportas en esta vida. No la necesitas. Solo necesitas saber que Dios te ama y que tiene un plan para ti. Él ajustará cuentas con quien sea que te haya hecho daño.

Dios nunca desperdicia el dolor. Por lo tanto, dale la bienvenida a la luz del evangelio en tu dolor. Dios usará tu dolor, la injusticia muy real que viviste, para crear una imagen hermosa a través de tu vida.

19 DE JULIO

Ayuda a otros a entrar a la familia de Dios

Los envío a dar tu mensaje a la gente de este mundo, así como tú me enviaste a mí.

JUAN 17:18 (TLA)

Si eres seguidor de Jesucristo, Dios te ha dado una misión en este mundo. No estás aquí solo para ocupar un espacio ni estás aquí solo para perseguir tus propios objetivos personales. Tienes una tarea de parte de Dios mismo.

Una vez que eres parte de la familia de Dios, tu vida cambia. Tienes una nueva razón para vivir, un plan y un propósito. Tu vida ya no sirve a tus propios propósitos, sino a la misión de Dios.

El llamado de Dios para tu vida encaja en su misión para toda la historia. Dios creó todo en el universo porque quería una familia. No necesitaba nada ni en la tierra ni en el cielo. Creó todo porque sabía que algunas personas elegirían por voluntad propia ser parte de su familia.

La misión que Dios le dio primero a Jesús ahora se la da al cuerpo de Cristo: su iglesia. Una vez que conoces a Jesús, ¡tienes que *salir*! Debes ir tan lejos como sea necesario para contarles a tus amigos y familiares sobre él. Pero no puedes detenerte ahí. Dios quiere salvar a todos los seres humanos que hizo porque los ama sin importar dónde vivan.

La Biblia señala: *«No es gran cosa que seas mi siervo, ni que restaures a las tribus de Jacob, ni que hagas volver a los de Israel, a quienes he preservado. Yo te pongo ahora como luz para las naciones, a fin de que lleves mi salvación hasta los confines de la tierra»* (Isaías 49:6, NVI).

Dios quiere que vivas su misión en todas partes: en tu familia, en tu comunidad y en el mundo. Su misión para tu vida es tanto global como local.

Ese es el plan de Dios para el mundo. Esa es su misión para ti. Quiere que todos en la tierra lo conozcan, y quiere usarte para que ayudes a que eso suceda.

Las palabras de Dios en Isaías no son solo para misioneros o pastores. Si perteneces a su familia, ¡su misión es para ti también! Cuando te diga que vayas, no dudes en obedecer.

20 DE JULIO

El dolor puede guiarte hacia tu propósito

A los que sufren, Dios los libra mediante el sufrimiento;
se vale de la aflicción para instruirlos.
JOB 36:15 (NVI)

Dios está dirigiendo tu vida incluso cuando no lo percibes. Proverbios 16:9 señala: *«Podemos hacer nuestros planes, pero el Señor determina nuestros pasos»*.

A Dios le gusta guiarnos a través de su Palabra. Por lo tanto, necesitamos leer y estudiar la Biblia con regularidad. Muchos de nosotros, sin embargo, no pasamos suficiente tiempo leyendo la Palabra de Dios, así que otra forma en que Dios nos guiará y dirigirá es a través del dolor.

Job 36:15 expresa: *«A los que sufren, Dios los libra mediante el sufrimiento; se vale de la aflicción para instruirlos»* (NVI).

¿Alguna vez pensaste por qué los jinetes ponen un freno en la boca del caballo? No es precisamente para que el caballo se sienta cómodo. Por el contrario, el jinete utiliza la incomodidad para llevar al caballo hacia una dirección diferente.

De la misma manera, el dolor te guía y, a menudo, te lleva en una nueva dirección.

Cuando el rey David se dio cuenta de que Dios estaba usando el dolor para indicarle la dirección que quería que tomara, expresó gratitud por su dolor: *«El sufrimiento me hizo bien, porque me enseñó a prestar atención a tus decretos»* (Salmo 119:71).

C. S. Lewis dijo una vez que Dios nos susurra en el placer, pero nos grita en el dolor. El dolor es el megáfono de Dios. Nunca te deja donde te encontró. Sin importar lo fuerte que sea el dolor o de dónde venga, Dios puede usarlo para guiarte hacia tu propósito.

Pablo les dijo a los creyentes de Corinto que estaban experimentando incomodidad y dolor: *«Ahora me alegro [...], no porque los haya lastimado, sino porque el dolor hizo que se arrepintieran y cambiaran su conducta»* (2 Corintios 7:9).

No tienes que alegrarte por sufrir dolor, pero sí puedes pedirle a Dios que lo use para guiarte en la dirección correcta y agradecerle por todas las formas en que proveerá para ti.

21 DE JULIO

Las familias fuertes se ayudan entre sí a crecer

Y, dado que yo, [...] les he lavado los pies, ustedes deben lavarse los pies unos a otros. Les di mi ejemplo para que lo sigan. Hagan lo mismo que yo he hecho con ustedes.

JUAN 13:14-15

Una característica de una familia fuerte es que los miembros se ayudan los unos a los otros a crecer. Dos métodos que ayudan y dos que no son los siguientes.

Sí se ayudan mutuamente a crecer:

1. **A través del ejemplo.** Jesús enseñaba a sus discípulos con el ejemplo como podemos leer en Juan 13:14-15, nuestro pasaje de hoy. Tus hijos no quieren escuchar tus sermones. Quieren ver a Jesús reflejado en tu vida.

2. **A través de las conversaciones.** Si no estás teniendo conversaciones críticas con tus hijos sobre problemas reales, te estás perdiendo oportunidades únicas de ayudarlos a crecer. La Biblia dice en Deuteronomio 6:7: «*Enséñaselos [los mandamientos de Dios] a tus hijos y háblales sobre ellos cuando estés en tu casa, cuando camines, cuando te acuestes y cuando te levantes*» (PDT).

No se ayudan mutuamente a crecer:

1. **A través de la crítica.** Fastidiar, criticar y quejarse son ineficaces para ayudar a alguien a cambiar. ¿Por qué? Porque, cuando criticas, te centras en lo que no quieres en lugar de en lo que sí quieres.

   Efesios 6:4 señala: «*Ustedes, padres, no hagan enojar a sus hijos, sino más bien edúquenlos con la disciplina y la instrucción que quiere el Señor*» (DHH).

2. **A través de la comparación.** Ya que cada persona es única, comparar nunca funciona. ¡Es fatal para cualquier relación! «*Presta mucha atención a tu propio trabajo, porque entonces obtendrás la satisfacción de haber hecho bien tu labor y no tendrás que compararte con nadie*» (Gálatas 6:4).

La Biblia está llena de instrucciones y ejemplos sobre cómo debemos tratarnos los unos a los otros. Dios nos llama a amarnos, a animarnos y a apoyarnos los unos a los otros. Tu familia es el lugar más importante para hacerlo y llegar a ser más como Jesús.

Tu familia te protege contra la tormenta

Es mejor ser dos que uno [...]. Si uno cae, el otro puede darle la mano y ayudarlo; pero el que cae y está solo, ese sí que está en problemas.

ECLESIASTÉS 4:9-10

Las relaciones son un impermeable durante las tormentas de la vida. Cuando alguien de tu familia está pasando por un momento difícil, se ayudan mutuamente. Se protegen mutuamente durante las tormentas porque están comprometidos el uno con el otro.

«Es mejor ser dos que uno [...]. Si uno cae, el otro puede darle la mano y ayudarlo; pero el que cae y está solo, ese sí que está en problemas» (Eclesiastés 4:9-10).

En la vida puedes encontrarte con diferentes clases de tormentas durante las cuales tendrás que proteger a tus seres queridos. Pero una de las tormentas más dolorosas de todas es el rechazo. Cuando alguien a quien amas se sienta rechazado, será el momento de acompañarlo. ¡Te necesitará!

Hace muchos años mi hija mayor, Amy, intentó ser porrista. Fue a todas las prácticas para participar de las pruebas de selección. Al final, sus amigas fueron aceptadas y ella no; eso le rompió el corazón. Cuando llegó a casa, corrió a su habitación, se metió en su vestidor, se sentó en el suelo y rompió en llanto.

Todos en nuestra familia podíamos escuchar el llanto de Amy. Uno por uno, por decisión propia, fuimos a su habitación, nos sentamos en el piso del vestidor junto a ella y lloramos con ella. No le dimos ningún consejo; no necesitaba consejos. No le dijimos: «No te preocupes. No es gran cosa». ¡Para ella era un gran problema! No le dijimos: «¡No llores!». Es insensible decirle algo así a alguien que está de duelo. En cambio, todos nos sentamos allí durante unos treinta minutos y lloramos con ella.

Nuestra familia nunca olvidará ese incidente. ¿Por qué? Porque en ese momento estábamos siendo un impermeable para ella. Estábamos siendo un escudo protector. Alguien de nuestra familia había sido herido. No le estábamos quitando importancia. No estábamos tratando de convencerle que dejara de pensar en eso. No estábamos tratando de animarla. Solo lloramos con ella.

Las familias fuertes se protegen mutuamente en la tormenta y se sientan juntas hasta que pueden volver a ver la luz.

23 DE JULIO

Las familias deben ser divertidas

Hay que disfrutar cada día mientras estamos vivos, sin importar cuánto va a durar nuestra existencia.

ECLESIASTÉS 11:8 (PDT)

Mientras mis hijos estaban creciendo, decidí que lo que más quería que supieran sobre nuestra familia era que eran amados y que nos divertíamos juntos. Inventé diferentes clases de actividades solo para divertirme con mis hijos.

Uno de ellos se llamaba *Daddy's Magical Mystery Tour* (El mágico y misterioso paseo con papá). Cuando los niños estaban en la escuela primaria los despertaba con un grito diciendo: «¡Levántense de la cama! ¡Es hora del *Daddy's Magical Mystery Tour*!». Eso los emocionaba porque significaba que no tenían que ir a la escuela y que estábamos a punto de hacer algo bastante divertido, como conducir hasta un hotel que tuviera piscina o ir a comer helados.

Las personas no recuerdan lo que dices, pero recordarán cómo las haces sentir. Mis hijos no recuerdan la mayor parte de lo que dije en los primeros años de su vida. Pero sí recuerdan que nos divertíamos mucho.

Ese es el primer denominador común de las grandes familias: las familias geniales son divertidas. ¡Disfrutan de la vida juntos! Este es el ingrediente que falta en tantas familias hoy porque están muy ocupados, muy negativos, muy desgastados y muy serios. No tienen tiempo ni energía para divertirse juntos.

Esto es lo que la Biblia nos pide que hagamos en Eclesiastés 11:8: «*Hay que disfrutar cada día mientras estamos vivos, sin importar cuánto va a durar nuestra existencia*» (PDT).

¿Por qué es importante que disfrutes cada día? Porque no tienes garantizada la semana que viene, ni el mes que viene, ni siquiera el día de mañana. Sea lo que sea que vayas a vivir, será mejor que lo hagas *ahora*.

Si no vives cerca de tu familia, aprende a tener este tipo de diversión con la familia de tu iglesia. Ser parte de un grupo pequeño puede darte una gran oportunidad de encontrar personas con las que puedas divertirte.

Cuando te diviertes con tu familia, le estás mostrando al mundo que la vida con Dios trae alegría y esperanza. No tenemos garantizado el mañana, pero tenemos garantizada la eternidad con él. Eso nos da libertad para aprovechar al máximo cada día.

24 DE JULIO

Las relaciones sanas dependen de un comportamiento desinteresado

Siempre se cosecha lo que se siembra. Los que viven solo para satisfacer los deseos de su propia naturaleza pecaminosa cosecharán, de esa naturaleza, destrucción y muerte; pero los que viven para agradar al Espíritu, del Espíritu, cosecharán vida eterna.

GÁLATAS 6:7-8

El egoísmo destruye las relaciones. Es la causa número uno de conflictos, discusiones, divorcios e incluso guerras.

Santiago 4:1 enseña: *«¿De dónde surgen las guerras y los conflictos entre ustedes? ¿No es precisamente de las pasiones que luchan dentro de ustedes mismos?»* (NVI). Todos los problemas comienzan debido al egoísmo.

Si el egoísmo destruye las relaciones, el altruismo las hace crecer. ¿Qué significa altruismo? Significa menos de «mí» y más de «ti». Significa pensar en los demás más que en ti mismo y anteponer las necesidades de los demás a las tuyas. Como expresa Filipenses 2:4: *«No se ocupen solo de sus propios intereses, sino también procuren interesarse en los demás»*.

El altruismo saca lo mejor de las personas. Genera confianza en las relaciones. Lo vi muchas veces: algunas personas son tan desagradables que es difícil relacionarse con ellas, pero se transforman cuando alguien es amable y desinteresado con ellas. Cuando se les da lo que necesitan, no lo que se merecen, cambian de maneras hermosas.

La Biblia enseña en Gálatas 6:7-8: *«Siempre se cosecha lo que se siembra. Los que viven solo para satisfacer los deseos de su propia naturaleza pecaminosa cosecharán, de esa naturaleza, destrucción y muerte; pero los que viven para agradar al Espíritu, del Espíritu, cosecharán vida eterna»*.

Este es el principio bíblico de la siembra y la cosecha. Siempre cosecharás lo que siembres. Cuando siembras altruismo cosechas la bendición de Dios.

Todo lo que tienes es un regalo de Dios, el resultado de su generosidad hacia ti. Cuanto más te parezcas a él, más aprenderás a pensar en los demás y en *sus* necesidades y menos en las tuyas. Y, un día, Dios recompensará tu generosidad cuando llegues al cielo.

Pero mientras estés aquí en la tierra te sentirás más satisfecho cuando te brindes a ti mismo. Jesús enseñó: *«Si tratas de aferrarte a la vida, la perderás; pero si entregas tu vida por mi causa y por causa de la Buena Noticia, la salvarás»* (Marcos 8:35).

25 DE JULIO

Los matrimonios fuertes benefician a todos

Ámense sinceramente unos a otros. [...] Y apéguense a lo bueno. Ámense como hermanos los unos a los otros, dándose preferencia y respetándose mutuamente.

ROMANOS 12:9-10 (DHH)

Los matrimonios fuertes no solo benefician a los cónyuges, sino también pueden ayudar a fortalecer sociedades enteras. A lo largo de la historia, el matrimonio ha sido el pilar fundamental de toda civilización. Cuando los matrimonios son fuertes, las naciones son fuertes. Cuando los matrimonios y las familias se debilitan, las culturas declinan.

Dios usa el matrimonio para perfeccionar tu carácter. Aprendes a ser desinteresado y amoroso. Si te casas, entenderás que ninguna relación tendrá mayor impacto en tu vida.

Si no estás casado, Dios puede usar, *y usará,* a otras personas para edificar tu carácter. Los solteros piadosos y centrados en los demás también desempeñan un papel fundamental en las culturas florecientes. De hecho, a veces desempeñan papeles que las parejas casadas con hijos no pueden. Las sociedades necesitan solteros que vivan en relaciones fuertes y valientes con los demás.

Casado o no, uno de los principales propósitos de tu vida es que crezcas y te des cuenta de que no se trata solo de ti. De hecho, la verdadera felicidad proviene de dar tu vida, ser desinteresado, servir y amar. Tal es la madurez.

La vida es un laboratorio para aprender a amar. Esto es lo más importante en la vida porque Dios es amor y quiere edificar tu carácter para que seas como él.

Si estás casado, tu cónyuge es la principal herramienta que usa Dios en tu vida para edificar un carácter semejante al de Cristo. Tienes cientos de oportunidades al día para pensar en tu cónyuge en lugar de en ti mismo.

Lee de nuevo Romanos 12:9-10. ¿Haces eso en tu matrimonio? ¿Haces eso con la familia de Dios en la iglesia? A medida que crezcas en madurez, aprenderás que el amor sirve y da y no tiene que tener la última palabra. El amor pone a la otra persona en primer lugar.

Sobresalgan en mostrar respeto el uno por el otro para que crezcan y se parezcan más a Cristo. ¡Beneficiará a todos!

26 DE JULIO

Perdona a quienes se oponen a ti

Instruye con ternura a los que se oponen a la verdad. Tal vez Dios les cambie el corazón, y aprendan la verdad. Entonces entrarán en razón y escaparán de la trampa del diablo. Pues él los ha tenido cautivos, para que hagan lo que él quiere.

2 TIMOTEO 2:25-26

Cuando te enfrentas a oposición por tu fe, necesitas reconocer la fuente de la oposición. No son tus compañeros de trabajo. No es un partido político. No es otra nación o religión. No es alguien que compite contigo. La presión que sientes para ceder o quedarte callado o sentarte cuando deberías ponerte de pie no proviene de otras personas. Viene de Satanás.

En Apocalipsis 12:10, Satanás es llamado el acusador de los cristianos. Su trabajo es derribarte. A tu alrededor se está librando una batalla espiritual invisible. La presión para evitar que hagas lo correcto no proviene de otras personas, sino de la guerra espiritual. Efesios 6:12 enseña: «*No luchamos contra enemigos de carne y hueso, sino contra gobernadores malignos y autoridades del mundo invisible, contra fuerzas poderosas de este mundo tenebroso y contra espíritus malignos de los lugares celestiales*».

Satanás sabe que no tiene sentido atacar a Jesús. Por eso ataca a los seguidores de Jesús. Utiliza los medios de comunicación, la música y la cultura popular: lo que pueda para ridiculizar a los cristianos. Está detrás de las voces que dicen: «Esos cristianos están desactualizados. No saben de lo que hablan. Son intolerantes».

La Biblia enseña: «*No te metas en discusiones necias y sin sentido que solo inician pleitos. Un siervo del Señor no debe andar peleando, sino que debe ser bondadoso con todos, capaz de enseñar y paciente con las personas difíciles. Instruye con ternura a los que se oponen a la verdad. [...] Entonces entrarán en razón y escaparán de la trampa del diablo. Pues él los ha tenido cautivos, para que hagan lo que él quiere*» (2 Timoteo 2:23-26).

Debes reconocer que la fuente de tu oposición es el diablo, no la persona que te ataca, y que no tienes la fuerza para luchar solo contra los ataques de Satanás.

En lugar de pelear, necesitas tratar a las personas como lo hizo Jesús. Incluso en la cruz dijo: «*Padre, perdónalos, porque no saben lo que hacen*» (Lucas 23:34). Las personas que te atacan no saben lo que están haciendo. Por lo tanto, tú también necesitas orar: «Padre, perdónalos». Entonces podrás mostrar amor incluso bajo ataque y tener más energía para luchar contra el verdadero enemigo.

El cambio te conviene

Mientras la tierra permanezca, habrá cultivos y cosechas,
frío y calor, verano e invierno, día y noche.
GÉNESIS 8:22

Aunque el cambio es inevitable, y todos lo sabemos, a menudo nos sorprendemos cuando las cosas no siguen igual.

Es posible que cuando ocurre un cambio nos quejemos y refunfuñemos, nos enojemos y culpemos a los demás. Incluso podemos intentar detener el cambio inevitable, como si tuviéramos algún control. Pero las cosas en la tierra jamás permanecen igual. En cada momento de nuestra vida hay cambios, para bien o para mal.

Cuando Dios creó la tierra, esta es una de las primeras cosas que dijo: «*Mientras la tierra permanezca, habrá cultivos y cosechas, frío y calor, verano e invierno, día y noche*» (Génesis 8:22). En su diseño perfecto, Dios hizo que todo en este planeta fuera estacional. Todo cambia constantemente, incluso cuando no podemos verlo ni sentirlo. Tu familia ya no es como antes. Tu trabajo ya no es el mismo que solía ser. *Tú* ya no eres el mismo.

Gracias a que Dios lo diseñó y dijo que era bueno, sabemos que el cambio es para nuestro beneficio. El cambio evita que nos volvamos ociosos y nos ayuda a confiar en Dios cuando no entendemos lo que sucede. Cuando el cambio trae dolor a nuestra vida, aprendemos a depender de Dios. Además, el cambio hace que el crecimiento espiritual, físico y emocional sea una parte natural de la vida. Cambiar para mejor en tu caminar con Jesús significa que te estás volviendo más como él.

No hay crecimiento sin cambio. No hay cambio sin pérdida. No hay pérdida sin pena. Y no hay pena sin dolor. Una persona que quiere crecer y ser mejor sin pasar por el dolor del cambio es como una mujer que dice: «¡Quiero tener un bebé, pero no quiero pasar por el parto!». ¡Imposible! Para traer una nueva vida al mundo se requiere dolor. A veces, para disfrutar de un buen regalo tenemos que experimentar el doloroso cambio que se requiere para recibirlo.

Las cosas cambiarán. Es así. El cambio no siempre será fácil, y es posible que, en ocasiones, no lo entiendas. Aun así, puedes estar seguro de que cualquier cambio que Dios requiera de ti es para tu bien.

Solo una opinión importa

Ustedes son la luz del mundo, como una ciudad en lo alto de una colina que no puede esconderse.

MATEO 5:14

Si no estás seguro de quién eres en realidad, las presiones, los problemas y las personas que te rodean pueden manipularte y moldearte; ¡eso causa estrés en tu vida!

Nuestra cultura está constantemente tratando de encajarte en su molde. Tener una identidad confusa y dudosa y no estar seguro de quién eres te hace más vulnerable a la influencia de la cultura. Hasta que no establezcas en tu mente que Dios te ama sin condición y que eres un hijo de Dios, serás propenso al estrés.

Jesús nunca tuvo ninguna duda acerca de su identidad. De hecho, diecisiete veces en las Escrituras declaró en público quién era. Dijo cosas como: *Yo soy la luz del mundo. Yo soy el Hijo de Dios. Yo soy el camino, la verdad y la vida. Yo soy el pan de vida.* Jesús dejó claro que sabía exactamente quién era.

Jesús afirmó en Juan 8:18: «*Yo mismo soy un testigo a mi favor*» (DHH). No necesitaba que otras personas le dijeran quién era. No buscó la validación de los demás.

Cuando dependes de lo que los demás opinan para sentirte validado, no resistes las presiones. Porque si no sabes quién eres, otras personas lo decidirán por ti. Te obligarán a entrar en un molde y te estresarás tratando de ser alguien que no eres. Terminarás fingiendo y usando una máscara. ¡Terminarás desgastado!

Jesús sabía que él era la luz del mundo. Pero también dijo lo mismo de ti: «*Ustedes son la luz del mundo, como una ciudad en lo alto de una colina que no puede esconderse*» (Mateo 5:14). ¿Te das cuenta de lo especial que eres? No por lo que digan los demás, sino por lo que dice Dios. No hay nadie en el mundo que sea exactamente como tú.

Debes aceptar la verdad acerca de ti: tus fortalezas, tus limitaciones y debilidades. Dios te hizo con todas esas características y te ha dado todo lo que necesitas para hacer su voluntad.

Cuando aceptes eso, estarás seguro de tu identidad y mucho menos estresado.

29 DE JULIO

¿Necesitas ser lleno de nuevo?

Vengan a mí todos los que están cansados y llevan cargas pesadas, y yo les daré descanso. Pónganse mi yugo. Déjenme enseñarles, porque yo soy humilde y tierno de corazón, y encontrarán descanso para el alma. Pues mi yugo es fácil de llevar y la carga que les doy es liviana.

MATEO 11:28-30

Nada cambiará en tu vida hasta que te sientas insatisfecho con la vida que vives. Tienes que llegar al punto en el que digas: «Ya no voy a vivir así. Ya tuve suficiente. Voy a cambiar. Voy a hacer algo respecto a lo que siento».

A veces, parece más fácil aguantar todo lo que estás pasando, incluso cuando no te gusta, simplemente porque te resulta familiar. Llevar la carga de nuestros problemas es incómodo y, tal vez, incluso doloroso, pero no es una carga que no hayamos llevado antes.

Cuando por fin llegas al punto de la desesperación porque estás harto de tus circunstancias y decisiones y de la forma en que te afectan a ti y a los demás, necesitas ir directamente a Jesús.

¿Qué dice Jesús cuando acudimos a él con un vacío en nuestra vida, con un alma y un corazón vacíos? ¿Cómo responde cuando le decimos que no tenemos nada para dar?

No nos regaña ni nos juzga. No nos abate ni nos dice que lo resolvamos. Hace exactamente lo contrario. Jesús afirmó en Mateo 11:28-30: *«Vengan a mí todos los que están cansados y llevan cargas pesadas, y yo les daré descanso. Pónganse mi yugo. Déjenme enseñarles, porque yo soy humilde y tierno de corazón, y encontrarán descanso para el alma. Pues mi yugo es fácil de llevar y la carga que les doy es liviana».*

Como pastor en servicio durante más de cuarenta años, hablé con miles de personas y descubrí solo tres cosas que hacen que las personas cambien: el dolor, la perspectiva y no tener otra opción. La mayoría de las personas no cambian hasta que están bajo presión. ¡No hay triunfo hasta que no estás derrotado! Todos llegamos a un punto en el que nuestro orgullo, arrogancia y autosuficiencia colapsan. Es el momento en que nos damos cuenta de que no podemos solos y de que no tenemos que hacerlo solos.

Un colapso es siempre la puerta a un gran avance. Ven a Jesús y deja que te llene de nuevo con el poder del Espíritu Santo y con la esperanza de tu salvación. Jesús nunca te rechazará.

30 DE JULIO

Dos maneras en que Dios cultiva tu fe

Arráiguense profundamente en él y edifiquen toda la vida sobre él. Entonces la fe de ustedes se fortalecerá en la verdad que se les enseñó, y rebosarán de gratitud.

COLOSENSES 2:7

Dios no quiere que tengas cualquier fe. Quiere que tengas una fe fuerte y vigorosa; no una fe débil que se derrumba cuando las cosas se ponen difíciles.

La Biblia enseña en Colosenses 2:7: «*Arráiguense profundamente en él y edifiquen toda la vida sobre él. Entonces la fe de ustedes se fortalecerá en la verdad que se les enseñó, y rebosarán de gratitud*».

¿Cómo cultiva Dios una fe fuerte como esa?

La primera forma en que Dios cultiva tu fe es a través de su Palabra. Quiere que conozcas la Biblia: que leas la Biblia, que escuches la Biblia, que estudies la Biblia, que memorices la Biblia y que hables de ella. ¿Por qué? Porque la Palabra de Dios señala: «*Así que la fe viene como resultado de oír el mensaje y el mensaje que se oye es la palabra de Cristo*» (Romanos 10:17, NVI).

Si tu fe es débil, es probable que no pases mucho tiempo leyendo la Biblia. Cuanto más leas el libro de Dios, sin embargo, más alimentará tu alma. La Palabra de Dios es alimento para el alma. Por lo tanto, pasar tiempo en ella es la manera más fácil de hacer crecer tu fe.

La segunda forma en que Dios cultiva tu fe es de la manera difícil: a través de las circunstancias que te ponen a prueba. Mientras que tal vez leas la Biblia solo un poco cada día, hay cosas que suceden a tu alrededor las veinticuatro horas del día. Tus circunstancias son lo que Dios usa con mayor frecuencia para hacer crecer tu fe y edificar tu carácter.

La fe es como un músculo. No se desarrolla un músculo sin algún tipo de resistencia. La única forma de hacer crecer un músculo es con presión, pruebas y peso. Lo mismo ocurre con la fe. Tu fe no aumenta simplemente porque te sientas y digas: «Oh, quiero más fe». La fe necesita ser probada. Por eso es que Dios permite que las circunstancias en tu vida desarrollen tu músculo de fe.

Debido a que Dios se preocupa tanto por tu fe, puedes estar seguro de que siempre responderá esta oración: «*¡Aumenta nuestra fe!*» (Lucas 17:5, NVI). Adopta esa oración mientras Dios cultiva tu fe a través de su Palabra y de las circunstancias que te ponen a prueba.

Las amistades fieles te ayudan a crecer

Así que dejen de decir mentiras. Digamos siempre la verdad a todos porque nosotros somos miembros de un mismo cuerpo.

EFESIOS 4:25

El cambio real requiere una comunidad honesta.

A lo largo de tu vida, experimentarás momentos en los que sabes que necesitas cambiar y en los que también sabes que nunca podrás cambiar por tu cuenta. En esos momentos, necesitarás el apoyo de otras personas, específicamente, un grupo pequeño de personas que sean transparentes y auténticas contigo.

Es como en un partido de fútbol donde un jugador es tan bueno que ningún jugador contrario puede quitarle la pelota por sí solo. De la misma manera, algunos de los desafíos en tu vida tienen que ser enfrentados en equipo.

Es entonces que necesitas un grupo pequeño, pero no cualquier grupo de personas. Tu grupo pequeño debe estar formado por algunas personas con las que puedas hablar sobre tus debilidades y problemas: todas tus heridas, hábitos y complejos.

Ese tipo de intimidad no ocurre de inmediato. Cuando comienzas un grupo pequeño, te reúnes con regularidad. Luego, con el tiempo, comienzan a confiar el uno en el otro y a crear un entorno seguro. Esas personas se convierten en los amigos que pueden ayudarte a cambiar cuando no puedes cambiar por tu cuenta.

Efesios 4:25 expresa: «*Así que dejen de decir mentiras. Digamos siempre la verdad a todos porque nosotros somos miembros de un mismo cuerpo*».

Cuando finges ser alguien que no eres en realidad, desperdicias una enorme cantidad de energía. Es posible que desees sinceramente crecer en Cristo y trabajar en tus debilidades. Pero para hacer eso, tienes que ser honesto con tu grupo pequeño acerca de quién eres en realidad. Ese tipo de honestidad es esencial para el cambio espiritual. Si pudieras cambiar por tu cuenta, lo harías, pero no puedes; así que no lo haces. ¡Necesitas a otras personas!

Una cosa que impide que la mayoría de las personas sean honestas es su deseo de guardar las apariencias. Tu deseo de *guardar* las apariencias a menudo tiene prioridad sobre *ser* bueno. Esa actitud se convierte en un obstáculo para el crecimiento espiritual.

En un grupo pequeño de otros creyentes, tienes la confianza necesaria para ser tú mismo. Como resultado, pueden crecer juntos y hacer los cambios difíciles que no podrían hacer por su propia cuenta.

1 DE AGOSTO

Fe significa seguir, sin saber a dónde

Fue por la fe que Abraham obedeció cuando Dios lo llamó para que dejara su tierra y fuera a otra que él le daría por herencia. Se fue sin saber adónde iba.
HEBREOS 11:8

A veces, cuando Dios quiere hacer crecer tu fe te da la prueba del a dónde. Si estás preguntando: «¿A dónde, Señor?» y sientes que Dios no te responde es probable que estés en medio de una prueba del a dónde.

Dios quiere ver si lo seguirás a donde te guíe, incluso cuando no entiendas, no quieras ir o no sepas a dónde vas.

Dios usó la prueba del a dónde con Abraham. Hebreos 11:8 enseña: *«Fue por la fe que Abraham obedeció cuando Dios lo llamó para que dejara su tierra y fuera a otra que él le daría por herencia. Se fue sin saber adónde iba»*. ¿Abraham quería ir? Probablemente no. Tenía setenta y cinco años, estaba cómodo en su casa con su familia y sus animales, los cuales eran muchos porque Abraham era un hombre rico. Trasladarse como Dios le pedía habrá sido una tarea enorme.

¿Te trasladarías si Dios te dijera: «No te voy a decir a dónde vas, cuánto tiempo te tomará llegar allí, dónde vas a terminar ni cómo será. Solo confía en mí»?

Abraham, por fe, obedeció a Dios. Salió de su casa sin saber a dónde iba. Por lo tanto, pasó la prueba del a dónde.

Tal vez estés en la prueba del a dónde en este momento. Sabes que debes renunciar a tu trabajo, pero no sabes a dónde debes ir. Dios quiere que vendas tu casa, pero no te dijo a dónde mudarte. Dios está probando tu carácter. Quiere que demuestres tu fe y la hagas crecer a medida que le obedeces, ya sea que sepas o no a dónde vas.

Hebreos 11 continúa diciendo: *«Incluso cuando llegó a la tierra que Dios le había prometido, vivió allí por fe [...]. Abraham esperaba con confianza una ciudad de cimientos eternos, una ciudad diseñada y construida por Dios»* (Hebreos 11:9-10).

Estás llamado a vivir toda tu vida por fe. Sin importar a dónde te lleve Dios, recuerda que nunca tendrás un hogar permanente en la tierra. Puedes confiar en las promesas de Dios para tu vida. Además, puedes esperar tu hogar eterno con él.

Necesitas las promesas de Dios, no sus explicaciones

Incluso cuando llegó a la tierra que Dios le había prometido, vivió allí por fe, pues era como un extranjero que vive en carpas.

HEBREOS 11:9

Aunque Dios te hizo más de siete mil promesas en la Biblia, no cumple cada una al instante. Como seguidor de Cristo puedes esperar que, en ocasiones, Dios ponga a prueba tu fe. Una de esas pruebas llega cuando las promesas de Dios se atrasan. A esa clase de pruebas llamo la prueba del cuándo.

Sabes que te enfrentas a la prueba del cuándo cuando te preguntas: «¿Cuándo, Señor? ¿Cuándo contestarás mi oración? ¿Cuándo cambiarán las cosas en mi matrimonio? ¿Cuándo me pondré bien? ¿Cuándo me graduaré? ¿Cuándo tendré un bebé? ¿Cuándo recibiré ese ascenso?».

Abraham se enfrentó a la prueba del cuándo: *«Incluso cuando llegó a la tierra que Dios le había prometido, vivió allí por fe, pues era como un extranjero que vive en carpas»* (Hebreos 11:9). Abraham siguió a Dios en fe a un lugar que no conocía. Una vez que llegó allí, Abraham y su familia fueron básicamente nómadas durante tres generaciones. A pesar de que Dios había prometido entregarle a Abraham Israel, lo haría en su propio tiempo. Abraham siguió obedeciendo porque confiaba en la promesa de Dios.

Dios tiene toda la eternidad para cumplir sus promesas, por lo que algunas de ellas se cumplirán después de que termine tu vida terrenal. Es por eso que Dios quiere que construyas tu vida sobre sus promesas y no sobre sus explicaciones.

Abraham recibió una gran promesa de Dios: ¡Dios lo convertiría en una gran nación! Pero después de que Abraham llegó a Israel y todavía vivía como un nómada, me imagino que constantemente le preguntaba a Dios: «¿Cuándo, Señor? Me diste esta promesa. ¿Cuándo la vas a cumplir?».

Es posible que estés en una prueba de cuándo en este momento. Estuviste esperando una respuesta y nada parece indicar que llegará. Entonces preguntas: «¿Cuándo, Señor? ¿Cuándo te harás cargo de este problema? ¿De mi relación? ¿De mis finanzas? ¿Mi salud? ¿Mi futuro?». La fe significa que esperas el tiempo de Dios sin saber cuándo.

¿Estás en un momento de espera? No la desperdicies. Muéstrale a Dios que confías en él aferrándote a sus promesas. Cuando lo hagas, Dios hará crecer tu fe.

¿Imposible? Confía en que Dios te dará la respuesta

Fue por la fe que hasta Sara pudo tener un hijo, a pesar de ser estéril y demasiado anciana. Ella creyó que Dios cumpliría su promesa.

HEBREOS 11:11

Para hacer crecer tu carácter, Dios a veces te pondrá a prueba con lo que parece ser un problema imposible de resolver, al cual llamo la prueba del cómo. La prueba del cómo es cuando te preguntas: «¿Cómo rayos voy a resolver esto?».

Dios le dio a Abraham lo que parecía ser un problema imposible de resolver. Le prometió a Abraham que lo trasladaría a un nuevo país, le daría la tierra en ese país y lo convertiría en el padre de una gran nación. También le prometió que sus descendientes poblarían toda la tierra; le daría a Abraham, como herencia, una gran nación.

A pesar de que Abraham tenía setenta y cinco años y no tenía hijos cuando Dios le dio esta promesa, se mudó a Canaán —que con el tiempo se llamaría Israel— y siguió esperando que su esposa quedara embarazada. A la edad de noventa y nueve años todavía no tenía el hijo prometido. Esto era lo que se podría llamar un problema sin solución.

De hecho, la Biblia relata que Abraham y Sara se rieron cuando Dios les dijo que tendrían un bebé. ¿Cómo iban a tener un bebé siendo ambos tan ancianos?

Esta era su prueba del cómo. Hebreos 11:11 señala: *«Fue por la fe que hasta Sara pudo tener un hijo, a pesar de ser estéril y demasiado anciana. Ella creyó que Dios cumpliría su promesa»*. Al bebé lo llamaron Isaac, que significa «risa».

«Así que una nación entera provino de este solo hombre, quien estaba casi muerto en cuanto a tener hijos; una nación con tantos habitantes que, como las estrellas de los cielos y la arena de la orilla del mar, es imposible contar» (Hebreos 11:12). ¡Dios se rio al último!

Habrá muchas ocasiones en las que Dios te dirá que hagas algo que parece imposible. Él no quiere que entiendas todo ni que sepas cómo hacer todo. Ni siquiera espera que siempre sepas cuál es el paso siguiente.

En cambio, Dios quiere que creas que *él* lo sabe todo, y que resolverá las cosas a su manera y en su propio tiempo. Fe es esperar un milagro sin saber *cómo*. Cuando muestras este tipo de fe, te vuelves más como Jesús.

4 DE AGOSTO

Cuando preguntas: «¿Hasta cuándo, Señor?»

[Moisés] siguió firme en su camino porque tenía los ojos puestos en el Invisible.

HEBREOS 11:27

Muchas personas sufren dolores por mucho tiempo, ya sea dolor físico, emocional, espiritual, relacional o financiero. Cuando estás en esas épocas en que preguntas: «¿Hasta cuándo, Señor?». Es posible que Dios esté usando la prueba del hasta cuándo para fortalecer tu carácter.

La Biblia nos enseña que Moisés tuvo una perseverancia increíble. Soportó mucho dolor, críticas y conflictos. Tenía todo el derecho a preguntar: «¿Hasta cuándo, Señor?».

Hebreos 11:24-26 señala: *«Fue por la fe que Moisés, cuando ya fue adulto, rehusó llamarse hijo de la hija del faraón. Prefirió ser maltratado con el pueblo de Dios a disfrutar de los placeres momentáneos del pecado. Consideró que era mejor sufrir por causa de Cristo que poseer los tesoros de Egipto, pues tenía la mirada puesta en la gran recompensa que recibiría».*

Moisés renunció a todo lo que muchas personas pasan su vida tratando de lograr: fama, fortuna, placeres, posesiones y posición social porque había puesto su fe e identidad en Dios. Confiaba en las promesas de Dios.

Fe es seguir perseverando sin saber cuánto tiempo tendrás que aguantar. Dado que eso a veces es muy difícil, quizás te preguntes: ¿Cómo continuas en la fe cuando estás sufriendo? ¿Cómo desarrollas resistencia? ¿Cómo manejas el dolor prolongado?

Haces lo que hizo Moisés: te acercas a Dios y te mantienes conectado a él para poder escucharlo.

Dios le habló a Moisés a través de una zarza ardiente. Tú no necesitas una zarza ardiente. ¿Por qué? Porque tienes la Biblia. Todo lo que Dios quiere decirte está en las Escrituras. Deja de buscar una visión; en su lugar, comienza a buscar un versículo en la Palabra de Dios. Conocer las revelaciones, instrucciones y promesas de Dios te dará la capacidad para superar la prueba del hasta cuándo mientras estés pasando por un dolor prolongado.

Al igual que Moisés en Hebreos 11:27, mantén tu enfoque donde pertenece. Si mantienes los ojos en tu dolor no podrás mirar hacia arriba. Pero si mantienes tus ojos en tu Salvador, caminarás a través de las dificultades con su gracia.

5 DE AGOSTO

El propósito produce resiliencia

¡Tú guardarás en perfecta paz a todos los que confían en ti,
a todos los que concentran en ti sus pensamientos!
ISAÍAS 26:3

¿Quieres perseverar en la dificultad? Necesitas conocer el propósito de tu vida.

Cuando no sabes *por qué* haces lo que haces, cuando no conoces tu propósito, disminuyes la velocidad y te desanimas. Por el contrario, cuando entiendes para hacer qué y para ser qué fuiste hecho, no te rindes con facilidad.

¿Cuál es tu propósito? Fuiste hecho para glorificar a Dios amándolo y sirviéndole tanto a él como a los demás y pareciéndote más y más a Jesucristo en todos los sentidos.

Tienes que trabajar para mantener firme tu propósito, en especial, cuando pasaste por momentos de cambios importantes. La Biblia enseña en Isaías 26:3: «*¡Tú guardarás en perfecta paz a todos los que confían en ti, a todos los que concentran en ti sus pensamientos!*».

Conocer tu propósito es clave para desarrollar dos cualidades muy importantes que necesitas para el éxito: tenacidad y resiliencia. Toda persona exitosa, ya sea que se dedique a la ley, los deportes, los negocios, la educación, el gobierno, el ministerio, el trabajo voluntario o cualquier otra cosa, tiene tenacidad y resiliencia.

Tenacidad es la capacidad de seguir adelante cuando tienes ganas de rendirte. La necesitarás a menudo en la vida, en especial en los tiempos difíciles.

Resiliencia es un poco diferente. Es la capacidad de recuperarse cuando tuviste un fracaso o te menospreciaron durante una circunstancia difícil.

Enfocarte en los propósitos de Dios para tu vida producirá tenacidad y resiliencia. Cuando me encuentro con personas que se dieron por vencidas y no se recuperan me doy cuenta de que perdieron su propósito.

Mantén firme tu propósito. Debido a que todo cambia a tu alrededor necesitas anclar tu vida en algo que nunca cambia, algo eterno. Cuando anclas tu vida en el propósito de Dios desarrollas tenacidad y resiliencia.

El Salmo 33:11 afirma que los *«planes del Señor quedan firmes para siempre; los designios de su corazón son eternos»* (NVI).

El objetivo de Dios para ti es que soportes los tiempos difíciles con tenacidad y resiliencia. Teniendo esas cualidades no solo sobrevivirás a los tiempos difíciles, sino que serás una mejor persona cuando los superes.

6 DE AGOSTO

Es hora de dar el paso

Luego Josué les dio la siguiente orden a los jefes de Israel: «Vayan por el campamento y díganle al pueblo que preparen sus provisiones. En tres días, cruzarán el río Jordán y tomarán posesión de la tierra que el Señor su Dios les da».

JOSUÉ 1:10-11

En algún momento de la vida tienes que dejar de hablar y pasar a la acción. Después de haber pensado y orado acerca de algo, llega el momento en que tienes que dar un paso de fe.

Después de haber vagado por el desierto durante cuarenta años, los israelitas estaban a punto de cruzar a la Tierra Prometida y temían lo que les esperaba. Entonces llegó el momento decisivo que se describe en Josué 1:10-11. Tenían que ir a tomar posesión de la tierra. Literalmente, tuvieron que dar el paso y meterse al agua. Para llegar a la tierra que Dios les había prometido, tenían que cruzar un río.

El río Jordán no es muy grande. Tiene solo unos treinta metros de ancho y llega hasta tres metros de profundidad. Pero en la primavera, cuando la nieve se derrite en las montañas, el Jordán se convierte en un río gigante, impetuoso y peligroso. Los israelitas estaban allí durante la temporada de inundaciones. ¡Debe haber parecido y sonado arrollador!

No había puentes ni transbordadores que las miles de personas pudieran utilizar para cruzar. Eso significa que Dios tendría que hacer un milagro. Ya había dividido el mar Rojo para que ellos caminaran a través de él cuarenta años antes, pero esta vez quería que entraran al río *antes* de que él hiciera retroceder las aguas. Fue una prueba. Tenían que meterse en el río para mostrarle a Dios que confiaban en él para su liberación.

¿Cuál es tu río Jordán? ¿Cuál es la barrera en tu vida que crees que nunca superarás, algo que te hace pensar que Dios nunca te usará ni tendrás su bendición? ¿Qué se interpone en tu camino?

A veces, incluso cuando sabes que algo es la voluntad de Dios estarás aterrado de hacerlo. Te sentirás agobiado por los obstáculos, el miedo al fracaso, el compromiso de tiempo y la falta de recursos que parecen estar en el camino.

Hazlo de todos modos. Avanza contra tu miedo. Muestra valor. ¡Da el paso!

El primer paso siempre es el más difícil. Una vez que lo das, viene la fe y también la liberación de Dios.

¿Con qué estás alimentando tu mente?

Por último, hermanos, consideren bien todo lo verdadero, todo lo respetable, todo lo justo, todo lo puro, todo lo amable, todo lo digno de admiración, en fin, todo lo que sea excelente o merezca elogio.
FILIPENSES 4:8 (NVI)

Puedes aprender mucho sobre la salud física de una persona observando su dieta física. ¿Come principalmente alimentos saludables o alimentos procesados? ¿Los alimentos que come le da fuerzas y energía o lo desgasta?

Lo mismo aplica al aspecto espiritual, mental y emocional. Puedes aprender mucho sobre tu salud espiritual, mental y emocional observando tu dieta mental.

Devorar horas de pódcast, programas de noticias, redes sociales y programas de televisión es como comer comida chatarra mental. No es saludable para ti. De hecho, es veneno. Desgasta tu capacidad de vivir una vida con propósito.

Proverbios 15:14 enseña: *«El sabio tiene hambre de conocimiento, mientras que el necio se alimenta de basura»*.

Puedes elegir. Todos los días, debes elegir alimentar tu mente con los mejores pensamientos.

Filipenses 4:8 especifica los tipos de pensamientos que son mejores para tu salud mental, emocional y espiritual: *«Por último, hermanos, consideren bien todo lo verdadero, todo lo respetable, todo lo justo, todo lo puro, todo lo amable, todo lo digno de admiración, en fin, todo lo que sea excelente o merezca elogio»* (NVI).

¿Esa lista de cosas describe lo que piensas la mayor parte del tiempo? Si somos honestos, debemos responder que no. Nuestra mente no se remite a estas cosas de manera natural porque somos humanos y pecadores.

Tienes que entrenar tu mente para tener pensamientos que sean verdaderos, nobles, correctos, puros, hermosos, admirables, excelentes y dignos de alabanza. Lo haces leyendo la Biblia, meditando en ella y memorizándola. Tienes que tener hambre de la Palabra de Dios.

La forma en que piensas determina cómo vives. Lo que pongas en tu mente afectará todas las áreas de tu vida; por lo cual necesitas una dieta constante de la verdad de la Palabra de Dios.

8 DE AGOSTO

Cuando envidias, estás en una batalla con Dios

Él le respondió a uno de ellos: «Amigo, ¡no he sido injusto! ¿Acaso tú no acordaste conmigo que trabajarías todo el día por el salario acostumbrado? [...] ¿Acaso es contra la ley que yo haga lo que quiero con mi dinero?».

MATEO 20:13-15

Cuando pienses que Dios está bendiciendo a alguien y no a ti, relájate y confía en él. Ten fe en que Dios sabe qué más te conviene, y confía en él cuando pienses que la vida es injusta.

Puedes reconocer que la envidia se está infiltrando en tu vida con tu lenguaje. Si notas que estás diciendo que «no es justo», has caído en la trampa de la envidia. Te quejas: «¡No es justo! ¿Por qué ellos? ¿Por qué no yo? Me esforcé tanto como ellos».

En la parábola de Jesús sobre los trabajadores de la viña, los trabajadores sentían que estaban siendo tratados de manera injusta; no porque no se les pagara lo que se les había prometido, sino porque a otros obreros que trabajaron menos se les pagaba la misma cantidad.

Mateo 20:12 señala: *«Aquellos trabajaron solo una hora, sin embargo, se les ha pagado lo mismo que a nosotros, que trabajamos todo el día bajo el intenso calor».* Se puede percibir envidia en lo que dicen: «Trabajamos más duro y durante más tiempo. ¡Somos mejores que ellos!».

Fíjate en los siguientes versículos la respuesta del dueño que representa a Dios: *«Amigo, ¡no he sido injusto! ¿Acaso tú no acordaste conmigo que trabajarías todo el día por el salario acostumbrado? [...] ¿Acaso es contra la ley que yo haga lo que quiero con mi dinero?»* (Mateo 20:13-15).

Esta es la conclusión: cuando tienes envidia estás en una batalla con Dios. Dudas de la bondad de Dios en tu vida. Te molesta su decisión de bendecir a otra persona. Lo acusas de ser injusto o de tener favoritos. No crees que esté interesado en darte lo que es mejor para ti.

Por el contrario, el amor extravagante, incondicional e interminable de Dios es el mismo para todos. Dios tiene una buena razón por la cual no tienes lo que quieres. Te conoce mejor de lo que tú te conoces a ti mismo; así que puedes comenzar a practicar la siguiente oración: «Dios, voy a confiar en que tienes un plan único para mi vida y que sabes mejor que yo lo que necesito en este momento».

9 DE AGOSTO

El cambio real requiere fe

Y ahora, que toda la gloria sea para Dios, quien puede lograr mucho más de lo que pudiéramos pedir o incluso imaginar mediante su gran poder, que actúa en nosotros.

EFESIOS 3:20

¿Alguna vez intentaste cambiar algo en tu vida que no creías que en realidad pudieras cambiar? Si es así, de seguro no tuviste éxito. Esto se debe a que el cambio real requiere fe. En otras palabras, tienes que creer que puedes cambiar con la ayuda de Dios.

Dios te ayuda a cambiar a través de dos maneras principales: por medio de su Espíritu que vive en ti y a través de su Palabra, la Biblia.

Efesios 3:20 enseña: «*Y ahora, que toda la gloria sea para Dios, quien puede lograr mucho más de lo que pudiéramos pedir o incluso imaginar mediante su gran poder, que actúa en nosotros*».

¿Cuál es el cambio más grande que quieres hacer en tu vida? No importa cuán grande sea; no es demasiado grande para Dios.

Tal vez intentaste cambiar por tu cuenta y no lo lograste. Eso se debe a que Dios no te diseñó para que cambiaras por ti mismo. Cambias con el poder de Dios que él suple en respuesta a tu fe en él.

Filipenses 4:13 es un versículo muy conocido, el cual establece: «*Cristo me da fuerzas para enfrentarme a toda clase de situaciones*» (TLA).

Con el poder de Jesucristo, puedes hacer cualquier cosa que Dios te haya llamado a hacer. Fuiste *lleno* de su poder cuando te convertiste en su seguidor.

Si quieres cambiar, necesitas una actitud positiva. No necesitas un gran ego que te dicte lo que *tú* puedes hacer, sino una gran fe en lo que *Dios* es capaz de lograr en ti y a través de ti. Jesús dijo en Mateo 9:29: «*Que se haga con ustedes conforme a su fe*» (NVI).

Tú eliges cuánto cambias. Tú eliges cuánto bendice Dios tu vida. Puedes creer en fe que Dios puede ayudarte a hacer los cambios difíciles.

10 DE AGOSTO

Estás seguro en las manos de Dios

Yo les doy vida eterna y nunca perecerán [...]. Mi Padre, que me las ha dado, es más grande que todos; y de la mano del Padre nadie las puede arrebatar.

JUAN 10:28-29 (NVI)

Cuando era niño, las manos de mi padre me impresionaban. Desde mi perspectiva, ¡eran enormes! Cuando trabajaba en la carpintería, el martillo se veía muy pequeño en sus manos.

¡Las manos de nuestro Padre celestial sostienen al mundo! ¿Cuán grandes son?

Las manos de Dios tienen la grandeza necesaria para bendecirte. Jesús puso las manos sobre las personas y las bendijo. Te bendice también a ti. Isaías 62:3 señala: *«El Señor te sostendrá en su mano para que todos te vean, como una corona espléndida en la mano de Dios».*

Las manos de Dios están marcadas para nunca olvidarte. En el cielo, las únicas cicatrices estarán en las manos de Jesús, marcadas por los clavos. La Biblia enseña: *«¿Puede una madre olvidar a su niño de pecho y dejar de amar al hijo que ha dado a luz? Aun cuando ella lo olvidara, ¡yo no te olvidaré! Grabada te llevo en las palmas de mis manos»* (Isaías 49:15-16, NVI).

Las manos de Dios tienen la fuerza necesaria para mantenerte seguro por la eternidad. Lee de nuevo Juan 10:28-29, nuestro pasaje de hoy.

Una vez que pones tu vida en las manos de Dios, nadie puede arrebatarte. Quizás te preguntes: «¿No podría saltar?». ¿Sabes cuán grandes son las manos de Dios? Nunca podrías llegar al borde de ellas. Él sostiene cada aspecto de tu vida de forma segura.

Cuando mis hijos eran pequeños solía pararme en la piscina y decir: «Confíen en mí. Salten, yo los atrapo». Siempre tenían miedo y se preguntaban: «¿Tendrá la fuerza necesaria para atraparme? ¿Sus manos estarán resbaladizas? ¿Qué pasa si no me atrapa?». Pero con el tiempo se armaban de fe suficiente como para saltar y, por supuesto, yo los atrapaba. ¡Entonces querían hacerlo cien veces más!

Tu Padre está esperando que saltes hoy. Te está diciendo: «Puedes confiar en mí. Estoy trabajando detrás de escena. Y puedo manejar cualquier situación que me des».

¿No quieres que tu vida esté en las manos de Dios? Confía en él hoy y siempre.

11 DE AGOSTO

Te sanas del dolor al ayudar a los demás

Por lo tanto, ya que Cristo sufrió dolor en su cuerpo, ustedes prepárense, adoptando la misma actitud que tuvo él, y estén listos para sufrir también. Pues, si han sufrido físicamente por Cristo, han terminado con el pecado.

1 PEDRO 4:1

Cuando estás sufriendo, ¿en quién piensas más? ¡En ti mismo!

Ser egoísta es parte de tu naturaleza porque eres humano. Cuando estás sufriendo, quieres ser consolado. Cuando estás enfermo, quieres que te cuiden. Cuando estás triste, quieres que te entiendan. El sufrimiento te hace egoísta.

Dios enseña, sin embargo, que para aprender a amar como él ama, debes tratar de considerar el dolor de los demás, incluso cuando estés sufriendo. Jesús es nuestro mayor ejemplo de esto. Cuando estaba colgado en la cruz sufriendo un enorme dolor físico, emocional y espiritual, ¡estaba cargando con todo el pecado del mundo! Aun así, en sus últimos momentos de vida, tuvo en cuenta el dolor de otras personas. Por eso oró así: *«Padre, perdónalos, porque no saben lo que hacen»* (Lucas 23:34). Y le dijo al hombre que estaba a su lado: *«Te aseguro que hoy estarás conmigo en el paraíso»* (Lucas 23:43). También se aseguró de que alguien cuidara de su madre. No estaba pensando en sí mismo, ni siquiera cuando estaba en agonía.

La Palabra de Dios dice que debes tener la misma actitud que tuvo Jesús (Filipenses 2:5). Eso significa que, cuando estás sufriendo, debes mirar a tu alrededor y ver quién más está sufriendo. Debes pensar en los demás, incluso mientras te encargas de tu propio dolor.

Eso no es algo fácil de hacer. ¿Cómo puedes tener en cuenta el dolor de los demás cuando estás sufriendo? Lee de nuevo 1 Pedro 4:1, nuestro pasaje de hoy.

Con la gracia de Dios, puedes mirar más allá de tu propio dolor. Cuando lo haces, el pecado pierde su poder y te vuelves más como Jesús.

Esto sucedió en mi familia. Con la gracia de Dios, pudimos ayudar a otras personas que están sufriendo, incluso mientras cargamos con nuestro propio dolor profundo. Dios nos dio un propósito en nuestro dolor y nos permitió ayudar a muchas personas a sanarse.

Dios también puede usar tu sufrimiento para ayudar a otros que batallan con su propio dolor.

12 DE AGOSTO

Tienes el poder de Cristo

Pues él nos rescató del reino de la oscuridad y nos trasladó al reino de su Hijo amado.

COLOSENSES 1:13

En la cruz, Jesús destruyó el poder que Satanás tenía sobre tu mente, vida y destino. Cuando Jesús dijo: «*¡Consumado es!*» (Juan 19:30, NBLA). Satanás debe haber dicho: «Consumado estoy». ¡Sus días están contados!

Jesús ganó la victoria sobre la muerte y Satanás, pero si no tienes el poder de Cristo en tu vida, estás expuesto a las artimañas del diablo. Satanás puede manipular tus emociones, alterar tu mente y volverte adicto a todo tipo de cosas. ¡Estás desamparado sin Cristo!

Satanás tiene dos herramientas favoritas: la tentación y la condenación.

Con la tentación, minimiza el pecado: *¡No es gran cosa! ¡Todo el mundo lo hace! ¡Tú sabes mejor que Dios qué es lo que te hace feliz!* Satanás no necesita hablar en voz alta. Simplemente pone ideas en tu mente.

Luego, en el momento en que cometes ese pecado en particular, Satanás invierte la estrategia y te condena. En lugar de minimizar el pecado, lo maximiza: *¡Lo hiciste sabiendo que estaba mal! ¿Estás loco? Dios nunca volverá a amarte. Se acabó. Dios nunca te usará. Es tan terrible lo que hiciste que nunca jamás se te podría perdonar por ello.*

Primero, Satanás te tienta. Luego, te condena. ¿Puedes ver cuál es su estrategia? Minimiza el pecado antes de que lo cometas y lo maximiza después.

En la cruz, cuando Jesús dijo: «*¡Consumado es!*» (Juan 19:30, NBLA), venció la tentación y la condenación. Jesús destruyó el poder de la tentación y te dio el poder para resistirla: «*Pues él nos rescató del reino de la oscuridad y nos trasladó al reino de su Hijo amado*» (Colosenses 1:13).

La muerte y la resurrección de Jesús fueron un golpe letal para Satanás.

Si tienes a Jesucristo en tu vida, Satanás no tiene ningún poder sobre ti, excepto en las áreas en que tú elijas darle poder. Cuando cedes a la tentación de Satanás le das lugar en tu vida. Si tienes el poder de Dios en tu vida, Satanás no puede hacerte daño. Tu verdadera vida «*está escondida con Cristo en Dios*» (Colosenses 3:3). Estás protegido. No tienes que escuchar a Satanás. Tienes el poder para decir que no.

Siempre está mal una respuesta grosera

Amados hermanos, si otro creyente está dominado por algún pecado, ustedes, que son espirituales, deberían ayudarlo a volver al camino recto con ternura y humildad. Y tengan mucho cuidado de no caer ustedes en la misma tentación.

GÁLATAS 6:1

Es muy probable que quienes forman parte de tu vida te decepcionen en algún momento. ¿Por qué? ¡Porque nadie es perfecto!

¿Cómo respondemos con amor cuando la gente nos decepciona?

Lee de nuevo lo que enseña la Biblia en Gálatas 6:1, nuestro pasaje de hoy. Responder con amor a las personas que te decepcionan es ser amable con ellas y no juzgarlas.

¿Cómo se tienen conversaciones difíciles con delicadeza? ¿Cómo confrontas a las personas que amas cuando las ves haciendo cosas que no deberían estar haciendo? La Biblia nos pide que lo hagamos con delicadeza y respeto, no con dureza ni de una manera grosera o mezquina.

Esta es una pequeña ecuación para tener en cuenta: correcto + grosero = incorrecto.

No importa si tienes razón. Si eres grosero al respecto, a nadie le importará lo que tengas que decir. ¡Simplemente se pondrán a la defensiva! Si quieres comunicarte con alguien que te ha decepcionado, debes responder de una manera amable y amorosa.

Proverbios 15:4 señala: *«Las palabras suaves son un árbol de vida; la lengua engañosa destruye el espíritu»*. Podemos optar por *cómo* hablar con los demás; en especial con nuestros hijos. Las palabras duras pueden herir y dejar cicatrices en un niño durante años. Pero la Biblia nos dice que las palabras amables pueden sanar y ayudar. Así que cuando tus hijos se equivoquen, no los fastidies ni los rebajes en el momento. En su lugar, ¡dales una visión de cómo podrían ser las cosas! Habla con delicadeza palabras de vida, salud y esperanza, no palabras duras de juicio.

Lo mismo sucede en nuestro matrimonio. ¿Cuántos problemas matrimoniales podrían evitarse si nos detuviéramos un minuto y usáramos palabras gentiles y amables, no duras ni vengativas?

Tenemos que aprender a ser un poco más flexibles y a ser amables y gentiles cuando hablamos y respondemos.

14 DE AGOSTO

Si quieres ser amable, abre los ojos

No se preocupen por su propio bien, sino por el bien de los demás.
1 CORINTIOS 10:24

La bondad siempre comienza con los ojos: la forma en que observas el mundo y eres sensible a las necesidades de los demás.

La Biblia cuenta la historia del buen samaritano, quien se detuvo para ayudar a otro viajero que había sido atacado y herido. Dice del buen samaritano: *«Entonces pasó un samaritano despreciado y, cuando vio al hombre, sintió compasión por él»* (Lucas 10:33). Ten en cuenta que aclara *«vio»*. Ese es el punto de partida. Si quieres aprender a ser una persona más amable, necesitas cambiar tu forma de ver el mundo. Tienes que ser más observador de las necesidades que te rodean.

La prisa es la muerte de la bondad. Para ser amable, ¡tienes que ir más despacio! Si siempre estás distraído, no tienes tiempo para ser amable.

Si hicieras un viaje a través del país tendrías varias formas de trasladarte de un lado a otro. Un avión te llevaría más rápido, pero no verías gran parte del país. Podrías tomar un tren o, incluso, ir en automóvil, ambos te darían la oportunidad de ver aún más. Pero si en realidad quisieras absorber todo lo posible, caminarías.

La Biblia enseña: *«No se preocupen por su propio bien, sino por el bien de los demás»* (1 Corintios 10:24). El primer paso hacia la bondad es pedirle a Dios que te dé un radar espiritual para estar atento a las personas que te rodean y que están sufriendo emocional, espiritual y físicamente.

Tal vez naciste con este don. Sientes cuando las personas que te rodean tienen necesidad. No es que seas más espiritual que el resto de nosotros. Es que así has sido diseñado. Si no eres así, eres como yo: tienes TDAH (trastorno por déficit de atención e hiperactividad) espiritual. Te distraes con facilidad; te enfocas con facilidad en las tareas. Te resulta fácil *no* ser sensible a lo que sucede a tu alrededor.

Aun así, estarás consciente de lo que sucede a tu alrededor si en verdad te importa. Gálatas 6:8 afirma: *«El que siembra en los malos deseos, de sus malos deseos recogerá una cosecha de muerte. El que siembra en el Espíritu, del Espíritu recogerá una cosecha de vida eterna»* (DHH). No siempre es fácil ver las necesidades de otras personas, pero es el punto de partida de la bondad.

15 DE AGOSTO

Tres verdades acerca del cielo

Ya que han sido resucitados a una vida nueva con Cristo, pongan la mira en las verdades del cielo, donde Cristo está sentado en el lugar de honor, a la derecha de Dios.

COLOSENSES 3:1

La gente tiene muchos conceptos erróneos respecto a cómo es el cielo. No vamos a ser pequeños querubines que visten túnicas blancas y flotan en las nubes.

Necesitamos una visión correcta del cielo. La Biblia enseña en Colosenses 3:1: *«Ya que han sido resucitados a una vida nueva con Cristo, pongan la mira en las verdades del cielo, donde Cristo está sentado en el lugar de honor, a la derecha de Dios».*

¿Qué dice la Biblia acerca de estas *«verdades del cielo»*?

El cielo es donde Dios vive y gobierna. La Biblia llama al cielo *«la morada de Dios»*, *«la casa de Dios»* y *«la ciudad de Dios»*. El cielo es donde vive Dios.

Pero Jesús también llama al cielo *«el reino de Dios»* o *«el reino de los cielos»*. Así que el cielo es también el lugar donde Dios gobierna. El Salmo 123:1 expresa: *«A Ti levanto mis ojos, ¡Oh Tú que reinas en los cielos!»* (NBLA).

El cielo es un lugar real. El cielo no es un lugar que existe en la imaginación. Es un lugar real. De hecho, la Biblia enseña que habrá calles, árboles, agua y hogares en el cielo; ¡e incluso animales! Tu cuerpo físico será renovado, y tendrás un lugar *real* donde viva tu cuerpo *real*: *«En la casa de Mi Padre hay muchas moradas; [...] porque voy a preparar un lugar para ustedes»* (Juan 14:2, NBLA).

El cielo está diseñado para ti y para mí. Dios no diseñó el cielo para sí mismo. Lo diseñó para su familia y es una expresión de su amor. La Biblia expresa: *«Vengan ustedes, a quienes mi Padre ha bendecido; reciban su herencia, el reino preparado para ustedes desde la creación del mundo»* (Mateo 25:34, NVI).

Los seres humanos no estamos destinados a vivir en la tierra para siempre. ¡Estamos hechos para el cielo! Hebreos 13:14 señala: *«Pues este mundo no es nuestro hogar permanente; esperamos el hogar futuro»*. En verdad, este mundo no es tu hogar; ¡estás de paso!

«Ningún ojo ha visto, ningún oído ha escuchado, ninguna mente ha imaginado lo que Dios tiene preparado para quienes lo aman» (1 Corintios 2:9). No importa lo que hayas soñado sobre el cielo, ¡la realidad lo superará con creces!

16 DE AGOSTO

Sé fiel con la tarea que se ha asignado

Si son fieles en las cosas pequeñas, serán fieles en las grandes; pero si son deshonestos en las cosas pequeñas, no actuarán con honradez en las responsabilidades más grandes. Entonces, si no son confiables con las riquezas mundanas, ¿quién les confiará las verdaderas riquezas del cielo?

LUCAS 16:10-11

Estás equivocado si crees que te aburrirás en el cielo.

No estarás sentado en una nube sin hacer nada. Dios te diseñó y sabe lo que te interesa. Te formó con tus dones espirituales, corazón, habilidades, personalidad y experiencias. Dios no te hizo extraordinariamente único solo para la tierra. Usará todo lo que eres en la eternidad.

Sin lugar a dudas, tendrás trabajo en el cielo. Ahora bien, hay diferencias entre el trabajo en el cielo y el trabajo en la tierra: en el cielo, tienes la garantía de disfrutar de tu trabajo. No te causará angustia ni estrés. Será significativo, agradable y satisfactorio todo el tiempo. ¡Tendrás el trabajo que siempre soñaste para siempre!

No sé cuáles serán tus roles o responsabilidades específicas en el cielo. Pero sí sé que se basarán en lo fiel que hayas sido con las funciones y responsabilidades que Dios te asignó en la tierra. La vida es una asignación temporal; Dios está observando cuán fiable, fiel y digno de confianza eres con las responsabilidades que te dio ahora.

Si aprovechas al máximo lo que se te dio, Dios te dará más en el cielo. Llegarás al cielo por la gracia de Dios, pero tus recompensas y responsabilidades una vez que llegues allí se basarán en la fidelidad con la que hayas servido a Dios en la tierra.

La Biblia explica: *«Si son fieles en las cosas pequeñas, serán fieles en las grandes; pero si son deshonestos en las cosas pequeñas, no actuarán con honradez en las responsabilidades más grandes. Entonces, si no son confiables con las riquezas mundanas, ¿quién les confiará las verdaderas riquezas del cielo?»* (Lucas 16:10-11).

Dios está observando cómo administras tus finanzas, tiempo, relaciones, salud y oportunidades, no porque quiera hacerte sentir culpable, sino porque quiere que disfrutes de todas las cosas maravillosas que el cielo tiene que ofrecer.

Cuando elijas ser fiel en todo lo que Dios te confió en la tierra, se te confiará mucho más en el cielo.

17 DE AGOSTO

Maneras fáciles de amar a tu prójimo

Hacen muy bien si de veras cumplen la ley suprema de la Escritura: «Ama a tu prójimo como a ti mismo».
SANTIAGO 2:8 (NVI)

Los garajes son una ventaja maravillosa, ¿no te parece? Cuando llegas a casa después de un largo día de trabajo, puedes entrar con tu auto y cerrar la puerta del garaje, asegurándote de no tener que ver a tu vecino antes de llegar a la comodidad de tu hogar.

Esta ventaja puede impedir que los cristianos cumplan uno de los mandamientos más básicos de Dios: *«Hacen muy bien si de veras cumplen la ley suprema de la Escritura: "Ama a tu prójimo como a ti mismo"»* (Santiago 2:8, NVI).

«Ama a tu prójimo como a ti mismo». Es un mandato tan simple que se extiende a todas las personas en tu vida, pero muchas personas ni siquiera conocen a los vecinos que viven al lado. No puedes amar a alguien que no conoces.

Dios disfruta de ver que las personas que creó tienen comunión entre sí. En Zacarías 3:10, dijo: *«En ese día, dice el Señor de los Ejércitos Celestiales, cada uno invitará a su vecino a sentarse en paz bajo sus propias vides e higueras»*.

De seguro no tienes un viñedo, pero es posible que tengas un área común en el departamento o un parche de césped en el patio trasero. No necesitas mucho para crear un ambiente agradable y familiarizarte con tus vecinos.

Conocer a tus vecinos puede comenzar con sentarte en tu pórtico delantero y saludar a las personas a medida que pasan. Nunca se sabe cuándo un gesto amistoso puede conducir a una conversación sobre Dios.

¿Tienes un proyecto de jardinería? Úsalo para conectarte con tus vecinos. ¿Te falta algún ingrediente para las galletas que estás horneando? Pídele a algún vecino y, luego, comparte las galletas. Ve al parque a pasear a tu perro y habla con, al menos, una persona. Traslada tu parrilla al patio delantero e invita a tus vecinos a traer su propia carne a la parrilla para unirse a una fiesta improvisada. ¿Sales a correr o a caminar? Pídele a un vecino que te acompañe.

No permitas que las muchas tareas sean tu excusa para no seguir el mandamiento de Dios de amar a tu prójimo. Sé accesible, sé abierto y comparte la vida con tus vecinos para que algún día puedan compartir la eternidad contigo.

18 DE AGOSTO

Vale la pena esperar el milagro de Dios

Mis pensamientos no se parecen en nada a sus pensamientos —dice el SEÑOR—. Y mis caminos están muy por encima de lo que pudieran imaginarse.

ISAÍAS 55:8

¿Alguna vez te enfrentaste a un gran reto en tu vida? ¿Algo que no podría resolverse sin que ocurriera un milagro?

Si no lo hiciste, lo harás. Y, cuando llegue ese momento, tendrás una opción. Puedes esperar que Dios actúe en su tiempo y a su manera. O puedes tomar el asunto en tus propias manos y tratar de hacer que ocurra un milagro por ti mismo.

La verdad, sin embargo, es que los milagros no vienen de los lugares que esperas. Ni tampoco son el resultado de tu propio esfuerzo. La fuente de un milagro es siempre inesperada.

Tomemos el caso de Abraham como ejemplo. Dios le dijo que tendría un hijo y que ese hijo sería el padre de una gran nación. Abraham tenía casi noventa años y, además, él y su esposa no tenían hijos. Se necesitaría un milagro para que esto sucediera.

Abraham tuvo problemas para creer en la promesa de Dios y no esperó a que Dios obrara un milagro. Por el contrario, tomó el asunto en sus propias manos y tuvo un hijo con una mujer que no era su esposa.

Ese no era el plan de Dios. El plan de Dios era hacer un milagro en Sara, la esposa de Abraham. La solución de Abraham fue inferior a la de Dios.

Esta realidad se aplica también a tu vida. Tu manera de hacer que las cosas sucedan nunca será la mejor opción; la forma en que Dios hace las cosas es la mejor.

Si pudieras entender a Dios, serías Dios. ¡Pero no lo eres! Isaías 55:8 afirma: *«Mis pensamientos no se parecen en nada a sus pensamientos —dice el Señor—. Y mis caminos están muy por encima de lo que pudieran imaginarse».*

Los milagros siempre llegan de maneras inesperadas. Así que no hay necesidad de preocuparse, temer o tratar de resolver las cosas.

Confía en Dios y di: «No sé cómo Dios lo va a hacer, pero sé que lo hará». Luego, simplemente obedece, ve a donde te guíe y prepárate para un milagro.

19 DE AGOSTO

Cuando Dios te dé una segunda oportunidad, aprovéchala

Como colaboradores de Dios, les suplicamos que no reciban ese maravilloso regalo de la bondad de Dios y luego no le den importancia.

2 CORINTIOS 6:1

Todos cometemos errores, algunos grandes y otros pequeños. Pero, a veces, esos errores causan que te pierdas la misión de Dios para tu vida. Si es eso lo que te sucedió, te tengo buenas noticias: ¡Dios es un Dios de segundas oportunidades!

Cuando te des cuenta de que Dios te está dando otra oportunidad para cumplir tu misión, no la desperdicies. ¡Aprovéchala! Esa segunda oportunidad es el momento perfecto para que te enfoques en el llamado único de Dios para tu vida.

Lee de nuevo lo que Pablo escribe en 2 Corintios 6:1. Dios ya hizo mucho por ti: perdonó tus pecados y te dio otras segundas oportunidades.

Y te dará aún más oportunidades de servirle.

Préstale atención a la vida de Pablo. Su misión era matar cristianos porque pensaba que eran herejes que seguían a un líder muerto y caído en desgracia.

Jesús se enfrentó a Pablo en el camino a Damasco y le ofreció una segunda oportunidad. Una oportunidad para cumplir su verdadera misión en la tierra. Pablo aceptó su asignación e hizo un giro de ciento ochenta grados. Nunca olvidó la segunda oportunidad que Dios le dio.

Más adelante, Pablo dijo esto acerca de su misión: *«Pero mi vida no vale nada para mí a menos que la use para terminar la tarea que me asignó el Señor Jesús, la tarea de contarles a otros la Buena Noticia acerca de la maravillosa gracia de Dios»* (Hechos 20:24).

Pablo estaba tan agradecido de que Dios lo estuviera usando que la misión que Dios le encomendó se convirtió en lo más importante para él. Nada era más importante.

No importa qué tan mal te hayas equivocado, ya sea que te hayas apartado por completo del llamado de Dios o simplemente te hayas desviado gradualmente, Dios todavía no cambió tu misión. Hoy te ofrece una segunda oportunidad.

Así que no dudes. *Comienza hoy mismo.* Cuando Dios te dé otra oportunidad, no te demores. Obedece.

Al ofrecerte una segunda oportunidad, Dios te está mostrando su gracia y su amor sin fin.

Necesitas un fundamento sólido

Aunque cambien de lugar las montañas y se tambaleen las colinas, no cambiará mi fiel amor por ti ni vacilará mi pacto de paz [...]. ¡Mira tú, ciudad afligida, atormentada y sin consuelo! ¡Te afirmaré con turquesas y te cimentaré con zafiros! Con rubíes construiré tus almenas, con joyas brillantes tus puertas, y con piedras preciosas todos tus muros.

ISAÍAS 54:10-12 (NVI)

Todos necesitamos un nuevo comienzo en algún momento. Dios siempre estará listo para ayudarte a tenerlo.

Cuando la nación de Israel fue invadida por Babilonia, fueron exiliados y mantenidos cautivos durante setenta años. Los israelitas estaban desanimados, no solo porque habían perdido, sino porque su ciudad santa, Jerusalén, había sido destruida.

En medio de todo esto, Dios no quería que olvidaran que todavía estaba con ellos. Los amaba y se preocupaba por ellos e iba a reconstruir, o reiniciar, su vida.

Lee de nuevo lo que Dios prometió en Isaías 54:10-12. Es posible que los israelitas no tuvieran joyas preciosas en cada piedra utilizada para reconstruir Jerusalén, pero Dios quería que entendieran que iba a reconstruir su ciudad y su vida sobre su paz y su bondad.

Un cimiento de arcilla y roca podría haber permanecido en pie durante algunos años. Pero un fundamento edificado sobre las promesas de Dios, las cosas más preciosas de la tierra, duraría para siempre.

Cuando Job estaba pasando por tiempos difíciles, su amigo le dijo que se arrepintiera y, luego: «*Tu vida será más radiante que el mediodía, y aun la oscuridad brillará como la mañana. Tener esperanza te dará valentía. Estarás protegido y descansarás seguro*» (Job 11:17-18).

¿Es hora de que comiences de nuevo, de que hagas un gran cambio? Si es así, necesitas una base sólida. Solo encontrarás ese fundamento en Dios, quien te ama y cuida de ti.

Puedes comenzar tu nueva vida hoy mismo deshaciéndote de los pecados y las distracciones que te impiden enfocarte en Dios. En otras palabras, arrepintiéndote. A medida que Dios reconstruya tu vida sobre su firme fundamento, estarás viviendo en su bondad y en su paz. ¡Tu vida brillará más que el sol!

21 DE AGOSTO

Dios te da una opción

¡Ahora escucha! En este día, te doy a elegir entre la vida y la muerte, entre la prosperidad y la calamidad. Pues hoy te ordeno que ames al Señor tu Dios y cumplas sus mandatos, decretos y ordenanzas andando en sus caminos. Si lo haces, vivirás y te multiplicarás, y el Señor tu Dios te bendecirá a ti y también a la tierra donde estás a punto de entrar y que vas a poseer.

DEUTERONOMIO 30:15-16

Muchas personas están muy equivocadas en lo que respecta a Dios. Saben que Dios planeó su existencia y tiene un propósito para su vida. Pero tienen la idea equivocada de que cada detalle de la vida está planeado de antemano. Piensan que no tienen opciones.

De hecho, la Biblia enseña lo contrario: que, sin lugar a dudas, Dios tiene un plan y un propósito para ti. Eso no es algo que funciona de manera automática. Puedes pasarlos por alto. Esto se debe a que Dios no te obliga a disfrutar del plan que tiene para ti, sino que te da la opción de aceptar o rechazar su salvación y de obedecer o desobedecer sus instrucciones. Te da la opción de seguir o ignorar el propósito para el cual fuiste creado. Demasiadas personas pierden su propósito debido a sus malas decisiones. La Biblia dice en repetidas ocasiones que Dios no te obliga a hacer su voluntad.

Cuando Moisés sacó a los hebreos de Egipto después de cuatrocientos años de esclavitud, les habló de la tierra de gran bendición y abundancia que Dios les había prometido. Antes de que entraran a la Tierra Prometida, sin embargo, Dios le dijo al pueblo, por medio de Moisés, lo mismo que nos expresa a nosotros: *«¡Ahora escucha! En este día, te doy a elegir entre la vida y la muerte, entre la prosperidad y la calamidad. Pues hoy te ordeno que ames al Señor tu Dios y cumplas sus mandatos, decretos y ordenanzas andando en sus caminos. Si lo haces, vivirás y te multiplicarás, y el Señor tu Dios te bendecirá a ti y también a la tierra donde estás a punto de entrar y que vas a poseer»* (Deuteronomio 30:15-16).

Dios les estaba dando una opción. Dios quería que su pueblo disfrutara de la abundancia de la Tierra Prometida. Pero no los obligó a aceptarla, sino que les dio la opción de elegir.

Esta es una imagen de la salvación: salir de la esclavitud del pecado y entrar en la libertad en Cristo. Para disfrutar de la vida en la Tierra Prometida los israelitas tenían que elegir obedecer a Dios. Tú también tienes que decidir si aceptarás la salvación de Dios y las cosas buenas que planeó para ti.

Dios podría haberte hecho una marioneta que solo hace lo que él quiere, pero no lo hizo. Te da la capacidad de elegir. Si eliges mal, esa decisión es tu mayor maldición. Si eliges sabiamente, es tu mayor bendición.

Hoy Dios te da a elegir entre la vida (la salvación y su camino) o la muerte. ¿Qué camino elegirás?

Cuando eliges el camino de la vida de Dios, puedes decirle: «Señor, confío en ti para mi salvación. También elijo confiar en tu propósito para mi vida y en tu poder en mí para hacer todo lo que planeaste para mí. Quiero ir a donde me digas que vaya y hacer lo que me digas que haga. No sé lo que me espera a la vuelta de la esquina, pero sé que estarás conmigo y que me ayudarás a elegir tu camino a cada paso que dé. Cuando me sienta tentado a temer, dudar o pecar, quiero elegirte a ti y a tu plan porque sé que es la única manera verdadera de vivir. En el nombre de Jesús, amén».

22 DE AGOSTO

Confía en el poder de Dios, no en tu propio poder

Él nunca se debilita ni se cansa [...]. Él da poder a los indefensos y fortaleza a los débiles. [...] En cambio, los que confían en el Señor encontrarán nuevas fuerzas.

ISAÍAS 40:28-29, 31

Los peores momentos de la vida pueden agotarte y consumirte. Cuando la vida se te viene abajo, quizás, miras hacia arriba con desesperación y dices: «¿Y ahora qué? ¿Qué más me puede pasar? No aguanto más».

Pablo tenía pensamientos similares: *«Fuimos oprimidos y agobiados más allá de nuestra capacidad de aguantar y hasta pensamos que no saldríamos con vida»* (2 Corintios 1:8).

Él parecía estar a punto de darse por vencido, pero mira lo que sucedió después: *«De hecho, esperábamos morir; pero, como resultado, dejamos de confiar en nosotros mismos y aprendimos a confiar solo en Dios, quien resucita a los muertos. Efectivamente él nos rescató del peligro mortal y volverá a hacerlo de nuevo. Hemos depositado nuestra confianza en Dios, y él seguirá rescatándonos»* (2 Corintios 1:9-10).

Pablo sabía que Dios, quien puede resucitar a los muertos, ciertamente podía ayudarlo. Eso también es cierto para ti. Ese mismo poder que resucitó a Jesús está disponible para ti. La resurrección de Jesús significa que ninguna situación y ningún problema por más desesperantes que parezcan son demasiado difíciles para él. Si Dios puede resucitar muertos, puede resucitar tu salud o tu matrimonio muerto. Puede infundir nueva vida a tu trabajo.

¿Cómo puedes recibir ese tipo de poder? Lo recibes cuando Dios llena tu vida con el Espíritu Santo. La Biblia enseña: *«Pues Dios no nos ha dado un espíritu de temor y timidez, sino de poder, amor y autodisciplina»* (2 Timoteo 1:7).

Cuando el Espíritu de Dios llena tu vida, tienes verdadero dominio propio. Ya no eres empujado de un lado a otro por las circunstancias. Con Cristo como tu Maestro puedes dominar tu situación. Ya no dependes de tu propio poder para no desmoronarte, sino que dependes del poder de Dios. La Biblia promete: *«Él nunca se debilita ni se cansa [...]. Él da poder a los indefensos y fortaleza a los débiles. [...] En cambio, los que confían en el Señor encontrarán nuevas fuerzas»* (Isaías 40:28-29, 31).

Dios es fiel y te ayudará a superar cualquier cosa a la que te enfrentes.

23 DE AGOSTO

El prejuicio cuestiona la belleza de la creación de Dios

«Ama a tu prójimo como a ti mismo»; pero si muestran algún favoritismo, pecan y son culpables.

SANTIAGO 2:8-9 (NVI)

Dios aborrece los prejuicios porque cuestionan su creación.

Dios nos hizo a todos diferentes. Pensó en la raza y el género y nos creó para tener diferentes formas, tamaños y personalidades. ¡Qué aburrido sería el mundo si Dios no fuera creativo!

Me encanta recolectar piedras para hacer canteros en mi patio trasero. Aprendí que el secreto de un hermoso borde de piedras es poner diferentes colores uno al lado del otro. Así pones en evidencia la verdadera belleza de esas piedras creadas de manera única.

Lo mismo ocurre con las personas. El diseño creativo de Dios se ve plenamente representado solo cuando estamos en comunidad con personas que son diferentes a nosotros.

El prejuicio hacia otra persona es en esencia decir: «Dios, cometiste un error al crear variedad de personas. Tendrías que haber hecho a todos parecidos a mí». Esa es una expresión flagrante de orgullo y arrogancia. Cuando rechazas lo que Dios creó, rechazas su plan y diseño perfectos.

«Hermanos míos, la fe que tienen en nuestro glorioso Señor Jesucristo no debe dar lugar a favoritismos. [...] Hacen muy bien si de veras cumplen la ley suprema de la Escritura: "Ama a tu prójimo como a ti mismo"; pero si muestran algún favoritismo, pecan y son culpables, pues la misma ley los acusa de ser transgresores» (Santiago 2:1, 8-9, NVI).

Vivimos en una época de más división y partidismo de lo que jamás conocí en mi vida. Cuando las personas tienen la intención de destrozarse unas a otras, los cristianos deben mantenerse firmes en esta verdad: no fuimos diseñados para ignorar las cosas que nos hacen únicos.

Tratar de no ver los hermosos colores y otras diferencias en la creación sería negar el carácter de Dios. Nuestras diferencias reflejan la maravillosa creatividad de Dios.

Todos somos seres humanos hechos a imagen de Dios y profundamente amados por él. Cuando vemos así a cada persona con la que nos encontramos, podemos superar nuestros prejuicios con amor.

La purificación te conduce a tu nueva tarea

Si te mantienes puro, serás un utensilio especial para uso honorable. Tu vida será limpia, y estarás listo para que el Maestro te use en toda buena obra.

2 TIMOTEO 2:21

Una vez vi un letrero en una gasolinera que decía: «Un motor limpio tiene más potencia». ¡Eso también es cierto para las personas!

Cuando vives la vida con la conciencia tranquila, tienes mucho más poder. Nada te agota más rápido que la culpa, el remordimiento, la vergüenza o tratar de ocultar algo por lo que te sientes mal.

Como estudiante de historia, leí acerca de todas las grandes personas de fe que superaron tiempos difíciles sin ceder. Siempre había purificación antes de una nueva tarea. Luego, fueron usadas de maneras aún mayores debido a la forma en que crecieron y cambiaron durante ese momento difícil.

El primer paso para mantener tu vida limpia es siempre la purificación personal. Dios usa personas santas y limpias; no personas perfectas. Cada vez que Dios usa a alguien es porque esa persona mantuvo su vida pura al lidiar con su pecado y ser limpiada por el perdón de Dios a través de Jesucristo.

La Biblia promete: *«Si te mantienes puro, serás un utensilio especial para uso honorable. Tu vida será limpia, y estarás listo para que el Maestro te use en toda buena obra»* (2 Timoteo 2:21).

Si quieres que Dios te use, incluso en tiempos difíciles, debes purificarte mediante la confesión de tus pecados. Agustín, el gran teólogo, expresó: «El comienzo de las buenas obras es la confesión de las malas».

¿Cómo te deshaces de la carga de la culpa, del remordimiento, la vergüenza o el miedo a ser descubierto? Simplemente confiesas diciendo: «Dios, tienes razón. Lo que hice estuvo mal». La Biblia enseña en 1 Juan 1:9: *«Si confesamos nuestros pecados, Dios, que es fiel y justo, nos los perdonará y nos limpiará de toda maldad»* (NVI).

Dios no quiere que vivas avergonzado y cargado con el peso de los remordimientos. ¡Quiere que los dejes ir! Siempre tendrás dificultades para superar los momentos difíciles si llevas a cuestas la basura innecesaria del pasado.

Aligera la carga hoy confesando tu pecado a Dios y comenzarás a sentir cómo la presión se levanta. Entonces ¡Estarás listo para tu próxima tarea!

25 DE AGOSTO

Cuando tengas la oportunidad de ayudar a los demás, hazlo

Debemos llevar a cabo cuanto antes las tareas que nos encargó el que nos envió. Pronto viene la noche cuando nadie puede trabajar.

JUAN 9:4

Todos los días Dios te da oportunidades para mostrar bondad a las personas que te rodean. Lo hace porque quiere ver cuál será tu respuesta.

¿Optarás por ser egoísta? O ¿tendrás en cuenta a las personas que necesitan una palabra de aliento, una palmada en la espalda, un oído atento o que les hagas algún trámite?

La Biblia enseña: «*No dejes de hacer el bien a todo el que lo merece, cuando esté a tu alcance ayudarlos*» (Proverbios 3:27).

No siempre tendrás la oportunidad de ayudar, así que cuando la tengas, ¡hazlo!

Es probable que haya personas en tu vida a las que alguna vez consideraste ayudar. Por lo cual pensaste: *Me gustaría hacer eso por mi vecino* o *Quiero hacer algo amable por esa persona en el trabajo*. A pesar de tus mejores intenciones, sin embargo, no hiciste nada. ¿Por qué?

Tal vez pusiste excusas y pensaste: *Lo haré cuando las cosas mejoren*. ¿Sabes qué? Las cosas nunca mejorarán.

El momento de hacer el bien es *ahora*. La Biblia señala: «*Si esperas condiciones perfectas, nunca realizarás nada*» (Eclesiastés 11:4, NBV).

Cuando el Espíritu de Dios te da la oportunidad de hacer el bien, por lo general, es mejor hacerlo de inmediato. En otras palabras, haz el bien ahora porque no tienes garantizado el mañana.

Jesús remarcó: «*Debemos llevar a cabo cuanto antes las tareas que nos encargó el que nos envió. Pronto viene la noche cuando nadie puede trabajar*» (Juan 9:4).

Dios tiene tareas que quiere que hagas. No esperes a que las condiciones sean perfectas para hacerlas. En su lugar, busca todos los días las oportunidades que Dios te da para ayudar y animar a los demás.

¿Qué acto de bondad tuviste la intención de hacer? Hasta pensaste en más de una ocasión: *En realidad me gustaría hacer esto por esta persona*, pero aún no lo has hecho. Es hora de dejar de posponerlo.

Hazlo y ya.

26 DE AGOSTO

No tienes que entender por qué

Me apresuro a cumplir tus mandamientos.
SALMO 119:32 (DHH)

Si hay un momento en la vida en el que necesitas apresurarte, es cuando Dios te dice que actúes; incluso si no entiendes por qué.

El Salmo 119:32 señala: «*Me apresuro a cumplir tus mandamientos*» (DHH).

No es necesario comprender algo del todo para beneficiarse de ello. Aunque no entiendo cómo vuelan los aviones en el aire, viajo a menudo en ellos. A pesar de que no entiendo cómo funcionan las computadoras, uso una todo el tiempo.

No tienes que entender por qué Dios te pide que hagas algo para beneficiarte de ser obediente.

Si eres padre, es probable que le hayas dicho a tu hijo que haga algo y te haya respondido: «¿Por qué tengo que hacerlo?». Es posible que hayas respondido con cuatro pequeñas palabras: «Porque yo lo digo».

Lo que en realidad estás diciendo es: «No tienes la edad suficiente para entender, pero un día lo entenderás. Te estoy diciendo que hagas esto por tu propio bien».

Si alguien tiene la autoridad para decir: «Porque yo lo digo» es Dios, el omnipotente Creador y Soberano del universo y nuestro Padre celestial.

En la Biblia, cada vez que Dios da una orden sin una fecha específica, espera una acción inmediata.

Es como cuando mi esposa, Kay, solía llamar a la familia a cenar a una hora específica. Cuando decía: «Vengan a cenar a las 5:30», significaba que teníamos que estar listos para comer a las 5:30. Pero si ella decía: «Vengan a cenar», sabíamos que eso significaba ir de inmediato.

Al igual que los niños que retrasan su obediencia, a veces, fingimos que no podemos escuchar a Dios, a pesar de que está hablando con claridad. O leemos un mandamiento en la Biblia y nos convencemos de que está hablando con otra persona.

Pero ninguno de estos trucos engaña a Dios. Estas tácticas dilatorias son una rebelión sutil que cuestiona tanto la autoridad de Dios como su plan.

Fe es obedecer el mandato de Dios de inmediato, incluso cuando no entiendes o ves obstáculos en el camino. Así que da un paso de fe con la certeza que Dios está motivado por su amor por ti y que su mayor interés es darte lo mejor.

27 DE AGOSTO

Las dos cosas que necesitas para controlar tus pensamientos

Por lo tanto, permitir que la naturaleza pecaminosa les controle la mente lleva a la muerte. Pero permitir que el Espíritu les controle la mente lleva a la vida y a la paz.

ROMANOS 8:6

¿Te diste cuenta de que tu mente no siempre hace lo que le dices que haga?

A veces, tus pensamientos se desvían en direcciones que no quieres. Cuando necesitas orar, tus pensamientos se extravían.

La Biblia enseña que cuando esto sucede, debes llevar cautivo todo pensamiento (2 Corintios 10:5). ¿Qué significa eso? La palabra griega para *cautivo* que se usa en este versículo significa «tomar como prisionero»; en este caso, a tus pensamientos. Tienes que controlarlos.

Eso solo es posible cuando usas las dos armas que cada creyente tiene a su disposición: el Espíritu Santo y la Palabra de Dios.

Primero, necesitas reconocer el poder del Espíritu de Dios dentro de ti. Sin él estás indefenso. Lee de nuevo lo que afirma Romanos 8:6.

Necesitas a Jesús en tu vida porque, sin el Espíritu Santo, tu naturaleza pecaminosa controla tu mente. ¡Y eso siempre te llevará en la dirección equivocada! Pero cuando el Espíritu te controla, tienes el poder que necesitas para llevar cautivo todos tus pensamientos.

Segundo, necesitas la Palabra de Dios. Jesús señaló: *«Ustedes son verdaderamente mis discípulos si se mantienen fieles a mis enseñanzas; y conocerán la verdad, y la verdad los hará libres»* (Juan 8:31-32).

A la gente le gusta citar: *«La verdad los hará libres»*. Hasta es el lema de muchas universidades de todo el mundo, pero muy pocas personas citan la primera parte del versículo acerca de obedecer las enseñanzas de Jesús. La gente quiere separar la libertad de la verdad de Dios. Pero la verdad de Dios, encarnada en su Palabra y encarnada en Jesús, rompe las cadenas que te mantienen atado a pensamientos pecaminosos.

Cuando empieces a confiar en el Espíritu Santo y llenes tu mente con la Palabra de Dios, te darás cuenta de que tus pensamientos ya no te controlan, sino que por el contrario, puedes llevarlos cautivos y vivir en la libertad que Dios ofrece.

Dios escucha las oraciones que fluyen de tu corazón

Pongan todas sus preocupaciones y ansiedades en las manos de Dios, porque él cuida de ustedes.

1 PEDRO 5:7

Si alguna vez has orado: «Dios, ayúdame. Estoy agobiado y desanimado. No sé si podré seguir adelante», estabas siendo honesto con Dios. Esa es la clase de oración que Dios quiere escuchar de ti.

¿Te sientes atacado, agotado, rechazado o solo? Díselo a Dios. Tienes permiso de derramarle todo lo que sientes al Señor. Lee de nuevo lo que enseña la Biblia en 1 Pedro 5:7.

A veces es intimidante ser honesto con Dios. Incluso podrías fingir que él no sabe ya todo sobre tu vida. Es por eso que es importante recordar tres hechos acerca de Dios cuando oras.

Dios conoce todas tus emociones. La Biblia señala: *«Él hizo el corazón de ellos, así que entiende todo lo que hacen»* (Salmo 33:15).

Cuando le cuentas a Dios cómo te sientes, Dios no dice: «Acabas de sorprenderme». ¿Por qué? Porque él creó tu mente y todo lo demás. Nada de lo que digas lo tomará desprevenido.

Dios entiende tus sentimientos. La Biblia expresa que *«el Señor examina todas las conciencias y distingue cualquier intención y pensamiento»* (1 Crónicas 28:9, DHH).

La mayoría de nosotros no entendemos todo lo que pensamos. A veces tengo una emoción que me hace preguntarme: «¿De dónde salió *eso*?». Pero debido a que estamos hechos a imagen de Dios y él nos dio las emociones, él siempre las entiende.

A Dios le encanta escucharte. La Biblia expresa: *«Amo al Señor porque escucha mi voz [...] él se inclina para escuchar, ¡oraré mientras tenga aliento!»* (Salmo 116:1-2).

Es posible que estés demasiado ocupado para conversar con él, pero él nunca está demasiado ocupado para ti. Además, no se distrae con facilidad; no te dirá: «¿De qué estabas hablando? ¿Puedes repetir eso por favor?». Dios siempre está atento.

Así que, cada vez que estés angustiado y con tus fuerzas agotadas, sé honesto al orar y *«levántate y clama por las noches [...]. Deja correr el llanto de tu corazón como agua derramada ante el Señor»* (Lamentaciones 2:19, NVI).

29 DE AGOSTO

No tienes que tener todas las buenas ideas

Las personas inteligentes están siempre dispuestas a aprender; tienen los oídos abiertos al conocimiento.

PROVERBIOS 18:15

Uno de los hábitos más importantes que te ayudarán a soportar los momentos difíciles es seguir aprendiendo cosas nuevas. Cuando no estás aprendiendo, no estás creciendo espiritualmente. Y Dios siempre quiere que crezcas y te parezcas más a él.

Esto es parte de lo que significa tener visión. Visión es ver cómo puedes usar una buena idea, incluso si se le ocurrió a alguien más. Proverbios 18:15 enseña: *«Las personas inteligentes están siempre dispuestas a aprender; tienen los oídos abiertos al conocimiento»*.

Una señal de tener sabiduría es ser enseñable.

Sin importar tu educación o experiencia, puedes aprender de otras personas al hacerles buenas preguntas. Todos somos ignorantes en una variedad de temas. Es por eso que la Biblia afirma: *«Como el hierro se afila con hierro»* (Proverbios 27:17). Todavía tenemos mucho que aprender.

Casi todo lo que has aprendido ha sido por imitación. Así aprendiste a caminar, hablar y comer. Casi todo lo que sabes lo aprendiste observando a alguien más.

Eso significa que no siempre tienes que tener ideas y estrategias nuevas en tu negocio, en tu casa o en la escuela. Solo tienes que mantener los ojos abiertos para ver lo que ya está funcionando. Durante los tiempos difíciles, esfuérzate por tener una actitud enseñable y aprovecha la sabiduría que Dios pone frente a ti.

La innovación es como un ídolo en nuestra sociedad. Todos quieren ser innovadores. Todos quieren ser la persona a la que se le ocurre algo nuevo, diferente o creativo. La innovación es algo bueno, pero si algo ya está funcionando, ¿para qué inventar el hilo negro? La imitación suele ser más importante que la innovación.

El apóstol Pablo señaló en Filipenses 3:17: *«Hermanos, sean imitadores míos, y observen a los que andan según el ejemplo que tienen en nosotros»* (NBLA). A menudo, Pablo animaba a otras personas a imitarlo porque él imitaba a Cristo. Les dijo a los creyentes de Corinto: *«Sigan ustedes mi ejemplo, como yo sigo el ejemplo de Cristo»* (1 Corintios 11:1, DHH).

En tiempos difíciles, busca lo que está funcionando, lo que está logrando los propósitos de Dios, lo que Dios está bendiciendo e imítalo. ¡Este es el momento de aprender de otras personas de fe!

30 DE AGOSTO

Nunca llegarás al límite del amor de Dios

Yo les doy vida eterna y nunca perecerán, ni nadie podrá arrebatármelas de la mano.
JUAN 10:28 (NVI)

Cuando de pequeños llevé a mis hijos al Gran Cañón, mis dos hijos varones eran especialmente inquietos. Recuerdo haberlos tomado de las manos mientras caminábamos hacia el borde. Ellos querían soltarse; ¡pero no había forma de que yo les soltara la mano! Como su padre, los amaba demasiado como para soltarlos.

Después de que pusiste tu mano en la mano de Dios, habrá momentos en los que querrás soltarte. Pero sin importar cuánto ni cómo cambien tus sentimientos o circunstancias, Dios es firme, seguro y fiel. Cuando te conviertes en cristiano, él promete mantenerte salvo hasta el cielo.

Jesús señaló: *«Yo les doy vida eterna y nunca perecerán, ni nadie podrá arrebatármelas de la mano»* (Juan 10:28, NVI).

Hubo momentos en mi vida en los que dije: «Dios, no es conveniente para mí seguir a Jesús en este momento. Me gustaría dejar de seguirlo por un tiempo». Dios me respondió: «Está bien, es posible que quieras soltarme la mano, pero yo no voy a soltarte a ti. Estás en mis manos y nadie puede arrebatarte de ellas».

Recuerda, las manos de Dios son más grandes que el universo. Nunca llegarás al borde de ellas. Tampoco llegarás al final del amor de Dios.

Una vez que naciste de nuevo, no puedes ser un no nacido. Una vez que tu nombre está escrito en el libro eterno de la vida, está escrito con tinta indeleble: la sangre de Cristo. Una vez que eres salvo, siempre eres salvo.

No sabes lo que te depara el futuro ni cuántos años de vida te quedan. Podrías perderlo todo, pero nunca perderás tu salvación. Incluso cuando el mundo parece haberse vuelto loco, tienes un Padre amoroso que está resolviendo las cosas para bien.

Ten la confianza y la seguridad de que él te tiene en sus manos y nunca te soltará.

31 DE AGOSTO

La corrección de Dios no es castigo

Es para su corrección que sufren. Dios los trata como a hijos; porque ¿qué hijo hay a quien su padre no discipline?
HEBREOS 12:7 (NBLA)

¿Sabes cuál es la diferencia entre el castigo y la corrección?

El castigo es una sanción por el pasado. La corrección es un entrenamiento para el futuro. La corrección es disciplina, no castigo.

Cuando algo malo sucede, solemos pensar que Dios nos está castigando cuando en realidad solo nos está corrigiendo. ¿Cómo podemos saberlo? Porque Dios no castiga a sus hijos. Jesús ya cargó con el castigo por todos los pecados en la cruz.

Todos los pecados que cometiste y que cometerás ya fueron pagados. Así que Dios no te castiga por tus pecados, pero sí te corrige. La corrección de Dios es la evidencia de su amor porque no quiere que sigas yendo en la dirección equivocada.

Una forma en que Dios nos corrige es a través del dolor. Hebreos 12:8-10 enseña: *«Si Dios no los disciplina a ustedes como lo hace con todos sus hijos, quiere decir que ustedes no son verdaderamente sus hijos, sino que son ilegítimos. Ya que respetábamos a nuestros padres terrenales que nos disciplinaban, ¿acaso no deberíamos someternos aún más a la disciplina del Padre de nuestro espíritu, y así vivir para siempre? Pues nuestros padres terrenales nos disciplinaron durante algunos años e hicieron lo mejor que pudieron, pero la disciplina de Dios siempre es buena para nosotros, a fin de que participemos de su santidad»*.

Dios no corrige a aquellos que no son sus hijos. Como padre, nunca corregí a los hijos de otras personas, pero ciertamente corregí a los míos. Lo hice por su bien, porque quería que conocieran la alegría de seguir a Dios y de hacer las cosas a su manera.

Si escogiste seguirlo y eres su hijo, Dios quiere lo mismo para ti.

Seguir a Jesús significa cooperar cuando Dios trae algún tipo de corrección a tu vida; no porque quiera castigarte, sino porque te ama. Cuando Dios te corrige, no lo hace porque está enojado contigo. ¡Está loco *por* ti!

La Biblia señala: *«Es para su corrección que sufren. Dios los trata como a hijos; porque ¿qué hijo hay a quien su padre no discipline?»* (Hebreos 12:7, NBLA).

La corrección de Dios es para tu bien, incluso cuando viene acompañada de dolor.

1 DE SEPTIEMBRE

Nos conocerán porque nos amamos

De este modo todos sabrán que son mis discípulos,
si se aman los unos a los otros.

JUAN 13:35 (NVI)

La marca distintiva de un cristiano no es una cruz, un crucifijo, una paloma ni un pez en una calcomanía del parachoques. El signo de un cristiano es el amor. ¿Cuántas personas saben que eres cristiano porque vives un estilo de vida donde prevalece el amor?

Cantamos sobre el amor, hablamos sobre el amor, oramos sobre el amor y estudiamos el amor. Pero ¿lo ponemos en práctica? Para desarrollar el amor como tu principio de vida y convertirlo en tu mayor objetivo, tienes que hacer algo respecto al amor tan pronto como termines de leer este devocional. ¡El amor es acción!

Primero, actúa con amor en tus relaciones actuales. Si te comportaste con indiferencia con alguien, es hora de que busques la reconciliación. Arregla las cosas con tus hijos, tu cónyuge, tu novio o novia, tus padres o algún compañero de trabajo o de la escuela.

Luego, comienza a aumentar el número de relaciones que tienes. Si el objetivo más importante en la vida es amar, necesitamos construir tantas relaciones como sea posible. ¿Por qué? Porque el mundo conocerá el amor de Dios por la forma en que nos amamos los unos a los otros y, en especial, por la forma en que los cristianos aman a los demás.

No puedes vivir un estilo de vida amoroso si eres un ermitaño. Amor se deletrea T-I-E-M-P-O. Se necesita tiempo para amar a otras personas. Si amas a tus amigos, tienes que pasar tiempo con ellos. Si amas a tus hijos, tienes que pasar tiempo con ellos. Si amas a Jesús, tienes que pasar tiempo con él. El amor siempre cuesta tiempo y energía. Pero siempre vale la pena amar.

¿Te imaginas lo que sucedería si todos en la iglesia amáramos así; si todos nos comprometiéramos a actuar con amor y a dar nuestro tiempo desinteresadamente? La gente experimentaría una muestra de lo mucho que Dios las ama; como resultado, ¡el mundo cambiaría! El reino de Dios crecería. Dios sería muy feliz.

Las personas se sienten atraídas a Cristo por el amor en acción más de lo que podríamos persuadirlas con palabras. Se sienten atraídas por el amor de Dios que muestran quienes afirman que siguen a Jesús. A esas personas les importará lo que sabemos solo cuando sepan primero que ellas son importantes para nosotros.

2 DE SEPTIEMBRE

Dos pasos para conocer la voluntad de Dios

Si necesitan sabiduría, pídansela a nuestro generoso Dios, y él se la dará; no los reprenderá por pedirla.

SANTIAGO 1:5

Si quieres saber cuál es la voluntad de Dios, comienza con estos dos pasos:

1. **Admite que necesitas orientación.** El Salmo 25:9 nos enseña que *«él dirige en la justicia a los humildes, y les enseña su camino»* (NVI). Si nunca has sentido la guía de Dios, tal vez sea porque nunca has reconocido que necesitas su guía. Quizás, vas a trabajar sin haber orado primero porque supones que ya sabes lo que tienes que hacer o tomas decisiones en el ámbito financiero, respecto a dónde ir de vacaciones o acerca de tu profesión sin detenerte a orar primero. A lo mejor, si eres soltero, invitaste a alguien a una cita sin pedir primero la guía de Dios.

   Admitir que necesitas la guía de Dios es el primer paso para conocer la voluntad de Dios para tu vida.

2. **Pídele a Dios con fe que te guíe.** La Biblia señala en Santiago 1:5-6: *«Si necesitan sabiduría, pídansela a nuestro generoso Dios, y él se la dará; no los reprenderá por pedirla. Cuando se la pidan, asegúrense de que su fe sea solamente en Dios, y no duden, porque una persona que duda tiene la lealtad dividida y es tan inestable como una ola del mar que el viento arrastra y empuja de un lado a otro»*.

Ten en cuenta que hay dos puntos clave para conocer la sabiduría de Dios. Primero, tienes que pedirla a la persona correcta: Dios. No le pides a tu peluquero, a tu mecánico ni a alguien con influencia en las redes sociales. ¡Tienes que pedirla a la persona adecuada!

Luego, pides con la actitud correcta: esperando que Dios te responda. ¿Alguna vez le pediste a Dios que te guiara, pero en realidad no esperabas que lo hiciera? Debes pedir esperando que Dios te responda. Dios es fiel. Por lo tanto, hará lo que promete hacer.

Dios honra la fe y promete darte sabiduría para el siguiente paso en tu vida.

Jesús te protege y te dirige

Mi propósito es darles una vida plena y abundante. Yo soy el buen pastor. El buen pastor da su vida en sacrificio por las ovejas.

JUAN 10:10-11

Las ovejas son en esencia animales indefensos, por lo que un pastor lleva algunas herramientas para cuidar y proteger a sus ovejas. Una vara para guardar y proteger a las ovejas y un cayado para rescatarlas.

Somos como ovejas perdidas que necesitan protección y dirección; razón por la cual Jesús vino a la tierra para ser nuestro buen pastor. Jesús afirmó: *«Mi propósito es darles una vida plena y abundante. Yo soy el buen pastor. El buen pastor da su vida en sacrificio por las ovejas»* (Juan 10:10-11).

Así como un pastor que usa la vara y el cayado para guiar y proteger a las ovejas, Dios quiere dirigirte y protegerte. A continuación, encontrarás dos formas en que Dios hace eso:

Si lo sigues, Jesús te guía en la dirección correcta. Si visitas una gran ciudad como París sin un guía, te perderás muchos lugares importantes porque no sabrás qué visitar.

Lo mismo ocurre con tu vida. Necesitas un guía, un pastor, que vaya delante de ti. Necesitas que Jesús, el buen pastor, te guíe desde el frente y te llame hacia adelante. Esto es diferente a lo que hacen los vaqueros, quienes conducen el ganado desde atrás. Jesús no te empuja por la vida, sino que se pone frente a ti y, básicamente, te dice: «Mira cómo lo hago y haz lo mismo. Mira a dónde voy y sígueme». Juan 10:4 señala: *«Una vez reunido su propio rebaño, camina delante de las ovejas, y ellas lo siguen porque conocen su voz»*.

Si le traes tus heridas a Jesús, él se compadece. Jesús tiene compasión de nosotros porque sabe que estamos indefensos sin él. Mateo 9:36 enseña: *«Al ver a las multitudes, tuvo compasión de ellas, porque estaban agobiadas y desamparadas, como ovejas sin pastor»* (NVI). El sentido en el texto griego original es que Jesús sintió un profundo dolor por la multitud, y quería ayudarla.

De la misma manera, cuando llevas tu dolor a Jesús, él no te hunde; te levanta. No te fastidia; te sana. Él es nuestro buen pastor.

Cuatro fortalezas de ser vulnerable

Dios se opone a los orgullosos pero da gracia a los humildes.
SANTIAGO 4:6

La debilidad no es lo que nos hace más vulnerables en la vida. Por el contrario, ¡es una fortaleza!

Dios puede usar tus vulnerabilidades para equiparte y que así puedas cumplir tu propósito.

En primer lugar, ser abierto y honesto con otras personas acerca de tus debilidades **te empodera espiritualmente** porque abre la puerta a la gracia de Dios. La Biblia enseña: «*Dios se opone a los orgullosos pero da gracia a los humildes*» (Santiago 4:6). La gracia es el poder que necesitas para cambiar.

La vulnerabilidad también **te sana emocionalmente.** Santiago 5:16 señala: «*Confiésense los pecados unos a otros y oren los unos por los otros, para que sean sanados*». Si solo buscas ser perdonado, no necesitas confesarle tu pecado a nadie más que a Dios. Si además quieres ser sanado, sin embargo, tienes que compartir tus debilidades con alguien más.

Además, la vulnerabilidad es algo **con lo que podemos identificarnos.** La Biblia afirma en Santiago 3:2 que «*todos fallamos mucho*» (NVI). Santiago incluso se incluyó a sí mismo en esa declaración. Cuando alguien admite que también se equivoca, se convierte en una persona con quien podemos empatizar. Nadie quiere estar cerca de un narcisista. Cuando eres vulnerable, admites tus debilidades y mantienes una perspectiva saludable, la gente se identifica contigo.

Ser vulnerable también es **un requisito para el liderazgo.** Si no puedes ser vulnerable, no eres un líder. ¡Simplemente eres un jefe! «*Si ustedes son sabios y entienden los caminos de Dios, demuéstrenlo viviendo una vida honesta y haciendo buenas acciones con la humildad que proviene de la sabiduría*» (Santiago 3:13).

A medida que adquieres la sabiduría de Dios, te vuelves más humilde. Santiago 4:10 expresa: «*Humíllense delante del Señor y él los exaltará*» (NVI). Dios honra tu humildad y vulnerabilidad y las usa para convertirte en un líder.

El mundo te dice que mantengas la guardia alta y que no te muestres débil. Pero Dios afirma que te jactes de tus debilidades porque revelan su poder y te hacen más dependiente de él.

¿Bajarás la guardia para que tus debilidades puedan dirigir a otros a Jesucristo?

Conéctate para dar fruto

Permanezcan en mí, y yo permaneceré en ustedes. Pues una rama no puede producir fruto si la cortan de la vid, y ustedes tampoco pueden ser fructíferos a menos que permanezcan en mí.

JUAN 15:4

La noche antes de su muerte, Jesús instruyó a sus seguidores con las siguientes palabras: «*Permanezcan en mí, y yo permaneceré en ustedes. Pues una rama no puede producir fruto si la cortan de la vid, y ustedes tampoco pueden ser fructíferos a menos que permanezcan en mí*» (Juan 15:4).

Jesús enseña que estar conectado espiritualmente es como estar unido a una vid. No tendrás ninguna clase de frutos ni productividad en tu vida si estás solo. Debes mantenerte conectado con Cristo y con su cuerpo: la iglesia.

En el caso de las plantas, cuando una rama se separa del árbol, no puede dar fruto. Lo mismo pasa contigo. Cuando no estás conectado espiritualmente, no solo comienzas a marchitarte y a morir, sino que tampoco tienes ninguna productividad en tu vida.

Cada primavera, cultivo una variedad de verduras y frutas. Si corto una rama, esta no produce tomates ni ninguna otra cosa. Para producir frutos, tiene que estar conectada a la planta.

¿Qué clase de fruto debes producir cuando estás conectado con el cuerpo de Cristo? «*En cambio, el fruto del Espíritu es amor, alegría, paz, paciencia, amabilidad, bondad, fidelidad, humildad y dominio propio*» (Gálatas 5:22-23, NVI).

No sé qué piensas tú, pero a mí me gustaría ser más amoroso. Me gustaría ser más alegre. Me gustaría estar en paz, pase lo que pase con la economía. Me gustaría ser más amable con las personas que son malas conmigo. Me gustaría ser fiel y cumplir mis promesas. Me gustaría ser bondadoso con las personas que no lo son. Y me gustaría tener más dominio propio.

A eso se llama el fruto del Espíritu y es evidencia de estar conectado espiritualmente. Si no te ves creciendo en todos estos aspectos, lamento decirte que eso significa que no estás conectado espiritualmente.

Dios dice que la conexión espiritual es esencial. Tengo que estar conectado con el cuerpo de Cristo. Tienes que estar conectado con el cuerpo de Cristo. Simplemente estamos mejor juntos.

Todas las personas son dignas de respeto

Den a todos el debido respeto.

1 PEDRO 2:17 (NVI)

Durante las últimas décadas, el respeto se convirtió en un valor raro que está en peligro de extinción.

La Biblia deja claro que las familias estables y las sociedades estables se construyen en torno al respeto. La Biblia nos ordena honrar a nuestros padres, respetar a la autoridad civil y respetar a los líderes de la iglesia. Los esposos están llamados a respetar a las esposas en 1 Pedro; en Efesios, las esposas están llamadas a respetar a los esposos. Y, solo para dejar en claro que Dios no deja a nadie fuera, la Biblia también nos enseña: *«Den a todos el debido respeto»* (1 Pedro 2:17, NVI).

Todos los seres humanos, independientemente de sus creencias o comportamientos, son dignos de respeto.

¿Por qué?

Primero, porque Dios hizo a todos los seres humanos. El Salmo 8:5 señala: *«Los hiciste un poco menor que Dios y los coronaste de gloria y honor»*. Dios no hace basura. Todos somos valiosos. Aunque las personas toman decisiones equivocadas, siguen siendo valiosas para Dios. Dios ama incluso a la persona más desagradable que pudiera haber.

Segundo, Jesús murió por todos. La Biblia afirma: *«Dios pagó un rescate para salvarlos [...] con la preciosa sangre de Cristo»* (1 Pedro 1:18-19). Dios valora a todas las personas, incluso a quienes tú no valoras. Es más, dice que vale la pena morir por cada persona que conoces.

Por lo tanto, cuando muestras respeto a las personas, demuestras que conoces a Dios. Y si conoces a Dios, llenarás tu vida de amor porque Dios *es* amor. La Biblia señala: *«Pero el que no ama no conoce a Dios, porque Dios es amor»* (1 Juan 4:8). El amor siempre trata a las personas con consideración.

Si tratas a los demás con respeto, los demás también te respetarán. Esa es la ley de la cosecha. Recibes todo lo que das; lo que das vuelve. La Biblia afirma: *«Siempre se cosecha lo que se siembra»* (Gálatas 6:7).

Al aprender a amarnos los unos a los otros, seguimos la instrucción de la Biblia: *«Deléitense en el respeto mutuo»* (Romanos 12:10, NBV). Así, aprendemos a ser más como Jesús.

Necesitas el apoyo de un grupo pequeño

Luego nombró a doce de ellos y los llamó sus apóstoles. Ellos lo acompañarían.
MARCOS 3:14

Si te pidiera que completaras esta frase: «Si quieres que un trabajo se haga bien», es probable que la terminaras así: «hazlo tú mismo».

Ese es el lema de un perfeccionista que terminará en un completo desgaste porque es imposible que hagas todos los trabajos por ti mismo.

Jesús era humano como nosotros. Y, al igual que nosotros, no era el propósito de Dios que manejara el estrés de la vida diaria por sí mismo.

¿Sabes qué fue lo primero que hizo Jesús cuando comenzó su ministerio? Formó un grupo pequeño. Marcos 3:14 afirma: *«Luego nombró a doce de ellos y los llamó sus apóstoles. Ellos lo acompañarían»*. Jesús reunió a este pequeño grupo porque sabía que Dios quería que cumpliera con su ministerio y pasara por sus días más difíciles con amigos a su lado.

Si alguien tenía derecho a decir: «Si quieres que un trabajo se haga bien, hazlo tú mismo», era Jesús. Tenía el poder para hacer cualquier cosa, pero incluso él reconocía el poder de tener un grupo pequeño de apoyo.

Cuando fue al huerto de Getsemaní, poco antes de la cruz, Jesús les dijo a sus discípulos en Mateo 26:38: *«Es tal la angustia que me invade que me siento morir [...]. Quédense aquí y manténganse despiertos conmigo»* (NVI). Incluso Jesús necesitaba un grupo pequeño que orara con él cuando estaba en una crisis.

Gran parte de nuestro estrés es algo que nosotros mismos nos imponemos. Dios no te llamó a ser el administrador general del universo, ni espera que seas capaz de manejar tu vida por ti mismo. Necesitas su dirección y poder *y* el apoyo de un grupo pequeño.

A menudo, no aceptamos la ayuda de otras personas debido a nuestra inseguridad y orgullo, razón por la cual vivimos con estrés. Pero hay personas de fe que están dispuestas a ayudarnos y apoyarnos, y personas que necesitan nuestra ayuda y apoyo.

Humíllate y admite que no puedes hacerlo solo. Dios diseñó la iglesia para ayudarte en tiempos de muchas presiones. Baja la guardia y confía en que él proveerá; él te guiará a las personas que necesitas.

La misericordia de Dios te hace libre para servir

Ya que por la misericordia de Dios tenemos este ministerio, no nos desanimamos.

2 CORINTIOS 4:1 (NVI)

Fuiste creado para hacer una contribución con tu vida, no solo para existir y vivir para ti mismo. En su misericordia, Dios te formó para que le sirvas.

Algunas personas piensan que *ministerio* es una palabra eclesiástica. Es algo que solo hacen los ministros. Cada vez que usas los talentos, dones y habilidades que Dios te dio para ayudar a alguien más, sin embargo, estás haciendo un ministerio. Incluso tu trabajo puede ser tu ministerio; sin importar si eres contador, maestro o conductor de camiones.

Cuando entiendes que todo lo que Dios hace a través de ti es por su misericordia, te das cuenta de dos cosas:

No tienes que demostrar cuánto vales. ¿Alguna vez has intentado demostrar tu valía a través de tu trabajo? Tal vez piensas que cuanto más exitoso eres, más valioso eres, pero tu valor no tiene nada que ver con tu trabajo. Tu valor se encuentra en el hecho de que Dios te hizo, te ama y envió a Jesús a morir por ti. Entender la misericordia de Dios te saca del camino del desempeño para mostrar tu valor.

No tienes que revolcarte en tus errores. Todos cometemos errores. Todos pecamos. Pero debido a la misericordia de Dios, no tienes que pensar en tu pasado. Puedes arrepentirte y apartarte de tu pecado. Tu pasado no tiene que impedir que hagas el trabajo que Dios te encomendó.

De hecho, Dios nunca usó a una persona perfecta, porque no hay ninguna, excepto Jesucristo. A lo largo de toda la Biblia podrás leer acerca de todo tipo de personas que Dios usó a pesar de sus errores: Jacob era un mentiroso crónico. Rahab era una prostituta. Jonás tenía temor y era reacio a obedecer. Marta se preocupaba mucho. La mujer samaritana tuvo varios matrimonios fallidos. Pedro era impulsivo. Moisés, David y Pablo eran culpables de asesinato, pero Dios usó a cada una de estas personas de maneras increíbles.

No hay nada que impida que Dios te use. Gracias a la gran misericordia de Dios, puedes vivir su propósito para tu vida.

Por qué es importante mostrar amor en el trabajo

Su obra se mostrará tal cual es, pues el día del juicio la dejará al descubierto. El fuego la dará a conocer y pondrá a prueba la calidad del trabajo de cada uno.

1 CORINTIOS 3:13 (NVI)

Dios quiere usar tu trabajo para hacerte más como Jesús, pero no es fácil aprender cualidades de Cristo como la responsabilidad, el carácter y el amor. Para aprender esas cualidades, tienes que responder a las personas de la manera en que Jesús lo haría; eso puede ser especialmente difícil en el trabajo.

¿Por qué deberías hacer tanto esfuerzo para llegar a ser como Jesús en tu trabajo, ya sea que trabajes en casa, en una oficina o en cualquier otro lugar?

Primero, porque Dios evaluará tu trabajo algún día. La Biblia enseña: «*Su obra se mostrará tal cual es, pues el día del juicio la dejará al descubierto. El fuego la dará a conocer y pondrá a prueba la calidad del trabajo de cada uno*» (1 Corintios 3:13, NVI).

Todo lo que hiciste en tu trabajo será expuesto al final porque Cristo lo inspeccionará en el día del juicio. Es un día en el que el trabajo de todos será puesto a prueba por el fuego para mostrar el carácter y la calidad de lo que cada persona hizo.

Es posible que hagas gran parte de tu trabajo sin que nadie lo vea, pero Dios lo sabe. Él está observando, y le darás cuenta de tu trabajo a pesar de lo insignificante que parezca. No se espera que siempre lo hagas perfectamente. Y ciertamente no tienes que ser el mejor. Pero sí tienes que trabajar como si lo estuvieras haciendo para Cristo porque en realidad lo estás haciendo para él.

Segundo, porque Dios dará recompensas eternas por todo lo que se hace con amor. Hebreos 6:10 afirma: «*Pues Dios no es injusto. No olvidará con cuánto esfuerzo han trabajado para él y cómo han demostrado su amor por él*». Necesitas recordar ese versículo todos los lunes por la mañana. Dios no olvidará lo duro que trabajas, que das lo mejor de ti y que muestras amor en su nombre.

Tu trabajo le importa a Dios. Uno de tus propósitos en la vida es llegar a ser como Cristo. Y tu trabajo podría ser una de las formas más importantes en que Dios te enseña a ser responsable, a desarrollar tu carácter y a amar a los demás. Podría ser una de las formas más significativas en que te usa para atraer a otros a él.

10 DE SEPTIEMBRE

Busca formas de unir a las personas

Dios [...] nos trajo de vuelta a sí mismo por medio de Cristo. Y Dios nos ha dado la tarea de reconciliar a la gente con él. Pues Dios estaba en Cristo reconciliando al mundo consigo mismo, no tomando más en cuenta el pecado de la gente. Y nos dio a nosotros este maravilloso mensaje de reconciliación.

2 CORINTIOS 5:18-19

Para reparar una relación, tienes que centrarte en la reconciliación no en la resolución. ¡Hay una gran diferencia! Reconciliación significa restablecer la relación. No significa que te volverás a casar con tu ex. Solo significa que están en paz el uno con el otro.

Resolución significa que resuelves todos los desacuerdos, cosa que simplemente no sucederá. Hay algunas cosas con las cuales nunca estarás de acuerdo porque todos somos diferentes. Pero puedes estar en desacuerdo sin ser desagradable. Eso se llama madurez. Eso se llama sabiduría. Eso se llama ser como Cristo.

Podemos tener unidad sin uniformidad. Podemos caminar juntos de la mano sin estar de acuerdo. Después de estar casado con mi esposa, Kay, durante casi cincuenta años, todavía no estamos de acuerdo en muchas cosas. Pero caminamos de la mano y nos apoyamos mutuamente. Estamos en paz.

El mundo está lleno de conflictos, guerras, divisiones, discusiones, prejuicios, racismo, terrorismo y partidismo. Como resultado, tenemos relaciones rotas, economías desastrosas, gobiernos quebrados y corazones rotos.

Te reto como creyente a que te comprometas a convertirte en un agente de reconciliación en un mundo lleno de conflictos. Busca maneras de unir a las personas.

La Biblia enseña en 2 Corintios 5:18-19: *«Y todo esto es un regalo de Dios, quien nos trajo de vuelta a sí mismo por medio de Cristo. Y Dios nos ha dado la tarea de reconciliar a la gente con él. Pues Dios estaba en Cristo reconciliando al mundo consigo mismo, no tomando más en cuenta el pecado de la gente. Y nos dio a nosotros este maravilloso mensaje de reconciliación»*.

Si eres seguidor de Jesucristo, tienes el ministerio de la reconciliación. Es tu trabajo integrarte a la sociedad y compartir el siguiente mensaje: «Dios hizo todo lo posible para que vuelvas a tener comunión con él. Ya pagó por todos tus pecados. No tienes que ser su enemigo. Recuerda: él no está enojado contigo, por el contrario, está loco *por* ti. Reconcíliate con Dios para que tengas paz con Dios. Luego difunde esa paz a todos los demás».

11 DE SEPTIEMBRE

La verdadera razón por la que discutimos

No mirando cada uno por lo suyo propio, sino cada cual también por lo de los otros. Haya, pues, en vosotros este sentir que hubo también en Cristo Jesús.

FILIPENSES 2:4-5 (RVR60)

Entrar en un conflicto es fácil, pero resolverlo es un desafío. ¿Cómo se resuelve un conflicto? Primero tienes que confesar tu parte en el problema. Luego, debes escuchar el dolor y la perspectiva de la otra persona.

Creemos que discutimos sobre ideas, pero en realidad discutimos sobre emociones. Cada vez que hay un conflicto es porque los sentimientos de alguien fueron heridos. No es la idea la que causa el conflicto; es la emoción detrás de la idea.

Las personas heridas lastiman a las personas. Cuanto más sufre la gente, más arremete. Las personas que no tienen heridas no infligen dolor a los demás. Las personas que están llenas de amor son amorosas con los demás. Las personas que están llenas de alegría son alegres con los demás. Las personas que están llenas de paz están en paz con todos los demás. Y las personas que están sufriendo hacen a otras sufrir.

Para conectarte con las personas, debes comenzar con sus necesidades, heridas e intereses. Para ser un buen vendedor no debes empezar con tu producto, sino con las necesidades, heridas e intereses de tu cliente. Para ser un buen profesor, pastor o cualquier otra cosa debes comenzar con las necesidades, heridas e intereses de las personas.

Lee de nuevo lo que afirma Filipenses 2:4-5. Si estás demasiado ocupado tratando de que la gente vea tu posición al punto que no escuchas la suya, necesitas dejar de enfocarte en tus necesidades y comenzar a enfocarte en las necesidades de los demás.

La resolución de conflictos comienza con la forma en que ves la situación. La palabra *mirar* en Filipenses 2:4 es la palabra griega *skopeō*. El sustantivo derivado *skopos* es de donde obtenemos las palabras «microscopio» y «telescopio». *Skopeō* significa «fijar los ojos en»; en otras palabras, «enfocar». En el versículo que sigue dice que tu actitud debe ser como la de Jesús. Te pareces más a Jesús cuando te enfocas en las heridas de los demás en lugar de en las tuyas.

Hay un viejo proverbio que declara: «Busca entender antes de buscar ser entendido». Cuando te enfocas en las necesidades de la otra persona y no en las tuyas, puedes comprender mejor la situación y seguir adelante con la resolución del conflicto.

12 DE SEPTIEMBRE

La amabilidad muestra que amas a Jesús

No deben calumniar a nadie y tienen que evitar los pleitos. En cambio, deben ser amables y mostrar verdadera humildad en el trato con todos.

TITO 3:2

Tu amabilidad es un testimonio para los incrédulos. Te observan todo el tiempo para ver si eres diferente cuando estás bajo estrés. Cuando respondes a la presión con gentileza, tu gentileza es un testimonio increíble para el mundo.

La Biblia enseña en Tito 3:2: *«No deben calumniar a nadie y tienen que evitar los pleitos. En cambio, deben ser amables y mostrar verdadera humildad en el trato con todos»*.

Si afirmas ser un seguidor de Jesús, no se te permite hablar mal de nadie. No se te permite ser pendenciero. Por el contrario, debes ser amable con todos y mostrar cortesía a todos. ¿Significa eso incluso ser amable con las personas de un partido político diferente? Sí.

Dios me dio el don de evangelización, así que paso mucho de mi tiempo hablando con personas con las que estoy en total desacuerdo. Lo hago porque creo que no se puede ganar a los enemigos para Cristo; solo se puede ganar a los amigos.

La gente, a menudo, no confía en Jesús hasta que confía en ti. Por lo general, la gente no me pregunta si la Biblia es creíble. Quieren ver si *yo* soy creíble. Si vivo con integridad; si soy amable; si soy amoroso; si soy compasivo.

Si a la gente le gusta lo que ve en ti, escuchará lo que dices.

La verdad es que si obedeces Tito 3:2 serás criticado por otros cristianos. Dirán que estás transigiendo. Lo sé por experiencia, porque cuando digo que tengo amigos musulmanes, judíos o ateos, me dicen: «¿Cómo puedes hacer eso?». Y me acusan de transigir.

Tratar a otras personas con respeto no significa que tengas que comprometer lo que crees. Tengo amigos que no están de acuerdo conmigo y amigos que no creen lo que yo creo. Nuestras diferentes creencias no me impiden hacerme amigo de las personas porque tengo algo más importante en que enfocarme: ¿Conocen a Jesús?

Un gran versículo para vivir es 1 Pedro 3:15: *«Estén siempre preparados para responder a todo el que pida razón de la esperanza que hay en ustedes. Pero háganlo con gentileza y respeto»* (NVI).

13 DE SEPTIEMBRE

La bondad y la misericordia te seguirán siempre

El SEÑOR cuida a todos los que lo aman.

SALMO 145:20 (NVI)

No tienes que temer al futuro cuando pones tu confianza en Jesús. Su bondad y su misericordia están contigo todos los días.

Estás siguiendo al buen pastor, él va delante de ti con su vara y su cayado. En la parte trasera del rebaño hay un par de perros pastores, la bondad y la misericordia, que te empujan asegurándose de que no te alejes.

La bondad de Dios está velando por ti. ¿Sabías que no pasa ni un segundo en tu vida en el que Dios no te esté mirando? Dios siempre te está prestando atención porque te creó para amarte. Conoce cada detalle de tu vida. El Salmo 145:20 afirma: *«El SEÑOR cuida a todos los que lo aman»* (NVI).

No solo vela por ti, sino que también te protege. La Biblia enseña: *«Pues él ordenará a sus ángeles que te protejan por donde vayas»* (Salmo 91:11).

La protección de Dios no significa que solo te sucederán cosas buenas. La decepción y el dolor seguirán siendo parte de tu vida, pero Dios promete que el resultado de todo lo que te suceda será bueno, sea que puedas ver o no en esta vida cómo obró para tu bien.

La misericordia y la gracia de Dios están obrando en ti. La Biblia enseña en Isaías 60:10: *«Tendré misericordia de ti por mi gracia»*.

Gracia es cuando Dios te da lo que no mereces. Misericordia es cuando Dios *no* te da lo que *sí* mereces. Por todas las formas en que has pecado, fallado y cometido errores, mereces castigo, pero Dios te indulta y te perdona a través de Cristo. Eso es misericordia.

La naturaleza de Dios es ser misericordioso. ¡Le encanta mostrar su misericordia! No se cansa de hacerlo. Ni se frustra cuando le pides más.

La verdad es que Dios está contigo en cada momento de cada día, siempre ofreciéndote su bondad y su misericordia.

Nadie sabe qué va a pasar la próxima semana, mucho menos en la próxima década. Pero cuando te enfrentes al futuro recuerda esto: Dios llenará tu vida a rebosar, y su bondad y su misericordia estarán contigo. No tienes que temer.

14 DE SEPTIEMBRE

Busca a Dios, no sus bendiciones

Desde el cielo el SEÑOR contempla a los mortales,
para ver si hay alguien que sea sensato y busque a Dios.
SALMO 14:2 (NVI)

Cuando oras por sanidad y restauración, está bien querer un milagro, pero debe ser a Dios mismo a quien busques. Tu oración debería ser: «Dios, te necesito a *ti*. Quiero conocerte más». Cuando buscas a Dios, obtienes lo demás por añadidura.

Dios dejó muchas promesas en la Biblia para quienes lo buscan. Algunas son:

- *«Si mi pueblo, que lleva mi nombre, se humilla y ora, y me busca [...], yo lo escucharé desde el cielo»* (2 Crónicas 7:14, NVI).
- *«A los que me aman, les correspondo; a los que me buscan, me doy a conocer»* (Proverbios 8:17, NVI).
- *«Cualquiera que se acerca a Dios tiene que creer que él existe y que recompensa a quienes lo buscan»* (Hebreos 11:6, NVI).
- *«Pero si desde allí buscan al SEÑOR su Dios con todo su corazón y con toda su alma, lo encontrarán. [...] Porque el SEÑOR su Dios es un Dios compasivo que no los abandonará ni los destruirá»* (Deuteronomio 4:29, 31, NVI).

Busca a Dios, no solo su bendición. Así encontrarás gozo en conocerlo mejor. Ya sea que obtengas o no lo que crees que más te conviene, estarás satisfecho con lo que Dios sabe que más te conviene. Cuando estés pasando por un divorcio, un aborto espontáneo o un despido, busca a Dios más que ser liberado de tu dolor.

No se trata de un pasatiempo casual. No busques a Dios en tus momentos libres, después de que hayas terminado el trabajo o cuando estés cansado de mirar tu teléfono u otro dispositivo. Haz que conocer a Dios sea el enfoque principal de tu vida.

- *«Desde el cielo el SEÑOR contempla a los mortales, para ver si hay alguien que sea sensato y busque a Dios»* (Salmo 14:2, NVI).

Es raro encontrar a alguien que sea sincero en cuanto a buscar a Dios. La mayoría de nosotros solo queremos la bendición de Dios no el cambio que puede producir en nuestra vida.

No te conviertes en un fiel discípulo de Jesucristo dándole tus sobras. Búscalo primero con todo tu corazón, y él cumplirá todas las promesas de liberación y restauración.

Aférrate a la Palabra de Dios

Y ahora los encomiendo a Dios y al mensaje de su gracia, que tiene poder para edificarlos y darles una herencia junto con todos los que él ha consagrado para sí mismo.

HECHOS 20:32

No puedes estar físicamente saludable si no comes alimentos que sean buenos para ti y que nutran tu cuerpo. De la misma manera, no puedes estar espiritualmente sano a menos que te alimentes de la verdad de la Palabra de Dios.

¿Te gustaría tener todas las bendiciones que Dios tiene para ti? ¡Por supuesto que sí!

¿Cómo se obtienen esas bendiciones? Son el resultado directo de la madurez espiritual. La Biblia enseña: «*Y ahora los encomiendo a Dios y al mensaje de su gracia, que tiene poder para edificarlos y darles una herencia junto con todos los que él ha consagrado para sí mismo*» (Hechos 20:32).

El mensaje de la gracia de Dios en su Palabra te edificará. Dios puede darte todas las bendiciones que tiene para ti cuando creces en madurez espiritual. Hay algunos regalos que no puedes darles a los bebés porque aún no tienen la madurez para recibirlos. De la misma manera, hay algunos dones que Dios quiere darte, pero está esperando que crezcas.

De hecho, puedes usar tu mano para recordar cómo usar la Biblia con el propósito de crecer en madurez espiritual. Te alimentas de la Palabra de Dios haciendo seis cosas: escuchas la Palabra de Dios, ese es tu dedo meñique. La lees, ese es tu dedo anular. La estudias, ese es tu dedo medio. La memorizas, ese es tu dedo índice. Meditas en ella, ese es tu pulgar. La palma de la mano representa la aplicación de la Palabra de Dios.

Si el único estímulo espiritual que recibes es escuchar la Palabra de Dios en la iglesia, no tendrás un agarre muy fuerte porque solo estarás usando tu meñique. Olvidamos hasta el 95% de todo lo que escuchamos durante setenta y dos horas.

Si escuchas la Palabra de Dios y también la lees y estudias todos los días, entonces tendrás un mejor entendimiento de la verdad. Satanás no puede arrebatártela con tanta facilidad.

Si haces esas seis cosas, tendrás un agarre firme y fuerte de la Palabra de Dios. ¡Nadie podrá quitártela! Crecerás en madurez espiritual y recibirás las bendiciones que vienen con ella.

16 DE SEPTIEMBRE

Échate sobre la misericordia de Dios

Echando toda su ansiedad sobre Él, porque Él tiene cuidado de ustedes.
1 PEDRO 5:7 (NBLA)

Una de las cosas más importantes que debes hacer cuando experimentas un fracaso es echarte sobre la misericordia de Dios. Sabemos que Pedro lo hizo porque escribió dos libros de la Biblia al respecto.

Pedro tuvo un fracaso enorme en su vida —negó a Jesús tres veces en una noche—, pero no perdió el tiempo sufriendo por culpa, vergüenza ni remordimientos. Por el contrario, Pedro echó toda su ansiedad sobre Dios, y su vida se llenó de esperanza debido a la misericordia de Dios.

1 Pedro 5:7 nos dice: «*Echando toda su ansiedad sobre Él, porque Él tiene cuidado de ustedes*» (NBLA). En este versículo, la palabra griega traducida como *echar* conlleva la idea de tirar o lanzar.

Imagínate que llevas una mochila muy pesada. Es tan grande que haces un esfuerzo enorme para cargarla. ¿Y si tuvieras un caballo? Podrías tirar tu mochila sobre el lomo del caballo; el caballo ni siquiera sudaría mientras lleva tu carga.

Eso es lo que dice este versículo. Toma todos tus miedos, inseguridades, culpas y cualquier otra cosa que te esfuerzas por llevar y tíralos sobre Dios. Échate sobre su misericordia y deja que él lleve tu carga.

¿Cómo se hace eso exactamente? Puedes orar algo así: «Dios, en realidad me equivoqué. No merezco tu misericordia. Te ignoré y cometí errores. Pero como tú eres misericordioso y perdonador me lanzo en tu misericordia. ¡Necesito un nuevo comienzo!».

Este es el antídoto contra todo lo que Satanás te dice. A Satanás le encanta susurrarte mentiras al oído tales como: «No eres lo suficientemente bueno. ¿Quién te crees que eres? ¿Por qué crees que Dios podría usarte? ¿Por qué crees que Dios respondería a tus oraciones después de todas las cosas malas que hiciste?». Satanás no quiere que te concentres en la misericordia de Dios.

Antes del fracaso de Pedro, Jesús le había recordado los planes de Satanás. Pero Jesús también le dijo que oraría por él. Y usaría el dolor de Pedro para ayudar a otras personas.

Estas cosas también son ciertas para ti. Serás tentado y, a veces, fracasarás, pero Jesús siempre estará a tu lado para ayudarte. Y tu dolor no será en vano.

¡Cuando tiras tus preocupaciones, pierdes tu desesperación!

17 DE SEPTIEMBRE

Es hora de admitir que tu forma de hacer las cosas no funciona

Cuando acabó de hablar, dijo a Simón:
—Lleva la barca hacia aguas más profundas
y echen allí las redes para pescar.
—Maestro, hemos estado trabajando duro toda
la noche y no hemos pescado nada
—contestó Simón—. Pero, como tú me lo mandas, echaré las redes.
LUCAS 5:4-5 (NVI)

Simón Pedro había estado pescando toda la noche, pero no había pescado nada. Entonces, Jesús le dijo que lanzara las redes una vez más. Para Simón Pedro debe haber sido difícil admitir su fracaso ante Jesús porque era un pescador profesional y, además, era muy bueno en lo que hacía. Era la forma en que se ganaba la vida. Pero, a veces, incluso los profesionales pescan toda la noche y no atrapan ningún pez.

¿Alguna vez te sentiste así? Que a veces lo mejor de ti no es lo suficientemente bueno y que, a veces, te enfrentas a situaciones que están fuera de tu control. No puedes controlar la economía. No puedes controlar el clima. No puedes controlar muchas cosas que afectan tu vida.

¿Qué debes hacer cuando sigues haciendo tu mejor esfuerzo en tu trabajo, pero simplemente no tienes resultados?

Primero, necesitas meter a Jesús en tu barca. En otras palabras, deja que él sea el centro de tu trabajo. Luego, una vez que le hayas pedido a Jesús que entre en tu barca, debes admitir que tu forma de hacer las cosas no está funcionando así puedes dejar que él se haga cargo. La Biblia llama a esto confesión, no siempre es fácil hacerlo.

¿Por qué es tan difícil para ti admitir que tu manera de hacer las cosas no está funcionando? Estas son algunas de las razones:

El orgullo. No quieres que nadie piense que no puedes manejarlo. En cambio, quieres aparentar que estás a cargo y que tienes todo bajo control. Crees que puedes manejar todo por ti mismo, incluso si eso significa trabajar muchas horas más.

La obstinación. No estás dispuesto a cambiar la forma en que haces las cosas. Dejas que el éxito de ayer se convierta en el mayor enemigo del éxito de mañana.

El miedo. No puedes admitir que pescaste toda la noche y no sacaste ningún pez. Tienes miedo de perder prestigio ante la gente. Tienes miedo de dejar que Jesús entre en tu barca porque podría dirigirla en una dirección hacia la cual no quieres ir.

Es hora de confesar que tu forma de hacer las cosas no está funcionando. Es tiempo de orar: «Señor, quiero tener todo bajo control, ¡pero no puedo! ¡Quiero estar a cargo, pero sé que no lo estoy! Quiero seguir haciendo las cosas a mi manera, pero sé que tu forma es mejor. Quiero entregarte el control porque sé que tuviste el control todo el tiempo. Confieso que es pecado trabajar en exceso y confiar en mis propias habilidades en lugar de confiar en ti. Ya no quiero vivir así. Por favor, toma el timón y dirígeme en la dirección según tu buen plan para mí».

Deja ir tu orgullo, obstinación y miedo. Debes estar dispuesto a decirle a Jesús, como Simón Pedro: «Pero, como tú me lo mandas, echaré las redes». Luego, observa cómo Jesús puede tomar tu barca y llenar tus redes a rebosar.

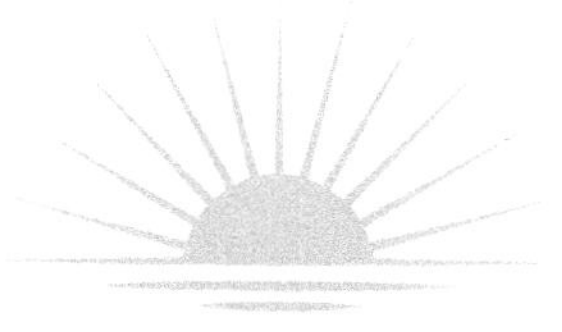

¿Qué está controlando tu vida?

No permitan que el pecado controle la manera en que viven; no caigan ante los deseos pecaminosos. [...] En cambio, entréguense completamente a Dios, porque antes estaban muertos pero ahora tienen una vida nueva. Así que usen todo su cuerpo como un instrumento para hacer lo que es correcto para la gloria de Dios.

ROMANOS 6:12-13

Todos los días te controla algo.

Tal vez tu ego o las expectativas de los demás son las cosas que te controlan. Es posible que el miedo, la culpa, el resentimiento o la amargura te estén controlando. Quizás una sustancia o un hábito te controlen. La conclusión es que algo toma el control de tu vida todos los días.

Eres en verdad libre cuando eliges qué es lo que te controlará. Cuando escoges dejar que Jesucristo controle tu vida. Cuando el Maestro te controla, puedes controlar todo lo demás. Si Dios no es el número uno en tu vida, algo más lo es, y lo que sea te controlará en una manera negativa. Por otro lado, cuando le entregas tu vida completa a Dios, él siempre te guía en la dirección correcta.

Lee de nuevo lo que enseña Romanos 6:12-13, nuestro pasaje de hoy. Darle a Dios el control es una decisión. Estos son algunos pasos que te ayudarán a hacerlo:

- Admite que estuviste tratando de jugar a ser Dios.
- Admite que no puedes cambiar por tu cuenta.
- Pídele humildemente a Dios que te ayude a cambiar.
- Sé honesto con otra persona acerca de las cosas que necesitas cambiar en tu vida.
- Entrégale a Jesucristo el control total de tu vida.

¿Quieres cambiar? ¿Estás dispuesto a seguir estos pasos? Porque a menudo dices esta frase: «Estoy cansado de intentarlo y fracasar». Deja de intentarlo. En su lugar, empieza a confiar. Dios te da la opción o de depender de él o de depender de ti mismo. El resultado es la libertad o la frustración.

¿Por qué no te entregas a Cristo por completo? ¿Qué tienes que perder?

19 DE SEPTIEMBRE

El remedio de Dios para cuando te sientes desgastado

¿Acaso nunca han oído?
¿Nunca han entendido?
El Señor es el Dios eterno,
el Creador de toda la tierra.
Él nunca se debilita ni se cansa.
ISAÍAS 40:28

Cuanto más grandes sean los cambios que ocurran en tu vida, más tiempo necesitarás pasar con Dios.

Ese tiempo con Dios es un tiempo de quietud donde lees la Biblia, hablas con Dios en oración y permaneces en silencio para poder escuchar lo que Dios quiere decirte.

Cuando estás estresado, el tiempo a solas con Dios es el gran estabilizador. También es el mejor revitalizante cuando estás agotado. Con todos los cambios que ocurren en nuestra vida, no es de extrañar que estemos tan agotados por causa del estrés crónico.

¿Te sientes fatigado? Es natural. Es lo que el estrés le hace a nuestro cuerpo. No importa cuánto durmamos por la noche, a menudo todavía estamos cansados cuando nos despertamos o comenzamos a arrastrarnos durante las primeras horas del día. Si sientes que solo estás sobreviviendo, no eres el único.

Cuando te sientas agobiado, agotado, estresado y como si apenas pudieras sostenerte, necesitas recordar Isaías 40:28: *«¿Acaso nunca han oído? ¿Nunca han entendido? El Señor es el Dios eterno, el Creador de toda la tierra. Él nunca se debilita ni se cansa»*.

Dios creó todo el universo en seis días. Descansó en el séptimo día solo para modelar un día de reposo para nosotros. ¡Nunca se cansa! Nunca se siente agobiado ni agotado. Nunca se estresa. Puede manejar cualquier cosa, incluso todas las cosas que tú no puedes.

Si pasas más tiempo con Dios, quien nunca se debilita ni se cansa, tendrás más energía. Pasar tiempo con Dios no es una carga, ni una monotonía, ni un desgaste; ¡es todo lo contrario! Él le da fuerzas a los cansados. Les da paz y descanso.

Si estás estresado, no busques una solución rápida. No busques un atajo. No luches contra cambios que no puedes controlar. En lugar de eso, pasa tiempo con Dios todos los días.

Reproduce la verdad de la Palabra de Dios

Llevamos cautivo todo pensamiento para que obedezca a Cristo.
2 CORINTIOS 10:5 (NVI)

Te tengo buenas noticias: tu cerebro lo almacena todo. También tengo malas noticias para ti: tu cerebro almacena *todo*. Lo que tu cerebro almacena se convierte en la banda sonora de tu vida.

Día tras día, te enfrentas con verdades y mentiras. Tu cerebro asimila ambas. Si bien tienes todo tipo de cosas buenas almacenadas en tu cerebro, también hay mucha basura. Y es probable que bases muchas de tus decisiones en esa basura.

Tal vez cuando eras niño algunos adultos decían que no eras lo suficientemente bueno o que nunca llegarías a nada. Eran mentiras, pero las creíste. Es posible que todavía estés creyendo esas mentiras. Todos los días esas mentiras siguen ahí, reproduciéndose silenciosamente en el fondo de tus pensamientos.

¿Qué puedes hacer al respecto? Necesitas cambiar la banda sonora que se está reproduciendo en tu mente. En lugar de reproducir las mentiras, tienes que reproducir la verdad de la Palabra de Dios.

Segunda de Corintios 10:5 enseña: *«Llevamos cautivo todo pensamiento para que obedezca a Cristo»* (NVI). Romanos 12:2 lo manifiesta así: *«Dejen que Dios los transforme en personas nuevas al cambiarles la manera de pensar»*. ¿Cómo cambias tu forma de pensar? Reproduces la banda sonora de la verdad.

Primero, pídele a Dios que sane tus recuerdos. Dile a Dios: «Necesito que sanes estos recuerdos de rechazo, pecado, resentimiento, culpa y maltrato. Me hacen daño. Por favor, sáname».

Luego, llena tu mente con la Palabra de Dios. Cuanta más verdad pongas en tu mente, más mentiras echarás de ella. En lugar de pasar todo tu tiempo viendo televisión y escuchando música, llena tu mente con la Palabra de Dios.

La Palabra de Dios afirma que eres digno de ser amado (Juan 3:16), eres capaz (2 Pedro 1:3), eres valioso (Lucas 12:7), Dios puede perdonarte (Salmo 103:12) y usarte (Efesios 4:12).

Permite que esos mensajes se conviertan en la banda sonora de tu vida, y Dios transformará tu mente.

21 DE SEPTIEMBRE

Para tener conversaciones significativas, planea y ora

El que piensa sabiamente, se sabe expresar,
y sus palabras convencen mejor.
PROVERBIOS 16:23 (DHH)

¿Quieres tener una conversación significativa con alguien? Entonces, necesitas planear y orar. Necesitas decirle a Dios: «Enséñame *qué* decir, *cuándo* decirlo y *cómo* decirlo».

Incluso Jesús lo hizo.

Jesús afirmó en Juan 12:49: «*Yo no he hablado por mi propia cuenta; el Padre que me envió me ordenó qué decir y cómo decirlo*» (NVI). Jesús no hablaba con autoridad propia. Hablaba con su Padre, quien le decía lo que debía decir, cuándo debía decirlo y cómo debía decirlo.

Dios hará lo mismo por ti. Si todavía no lo hizo, ¡es porque no se lo pediste! Todavía no aprovechaste la sabiduría y el poder de Dios. No aprovechaste tu derecho de hijo de Dios para pedirle lo que *crees* que necesitas y confiar en que él te proveerá lo que *sabe* que necesitas.

Nunca entrarías a una junta importante sin haberte preparado. De la misma manera, antes de tener una conversación crucial con tu hijo, cónyuge, jefe o vecino, debes planear y orar. Es la única forma en que lograrás algunos resultados en tus conversaciones.

La Biblia enseña: «*El que piensa sabiamente, se sabe expresar, y sus palabras convencen mejor*» (Proverbios 16:23, DHH). En otras palabras, si quieres ser persuasivo, pon tu mente en marcha antes de poner tu boca en movimiento. Planea lo que vas a decir.

Planear tus conversaciones te da el espacio para pensar en las circunstancias y en el contexto con la cabeza despejada. Te da perspectiva. Como resultado, podrás participar en una conversación con gracia.

Colosenses 4:6 señala: «*Hablen siempre de cosas buenas, díganlas de manera agradable, y piensen bien cómo se debe contestar a cada uno*» (TLA).

Con tan solo practicar ese versículo, aprenderás a comunicarte más como Jesús. La única manera de asegurarte de que tus palabras sean amables y bien pensadas es planear y orar con anticipación.

22 DE SEPTIEMBRE

Los grandes oyentes hacen grandes preguntas

Las intenciones secretas son como aguas profundas,
pero el que es inteligente sabe descubrirlas.
PROVERBIOS 20:5 (DHH)

Una de las señales más claras que identifica a un gran oyente es que sabe hacer preguntas abiertas.

Para involucrar a alguien en una conversación en realidad, no hagas preguntas que solo requieran un sí o un no como respuesta. En su lugar, haz preguntas abiertas que permitan a las personas compartir su corazón en realidad.

Por ejemplo, en lugar de preguntar: «¿Disfrutaste del concierto?», podrías decir: «¿Cuál fue tu parte favorita del concierto?». Puede parecer un cambio sutil, pero marca la diferencia en la forma en que alguien se abre al diálogo contigo.

Proverbios 20:5 enseña: *«Las intenciones secretas son como aguas profundas, pero el que es inteligente sabe descubrirlas»* (DHH). Si en realidad quieres profundizar tus relaciones y comprender mejor a tu familia y amigos, debes pensar en cómo formulas tus preguntas.

Esta es una frase que te convertirá en un oyente magistral: «Cuéntame más». Puedes usarla una y otra vez mientras interactúas con todo tipo de personas a lo largo de tu vida.

Cuando las personas se abran al diálogo contigo, no dejes que se detengan después de dos o tres oraciones. En lugar de eso, cuando terminen de hablar, di: «Cuéntame más». Luego, justo cuando piensen que dejaste de escuchar, di de nuevo: «Cuéntame más». Cada vez que pides que te cuenten más, profundizas en la relación, sacas aguas más profundas del pozo y les permites expresar más de sí mismas.

Puedes decirle a alguien que en realidad te importa lo que tiene que decir, pero la mejor manera de *mostrarlo* es pedirle más información. Eso le dice que estás interesado y le demuestra que estás prestando atención. ¡La atención es amor! Hacer preguntas abiertas les muestra a las personas que estás dispuesto a darles tu tiempo, tu enfoque y tu amor para que puedan ser escuchadas y sentirse comprendidas.

Dios te diseñó para que te relaciones. Cuando aprendas a escuchar a los demás mientras comparten lo que hay en su corazón, ¡tus relaciones se transformarán!

23 DE SEPTIEMBRE

Deja un legado de hospitalidad

Pensemos en maneras de motivarnos unos a otros a realizar actos de amor y buenas acciones.

HEBREOS 10:24

En una familia fuerte, a los niños se les enseña que Dios los hizo y los formó para una misión. Las familias fuertes modelan dedicación, servicio, generosidad y oración. Las familias promedio no hacen estas cosas. Las familias *impresionantes,* sí.

Soy la persona que soy hoy, en primer lugar, gracias a mis padres, quienes me inculcaron el valor de preocuparme por los demás. Ellos encarnaron Hebreos 10:24: *«Pensemos en maneras de motivarnos unos a otros a realizar actos de amor y buenas acciones».*

Mis padres no tenían mucho dinero, pero tenían el don de la hospitalidad y la generosidad. Les encantaba dar a los demás, aunque no tuvieran mucho. Vivíamos en el campo, y mi papá cultivaba un huerto de casi media hectárea con todo tipo de verduras. No había forma de que nuestra familia pudiera comer todos esos alimentos, pero mi papá lo hacía solo para poder regalarlos porque no tenía dinero extra para dar. Siempre plantábamos de más para poder regalar más.

Nuestra casa estaba constantemente llena de visitas. Un día, mi papá sumó cuántas comidas había cocinado mi mamá para nuestros invitados en un año. ¡Fueron más de mil comidas! Crecí con la actitud de entregar mi vida. Mis padres me enseñaron que no vivimos solo para nosotros mismos; vivimos para ayudar a otras personas.

Eso es lo que hacen las familias impresionantes: se enseñan los unos a los otros a mostrar amor y a hacer buenas obras; ministrar y servir.

Un buen ejemplo de esto es la familia de Cornelio que se encuentra en el libro de los Hechos en la Biblia: *«Él y toda su familia eran devotos y temerosos de Dios. Realizaba muchas obras de beneficencia para el pueblo de Israel y oraba a Dios constantemente»* (Hechos 10:2, NVI). ¡Qué gran legado! ¿No te gustaría que la gente escribiera eso sobre ti y tu familia algún día?

Ya sea que tengas hijos o no, Dios quiere que dejes un legado como ese. Encontrarás personas más jóvenes en edad o más jóvenes en la fe a tu alrededor, al modelar hospitalidad y servicio los ayudarás a descubrir la misión de Dios para su vida.

No puedes cambiarlo, pero Dios puede usarlo

Ustedes se propusieron hacerme mal, pero Dios dispuso todo para bien. Él me puso en este cargo para que yo pudiera salvar la vida de muchas personas.

GÉNESIS 50:20

¿Recuerdas la historia de José?

Sus hermanos estaban celosos porque él era el hijo predilecto de su padre, así que lo vendieron como esclavo. Fue llevado a Egipto y durante los siguientes trece años de su vida todo salió mal para él. Lo vendieron como esclavo, lo acusaron falsamente de violación y lo encarcelaron por un crimen que no cometió.

Dios puso a José exactamente donde quería que estuviera. Sabía que José sería levantado para convertirse en el segundo líder más poderoso de Egipto, la nación más poderosa del mundo en aquel momento. Gracias a eso, José pudo salvar a Egipto e Israel de la hambruna.

Además de salvar a dos naciones de la hambruna, también salvó a su familia: los mismos que lo vendieron como esclavo. Cuando sus hermanos se presentaron ante él, José podría haberlos confrontado y castigado por lo que le habían hecho.

Por el contrario, los trató con gracia, no con amargura. Pudo hacer eso porque sus ojos estaban puestos en la perspectiva y el propósito de Dios. Sabía que Dios podía usar incluso el dolor más grande de su vida para bien. José les dijo a sus hermanos: *«Ustedes se propusieron hacerme mal, pero Dios dispuso todo para bien. Él me puso en este cargo para que yo pudiera salvar la vida de muchas personas»* (Génesis 50:20). Dios tomó el terrible pecado de los hermanos de José y lo usó para salvar a muchas personas.

Siempre habrá personas en tu vida que tengan malas intenciones, que se resentirán contigo, que te criticarán y que te lastimarán. Incluso puede haber ocasiones en las que seas la víctima inocente del pecado de otra persona. Puede que no lo entiendas, ¡pero no tienes por qué entenderlo! Puedes confiar en que Dios ve, que le importa y que hará justicia. Tal vez no puedas cambiar tus circunstancias al igual que José. Y tal vez te estés preguntando qué está haciendo Dios y cómo vas a superar tu circunstancia.

Dios puede usar todo, bueno o malo, para lograr sus propósitos. Nadie puede cambiar su buen plan de hacer crecer tu carácter y de hacerte más como Jesús. Dios usará para bien lo que otros hacen para mal.

25 DE SEPTIEMBRE

Cuando no puedes perdonar, solo te lastimas a ti mismo

Pero si te niegas a perdonar a los demás, tu Padre no perdonará tus pecados.
MATEO 6:15

¿Alguna vez esperaste que Dios te perdonara por las cosas malas que hiciste y, al mismo tiempo, quisiste que alguien más fuera castigado en lugar de ser perdonado?

Tal falta de voluntad para perdonar revela amargura y resentimiento en tu vida que solo te harán sentir horrible. Solo terminarás lastimándote.

Jesús dejó claro cómo funciona el perdón en Mateo 6:15. El perdón involucra tu pasado, presente y futuro:

- Dios te perdonó varias veces en el pasado.
- La falta de perdón hará que te sientas triste hoy.
- Necesitarás el perdón de Dios en el futuro.

Después de que Jonás les advirtió a los ninivitas, sus enemigos, sobre el juicio de Dios, ellos se arrepintieron. Dios los perdonó y no los castigó. Y Jonás se llenó de amargura.

¿Recuerdas que Jonás al principio se alejó de Dios y luego clamó a él desde el vientre del pez? Quería el perdón de Dios por su propio pecado de desobediencia, pero no quería que Dios perdonara a los ninivitas.

En su amargura, Jonás oró: *«Sabía que tú eres un Dios misericordioso y compasivo, lento para enojarte y lleno de amor inagotable. Estás dispuesto a perdonar y no destruir a la gente. ¡Quítame la vida ahora, Señor! Prefiero estar muerto y no vivo»* (Jonás 4:2-3).

Su resentimiento solo lo lastimaba a él. Los ninivitas disfrutaban de la gracia de Dios mientras Jonás se revolcaba en la autocompasión. Jonás no experimentó el gozo y la libertad de recibir y mostrar gracia hasta que aceptó el plan de Dios.

¿Te aferras al resentimiento y a la falta de perdón como Jonás? Es fundamental que perdones a cualquier persona de tu pasado que te haya lastimado y perdones a cualquiera que te haga daño hoy. La Biblia enseña: *«Si confesamos nuestros pecados, Dios, que es fiel y justo, nos los perdonará y nos limpiará de toda maldad»* (1 Juan 1:9, NVI).

Dios te perdonó tus pecados pasados y prometió perdonarte en el futuro. Aquellos a quienes se les mostró una gracia tan generosa deben estar dispuestos a extenderla a los demás.

26 DE SEPTIEMBRE

Tres maneras de agradecer a Dios por adelantado

Pero yo te ofreceré sacrificios con cantos de alabanza,
y cumpliré todas mis promesas.
Pues mi salvación viene solo del Señor.
JONÁS 2:9

Parece no tener sentido expresar gratitud cuando te sientes desesperado. ¿Por qué te sentirías agradecido cuando tocaste fondo?

Jonás entendió por qué. Cuando estaba en el vientre de un gran pez, antes de que Dios lo rescatara, Jonás nos mostró cómo agradecer a Dios de antemano por responder a nuestras oraciones (Jonás 2:9).

¿Cuál es la diferencia entre agradecer a Dios *antes* y agradecer a Dios *después*? Si esperas para agradecer a Dios hasta después de que responda a tu oración, eso es gratitud. Pero si le das gracias a Dios por adelantado, antes de que conteste tu oración, eso es fe. Le agradecemos a Dios cuando responde nuestras oraciones, pero mostramos fe en Dios si también le damos gracias de antemano.

¿Cómo agradeces a Dios por adelantado? Jonás nos muestra tres maneras:

Jonás agradeció a Dios alabándolo. La Biblia nos enseña cómo hacerlo: *«Así que ofrezcamos continuamente a Dios, por medio de Jesucristo, un sacrificio de alabanza, es decir, el fruto de los labios que confiesan su nombre»* (Hebreos 13:15, NVI).

Jonás agradeció a Dios con retomar su misión. Jonás sabía que se había equivocado. ¡A todos nos pasa eso! Pero eso no detiene el propósito de Dios para nosotros. La misión de la vida de Jonás siguió siendo la misma. Tu misión en la vida sigue siendo la misma, incluso cuando te equivocas.

Jonás agradeció a Dios confiando en que él le daría el éxito. Proverbios 3:5-6 afirma: *«Confía en el Señor con todo tu corazón; no dependas de tu propio entendimiento. Busca su voluntad en todo lo que hagas, y él te mostrará cuál camino tomar»*.

Jonás huyó de Dios, pero tenía fe en que Dios no lo había abandonado a pesar de ello. Mostró su fe en la gracia de Dios al darle gracias por adelantado en el pez.

Puedes confiar en que Dios nunca te abandonará, aun cuando hayas desobedecido su voluntad. Es por eso que puedes agradecerle incluso antes de que conteste tus oraciones.

27 DE SEPTIEMBRE

Advertir a los demás es un acto de amor

Esta vez Jonás obedeció el mandato del Señor y fue a Nínive,
una ciudad tan grande que tomaba tres días recorrerla toda.
El día que Jonás entró en la ciudad, proclamó a la multitud:
«Dentro de cuarenta días Nínive será destruida».

JONÁS 3:3-4

Cuando Dios envió a Jonás a Nínive, la misión de Jonás era advertir al pueblo sobre las graves consecuencias de su desobediencia. Dios quería que supieran que su juicio estaba cerca, pero que todavía tenían la oportunidad de arrepentirse y obedecerle.

Dios quería darle a la gente de Nínive una segunda oportunidad.

¡Pero terminó dándole a Jonás una segunda oportunidad también! En lugar de dirigirse directamente a Nínive, Jonás corrió en la dirección opuesta y terminó en el vientre de un gran pez. Dios lo rescató, y Jonás aprovechó su segunda oportunidad decidiendo obedecer a Dios.

La Biblia expresa: «*Esta vez Jonás obedeció el mandato del Señor y fue a Nínive, una ciudad tan grande que tomaba tres días recorrerla toda. El día que Jonás entró en la ciudad, proclamó a la multitud: "Dentro de cuarenta días Nínive será destruida"*» (Jonás 3:3-4).

Mira de nuevo lo que la Biblia menciona que Jonás hizo: «*Proclamó a la multitud*». La proclamación de Jonás fue una advertencia. Una advertencia es un llamado a ser precavido por causa de un peligro, una trampa o un problema inminente. Dios, a veces, trae personas a nuestra vida para advertirnos cuando no lo escuchamos. De hecho, más de cien versículos en el Nuevo Testamento nos dicen que debemos advertir a los demás. Es una de nuestras responsabilidades como seguidores de Jesús.

Pablo escribió en Hechos 20:31: «*Así que estén alerta. Recuerden que día y noche, durante tres años, no he dejado de amonestar con lágrimas a cada uno en particular*» (NVI). Ten en cuenta que Pablo les dijo que estaba desesperado hasta las lágrimas porque los efesios prestaran atención a su advertencia. ¿Por qué? ¡Porque los amaba!

Dios le da a todos los creyentes el ministerio de advertir a los demás. Cuando adviertes a alguien, demuestras que amas a Dios y amas a esa persona. Si supieras que un puente está roto y vieras a alguien conduciendo hacia él a ochenta kilómetros por hora advertirle sería un acto de verdadero amor.

De la misma manera, si amas a las personas que forman parte de tu vida, debes advertirles sobre las consecuencias de sus acciones o decisiones imprudentes; una advertencia piadosa es un acto de amor.

28 DE SEPTIEMBRE

Nuevo día, nueva oportunidad para cumplir tu misión

Es paciente por amor a ustedes. No quiere que nadie sea destruido; quiere que todos se arrepientan.

2 PEDRO 3:9

Un error común que cometemos es pensar que las personas de la Biblia son superhéroes. Pero no hay superhéroes, ni en las Escrituras ni en ninguna otra parte.

En la Biblia y en el mundo de hoy, Dios usa solo a personas imperfectas y quebrantadas. Si pasas algún tiempo leyendo la Biblia, pronto te darás cuenta de que, si estás dispuesto a ser usado por Dios, él te usará, sin importar lo que hayas hecho en el pasado. Nada de lo que hayas hecho o experimentado hará que Dios renuncie a su misión para tu vida.

Jonás es un gran ejemplo de esto. Era un hombre común que ni siquiera estaba dispuesto a hacer lo que Dios le dijo que hiciera. De hecho, cuando Dios le asignó la tarea, Jonás huyó de ella, pero Dios le dio otra oportunidad, y Jonás al fin hizo lo que había sido llamado a hacer... pero con mala actitud.

Dios había enviado a Jonás a llamar al pueblo de Nínive al arrepentimiento. Otros profetas del Antiguo Testamento pronunciaron discursos suplicantes y apasionados, pero Jonás no lo hizo. Jonás se dirigió al pueblo con un sermón sencillo de siete palabras: «*Dentro de cuarenta días Nínive será destruida*» (Jonás 3:4). En pocas palabras, le estaba diciendo a la gente: «Van a morir. Adiós».

Dios usó a Jonás a pesar de su mala actitud. De hecho, el mensaje sencillo de Jonás condujo a uno de los avivamientos espirituales más grandes de la historia. Una gran ciudad se volvió a Dios. ¡Ese es, en realidad, un milagro aún más impresionante que sacar a Jonás del vientre de un gran pez!

Dios usó a este profeta imperfecto y reacio para liderar un avivamiento increíble. Dios fue paciente con Jonás y nunca se dio por vencido con él. Dios tampoco se dará por vencido contigo. La Biblia afirma: «*Es paciente por amor a ustedes. No quiere que nadie sea destruido; quiere que todos se arrepientan*» (2 Pedro 3:9).

Si te despiertas mañana por la mañana, significa que Dios te está dando un día más, otra oportunidad, para cumplir tu misión.

¡Espera que Dios te use, y lo hará!

29 DE SEPTIEMBRE

Cualquier creyente puede orar por sanidad

Confiésense unos a otros sus pecados y oren unos por otros, para que sean sanados. La oración del justo es poderosa y eficaz.

SANTIAGO 5:16 (NVI)

¿Alguien que conoces necesita sanidad? ¿*Tú* necesitas sanidad? ¡A partir de hoy puedes orar por sanidad! Solo tienes que seguir los siguientes pasos:

Primero, asegúrate de que tu corazón esté limpio de pecado. Aferrarse a un pecado no confesado obstaculiza tus oraciones por sanidad. La Biblia enseña en Santiago 5:16: *«Por eso, confiésense unos a otros sus pecados y oren unos por otros, para que sean sanados. La oración del justo es poderosa y eficaz»* (NVI). Nunca estarás libre de pecado, pero puedes *pecar menos*. Dios quiere que te acerques a él con confianza. Para ese fin tienes que asegurarte de que no haya nada entre tú y Dios que deba corregirse a través de la confesión.

Segundo, sé específico cuando pidas sanidad. Muchas personas tienen miedo de poner a Dios en un aprieto, por lo que simplemente hacen una oración general: «Señor, quédate con esta persona enferma, muéstrale tu amor y ayúdala a entender que estás con ella». Pero ¿cómo reconocerás la provisión de Dios cuando no le pides nada específico? Pídele a Dios cosas específicas, no porque él necesite conocer los detalles, sino porque quiere que veas cómo trabaja en esos detalles.

Por último, pide con fe. Santiago 1:6 señala: *«Pero que pida con fe, sin dudar, porque quien duda es como las olas del mar, agitadas y llevadas de un lado a otro por el viento»* (NVI). Ora con expectativa, confiando en que Dios responderá a tus oraciones en su tiempo y a su manera. Es posible que la persona por quien estás orando no sea sanada en esta vida. Lo mismo puedes orar por sanidad, sin dudar y con fe, porque sabes que Dios siempre cumple con sus propósitos. Él te escucha y se preocupa tanto por la persona por quien estás orando como por la enfermedad que tal vez te agobia.

Arregla tu relación con Dios. Confiesa tu pecado. Pídele de manera específica lo que quieres que haga por ti y por los demás. Luego, espera que Dios obre.

30 DE SEPTIEMBRE

La obediencia tardía es desobediencia

Me apresuraré sin demora
a obedecer tus mandatos.
SALMO 119:60

La Biblia está llena de instrucciones para la vida. A veces se las llama decretos de Dios, preceptos de Dios o mandamientos de Dios. Como sea que las llames, Dios espera que obedezcas sus mandamientos de inmediato y por completo.

Imagínate que un padre le dice a su hijo que haga algo y el niño responde: «Lo pensaré». ¿No habría consecuencias?

La gente le hace lo mismo a Dios todo el tiempo. Dios manifiesta que quiere que hagas algo, y tú respondes: «Lo pensaré».

La verdad es que tú no tienes ese tipo de autoridad. Esta situación no es diferente a la de un niño que le dice a sus padres: «Lo pensaré».

Cuando el Creador del universo te pide que hagas algo, espera que lo hagas *ahora*. Todos los padres saben que *la obediencia tardía es desobediencia*.

Dios también quiere que obedezcas sus mandamientos por completo. No puedes seleccionarlos haciendo una lista de instrucciones que seguirás y otra lista de las que no. La obediencia parcial es desobediencia.

La Biblia enseña: *«Me apresuraré sin demora a obedecer tus mandatos»* (Salmo 119:60).

A menudo pensamos que la *prisa* es una palabra negativa porque nos recuerda al estrés y a las presiones del mundo actual. Pero la prisa es buena cuando se trata de obedecer a Dios. Significa que no te detienes a cuestionar las instrucciones de Dios antes de obedecerlas. Primero obedeces y, luego, buscas entender. De hecho, no entenderás por completo muchos de los mandamientos de Dios hasta que los hayas obedecido primero. En muchos casos, la obediencia desbloquea la comprensión.

Eso es lo que sucedió con los discípulos. Cuando Jesús los llamó a que lo siguieran no tenían idea de lo que les esperaba, pero obedecieron sin dudarlo. Esto es lo que sucedió cuando Jesús llamó a Simón y a Andrés: *«Jesús los llamó: "Vengan, síganme [...]". Y enseguida dejaron las redes y lo siguieron»* (Marcos 1:17-18).

¿Y tú? ¿Qué te dijo Dios que hicieras que aún no empezaste a hacer? ¿Qué esperas para hacerlo? Dios quiere darte lo mejor. Así que sigue adelante y haz lo que te dijo que hicieras.

1 DE OCTUBRE

El crecimiento espiritual exige cambios

En cambio, la clase de fruto que el Espíritu Santo produce en nuestra vida es: amor, alegría, paz, paciencia, gentileza, bondad, fidelidad, humildad y control propio.

GÁLATAS 5:22-23

El propósito de Dios es usar los cambios en tu vida para hacerte más como Jesús.

La promesa de Romanos 8:28 es maravillosa: *«Y sabemos que Dios hace que todas las cosas cooperen para el bien de quienes lo aman y son llamados según el propósito que él tiene para ellos»*. Pero no tiene sentido hasta que lees el versículo que sigue: *«Pues Dios conoció a los suyos de antemano y los eligió para que llegaran a ser como su Hijo»* (Romanos 8:29).

Dios no solo te quiere en su familia, sino que también quiere que desarrolles las características de los hijos de Dios. Quiere que crezcas espiritualmente. Su modelo de madurez es Jesucristo.

¿Cómo es Jesús? La mejor imagen del carácter de Jesús es el fruto del Espíritu descrito en Gálatas 5:22-23: *«La clase de fruto que el Espíritu Santo produce en nuestra vida es: amor, alegría, paz, paciencia, gentileza, bondad, fidelidad, humildad y control propio»*.

Dios produce esa clase de fruto en ti al ponerte en situaciones llenas de circunstancias exactamente opuestas que te dan la oportunidad de aprender y practicar estas cualidades del carácter.

No aprendes la bondad cuando estás rodeado de personas agradables; no aprendes a estar contento cuando tienes todo lo que quieres. Por lo tanto, cuando Dios te enseña a amar no te pone cerca de personas que son fáciles de amar; te rodea de personas difíciles de amar.

Cualquiera puede ser feliz cuando todo le sale bien, pero Dios te enseña el verdadero gozo en medio del sufrimiento, el dolor y la angustia.

Es fácil estar en paz cuando no hay luchas en tu vida. En cambio, Dios te enseña la paz permitiendo que el caos y el conflicto en tu vida te enseñen la paz que sobrepasa todo entendimiento.

¿Cómo te enseña Dios a tener paciencia? Colocándote en una larga fila en el banco o en una sala de espera donde el médico se atrasó. Cada vez que tienes que esperar Dios te está enseñando paciencia para hacerte más como Jesús.

El cambio no siempre es fácil, pero los pasos grandes *y* pequeños que das en el crecimiento en madurez espiritual hacen que valga la pena.

2 DE OCTUBRE

Es hora de empezar a dudar de tus dudas

El pecado del mundo consiste en que el mundo se niega a creer en mí.

JUAN 16:9

En la raíz de cada pecado hay al menos una duda momentánea acerca de Dios.

Jesús afirmó: «*El pecado del mundo consiste en que el mundo se niega a creer en mí*» (Juan 16:9). La raíz de todo pecado es no creer que Jesús es quien dice ser ni que hará lo que dice que hará.

Si les prestas atención a algunas emociones, pueden ayudarte a saber cuándo estás dudando de Dios.

El temor y la ansiedad revelan incredulidad en las promesas de Dios. La Biblia ofrece más de siete mil promesas. Tu temor muestra tu falta de voluntad para reclamar esas promesas que Dios hace a todos aquellos que lo siguen.

La impaciencia revela duda en el tiempo perfecto de Dios. ÉL tiene un plan para tu vida, pero nunca se apura. Cuando te olvidas de eso te resulta más fácil tomar el asunto en tus propias manos en lugar de esperar en Dios.

El resentimiento y la amargura revelan dudas sobre la sabiduría de Dios. Él es sabio, bueno y amoroso. Pero cuando las cosas no salen como esperas, piensas que se equivocó y no crees que pueda sacar lo bueno de lo malo.

Los sentimientos de culpa revelan incredulidad en el perdón de Dios. ¿Por cuánto tiempo debe sentirse culpable un seguidor de Jesús? Aproximadamente por un segundo porque ese es el tiempo que se tarda en confesar un pecado. Si cargas con culpas es porque no puedes perdonarte a ti mismo debido a que no crees que Dios te haya perdonado.

Sentirse insuficiente revela dudas sobre el poder de Dios. Dios manifestó: «*Mi poder actúa mejor en la debilidad*» (2 Corintios 12:9). Cuando no crees en esa verdad, lo que subyace es que piensas que el poder debe venir solo de ti mismo, de lo cual siempre derivan decepciones.

¿Quieres cambiar esos sentimientos de miedo, impaciencia, resentimiento, culpa e insuficiencia? Tienes que empezar a dudar de tus dudas y a creer en la Palabra de Dios. Confía en que Dios cumple sus promesas, que conoce el tiempo perfecto, que es sabio, que te perdona y que obra con poder a través de ti.

3 DE OCTUBRE

¿Por qué necesitas una comunidad para reiniciar tu vida?

Alguien que está solo puede ser atacado y vencido, pero si son dos, se ponen de espalda con espalda y vencen; mejor todavía si son tres, porque una cuerda triple no se corta fácilmente.

ECLESIASTÉS 4:12

Si necesitas que Dios te ayude a reiniciar tu vida, solo tienes que pedírselo. Luego, debes encontrar personas que te apoyen en tu cambio de vida.

No podrás tener éxito en algo tan grande como un cambio de vida si tratas de hacerlo por tu cuenta. Si pudieras, lo harías, pero no puedes. Así que no lo harás. Esto se debe a que Dios nos programó para encontrar sanidad a través del involucramiento de otras personas en nuestra vida.

La Biblia enseña en Eclesiastés 4:10 y 12: *«Si uno cae, el otro puede darle la mano y ayudarlo; pero el que cae y está solo, ese sí que está en problemas. [...] Alguien que está solo puede ser atacado y vencido, pero si son dos, se ponen de espalda con espalda y vencen; mejor todavía si son tres, porque una cuerda triple no se corta fácilmente»*.

En otras palabras, cuando tienes el apoyo de otra persona, no podrán derrotarte con facilidad. ¡Y si tienes un grupo de apoyo grande es mucho mejor!

Cometerás errores cada vez que hagas un cambio en tu vida. No eres perfecto; ninguno de nosotros lo es. A pesar de que desees vivir con propósito y convertirte en la persona que Dios quiere que seas, tendrás caídas. Por lo tanto, necesitas personas amorosas que te ayuden a levantarte.

La comunidad es el antídoto de Dios contra el desaliento. Tu grupo pequeño o grupo de amigos cristianos puede ayudarte a mantener la perspectiva correcta. Ellos pueden ver lo que tú no ves y pueden recordarte la verdad de Dios.

Romanos 12:5 señala: *«Nosotros somos las diversas partes de un solo cuerpo y nos pertenecemos unos a otros»*. En la familia de Dios, tú me perteneces y yo te pertenezco. Las personas de tu iglesia y comunidad cristiana son tus hermanos y hermanas. Necesitarás su aliento mientras Dios reinicia tu vida.

Si aún no los encontraste, búscalos. Deberás tener valor y ser vulnerable. Si sientes que esas personas escasean en este momento, pídele ayuda a Dios. Él te dará todo lo que necesitas para un reinicio que te haga más como él.

4 DE OCTUBRE

¿Estás preocupado? Recuerda lo que Dios hizo

Para Dios todo es posible.

MATEO 19:26

Cuando te enfrentas a tiempos difíciles, la preocupación es una respuesta humana natural. Pero Dios quiere que lo adores en lugar de preocuparte. Una forma en que puedes adorar a Dios es creyendo quién es él y lo que él puede hacer.

En el libro de 2 Crónicas, el rey Josafat y el pueblo de Judá se encontraban en una situación difícil. Tres naciones enemigas se dirigían a luchar contra ellos.

Aunque tenía miedo, la primera reacción del rey fue reunir a su pueblo ante el Señor. Se puso de pie ante toda la nación y oró en voz alta. Su oración es un gran modelo que muestra cómo buscar a Dios cuando te sientes oprimido y agobiado.

Primero, cuando ores durante un momento de mucha angustia, recuérdate a ti mismo quién es Dios. Concéntrate en su fuerza, carácter y poder. Dios puede manejar cualquier cosa, incluyendo lo que sea que estés enfrentando en este momento. Jesús dijo: «*Para Dios todo es posible*» (Mateo 19:26).

El rey Josafat se recordó a sí mismo esta verdad mientras oraba: «*SEÑOR, Dios de nuestros antepasados, ¿no eres tú el Dios del cielo y el que gobierna a todas las naciones? ¡Es tal tu fuerza y tu poder que no hay quien pueda resistirte!*» (2 Crónicas 20:6, NVI).

Cuando los enemigos del rey venían contra él, el rey optó por apartar sus ojos del problema y, en cambio, poner sus ojos en la fuerza y el poder de Dios. Se recordó a sí mismo quién era Dios.

Después de recordar quién es Dios, recuérdate a ti mismo lo que hizo. Recuerda esos momentos cuando Dios ayudó a otras personas y te ayudó a ti. Recordar lo que Dios hizo te dará confianza en que Dios se encargará de lo que sea que estés enfrentando.

Cuando el rey Josafat oró: «*¿No fuiste tú, Dios nuestro, quien a los ojos de tu pueblo Israel expulsó a los habitantes de esta tierra?*» (2 Crónicas 20:7, NVI), estaba recordando cuando Moisés sacó a los israelitas de Egipto a la Tierra Prometida.

Recordar que Dios había ayudado a Israel en el pasado le dio al rey Josafat confianza en que Dios lo haría de nuevo.

¿Qué es lo que te preocupa hoy? En lugar de preocuparte dedica tiempo a la oración recordando quién es Dios y lo que hizo. Ten fe en que él puede hacerse cargo de lo que sea que estés enfrentando.

5 DE OCTUBRE

Cómo mostrar fe y gratitud durante tus batallas

Cuando comenzaron a cantar y a dar alabanzas, el Señor hizo que los ejércitos de Amón, de Moab y del monte Seir comenzaran a luchar entre sí.

2 CRÓNICAS 20:22

Cuando el pueblo de Judá y su rey, Josafat, fueron superados en número por tres naciones enemigas, el rey decidió no preocuparse. En cambio, el rey Josafat guio a su pueblo en adoración a Dios. Una de las formas en que adoraban era agradeciendo a Dios por la victoria por adelantado.

Era casi la hora de que comenzara la batalla, Israel estaba a un lado del valle y sus enemigos al otro. Uno esperaría que las tropas de Judá comenzaran a armarse y a alinearse para marchar a la batalla. Pero esto es lo que sucedió en cambio: *«Después de consultar con el pueblo, el rey nombró cantores que caminaran delante del ejército cantando al Señor y alabándolo por su santo esplendor. Esto es lo que cantaban: "¡Den gracias al Señor; su fiel amor perdura para siempre!"»* (2 Crónicas 20:21).

Sí, estás leyendo bien. En lugar de elegir guerreros para dirigir a las tropas a la batalla, el rey reunió un coro. ¿Puedes imaginarte lo que estarían pensando esos hombres mientras caminaban, cantando y sin armas, hacia el campo de batalla? ¿Te imaginas lo que estarían pensando sus enemigos? Los hombres obedecieron a pesar de la extraña estrategia. El coro marchó al frente del ejército declarando el amor infinito de Dios y agradeciéndole de antemano por la liberación.

Así es como Dios quiere que tú también enfrentes tus batallas. Quiere que le agradezcas de antemano por resolver tus problemas. No olvides que cuando agradeces a Dios después, estás mostrando gratitud, lo cual es importante. Pero si le agradeces de antemano, estás mostrando fe.

En el siguiente versículo, vemos el efecto de este plan de batalla poco ortodoxo: *«Cuando comenzaron a cantar y a dar alabanzas, el Señor hizo que los ejércitos de Amón, de Moab y del monte Seir comenzaran a luchar entre sí»* (2 Crónicas 20:22). El pueblo de Dios ni siquiera tuvo que levantar un arma.

Eso es lo que Dios quiere para ti también. Quiere que depongas tus armas, todas las formas en que estuviste tratando de resolver tus problemas por tu cuenta, y que confíes en él mientras te enfrentas a tus enemigos. Luego, agradécele por la liberación y observa con gratitud cómo Dios lucha por ti.

6 DE OCTUBRE

Cómo detectar tus puntos ciegos

¿Por qué te fijas en la astilla que tiene tu hermano en el ojo y no le das importancia a la viga que está en el tuyo?

MATEO 7:3 (NVI)

¿Qué pecado tiendes a ver con mayor claridad y con más facilidad en los demás? ¿Qué te dice eso sobre el pecado que podría haber en tu propia vida?

Antes de juzgar a otra persona, recuerda que tienes puntos ciegos: actitudes o debilidades que no ves aunque causen conflictos con los demás.

Cuando sientas la necesidad de juzgar a alguien por sus puntos ciegos, es mejor que escojas descubrir los tuyos primero y lidiar con ellos. Jesús lo dijo así: *«¿Por qué te fijas en la astilla que tiene tu hermano en el ojo y no le das importancia a la viga que está en el tuyo? ¿Cómo puedes decirle a tu hermano: "Déjame sacarte la astilla del ojo", cuando ahí tienes una viga en el tuyo? ¡Hipócrita! Saca primero la viga de tu propio ojo, entonces verás con claridad para sacar la astilla del ojo de tu hermano»* (Mateo 7:3-5, NVI).

Jesús está diciendo: «¿Por qué estás tan preocupado por el pecado en la vida de otra persona cuando no has lidiado con tu propio pecado? Encárgate de tus puntos ciegos primero para que puedas ver con claridad y ayudar a los demás».

Tendemos a juzgar en los demás lo que no nos gusta de nosotros mismos. Si eres perezoso y desearías no serlo, tiendes a juzgar a los demás por su pereza. Si eres orgulloso o codicioso, detectarás con facilidad el orgullo y la codicia en otra persona.

La Biblia enseña en 1 Corintios 11:31: *«Si nos examináramos a nosotros mismos, Dios no nos juzgaría de esa manera»*. Piensa en lo que expone este versículo: cuando examinamos seriamente nuestra vida y evaluamos nuestras propias debilidades, faltas y fracasos, Dios no tiene que juzgarnos.

Dios está a tu favor, no en tu contra. Ya conoce tus puntos ciegos y quiere ayudarte a abordarlos para que madures en tu fe.

7 DE OCTUBRE

En medio de una tormenta, necesitas al «Yo Soy»

Los discípulos, al verlo caminar sobre el agua, creyeron que era un fantasma y se pusieron a gritar, llenos de miedo por lo que veían. Pero él habló enseguida con ellos y les dijo: «¡Cálmense! Soy yo. No tengan miedo».

MARCOS 6:49-50 (NVI)

Si estás pasando por una tormenta en este momento, debes recordar esto: solo en las tormentas de la vida aprendes cómo es Jesús en realidad. Ves que no es un mero hombre. No es solo un buen maestro o un líder ético. Él es Dios, el Creador del universo.

En Marcos 6, Jesús se dio cuenta de que los discípulos estaban angustiados. Estaban en medio de un lago, donde el viento y las olas golpeaban su bote y les impedían avanzar. Entonces Jesús se acercó a ellos caminando sobre el agua. *«Los discípulos, al verlo caminar sobre el agua, creyeron que era un fantasma y se pusieron a gritar, llenos de miedo por lo que veían. Pero él habló enseguida con ellos y les dijo: "¡Cálmense! Soy yo. No tengan miedo"»* (Marcos 6:49-50, NVI).

Los discípulos todavía tenían algunas dudas molestas, como, por ejemplo, que tal vez Jesús era solo un buen profeta que podía hacer algunos milagros. Al caminar sobre el agua, Jesús les reveló que era mucho más que un hombre. Les mostró que él era Dios.

También les lanzó un desafío: *«No tengan miedo»*. Y los tranquilizó: *«Soy yo»*.

En griego, el idioma original de esta parte de la Biblia, la frase *«Soy yo»* es en realidad dos palabras: *egō eimi*, las cuales simplemente significan «Yo soy». ¿Por qué es importante esta información? El nombre de Dios es «Yo Soy»; no «Yo fui» o «Yo seré» o «Yo espero ser». Cuando Jesús afirma: «Yo soy», está diciendo que no tienes que tener miedo. Que no tienes que preocuparte. Él es Dios, y eso es suficiente.

Durante una tormenta, no necesitas un trabajo, necesitas a Jesús. No necesitas un plan, necesitas a una persona. No necesitas un sistema, necesitas un Salvador. No necesitas una nueva meta, necesitas a Dios.

Cuando estés pasando por una tormenta, recuerda que Dios no es distante, indiferente ni apático. Es el gran «Yo Soy». Está en la tormenta contigo y te ayudará a superarla.

¿Puedes ver dónde Dios ya está obrando?

Fíjense, voy a hacer algo nuevo. Eso es lo que está pasando ahora, ¿no se dan cuenta?
ISAÍAS 43:19 (PDT)

Durante los tiempos difíciles debes estar más consciente y alerta que nunca a lo que Dios está haciendo. ¿Por qué? Porque Dios quiere enseñarte lecciones importantes y ayudarte a crecer en medio de la adversidad.

Isaías 43:19 nos dice: *«Fíjense, voy a hacer algo nuevo. Eso es lo que está pasando ahora, ¿no se dan cuenta?»* (PDT).

¿Estás buscando a Dios en medio de tus luchas? ¿Lo estás buscando en todas las cosas que están pasando en tu vida? Debes mantener los ojos abiertos. Debes buscar las formas en que Dios está obrando. Debes mantenerte alerta a la forma en que te muestra su presencia.

Hay una palabra que define mantener los ojos abiertos y estar alerta: *visión*. La mayoría de las personas tienen una comprensión errónea de lo que significa tener visión.

Visión es uno de los términos más malinterpretados en los libros y seminarios de liderazgo. La gente a menudo habla de ello como si ser un visionario significara que de alguna manera puedes predecir el futuro, pero eso no es lo que significa ser una persona con visión.

¿Qué es la visión? Visión es ver a Dios obrando en tu situación actual y actuar basándote en ello. Es aprovechar al máximo lo que está sucediendo en este momento. Visión no es predecir el futuro. Visión es ver a Dios obrando y luego decidir que te vas a unir a él en lo que está haciendo. Mantienes los ojos abiertos. Ves a Dios obrando. Y luego aprovechas la situación. ¡Ves la ola y te subes a ella!

Necesitas dejar de pedirle a Dios que bendiga lo que estás haciendo. En cambio, debes pedirle que te ayude a ver y a hacer lo que él está bendiciendo.

Todas las mañanas dile a Dios: «Sé que vas a hacer muchas cosas muy geniales en el mundo hoy. ¿Me darías el privilegio de participar en lo que estás haciendo? Ayúdame a verlo y dame el valor para dar un paso al frente y ser parte».

Dios quiere usarte para sus propósitos, incluso cuando estás pasando por momentos difíciles. ¡Solo mantén los ojos abiertos!

9 DE OCTUBRE

Es hora de enfrentar la verdad

Si afirmamos que no tenemos pecado, nos engañamos a nosotros mismos y la verdad no está en nosotros.

1 JUAN 1:8 (NVI)

El pecado siempre implica autoengaño. En el momento en que estás pecando, te estás engañando a ti mismo porque piensas que lo que estás haciendo producirá mejores resultados que lo que Dios ya te dijo que hicieras.

Para dejar de derrotarte a ti mismo, debes dejar de engañarte a ti mismo. Necesitas analizar honestamente tu vida, enfrentar la verdad y lidiar con los problemas. ¿Qué es lo que estás fingiendo que no es un problema o a lo que no eres adicto? ¿De qué estás diciendo «no es gran cosa?».

No importa si dependes de los narcóticos o si estás gastando demasiado con tu tarjeta de crédito o si estás viendo pornografía o si estás leyendo basura. Lo estás usando para tratar de escapar de tu dolor y pecado, pero no vas a sanar hasta que primero reconozcas la raíz de tu problema.

No es necesario que toques fondo para empezar a cambiar. No tienes que ir por el camino de la destrucción. Puedes admitir la raíz del problema y luego lidiar con eso.

Cuando les preguntan a los consejeros de la iglesia: «¿Cuál es el mayor problema con el que se tienen que enfrentar?». Responden una y otra vez: «La gente espera demasiado tiempo antes de pedir ayuda. Al punto que se torna casi imposible cambiar la situación». Lee de nuevo lo que enseña la Biblia en Juan 1:8. La mayoría de las personas niegan el problema, esperan hasta que es demasiado tarde y, luego, pasan por un dolor innecesario.

¿Cuáles son las preguntas difíciles que debes hacerte sobre el pecado en tu vida? ¿Cuáles son las señales de advertencia que estuviste ignorando?

Si quieres sanar, necesitas reconocer la raíz de tu problema y enfrentar la verdad sobre *ti mismo*. Nunca es la elección fácil, pero siempre es la correcta.

Jesús entiende por lo que estás pasando. La Biblia afirma: *«Nuestro Sumo Sacerdote comprende nuestras debilidades, porque enfrentó todas y cada una de las pruebas que enfrentamos nosotros, sin embargo, él nunca pecó. Así que acerquémonos con toda confianza al trono de la gracia de nuestro Dios. Allí recibiremos su misericordia y encontraremos la gracia que nos ayudará cuando más la necesitemos»* (Hebreos 4:15-16).

Dios está a tu favor y está obrando en ti. Con su poder, puedes superar cualquier cosa.

Las personas fieles no se dan por vencidas

Es por esto que nunca nos damos por vencidos. Aunque nuestro cuerpo está muriéndose, nuestro espíritu va renovándose cada día. Pues nuestras dificultades actuales son pequeñas y no durarán mucho tiempo. Sin embargo, ¡nos producen una gloria que durará para siempre y que es de mucho más peso que las dificultades!

2 CORINTIOS 4:16-17

Nunca se es un fracasado hasta que se abandona, y siempre es demasiado pronto para abandonar. ¿Por qué? Porque Dios usa los tiempos difíciles para poner a prueba tu perseverancia. Dios usa tu dolor para su buen propósito y para ver si permanecerás fiel a él.

Una diferencia entre las personas fieles y las infieles es que las personas infieles se dan por vencidas a la primera señal de dificultad. La gente fiel sigue adelante.

Las personas fieles son determinadas. Las personas fieles son diligentes. Las personas fieles son perseverantes. ¡Las personas fieles no saben rendirse! ¿Sabes cómo una pequeña bellota se convierte en un roble? Un roble no es más que una bellota que se niega a rendirse.

La Iglesia de Saddleback tenía quince años y ya había crecido a más de diez mil personas cuando construimos nuestro primer edificio. En nuestros primeros quince años utilizamos setenta y nueve instalaciones diferentes. No hay mucha gloria en armar y desarmar una iglesia para diez mil personas todas las semanas. Simplemente es un arduo trabajo.

¿Sabes cuántas veces tuve ganas de rendirme? ¡Todos los lunes por la mañana! Dios usó esos tiempos difíciles para probar nuestra perseverancia.

Si estás pasando por momentos difíciles, 2 Corintios 4:16-17 es para ti. Dios está más interesado en lo que te estás convirtiendo que en lo que te está sucediendo. A menudo permite las pruebas, dificultades, tribulaciones y problemas en tu vida para enseñarte a ser diligente, determinado y para edificar tu carácter. Dios te renovará y te dará la energía que necesitas para seguir adelante a medida que confíes en él y mantengas tu enfoque en la eternidad. Gálatas 6:9 enseña: *«No nos cansemos de hacer el bien, porque a su debido tiempo cosecharemos si no nos damos por vencidos»* (NVI).

Los problemas por los que estás pasando en este momento son una prueba para tu fidelidad. ¿Continuarás sirviendo a Dios incluso en los tiempos difíciles de tu vida?

11 DE OCTUBRE

Para todos aquellos que necesitan una segunda oportunidad

Olviden las cosas de antaño;
ya no vivan en el pasado.
¡Voy a hacer algo nuevo!
Ya está sucediendo, ¿no se dan cuenta?
Estoy abriendo un camino en el desierto
y ríos en lugares desolados.
ISAÍAS 43:18-19 (NVI)

Dios es el Dios de las segundas oportunidades; ¡y de las cientos y miles de oportunidades!

La Biblia está llena de relatos de personas que tuvieron una segunda oportunidad. Abraham fingió que su esposa era su hermana porque no tenía fe en que Dios lo protegería. Moisés asesinó a otro ser humano. Sansón se dejó subyugar por sus sentimientos de ira y lujuria. Rahab trabajaba como prostituta. David cometió adulterio y, luego, ordenó que mataran al esposo de la mujer. Y, sin embargo, cada una de estas personas forma parte del «Salón de la fe» de Dios en Hebreos 11.

A Dios le encanta dar segundas oportunidades. Si ser perfecto fuera un requisito para recibir la gracia de Dios, ¡nadie tendría ninguna posibilidad!

Uno de los amigos de Job le ofreció este consejo sobre cómo recuperarse de las pérdidas en la vida y volver al plan original de Dios: *«¡Si tan solo prepararas tu corazón y levantaras tus manos a él en oración! Abandona tus pecados y deja atrás toda iniquidad. Entonces tu rostro se iluminará con inocencia; serás fuerte y estarás libre de temor. Olvidarás tu sufrimiento; será como agua que corre. Tu vida será más radiante que el mediodía, y aun la oscuridad brillará como la mañana. Tener esperanza te dará valentía. Estarás protegido y descansarás seguro»* (Job 11:13-18).

¡Qué promesa tan increíble! Cuando te arrepientes, Dios siempre te ofrece otra oportunidad llena de valor, esperanza, protección y descanso.

Si quieres avanzar hacia el asombroso sueño de Dios para tu vida, tendrás que cerrar la puerta al pasado. Tendrás que renunciar a tu dolor, culpa y rencores para poder seguir adelante con fe.

Lee el pasaje de hoy, y confía en que Dios te dará una segunda oportunidad. Aprenderás que incluso los días más oscuros de tu pasado pueden brillar como el amanecer. Y en el páramo de tu dolor brotarán arroyos.

12 DE OCTUBRE

El amor la deja pasar

El buen juicio hace al hombre paciente;
su gloria es pasar por alto la ofensa.
PROVERBIOS 19:11 (NVI)

Algunas personas quieren salirse con la suya siempre. Tienen una manera correcta y una manera incorrecta de hacer las cosas, y tu manera de hacerlas siempre es incorrecta. Cuando no cumples con sus parámetros, te lo hacen saber; lo que es más, pareciera que nunca podrás complacerlos.

¿Cómo respondes con amor a las personas exigentes?

La Biblia afirma que la paciencia viene de la perspectiva: *«El buen juicio hace al hombre paciente; su gloria es pasar por alto la ofensa»* (Proverbios 19:11, NVI). Cuanto más entiendas los antecedentes, batallas y cargas de una persona, más paciente serás con ella.

A menudo miramos a la gente y pensamos lo que les falta para llegar a ser alguien. Pero no nos detenemos y decimos: «Mira lo lejos que llegaron en la vida».

Tal vez, se criaron en una familia en la que no tenían un modelo de amabilidad o cortesía. Quizás, crecieron en un hogar disfuncional, y es un milagro que hayan llegado tan lejos.

¿Qué cargas llevan? ¿Alguna enfermedad? ¿Problemas familiares? ¿Pérdida del trabajo? Hay todo tipo de cargas que la gente lleva que es probable que ni tú ni yo conozcamos.

Proverbios 19:11 declara que pasemos por alto las ofensas. ¿Te sientes ofendido por las ofensas? ¿Eres tan susceptible e irritable que te ofende alguien que te mira raro o se olvida de decir algo o no te ve? El amor deja pasar la ofensa.

Lucas 6:31 enseña: *«Traten a los demás tal y como quieren que ellos los traten a ustedes»* (NVI). El amor es comprensión, no exigencia. Es lo que te gustaría que los demás te hicieran cuando tienes un mal día, no te sientes bien o llevas cargas pesadas.

¿Significa eso que debes dejar que la gente te atropelle o que debes actuar como un felpudo, cediendo y dejando que digan lo que quieran?

No. Esta es la clave: sé tierno sin rendirte. Jesús nunca cedió ante los manipuladores: los líderes religiosos y fariseos exigentes y legalistas. Tenían todo tipo de exigencias que ni ellos mismos podían cumplir. Pero Jesús no permitió que la gente exigente lo arrinconara.

Era tierno sin rendirse. Eso es amor en acción.

13 DE OCTUBRE

La motivación correcta importa

No andamos predicando acerca de nosotros mismos. Predicamos que Jesucristo es Señor, y nosotros somos siervos de ustedes por causa de Jesús.

2 CORINTIOS 4:5

Cuanto más vives una vida centrada en ti mismo, más propenso eres al desánimo.

Cuando olvidas que la vida no se trata de ti, a menudo te vuelves orgulloso, temeroso o amargado. Esos sentimientos siempre te causarán desánimo porque te mantienen enfocado en ti mismo.

La Biblia menciona en 2 Corintios 4:5: «*No andamos predicando acerca de nosotros mismos. Predicamos que Jesucristo es Señor, y nosotros somos siervos de ustedes por causa de Jesús*».

¡No se trata de ti! Dios te puso en esta tierra, y tiene un mensaje que quiere declarar al mundo a través de ti. Es el mensaje de tu vida. Pero el mensaje de tu vida no se trata de ti. Se trata de Jesucristo.

Elegí esas cuatro palabras, «No se trata de ti», para comenzar mi libro *Una vida con propósito* porque ese es el mensaje más contracultural que se puede dar en el mundo de hoy. Casi todo en la sociedad —canciones, videojuegos, programas de televisión, noticias y anuncios— dice que primero pienses en ti mismo.

A veces, desearía no haber puesto esa frase en el libro porque no tenía idea de que por el resto de mi vida me pondrían a prueba constantemente con esa frase. ¡Tengo que repetírmela a mí mismo veinte veces al día! Cuando alguien me elogia, me critica, me juzga mal o no está de acuerdo conmigo, tengo que recordarme a mí mismo: «No se trata de mí». ¿Por qué? Porque cuando me enfoco en mí, me desanimo.

En cambio, como dijo Pablo en el versículo de hoy: somos siervos por causa de Jesús. Eso significa que estamos motivados a servir a los demás debido a lo que Jesús hizo por nosotros.

Dios siempre está más interesado en *por qué* estás haciendo lo que estás haciendo que en *qué* estás haciendo. Él se preocupa por las motivaciones de tu corazón. *Por qué* estás haciendo algo siempre determina cuánto tiempo lo harás. Si estás motivado por una ambición egoísta, el impulso nunca será suficiente. Con el tiempo, te desanimarás y renunciarás.

Pero cuando tu motivación proviene de ver que lo que estás haciendo promueve el evangelio y glorifica a Jesús, tendrás el ánimo que necesitas para llevarlo a cabo.

14 DE OCTUBRE

¿Qué mueve a Dios a contestar las oraciones?

Oh Señor*, Tú has oído el deseo de los humildes; Tú fortalecerás su corazón e inclinarás Tu oído.*

SALMO 10:17 (NBLA)

Dios siempre responde a la humildad. Es la actitud que lo mueve a responder tus oraciones.

La Biblia afirma: «*Oh* Señor*, tú has oído el deseo de los humildes; tú fortalecerás su corazón e inclinarás tu oído*» (Salmo 10:17, NBLA).

En el Antiguo Testamento, Daniel tenía una actitud humilde. A pesar de que enfrentaba una enorme presión para adaptarse a las expectativas culturales, se entregó por completo a la gracia de Dios. En lugar de depender de sus propias fuerzas, oró: «*Hemos pecado y hecho lo malo*». Pero no se detuvo ahí: «*Hemos sido malvados y rebeldes; nos hemos apartado de tus mandamientos y de tus leyes. No hemos prestado atención a tus siervos [...]. Señor, tuya es la justicia y nuestra es la vergüenza*» (Daniel 9:5-7, NVI).

Daniel sabía que él y los demás israelitas no merecían la bendición de Dios, así que confesó humildemente su pecado, reconoció su debilidad y le pidió misericordia a Dios: «*Señor, de acuerdo con tus actos justos, por favor aparta tu ira y tu furor de Jerusalén, [...] escucha las oraciones y súplicas de este siervo tuyo. [...] Haz resplandecer tu rostro sobre tu santuario que ha quedado desolado*» (Daniel 9:16-17, NVI).

¿Cómo respondió Dios a la humilde oración de Daniel? Con gracia, a través de un mensajero del Señor: «*Daniel, eres muy precioso para Dios, así que presta mucha atención a lo que tengo que decirte. [...] Desde el primer día que comenzaste a orar para recibir entendimiento y a humillarte delante de tu Dios, tu petición fue escuchada en el cielo. He venido en respuesta a tu oración*» (Daniel 10:11-12).

Cuando confiesas humildemente tu pecado a Dios, estás rindiendo tu voluntad a la suya y reconociendo tu debilidad. Ese es el tipo de oración que Dios honra porque en Isaías 66:2 prometió: «*Bendeciré a los que tienen un corazón humilde y arrepentido*».

Muchas personas son renuentes a admitir sus debilidades y pecados porque piensan que serán castigadas. ¡Pero Dios conoce todos tus pecados desde siempre! Solo quiere que los confieses. Responde con gracia cuando muestras humildad.

Cada vez que oras: «Dios, te necesito. No puedo hacer esto solo», te escucha y te fortalece.

15 DE OCTUBRE

Dios tiene un propósito para los ingredientes amargos

Y sabemos que Dios hace que todas las cosas cooperen para el bien de quienes lo aman y son llamados según el propósito que él tiene para ellos.

ROMANOS 8:28

La mayoría de la gente no sabe que soy un «maestro pastelero» (mi familia, al menos, cree que lo soy).

Hace años, decidí aprender a hornear pasteles. Pensé que si me gustaba comerlos, debía saber cómo hacerlos. Una de mis creaciones favoritas fue una de las más difíciles de hacer: un pastel alemán de chocolate hecho desde cero para el cumpleaños de mi esposa.

Hacer pasteles me ayudó a notar que los ingredientes individuales no saben bien por sí solos. Algunos de ellos son bastante amargos. Si comes harina sola, no sabe bien. Si comes polvo de hornear o huevo crudo o aceite solo, te dará asco. Incluso la vainilla por sí sola no sabe bien; ¡ninguno de los ingredientes por sí solo sabe bien! Pero si los mezclas y los metes en el horno, se transforman en algo delicioso.

Una de las mayores promesas de la Biblia se encuentra en Romanos 8:28: *«Y sabemos que Dios hace que todas las cosas cooperen para el bien de quienes lo aman y son llamados según el propósito que él tiene para ellos»*.

Ten en cuenta que el versículo no dice que *todo* es bueno. Un rápido vistazo a los titulares de las noticias lo demuestra. El pasaje tampoco indica que esta promesa no es para todos, sino solo para aquellos que aman a Dios.

La forma en que Dios hace que todas las cosas cooperen para bien es como hornear un pastel.

Tanto en tu vida como en el mundo, habrá elementos que son amargos y desagradables. Podrías pensar: *Eso no sabe bien. No me gusta ese cambio en mi vida. No me gusta lo que está pasando en el mundo hoy.*

Cuando estás en una temporada de cambios rápidos e implacables, y algunos de los elementos no saben bien, toma la determinación de no amargarte ni focalizarte solo lo negativo en tus circunstancias. Porque incluso cuando no puedes verlo, puedes confiar en que Dios toma todo, lo bueno y lo amargo, y lo usa para su buen plan.

No puedes verlo ahora, pero algún día probarás su dulzura en el cielo.

16 DE OCTUBRE

Se acabaron los motivos contradictorios

No busco hacer mi propia voluntad, sino cumplir la voluntad del que me envió.

JUAN 5:30 (NVI)

¿Qué te motiva a levantarte por la mañana? ¿Ir a trabajar? ¿Estudiar mucho? ¿Servir, dar y amar a los demás? ¿Seguir adelante cuando la vida se vuelve estresante?

Si no quieres batallar con el estrés todo el tiempo, necesitas conocer tu motivación más profunda.

¿Por qué? Porque las motivaciones mixtas te dejarán con la sensación de que estás siendo arrastrado en diferentes direcciones. Jesús afirmó: *«Nadie puede servir a dos amos»* (Lucas 16:13).

Ni siquiera Dios puede complacer a todo el mundo. Cuando alguien le está pidiendo lluvia, alguien más le está pidiendo que salga el sol. Durante mis cuarenta y dos años como pastor, sabía que siempre estaba decepcionando a alguien porque las personas, a menudo, tienen expectativas diferentes. No puedo complacer a todo el mundo; tú tampoco.

La Biblia enseña que el temor del hombre es una trampa. Capturará tu corazón y tu mente y te hará tropezar. Es por eso que Jesús dijo en Juan 5:30: *«No busco hacer mi propia voluntad, sino cumplir la voluntad del que me envió»* (NVI). Jesús sabía a quién estaba tratando de complacer.

Si no estás tratando de agradar a Dios, es muy probable que estés tratando de complacer a un montón de personas. Es mucho más fácil y menos estresante decidir agradar a Dios; porque cualquier cosa que hagas que agrade a Dios siempre será lo correcto. Esa es la razón por la que Jesús era tan resistente al estrés. Solo estaba tratando de complacer a una persona.

¿De la aprobación de quién depende tu felicidad? ¿A quién sigues tratando de complacer? Para algunos, es un padre que nunca mostró aprobación ni fue motivador. Para otros, puede ser un jefe al que es imposible complacer sin importar cuánto lo intentes.

No eres una víctima. Eres tan libre como elijas ser. Nadie puede presionarte para que cumplas con sus expectativas sin tu permiso.

Cuando vivir para Dios es tu motivación más profunda, el miedo al rechazo no te controlará. Por el contrario, tu motivación será el amor y, además, serás libre para ser la persona que Dios diseñó para ti.

17 DE OCTUBRE

Jesús quiere compartir tu carga

Carguen con mi yugo y aprendan de mí, pues yo soy apacible y humilde de corazón, y encontrarán descanso para sus almas. Porque mi yugo es suave y mi carga es liviana.

MATEO 11:29-30 (NVI)

¿Te sientes sobrecargado? Es posible que estés esforzándote demasiado por controlar las cosas. Lo hacemos todo el tiempo; a veces sin darnos cuenta. Incluso cuando no lo intentamos, actuamos inconscientemente como si todo dependiera de nosotros: tenemos que mantener todo bajo control y hacer que todo se dé.

Cuanto mayor sea tu necesidad de controlar las cosas, más sobrecargado y vacío te sentirás. ¡Tienes que aprender a ceder el control!

Luego de venir a Jesús porque te estás quedando sin fuerzas, el siguiente paso de la obediencia es este: «*Carguen con mi yugo y aprendan de mí, pues yo soy apacible y humilde de corazón, y encontrarán descanso para sus almas. Porque mi yugo es suave y mi carga es liviana*» (Mateo 11:29-30, NVI).

Un yugo es la estructura de madera que se coloca sobre dos animales para que tiren juntos el timón del arado. Cuando sientes que llevas una carga pesada, tomar el yugo de Jesús puede sonar más como carga que como alivio. ¿Por qué querrías tomar un yugo diferente y seguir tirando?

Ahora bien, el propósito de un yugo es aligerar la carga, no hacerla más pesada. Compartir un yugo significa compartir la carga que llevas. Cuando dos animales se unen para tirar juntos, hacen que la carga sea más liviana, no más pesada.

Cuando no estás unido a Jesús, puedes moverte a un ritmo demasiado rápido y caer en una zanja. Pero si estás atado a él, no hay forma de que te deje acelerar demasiado y, mucho menos, que termines en una zanja.

Gálatas 5:25 señala: «*Si el Espíritu nos da vida, andemos guiados por el Espíritu*» (NVI).

Al unirte a Jesús, te mantienes en sintonía con el Espíritu de Dios; te asocias con él y dejas que él marque el ritmo. Jesús nunca tiene prisa. Tú tampoco la tendrás cuando estés unido a él.

18 DE OCTUBRE

Estar satisfecho es un proceso de aprendizaje

¿Quién te distingue de los demás? ¿Qué tienes que no hayas recibido? Y si lo recibiste, ¿por qué presumes como si no te lo hubieran dado? ¡Ya tienen todo lo que desean!

1 CORINTIOS 4:7-8 (NVI)

En lugar de centrarnos tanto en lo que no tenemos y en lo que no sucede, podemos estar agradecidos por lo que sí tenemos. Esto no es algo natural para mí y, lo más probable es que tampoco lo sea para ti. Ni siquiera fue fácil para el apóstol Pablo, quien dijo: «*He aprendido a estar satisfecho*» (Filipenses 4:11, NVI). Estar satisfecho requiere un proceso de aprendizaje.

La Biblia expresa en 1 Corintios 4:7-8: «*¿Quién te distingue de los demás? ¿Qué tienes que no hayas recibido? Y si lo recibiste, ¿por qué presumes como si no te lo hubieran dado? ¡Ya tienen todo lo que desean!*» (NVI).

La envidia se basa en el mito de que se necesita más para ser feliz. La envidia siempre mira a los demás y pregunta: «¿Por qué ellos? ¿Qué hicieron para merecerlo? Me merezco lo que ellos tienen». Si alguna vez usas la frase «No es justo» caíste en la trampa de la envidia. Por el contrario, la gratitud dice: «¿Por qué a mí? ¿Qué hice para que Dios me diera esto? Soy bendecido porque no merezco lo que tengo». Esta actitud cambia nuestra perspectiva por completo.

Aunque todos batallamos con la envidia, es difícil admitirlo porque es un sentimiento muy feo. Cuando tienes envidia de los demás, lo que en realidad quieres para sentirte mejor es que fracasen y no tengan más que tú. Eso es bastante raro, ¿no te parece? Si tan solo pudiéramos aprender a estar agradecidos por lo que tenemos, podríamos comenzar a deshacernos de estos sentimientos de envidia.

Es importante entender que la envidia no es lo mismo que tener un deseo, un sueño o una meta, los cuales son buenos. La envidia no es lo mismo que esperar algo o esperar que algo bueno suceda en tu vida o incluso preguntarte si deberías tener algunas *cosas*. La envidia, en cambio, es resentirte con alguien que ya tiene lo que deseas o que alcanzó una meta que aún no lograste. A veces, la envidia es alimentada por la imaginación. Aunque a menudo imaginas cosas que no son ciertas sobre los demás y piensas que viven una vida maravillosa sin saber qué pasa puertas adentro, su realidad suele ser muy diferente.

La verdad sobre la envidia es que no puedes ser feliz hasta que consigas ese deseo o meta. La envidia ocupa tu vida cuando no estás agradecido por lo que sí tienes.

La Biblia, por otro lado, nos dice que ya tenemos más de lo que necesitamos y mucho más de lo que merecemos. Todo lo bueno en nuestra vida es un regalo de Dios. Depende de él decidir cuándo y cómo nos bendice; depende de nosotros elegir ser agradecidos y aprovechar al máximo lo que se nos da.

Puedes elegir ser agradecido todos los días y decirle a Dios: «Sé que me diste todo, y todo lo que me diste es bueno. Tengo todo lo que necesito para hacer lo que tú quieres que haga y más que suficiente para ser generoso con los demás. Escojo estar agradecido por lo que me diste, pero sobre todo porque me diste tu propia persona. Escojo compartir el gozo de quienes bendijiste y estar gozoso en mi salvación. Elijo estar contento por saber que estás conmigo, que me cuidas y que estás trabajando constantemente en mí para hacerme más como Jesús».

Como enseña Eclesiastés 6:9: *«Disfruta de lo que tienes en lugar de desear lo que no tienes»*.

La grandeza de Dios quita el temor

Entonces se levantó, reprendió a los vientos y a las olas, y todo quedó completamente tranquilo. Los discípulos no salían de su asombro y decían: «¿Qué clase de hombre es este que hasta los vientos y el mar le obedecen?».

MATEO 8:26-27 (NVI)

Cada vez que te encuentres en una situación sobre la que no tengas control, cambia tu enfoque a la grandeza de Dios. Cuando te enfocas en la grandeza de Dios, en realidad, estás adorando. La adoración es una de las mayores defensas para ayudarte a resistir los vientos potencialmente devastadores de la vida.

Durante las tormentas, cuando tu salud se está deteriorando, tu cónyuge te es infiel o tus amigos se distanciaron, tienes una opción. ¿Te vas a preocupar? ¿O vas a adorar?

El Nuevo Testamento nos ofrece un hermoso ejemplo de esto. Jesús estaba en una barca con sus discípulos en el mar de Galilea. El mar de Galilea era, y sigue siendo, un enorme lago, lo que facilita que las tormentas se levanten de repente. Eso es exactamente lo que sucedió.

Mateo 8:24-25 describe: «*De repente, se levantó en el lago una tormenta tan fuerte que las olas inundaban la barca. Pero Jesús estaba dormido. Los discípulos fueron a despertarlo. "¡Señor —gritaron—, sálvanos, que nos vamos a ahogar!"*» (NVI).

El barco se sacudía y Jesús seguía durmiendo. Estaba en paz, pero los discípulos estaban aterrados. Jesús les dijo en Mateo 8:26-27: «*"Hombres de poca fe —contestó—, ¿por qué tienen tanto miedo?" Entonces se levantó, reprendió a los vientos y a las olas, y todo quedó completamente tranquilo. Los discípulos no salían de su asombro y decían: "¿Qué clase de hombre es este que hasta los vientos y el mar le obedecen?"*» (NVI).

La experiencia hizo que los discípulos se asombraran ante Jesús. Habían olvidado por un momento quién era él, pero verlo desplegar su poder sobre la naturaleza desvió su atención del temor que sentían y la enfocaron en la grandeza de Dios. En otras palabras, la experiencia los hizo adorar.

La adoración es una forma de desplegar tus velas para que los vientos de la vida te lleven hacia Jesús. Los vientos y las tormentas pueden desviarte de tu curso y amenazar con ahogarte. En lugar de eso, deja que los vientos de dolor, trauma y estrés te impulsen a enfocarte en Dios y a navegar hacia él.

¿A qué le temes en esta etapa de tu vida? Sea lo que sea, con Jesús a bordo nada podrá hundir tu barca. Jesús tiene poder sobre la naturaleza y sobre todo lo demás.

Cuando el trabajo se torna agobiante

Amados hermanos, pensamos que tienen que estar al tanto de las dificultades que hemos atravesado en la provincia de Asia. Fuimos oprimidos y agobiados más allá de nuestra capacidad de aguantar y hasta pensamos que no saldríamos con vida. De hecho, esperábamos morir; pero, como resultado, dejamos de confiar en nosotros mismos y aprendimos a confiar solo en Dios, quien resucita a los muertos.

2 CORINTIOS 1:8-9

Todos experimentamos problemas en el trabajo, pero a veces esos problemas aumentan hasta volverse agobiantes, y sientes que te ahogarán.

¿Qué debes hacer en tal caso? Lo que hizo Pablo cuando se sintió agobiado.

Recuerda que Pablo fue un apóstol de Jesucristo y viajó por todo el mundo para compartir la Buena Noticia. Lee de nuevo lo que escribió en nuestro pasaje de hoy.

Cuando tengas un problema agobiante en el trabajo, debes hacer tres cosas.

Primero, entrégale el problema a Dios a través de la oración. Puedes decir como Pablo: «Dios, estoy agobiado. Me siento impotente. Estoy confundido. Siento que no lo voy a lograr». Clama a Dios y entrégale el problema.

Segundo, asegúrate de estar en un grupo pequeño. En nuestro pasaje de 2 Corintios, la forma plural que implica *«nosotros»* se usa siete veces. Pablo estaba pasando por una circunstancia agobiante en su trabajo, pero no estaba solo. Al igual que él, necesitas compañeros creyentes con quienes puedas contar. Específicamente, necesitas un grupo pequeño de amigos que estudien la Biblia contigo, oren por ti con regularidad y te animen cuando el trabajo se pone difícil.

Tercero, recuerda que Dios usa a las personas en el trabajo para enseñarte a amar. La Biblia enseña en 1 Corintios 16:14: *«Y hagan todo con amor»*. Una forma simple, aunque no necesariamente fácil, de aprender a amar en el trabajo es tratar a tus compañeros de trabajo como quieres que te traten a ti.

En el trabajo —y en cada área de tu vida— a medida que aprendes a llevarte bien con otras personas, aprendes a amar. De eso se trata la vida.

21 DE OCTUBRE

Jesús es la clave para una vida equilibrada

Lo más importante es que reconozcan a Dios como único rey, y que hagan lo que él les pide. Dios les dará a su tiempo todo lo que necesiten.

MATEO 6:33 (TLA)

Si quieres vivir una vida que en verdad sea equilibrada, mira como tu modelo a una sola persona en toda la historia: Jesús. Si lo pones en el centro de tu vida, tu vida estará más equilibrada.

Piensa en tu vida como una rueda. El centro de la rueda es un buje. Todos los radios de tu vida (que representan tus relaciones, tu familia, tu trabajo, tus metas, etcétera) provienen de ese centro. Todos construimos nuestra vida en torno a algún tipo de punto focal. La pregunta es: ¿Cuál es tu centro? ¿Tu familia? ¿Tu trabajo? ¿El dinero?

¿O Jesús?

¿Cómo sabes en torno a qué estás construyendo tu vida? Presta atención a aquello en lo que más pienses. Eso es lo que te impulsa.

El centro de tu vida es fundamental para desarrollar una vida equilibrada. Un centro sólido conduce a una vida sólida. Un centro débil y endeble conduce a una vida débil. Cuando escucho a la gente decirme que su vida se está desmoronando, por lo general, significa una cosa: tienen un centro defectuoso. Algo que no sea Dios tiene la prioridad en su vida.

El centro no solo crea estabilidad, sino que también controla e influye en todo lo demás en tu vida. Lo que sea que pongas en el centro de tu vida será tu fuente de poder. La potencia de una rueda siempre emana del centro hacia afuera; nunca al revés.

Haz de Jesús el centro de tu vida, y él te proporcionará la estabilidad, el control y el poder que necesitas. La Biblia afirma: *«Lo más importante es que reconozcan a Dios como único rey, y que hagan lo que él les pide. Dios les dará a su tiempo todo lo que necesiten»* (Mateo 6:33, TLA).

Cuando eliges poner a Jesús en el centro, todas las demás áreas de tu vida, desde tu familia hasta tu trabajo y tus metas, encontrarán equilibrio en él. Jesús dirigirá tu vida, influirá en ella, la empoderará y le dará estabilidad.

22 DE OCTUBRE

Es bueno ser solo humano

Tanto se mata el necio trabajando, que no sabe ni el camino a la ciudad.

ECLESIASTÉS 10:15 (DHH)

No eres Dios. No tienes todas las respuestas. No puedes hacer todo. Si estás luchando por encontrar el equilibrio en tu vida, admitir estas cosas puede transformar tu perspectiva.

La Biblia enseña: «*Tanto se mata el necio trabajando, que no sabe ni el camino a la ciudad*» (Eclesiastés 10:15, DHH).

Es una tontería desgastarse con el trabajo. ¿Te das cuenta de que cuando trabajas demasiado estás jugando a ser Dios? El exceso de trabajo es una forma de decir que todo depende de ti, que todo se derrumbará si no mantienes el mundo girando.

¡Eso no es cierto! No eres el gerente general del universo. El universo no se desmoronará si te tomas un tiempo para descansar y equilibrar tu vida. Dios tiene todo bajo control.

Con frecuencia, tratar de complacer a todos es la raíz del exceso de trabajo. Pero no se puede hacer feliz a todo el mundo. ¡Ni siquiera Dios puede complacer a todos! Cuando alguien le pide que su equipo gane, alguien más espera que el equipo contrario salga victorioso. Es absurdo tratar de hacer lo que ni siquiera Dios puede hacer.

Cuando vives para las expectativas de los demás, acumulas «deberías» sobre tus hombros porque piensas: «Debería trabajar más horas», «Debería ser tan activo como los otros padres» o «Debería ofrecerme como voluntario para ese proyecto». Nadie puede obligarte a hacer esas cosas. La decisión de asumir el trabajo extra o de no asumirlo es tuya. Tú eliges las consecuencias que conlleva tu decisión.

Cuando niegas tu humanidad y tratas de hacerlo todo, le estás robando la gloria a Dios. La Biblia declara en 2 Corintios 4:7: «*Pero tenemos este tesoro en vasijas de barro para que se vea que tan sublime poder viene de Dios y no de nosotros*» (NVI).

Pablo nos recuerda que somos seres humanos. Somos débiles y frágiles. Las vasijas de barro se rompen con facilidad. Si las dejas caer, se hacen añicos. Las vasijas de barro deben manejarse con cuidado. De lo contrario, se rompen.

La buena noticia es que nuestra debilidad permite que el poder y la gloria de Dios resplandezcan a través de nosotros. Tu humanidad no es algo que debas ocultar. Por el contrario, debes celebrar el poder de Dios que obra a través de tus limitaciones.

Así que admítelo: eres humano. ¡Gracias a Dios por eso!

La pregunta correcta que hay que hacer en tiempos difíciles

Es por esto que nunca nos damos por vencidos. [...] Pues nuestras dificultades actuales son pequeñas y no durarán mucho tiempo. Sin embargo, ¡nos producen una gloria que durará para siempre y que es de mucho más peso que las dificultades!

2 CORINTIOS 4:16-17

Cuando la vida se vuelve muy difícil, la mayoría de las personas se preguntan: *¿Por qué a mí?* Esa es la pregunta equivocada. Lo que deberían preguntar es: «Dios, ¿cuál es tu propósito para mi vida en todo esto?».

La Biblia enseña en 1 Pedro 1:6-7: *«Alégrense de verdad. Les espera una alegría inmensa, aunque tienen que soportar muchas pruebas por un tiempo breve. Estas pruebas demostrarán que su fe es auténtica. Está siendo probada de la misma manera que el fuego prueba y purifica el oro, aunque la fe de ustedes es mucho más preciosa que el mismo oro»*. Nada llega a tu vida por accidente. Aunque Dios no es el autor del mal, puede sacar bien de todo, incluso del mal. Las pruebas revelan tu carácter, madurez, seguridad, valores y fe.

Una de las figuras principales de la Biblia es el apóstol Pablo, quien dedicó toda su vida a servir a Dios. En muchos sentidos, sin embargo, su vida fue peor de lo que te puedas imaginar. Fue apedreado, naufragado, golpeado, dado por muerto, encarcelado, azotado y despojado de sus pertenencias. Pero nunca se amargó. En lugar de preguntarse: «¿Por qué a mí?», buscó el propósito de Dios y aprendió a confiar en él en medio de sus problemas, incluso si no entendía.

Su secreto fue lo que leemos en 2 Corintios 4:16-17. Puedes aferrarte a la esperanza porque Dios tiene un propósito y hasta una recompensa que supera tu dolor.

Cuando Jesús murió, sus seguidores pensaron que era una tragedia sin sentido, un error total. No podían ver que Dios estaba en su trono y tenía un propósito mayor. Después de resucitar, Jesús se les apareció y les dijo: *«¡La paz sea con ustedes! [...] Como el Padre me envió a mí, así yo los envío a ustedes»* (Juan 20:21, NVI).

Momentos antes, no le habían encontrado razón alguna a su dolor. Pero Dios les estaba dando una nueva tarea, parte de un plan majestuoso.

El propósito de Dios para tu vida siempre es más grande que tus problemas. Confía en él. Le encanta convertir las crucifixiones en resurrecciones. Se especializa en situaciones desesperadas.

¿Quieres sentir la presencia de Dios?

Sin duda, los rectos alaban tu nombre;
los justos vivirán en tu presencia.
SALMO 140:13

Alabar a Dios te ayuda a sentir su presencia.

Dije *sentir* porque Dios siempre está presente, ya sea que lo sientas o no. Nunca hubo un segundo de tu vida en el que Dios no haya estado contigo ni te haya prestado atención. Pero no siempre lo sientes. ¡A veces incluso podrías sentir como si estuviera a un millón de kilómetros de distancia! Puede que *sepas* que está contigo, pero no lo *sientes.*

¿Qué debes hacer cuando quieres sentir la presencia de Dios, pero no puedes? Reúnete con otras personas de la familia de Dios y alaben a Dios con todo el corazón. La alabanza causa que la presencia de Dios sea real para ti.

Necesitas alabar a Dios con todo el corazón, incluso cuando no tengas nada de ganas de alabarlo. ¿Por qué? Porque es más fácil hacer para sentir que sentir para actuar. Si esperas a tener un cierto sentimiento para hacer algo, puedo asegurarte que, con frecuencia, ese sentimiento nunca llega. Los sentimientos siempre siguen a las acciones.

Esto se aplica a todas las áreas de tu vida. Si no te sientes conectado con tu cónyuge o con alguna otra persona que valoras, debes comenzar a actuar de una manera más amorosa. Eso es lo que hace que los sentimientos regresen.

El momento exacto en que *necesitas* alabar a Dios es cuando no tienes ganas de hacerlo. Si solo oras cuando tienes ganas, el diablo se asegurará de que nunca tengas ganas.

Las personas inmaduras viven basándose en sus sentimientos. Por el contrario, cuando eres maduro, haces lo correcto tengas ganas o no.

El Salmo 140:13 enseña: *«Sin duda, los rectos alaban tu nombre; los justos vivirán en tu presencia».*

Estás en la presencia de Dios todo el tiempo, pero cuando *vives* en su presencia, como expresa el Salmo 140:13, lo sientes y lo reconoces.

Si quieres sentir la presencia de Dios en tu vida, alábalo más. ¡La alabanza y la presencia de Dios van de la mano!

Qué hacer cuando empiezas a preocuparte

Guarda silencio ante el SEÑOR
y espera en él con paciencia;
no te enojes ante el éxito de otros.
SALMO 37:7 (NVI)

Cuando te preocupas, te estresas, te pones ansioso e impaciente. Hay dos razones por las cuales te preocupas: porque las cosas están sucediendo demasiado rápido y no puedes manejar el cambio o porque las cosas van demasiado lentas y quieres que Dios las acelere.

No suele importarnos la espera si podemos quejarnos al respecto. Por otro lado, decidir ser paciente al esperar a Dios, en lugar de preocuparte, es una declaración de fe. Estás haciendo una declaración sobre el carácter de Dios. Cuando esperas pacientemente, estás diciendo que confías en Dios y que tienes fe en él. Estás admitiendo humildemente que dependes de él.

La Biblia nos instruye en Salmo 37:7: *«Guarda silencio ante el SEÑOR y espera en él con paciencia; no te enojes ante el éxito de otros»* (NVI).

Una de las principales razones por las que nos estresamos es porque constantemente nos estamos comparando con los demás. En lugar de enfocarnos en el amor de Dios y en lo que hizo por nosotros, miramos a los demás con el enfoque puesto en lo que ellos tienen y nosotros no.

Compararte con los demás no es una decisión sabia porque eres único. Dios tiene un plan para tu vida que es diferente a su plan para cualquier otra persona. Si deseas tener el plan de otra persona, ¡te perderás el plan de Dios para *tu* vida! La comparación primero hará que te inquietes y, luego, que comiences a preocuparte.

Preocuparse es totalmente inútil. Todos los segundos que pasas preocupándote son desperdiciados porque la preocupación no puede lograr nada. La preocupación no puede cambiar el pasado. Ni puede controlar el futuro. Solo te hace sentir abatido hoy. Es como sentarse en una mecedora, yendo y viniendo, yendo y viniendo. No llegas a ningún lado y además usas mucha energía.

Filipenses 4:6 enseña: *«No se preocupen por nada; en cambio, oren por todo. Díganle a Dios lo que necesitan y denle gracias por todo lo que él ha hecho»*.

La preocupación nunca cambiará nada, pero la oración puede cambiar las cosas. Así que no te preocupes por nada. ¡Simplemente ora!

26 DE OCTUBRE

¿Cuál es tu plan de emergencia para huir de la tentación?

Huye de todas esas maldades.

1 TIMOTEO 6:11

¿Tienes un plan de emergencia para escapar cuando te sientas tentado? ¿Tienes estrategias preventivas que te ayuden a mantenerte alejado de tus mayores tentaciones? Si no las tienes, ¡debes elaborarlas ahora!

La Biblia es clara acerca de cuál es ese plan de emergencia: huir. Cuando te sientes tentado, necesitas un botón de pánico, una ruta de escape.

Primera de Timoteo 6:11 enseña: «*Huye de todas esas maldades*».

La Biblia afirma que debes salir con prisa de cualquier situación que te cause tentación. Nunca discutas con una tentación porque siempre perderás; las emociones se apoderarán de ti. Ten en cuenta que las emociones no siempre son lógicas.

No importa cuál sea la tentación, tienes que alejarte. Podría ser la tentación de hacer algo ilegal en los negocios. Podría ser una tentación sexual. Sin importar cuál sea, tu respuesta debe ser la misma: huir.

Incluso mejor que huir de la tentación es prevenir la tentación. Otra forma de decirlo es esta: si no quieres que te piquen las abejas, aléjate de ellas.

Hace años, cuando era pastor de jóvenes solía decirles: «No decidan en el asiento trasero de un automóvil que van a ser sexualmente puros y se van a guardar para el matrimonio. Las hormonas se activarán y los dominarán». Debes hacer una estrategia preventiva con anticipación y no ponerte en una situación tentadora.

Los mismos principios se pueden aplicar a lo largo de toda la vida.

Si sabes que tienes mal genio con tus hijos cuando estás cansado, desarrolla una estrategia preventiva. Establece que tus hijos vayan a dormir más temprano o programa un momento de tranquilidad para todos durante la parte del día que sea más difícil para ti.

No esperes hasta enfrentarte a un acuerdo moralmente cuestionable para decidir que quieres un negocio irreprochable. Incorpora la rendición de cuentas en tu plan de negocios para que te ayude a evitar ceder a las tentaciones en algún momento.

Tómate un tiempo hoy para desarrollar estrategias preventivas contra la tentación. Además, ten un plan de emergencia por si esa estrategia no funciona: no resistas la tentación; huye de ella. Esa es la salida más simple y segura.

27 DE OCTUBRE

El cambio comienza con la decisión

Ante todo, cuida tus pensamientos porque ellos controlan tu vida.
PROVERBIOS 4:23 (PDT)

¿Estás buscando un nuevo comienzo? No me refiero a mudarse a una nueva ciudad. Estoy hablando de un reinicio en cualquier área de tu vida que esté atascada. Pasarás por muchos reinicios en tu vida. Eso se debe a que Dios no solo te creó; también quiere transformarte en lo que siempre tuvo la intención de que te conviertas.

Para tener un nuevo comienzo y experimentar la transformación, primero necesitas trabajar en tu forma de pensar: cómo te ves a ti mismo, cómo ves a los demás, cómo ves tus problemas y, lo más importante, cómo ves a Dios.

Si no cambias tu forma de pensar, un cambio de ubicación no ayudará mucho. ¿Por qué? Porque podrías ir hasta los confines de la tierra, pero te llevarías a *ti mismo* a donde quiera que fueras.

Por ejemplo, supongamos que estás estresado y vas a una playa para relajarte. No puedes evitar llevar el estrés contigo porque está en tu cuerpo. Si no lidias primero con el estrés mental, seguirá causando problemas en todas las demás áreas de tu vida.

El cambio de vida comienza en tu mente porque tus pensamientos dirigen tu vida. Proverbios 4:23 afirma: *«Ante todo, cuida tus pensamientos porque ellos controlan tu vida»* (PDT).

Todas las acciones y reacciones, todo lo que sientes y haces, comienza como un pensamiento. ¡Todo comienza en tu mente! Si no lo piensas, no sucede.

Puedes usar esta verdad para bien o para mal: los buenos pensamientos conducen a buenos hábitos y buenas decisiones; los malos pensamientos conducen a hábitos y comportamientos poco saludables.

La verdad es que no nos damos cuenta de la frecuencia con que saboteamos nuestro propio éxito por la forma en que pensamos y nos hablamos a nosotros mismos. La Biblia enseña: *«Pues como piensa dentro de sí, así es él»* (Proverbios 23:7, NBLA).

El problema en tu relación no comienza con la relación; comienza en tu cerebro. Esto aplica tanto al dinero, como al sexo, los hábitos, la comida, el trabajo o cualquier otra cosa. No puedes reiniciar ningún área de tu vida sin antes cambiar tu forma de pensar.

El cambio comienza con la decisión. Puedes decidir lo que piensas. Es hora de tomar decisiones que reflejen la clase de persona que Dios quiere que seas.

28 DE OCTUBRE

Dios convierte los desastres en obras maestras

Crea en mí, oh Dios, un corazón limpio y renueva un espíritu fiel dentro de mí.
SALMO 51:10

Un día, Dios le dijo al profeta Jeremías que fuera a la casa del alfarero y lo viera hacer vasijas de barro.

Jeremías observó al alfarero moldear el barro y notó algo: «*Estaba haciendo una vasija de barro, pero se le dañó, así que empezó de nuevo con el mismo barro e hizo otra vasija que le quedó tal como quería*» (Jeremías 18:4, PDT).

Mientras Jeremías observaba al alfarero, Dios le dio un mensaje para Israel: «*Ustedes, pueblo de Israel, son en mis manos como el barro en las manos del alfarero, dice el SEÑOR*» (Jeremías 18:6, PDT).

Es posible que hayas hecho un verdadero desastre de tu vida. Tal vez, tu «vasija» está marcada por las malas decisiones que tomaste o por las cosas que te hicieron. Como resultado, tu vida no es lo que esperabas que fuera.

Tú eres la arcilla. ¡No eres el alfarero! Dios es el alfarero. Él no desecha la arcilla deformada. No desperdicia el dolor por el que pasaste.

Dios no desechará tu personalidad ni la esencia de lo que te creó para que fueras. Por el contrario, toma todas las partes de tu vida: lo bueno, lo malo y lo desordenado. Pone todo en sus manos suaves y fuertes y empieza a remodelar tu vida. Aplica presión en los lugares correctos para moldearte y convertirte en una obra de arte hermosa e invaluable.

Esto es lo que sucede cuando te entregas por completo a Dios y a la habilidad de sus manos amorosas.

Dios se especializa en nuevos comienzos. Puedes tener un nuevo comienzo hoy; lo único que tienes que hacer es orar como el Rey David oró en el Salmo 51:10: «*Crea en mí, oh Dios, un corazón limpio y renueva un espíritu fiel dentro de mí*».

Nunca es tarde para empezar de nuevo. Lleva a Dios, el Gran Alfarero, cualquier caos que tengas en tu vida. Confía en que él hará una nueva obra en ti.

29 DE OCTUBRE

Cómo lidiar con nuestras diferencias

Acepten a los creyentes que son débiles en la fe y no discutan acerca de lo que ellos consideran bueno o malo.

ROMANOS 14:1

Cuando Dios dice que quiere que sus seguidores vivan en unidad, no significa que quiera que todos seamos parecidos. Si eso hubiera querido, ¡nos hubiera creado a todos iguales!

Por el bien de la unidad, nunca debemos permitir que las diferencias en la iglesia nos dividan. Debemos apreciar esas diferencias mientras nos mantenemos enfocados en lo que más importa: aprender a amarnos los unos a los otros como Cristo nos ama y a cumplir los propósitos que Dios tiene para cada uno de nosotros en su iglesia.

Ahora bien, ¿cómo puedes tener unidad con personas que te irritan de manera constante?

La Biblia muestra instrucciones claras acerca de eso: *«Acepten a los creyentes que son débiles en la fe y no discutan acerca de lo que ellos consideran bueno o malo»* (Romanos 14:1).

Cuando no estés de acuerdo con un hermano de la iglesia, o con cualquier otra persona, debes ser rápido para escuchar y lento para enojarte. ¿Por qué? Porque no todos aquellos que te molestan se dan cuenta de lo que están haciendo. A menudo su manera de actuar es un reflejo de su propio dolor oculto y ni siquiera saben que están causando conflictos con quienes los rodean. Si supieras lo que esa persona ya superó en la vida, es probable que te regocijaras con ella en lugar de criticarla por la condición en la que está ahora.

Cuando tengas un conflicto con alguien cuyos antecedentes desconoces, no lo descartes ni lo juzgues por un comportamiento que no entiendes. Deja de pensar: *¿Qué le pasa a esta persona?* y, en cambio, pregúntate: *¿Qué le habrá sucedido para que se comporte así?*

Es probable que las personas que lastiman a los demás hayan experimentado traumas o crisis.

Las personas que piensas que menos merecen tu amabilidad son las que más necesitan dosis extra de amor. Para lograr la unidad en la iglesia debes ser empático y compasivo en lugar de juzgar.

Afirmar el valor de alguien y la historia que Dios está escribiendo a través de su vida no solo cambia la vida de esa persona, ¡puede transformar una comunidad completa!

30 DE OCTUBRE

El amor nos ayuda a enfrentar la verdad

Al contrario, el amor debe hacernos decir siempre la verdad, para que en todo lo que hagamos nos parezcamos cada vez más a Cristo.

EFESIOS 4:15 (TLA)

Cuando crees una mentira, no puedes hacer los cambios que en realidad necesitas. Esto causa que te derrotes a ti mismo.

Tal vez creas una mentira sobre lo que te hará feliz, sobre cómo es Dios en realidad o sobre cómo es el verdadero éxito. Es posible que creas una mentira sobre ti mismo o sobre tus circunstancias pasadas o presentes.

La Biblia enseña en 1 Juan 1:8: «*Si afirmamos que no tenemos pecado, lo único que hacemos es engañarnos a nosotros mismos y no vivimos en la verdad*». El primer paso para cambiar es admitir que hay un problema y que el problema está en ti. Cuando culpas a los demás o te niegas a aceptar la verdad, te estás engañando a ti mismo y adquiriendo hábitos peligrosos.

El cambio personal requiere no solo que aprendas la verdad sobre ti mismo, sino que también la enfrentes y des los pasos necesarios para seguir adelante.

De hecho, aprender a enfrentar la verdad sobre ti mismo es lo más amoroso que puedes hacer por ti, por los demás y por Dios. Efesios 4:15 afirma: «*El amor debe hacernos decir siempre la verdad, para que en todo lo que hagamos nos parezcamos cada vez más a Cristo*» (TLA).

¿Quieres crecer? ¿Quieres cambiar? ¿Quieres una nueva vida? ¿Quieres un nuevo comienzo en algún área de tu vida?

Lee de nuevo lo que declara Efesios 4:15: «*El amor debe hacernos decir siempre la verdad*» (TLA). Si te amas a ti mismo, si amas a Dios, si amas a otras personas, necesitas enfrentar la verdad sobre ti mismo.

¿Cuál es la mejor fuente? ¿Dónde puedes encontrar la verdad? Consulta el manual del propietario: la Biblia. La única manera en que puedes conocer tu propósito en la vida es conociendo a tu Creador y leyendo su Palabra.

Para superar tus debilidades, ya sea que provengan de las circunstancias, tus genes, tus padres o tus elecciones, debes enfrentar la verdad sobre ti mismo.

Esa verdad se encuentra en la Palabra de Dios.

31 DE OCTUBRE

El amor echa fuera el temor

Cuando alguien sigue pecando, demuestra que pertenece al diablo, el cual peca desde el principio; pero el Hijo de Dios vino para destruir las obras del diablo.

1 JUAN 3:8

Jesús derrotó a la muerte. Eso significa que también derrotó a Satanás. De hecho, esa es la razón por la que vino a la tierra. La Biblia afirma: *«El Hijo de Dios vino para destruir las obras del diablo»* (1 Juan 3:8).

¿Cuál es la obra del diablo? Se mete con tu mente. La llena de preocupación, culpa, resentimiento, ira, temor y confusión. Te susurra que no vales nada, que estás indefenso, que no tienes esperanza y que no tienes rumbo.

Satanás usa esos pensamientos y emociones para mantenerte esclavizado.

La herramienta más grande que Satanás usa para arruinar tu vida es el temor. La Biblia deja claro que el temor no viene de Dios: *«En el amor no hay temor, sino que el amor perfecto echa fuera el temor»* (1 Juan 4:18, NVI). La Biblia también afirma: *«Dios es amor»* (1 Juan 4:16, NVI). Así que cuando tienes miedo, no viene de Dios; no hay temor en el amor, y Dios es amor.

Como pastor, aprendí que lo que la mayoría de la gente más teme es la muerte. Satanás usa ese temor para manipularte.

Pero Jesús venció a la muerte y destruyó la obra del Diablo. Por esa razón, cuando lloras una muerte como cristiano, te afliges con *esperanza*.

Te afliges porque extrañas a quienes perdiste. Te afliges, pero sabes que si creyeron en Jesús los volverás a ver en el cielo. Están esperando allí donde todos estaremos algún día de acuerdo con el diseño de Dios.

En Hebreos 2:14-15, la Biblia enseña: *«Debido a que los hijos de Dios son seres humanos —hechos de carne y sangre— el Hijo también se hizo de carne y sangre. Pues solo como ser humano podía morir y solo mediante la muerte podía quebrantar el poder del diablo, quien tenía el poder sobre la muerte. Únicamente de esa manera el Hijo podía libertar a todos los que vivían esclavizados por temor a la muerte»*.

Por lo tanto, cada vez que sientas que el miedo se apodera de tu corazón, ya sea el miedo a la muerte u otro temor, recuerda que el miedo no viene de Dios. Luego pídele a Dios que expulse ese temor con su amor perfecto.

1 DE NOVIEMBRE

El único hábito que te mantiene en marcha

Más bien, preocúpense por honrar solo a Cristo como Señor.

1 PEDRO 3:15 (PDT)

Desarrollar el hábito de la gratitud es clave para aguantar durante los días difíciles. Cuando estás pasando por un momento difícil, necesitas apoyarte en la gratitud a Dios. La Biblia nos enseña en 1 Pedro 3:15: *«Preocúpense por honrar solo a Cristo como Señor»* (PDT).

¿Qué es la adoración? Es alabanza y acción de gracias. Adorar es alabar a Dios por lo que es y agradecerle a Dios por lo que hizo. Mantener la adoración como el enfoque de tu corazón cuando estás pasando por momentos difíciles te mantendrá en marcha.

De hecho, tanto la acción de gracias como la alabanza son antídotos contra el desaliento. Esto se debe a que no puedes estar agradecido y desanimado al mismo tiempo. La gratitud destruye la tentación de ver tu situación como algo que está fuera del control de Dios. Te recuerda que, a pesar de lo que estés pasando, los propósitos de Dios para tu vida nunca cambian. La gratitud es una marca de salud espiritual y emocional.

También es verdad que, si no te haces el hábito de ser agradecido, te vuelves escéptico. ¿Por qué? Porque siempre habrá problemas en este mundo que te harán daño. Por el contrario, la gratitud te da perspectiva y te ayuda a recordar las razones que tienes para estar agradecido incluso cuando estás pasando por problemas.

Tal vez te resulte difícil ser agradecido en este momento porque tienes muchas necesidades insatisfechas en tu vida. Dios se preocupa por esas necesidades y está listo para ayudarte. ¡Solo quiere que se lo pidas!

Al buscar la ayuda de Dios para satisfacer esas necesidades, es importante que pidas con un corazón agradecido. ¿Cómo haces eso? Reconociendo lo que Dios ya hizo por ti. Le agradeces por ser siempre bueno contigo. Le dices: «Dios, me ayudaste en el pasado. Sé que me ayudarás en el futuro. También necesito que me ayudes ahora mismo».

Filipenses 4:6 enseña: *«No se preocupen por nada; en cambio, oren por todo. Díganle a Dios lo que necesitan y denle gracias por todo lo que él ha hecho»*.

La petición y la gratitud siempre deben ir juntas. Agradecer a Dios por su gracia en el pasado te dará confianza en su gracia y provisión para ti ahora, en tu momento difícil y en el futuro.

Para cambiar tu vida, cambia tus pensamientos

Qué alegría para los que [...] se deleitan en la ley del SEÑOR meditando en ella día y noche. Son como árboles plantados a la orilla de un río, que siempre dan fruto en su tiempo. Sus hojas nunca se marchitan, y prosperan en todo lo que hacen.

SALMO 1:1-3

Si quieres cambiar tu vida, empieza por cambiar tu forma de pensar.

Cambiar tus pensamientos es la clave para un nuevo comienzo en cualquier área de tu vida: pasatiempo, trabajo, relación, matrimonio o crianza de los hijos. Efesios 4:23 enseña: «*Sean renovados en el espíritu de su mente*» (NBLA).

Tener una mente renovada significa que tienes pensamientos y actitudes nuevos. Significa tomar las actitudes y pensamientos erróneos y entregárselos a Dios, de modo «*que Dios [nos] transforme en personas nuevas al cambiar[nos] la manera de pensar*» (Romanos 12:2).

Para renovar tu mente debes hacer dos cosas:

Primero, hazle más caso a la Palabra de Dios que al mundo. ¿Te gustaría tener las características que se describen en Salmo 1:1-3 en tu vida? Si es así, medita en la Palabra de Dios todos los días.

Segundo, piensa en lo que piensas. En lugar de aceptar automáticamente cada pensamiento que tengas, desafía tus pensamientos. Cuando tengas un pensamiento hazte las siguientes preguntas: «¿*Quiero* pensar en esto? ¿Es cierto lo que estoy pensando? ¿Es útil? ¿Cómo me hace sentir? ¿Quiero sentirme así?».

La Biblia nos exhorta: «*Llevamos cautivo todo pensamiento para que obedezca a Cristo*» (2 Corintios 10:5, NVI). Todos tus sentimientos comienzan con un pensamiento. Lo que piensas es tu elección. No tienes que creer cada pensamiento que tienes. Cuando te enfrentas a un pensamiento que sabes que no es verdad, puedes reemplazarlo con la verdad de Dios. La única manera de conocer la verdad es leyendo la Palabra de Dios.

Empieza a cambiar tus pensamientos hoy mismo. Al hacerlo, ¡podrás tener un nuevo comienzo y cambiar tu vida!

Ten presentes los patrones predecibles de Satanás

Cuando yo perdono lo que necesita ser perdonado, lo hago con la autoridad de Cristo en beneficio de ustedes, para que Satanás no se aproveche de nosotros. Pues ya conocemos sus maquinaciones malignas.

2 CORINTIOS 2:10-11

No puedes vencer la tentación si no entiendes cómo funciona.

Satanás no tiene ninguna idea nueva. Estuvo usando las mismas tentaciones una y otra vez desde que los humanos fueron creados.

Las tácticas que utilizó con Adán y Eva son las mismas que emplea hoy. Dios fue claro cuando les dijo que podían comer de cualquier árbol del jardín, excepto del árbol de la ciencia del bien y del mal. Cuando Satanás tentó a Eva, básicamente le dijo: «¿Dios *en verdad* les dijo que no comieran esto?». Y, luego, le dijo: «Adelante, pruébalo. ¡No vas a morir si comes esto! Tú misma serás un dios».

Satanás usa ese mismo patrón en tu vida todos los días. Comienza con un deseo equivocado dentro de ti, como la envidia, la lujuria o la impaciencia. O puede comenzar con un deseo correcto, como la comida, el sexo o el amor pero combinado con la tentación de satisfacerlo de la manera incorrecta en el momento equivocado. Satanás puede tomar cualquier deseo y hacerlo destructivo.

Luego, te hace dudar de la Palabra de Dios y te susurra: «¿*Realmente* Dios dijo eso?». Toma la semilla de tu duda y la convierte en una mentira que sabe que eres vulnerable a aceptar. Detrás de cada pecado hay una mentira que escoges creer. Recuerda, Satanás es astuto. Sabe en qué área de tu vida es más probable que caigas y se enfoca en convertir tu duda en un engaño total.

Cuando crees en la mentira de Satanás, básicamente, estás diciendo: «Sé qué es lo que me hará más feliz que Dios». Legitimas tu deseo equivocado; te convences a ti mismo de que no es tan malo. Y, como resultado, caes en la desobediencia. La Biblia enseña: «*Cuando yo perdono lo que necesita ser perdonado, lo hago con la autoridad de Cristo en beneficio de ustedes, para que Satanás no se aproveche de nosotros. Pues ya conocemos sus maquinaciones malignas*» (2 Corintios 2:10-11).

Dios no quiere que ignores cómo obra Satanás porque cuando entiendes las tácticas de Satanás, puedes prever sus maquinaciones. La clave para resistir la tentación es saber cómo responder a los patrones predecibles de Satanás.

4 DE NOVIEMBRE

Servir a Jesús sirviendo a los demás

Y le contestarán los justos: «Señor, ¿cuándo te vimos hambriento y te alimentamos o sediento y te dimos de beber? ¿Cuándo te vimos como forastero y te dimos alojamiento o necesitado de ropa y te vestimos? ¿Cuándo te vimos enfermo o en la cárcel y te visitamos?». El Rey les responderá: «Les aseguro que todo lo que hicieron por uno de mis hermanos, aun por el más pequeño, lo hicieron por mí».

MATEO 25:37-40 (NVI)

Justo antes de morir en la cruz, Jesús dijo: *«Tengo sed»* (Juan 19:28). Ese momento revela su humanidad, el hecho de que Jesús era Dios y vino a vivir entre nosotros como hombre.

La Biblia relata que los soldados romanos empaparon una esponja en un recipiente lleno de vinagre de vino y la llevaron a los labios de Jesús. El vino agrio estaba destinado a aliviar su sed. ¿No te hubiera gustado estar allí para darle agua a Jesús con el objeto de saciar su sed? De hecho, es probable que hubieras considerado un privilegio y una bendición servirle en ese momento.

Ese momento, sin embargo, ya pasó y no puedes ayudar a Jesús así. Por otro lado, sí puedes ayudar en nombre de Jesús a quienes están a tu alrededor. La gente en todas partes está sedienta espiritualmente, buscando un propósito y un significado. Quieren saber qué hacer con su vida y si su vida tiene algún significado.

La gente necesita saber que Jesús puede saciar su sed, que él es lo que están buscando cuando no saben qué hacer ni dónde ir. Necesitan saber que Jesús está con ellos cuando están deprimidos, desalentados y desesperados.

Jesús dice que cuando sirves a los demás, lo estás sirviendo a él. Así que cuando quieras hacer algo por él, sirve a las personas que estén necesitadas a tu alrededor. Jesús afirmó: *«Les aseguro que todo lo que hicieron por uno de mis hermanos, aun por el más pequeño, lo hicieron por mí»* (Mateo 25:40, NVI).

Cada vez que le das de beber a alguien que tiene sed, le das de beber a Jesús. Lo mismo sucede cuando llevas a Jesús a aquellos que están sedientos espiritualmente. Amor en acción es cuando satisfaces las necesidades de las personas que están sedientas, física, emocional o espiritualmente por amor a Cristo, quien soportó la sed en la cruz por ti. La única manera en que puedes servir a Dios es sirviendo a las personas y ayudando a los demás en su nombre.

¿Quiénes son las personas que te rodean que parecen estar sedientas espiritualmente? Pídele a Dios que te muestre quiénes son y la mejor manera de llevarlas a Jesús.

5 DE NOVIEMBRE

¿Perdonar y olvidar?

Pon tu esperanza en el Señor y marcha con paso firme por su camino. Él te honrará al darte la tierra y verás destruidos a los perversos.

SALMO 37:34

De seguro has escuchado esta frase una y otra vez: «Perdona y olvida». Solo hay un problema con eso: no puedes hacerlo. ¡Es imposible!

En realidad no puedes olvidar algo que te hizo daño. De hecho, ni siquiera puedes intentar olvidarlo. Porque cuando tratas de no pensar en ello, en realidad, te estás enfocando en lo que quieres olvidar.

La verdad es que Dios no quiere que lo olvides. En cambio, quiere que confíes en él y, como resultado, veas que puede sacar algo bueno del dolor. Eso es más importante que olvidar. Cuando ves que Dios saca algo bueno de una mala situación, puedes agradecerle por esa buena obra. Por el contrario, no puedes agradecerle a Dios por las cosas que olvidas.

Romanos 8:28 enseña: *«Ahora bien, sabemos que Dios dispone todas las cosas para el bien de quienes lo aman, los que han sido llamados de acuerdo con su propósito»* (NVI).

No dice que todas las cosas son buenas, porque no todas las cosas son buenas. Las enfermedades no son buenas. Las relaciones rotas no son buenas. Las guerras no son buenas. El maltrato no es bueno.

Hay muchas cosas en la vida que son malas. No todo lo que sucede en este mundo es la voluntad de Dios.

Dios declara que sacará algo bueno de las cosas malas de la vida si confías en él. Puedes ir a él y decirle: «Dios, te entrego todos los pedazos de mi vida rota».

Tomará tus pedazos y pondrá paz en tu corazón. Esta paz vendrá cuando te des cuenta de que puedes perdonar, incluso sin entender el dolor en tu vida, porque sabes que Dios usará ese dolor para bien.

No tienes que olvidar lo malo que alguien te hizo. ¡No podrías hacerlo aunque lo intentaras! Dios dice que no hay necesidad de olvidarlo. Solo tienes que perdonar y, luego, ver cómo Dios saca algo bueno del dolor.

No te conformes con soluciones falsas

Los que rinden culto a dioses falsos le dan la espalda a todas las misericordias de Dios.

JONÁS 2:8

Cuando estamos en problemas, con frecuencia, nos sentimos tentados a encontrar una solución rápida o, al menos, algo que alivie nuestro estrés.

Muchas veces, cuando nuestra familia, finanzas, carrera profesional o salud se desmoronan, intentamos todo lo imaginable para resolver el problema... excepto pedirle ayuda a Dios.

La verdad es que debemos rechazar cualquier intento de encontrar una solución falsa y, en cambio, acudir a Dios.

Jonás tuvo tiempo de pensar en esto cuando estaba atrapado en el vientre de un gran pez. Leemos su oración en Jonás 2:8.

Hoy, pocas personas hacen ídolos tallados, pero todavía tenemos ídolos. Automóviles. La casa o la ropa. Las riquezas, el placer o la fama. Cualquier cosa que coloquemos por encima de Dios es un ídolo.

La única solución para nuestros problemas es la gracia de Dios. Cada vez que recurrimos a otra cosa, estamos recurriendo a un ídolo.

Hace años, estábamos de vacaciones en familia y como me gusta aprender sobre rocas y minerales entramos a una tienda que vendía rocas coleccionables. Había toda una sección de cristales de cuarzo que, supuestamente, podían resolver una variedad de problemas. Las etiquetas afirmaban que los diferentes cristales proporcionarían satisfacción o confianza, creaban un escudo protector e, incluso, daban intuición psíquica.

Yo sabía que no me ayudarían con ninguna de esas cosas. De hecho, los cristales y las promesas sobre ellos me recordaron Romanos 1:25: *«Cambiaron la verdad de Dios por la mentira, adorando y sirviendo a cosas creadas antes que al Creador, quien es bendito por siempre»* (NVI).

Cuando eliges creer que algo que no es Dios resolverá tus problemas, estás poniendo tu confianza en un objeto inanimado. Estás sirviendo a una cosa creada en lugar de al Creador mismo.

Cuando Jonás estaba en el fondo del océano en un gran pez, no se volvió a un ídolo. Confió en Dios para que lo ayudara, y Dios lo hizo.

Dios hará lo mismo por ti.

7 DE NOVIEMBRE

Las personas resilientes saben quedarse quietas

Muy de madrugada, cuando todavía estaba oscuro, Jesús se levantó, salió de la casa y se fue a un lugar solitario donde se puso a orar.

MARCOS 1:35 (NVI)

La clave para resistir el estrés es lo que menos hacen algunos cristianos: pasar tiempo a solas con Dios. Esta práctica espiritual es esencial para desarrollar un espíritu resiliente y manejar el estrés crónico.

La oración ayuda a aliviar el estrés en gran manera. Es una cámara de descompresión a través de la cual puedes liberar el estrés de mantener las apariencias y de estar a la altura de las expectativas de los demás. Es la forma en que te deshaces de las cargas y admites que no puedes llevarlas solo. Es donde se te recuerda que Dios está listo y dispuesto a ayudarte con cada cosa estresante que experimentes en la vida.

¿Cómo desarrollas el hábito de pasar tiempo a solas con Dios? A través de la práctica y la repetición. No es un hábito a menos que lo hagas una y otra vez de manera regular y consistente.

Jesús desarrolló hábitos espirituales. La Biblia enseña en Lucas 22:39 que era costumbre de Jesús salir de Jerusalén e ir al monte de los Olivos a orar. Y Marcos 1:35 afirma: «*Muy de madrugada, cuando todavía estaba oscuro, Jesús se levantó, salió de la casa y se fue a un lugar solitario donde se puso a orar*» (NVI).

No importaba lo ocupado que estuviera, Jesús sabía que necesitaba tiempo a solas con Dios para orar. ¿Te tomas un tiempo así en tu vida? ¿Alguna vez te detienes y te quedas quieto delante de Dios para reflexionar y renovarte? Si quieres ser una persona resiliente, desarrolla el hábito de pasar tiempo con Dios.

Mientras corría la voz acerca de Jesús y grandes multitudes venían a escucharlo hablar, Jesús mantenía el hábito del tiempo a solas con Dios. La Biblia señala: «*Pero Jesús se retiraba a orar a lugares donde no había nadie*» (Lucas 5:16, DHH). Si Jesús tenía necesidad de alejarse con frecuencia de la multitud para estar a solas con Dios, piensa cuánto más nosotros necesitamos hacer eso.

Debido a que el ruido a menudo causa estrés, considera comenzar tu día con Dios en lugar de con tu teléfono, la televisión o las redes sociales. Quédate quieto, en silencio, y acepta la obra que Dios quiere hacer en ti. Acostúmbrate a meditar en su Palabra y a estar en su presencia.

A Dios le encanta oírte cantar

Acerquémonos a él con acción de gracias.
Cantémosle salmos de alabanza.
SALMO 95:2

No todos los seres humanos tienen los mismos lenguajes de amor. Nos gusta ser amados de diferentes maneras porque todos somos diferentes.

¿Sabías que Dios también tiene lenguajes de amor? Dios es feliz cuando le expresamos nuestro amor de ciertas maneras.

Una de las formas en que a Dios le gusta que le mostremos nuestro amor y gratitud es cantándole. ¡Y la Biblia nos enseña que Dios también canta! Canta canciones de amor y canciones alegres sobre *ti*. Sofonías 3:17 expresa: «*Pues el Señor tu Dios vive en medio de ti. Él es un poderoso salvador. Se deleitará en ti con alegría. Con su amor calmará todos tus temores. Se gozará por ti con cantos de alegría*».

Nunca escuchaste a Dios cantar sobre ti. Pero un día en el cielo, escucharás a Dios cantar sobre ti; será el sonido más hermoso y alegre que jamás hayas escuchado.

Hay varios lugares donde Dios nos dice que le expresemos nuestro agradecimiento a través del canto. El Salmo 147:7 señala: «*Canten su gratitud al Señor; al son del arpa, entonen alabanzas a nuestro Dios*». El Salmo 95:2 expresa: «*Acerquémonos a él con acción de gracias. Cantémosle salmos de alabanza*».

Adorar a Dios a través del canto es una de las principales razones para reunirnos a rendirle culto. La Biblia expresa en Colosenses 3:16: «*Canten salmos e himnos y canciones espirituales a Dios con un corazón agradecido*».

Es posible que no te guste cantar o que pienses que no cantas muy bien. Incluso puedes decir: «Simplemente no canto», por la razón que sea.

¡Pero Dios ama tu voz y quiere escucharla porque te la dio! Necesitas aprender a aceptarte a ti mismo de la manera en que Dios lo hace. Dios disfruta oyéndote cantar alabanzas a él, sin importar cómo suene.

No esperes hasta ir a la iglesia para cantar. Cántale a Dios todo el tiempo, en cualquier lugar, con acción de gracias y gozo en tu corazón por quién es y por lo que hizo por ti.

«*Oh Dios, todo el día te damos gloria y alabamos tu nombre constantemente*» (Salmo 44:8).

9 DE NOVIEMBRE

La comunión lleva a la gratitud

Esa copa de bendición por la cual damos gracias, ¿no significa que entramos en comunión con la sangre de Cristo? Ese pan que partimos, ¿no significa que entramos en comunión con el cuerpo de Cristo?

1 CORINTIOS 10:16 (NVI)

Cuando tomamos la cena del Señor, recordamos lo que Jesús hizo por nosotros en la cruz.

No es un ritual vacío que los cristianos hacen solo porque tienen que hacerlo. Por el contrario, Dios quiere que practiquemos la comunión para ayudarnos a recordar. ¿Por qué necesitamos recordar? Para ser agradecidos. Solo puedes estar agradecido por aquellas cosas que recuerdas.

Jesús usó el pan y el vino como una herramienta de memoria para ayudarnos a practicar la gratitud por lo que hizo por nosotros en la cruz.

La Biblia relata en 1 Corintios 11:23-25: *«La noche en que fue traicionado, el Señor Jesús tomó pan y dio gracias a Dios por ese pan. Luego lo partió en trozos y dijo: "Esto es mi cuerpo, el cual es entregado por ustedes. Hagan esto en memoria de mí". De la misma manera, tomó en sus manos la copa de vino después de la cena, y dijo: "Esta copa es el nuevo pacto entre Dios y su pueblo, un acuerdo confirmado con mi sangre. Hagan esto en memoria de mí todas las veces que la beban"».*

Otra palabra para comunión es *eucaristía*, la cual deriva de una palabra griega que significa «acción de gracias». La comunión es un reflejo de la acción de gracias. ¡Es una de las formas favoritas de Dios en que le damos gracias! Podemos dar gracias a Dios de muchas maneras: a través de canciones de acción de gracias, a través de ofrendas de acción de gracias y a través de la copa de acción de gracias. *«Esa copa de bendición por la cual damos gracias, ¿no significa que entramos en comunión con la sangre de Cristo? Ese pan que partimos, ¿no significa que entramos en comunión con el cuerpo de Cristo?»* (1 Corintios 10:16, NVI).

Cuando bebemos de la copa de comunión y comemos el pan, no solo estamos cumpliendo con un rito de la vida cristiana o limitando nuestra gratitud a un evento en la iglesia. Le estamos diciendo a Dios: «Padre, gracias por enviar a tu Hijo a vivir una vida perfecta y a morir por nuestros pecados para que pudiéramos ser perdonados».

Al recordarnos a nosotros mismos el alto precio que Jesús pagó para salvarnos, la única respuesta razonable es una profunda gratitud que se extiende a todas las áreas de la vida.

10 DE NOVIEMBRE

Tu guía para enfrentarte a los gigantes

Aunque los malvados se escondan por el camino para matarme, con calma, mantendré mi mente puesta en tus leyes.

SALMO 119:95

Es probable que estés familiarizado con la historia de David y Goliat. Está llena de detalles extraordinarios. David, solo un niño en ese momento, decidió enfrentarse a un gigante en la batalla. Lo que es aún más extraordinario es el hecho que David se enfrentara a Goliat con tanta confianza y optimismo.

Puede que nunca luches contra un Goliat literal, pero todo el mundo acaba enfrentándose a algún tipo de gigante. Tal vez, te enfrentes a un Goliat que tiene que ver con la salud, las finanzas o tus relaciones. ¿Cómo puedes enfrentar a ese gigante con la confianza y el optimismo que vienen de Dios, como lo hizo David?

Los Salmos ofrecen una idea de cuatro hábitos que le dieron confianza a David. Si desarrollas esos mismos hábitos, podrás enfrentarte a gigantes más grandes confiando en que Dios te ayudará a salir adelante.

Entra en sintonía con Dios todas las mañanas. David hablaba con Dios antes de hablar con nadie más por la mañana: *«Por la mañana, SEÑOR, escuchas mi clamor; por la mañana te presento mis ruegos y quedo a la espera de tu respuesta»* (Salmo 5:3, NVI).

Piensa en las promesas de Dios a lo largo del día. David se enfrentaba a presiones constantes, pero no se sentía agobiado porque mantenía su mente enfocada en la Palabra de Dios. Dijo: *«Aunque los malvados se escondan por el camino para matarme, con calma, mantendré mi mente puesta en tus leyes»* (Salmo 119:95).

Confía en la liberación de Dios, incluso cuando las cosas se vean mal. David dijo: *«¿Por qué estás tan abatida, alma mía? ¿Por qué estás angustiada? En Dios pondré mi esperanza y lo seguiré alabando. ¡Él es mi salvación y mi Dios!»* (Salmo 42:11, NVI). David sabía que Dios lo había ayudado en el pasado y tenía esperanza en que Dios lo ayudaría de nuevo en el futuro.

Habla con otros creyentes. David no se enfrentó a los gigantes de su vida por su cuenta. Tuvo apoyo emocional y espiritual. Dijo: *«Soy amigo de todo el que te teme, de todo el que obedece tus mandamientos»* (Salmo 119:63).

¿Hay un gigante en tu vida hoy? Enfréntalo con la confianza y el optimismo que solo pueden venir de confiar en Dios.

11 DE NOVIEMBRE

No repitas el dolor. ¡Suéltalo!

Cuando estén orando, primero perdonen a todo aquel contra quien guarden rencor, para que su Padre que está en el cielo también les perdone a ustedes sus pecados.

MARCOS 11:25

Cuando nos lastiman, tenemos dos tendencias naturales: recordar y tomar represalias. Pero 1 Corintios 13:5 nos enseña lo contrario: *«[El amor] no se irrita ni lleva un registro de las ofensas recibidas»*. ¿Cómo debes responder a quienes te lastimaron entonces? ¿Cómo manejas las heridas y los daños acumulados en tu memoria?

No los repitas. Bórralos. Deja ir las heridas. Perdona y sigue con tu vida.

Cuando nos hacen daño, tendemos a repetir ese dolor de tres maneras: emocionalmente en nuestra mente, relacionalmente como un arma y prácticamente contándoselo a otras personas.

Primero, lo repetimos repasándolo una y otra vez en la mente. El problema es que el resentimiento es autodestructivo. Solo perpetúa el dolor. Nunca cura ni resuelve nada. Aquello en lo que más piensas es lo que más te atrae. Si solo piensas en las heridas del pasado, te dirigirás hacia el pasado. Si te enfocas en las posibilidades, te dirigirás hacia ellas.

Segundo, repetimos nuestro dolor en las relaciones. Usamos el dolor como influencia y como arma. Decimos cosas como: «¿Recuerdas cuando hiciste eso?». Proverbios 17:9 señala: *«Cuando se perdona una falta, el amor florece, pero mantenerla presente separa a los amigos íntimos»*. El reproche permanente quiebra los matrimonios y todas las demás relaciones.

Tercero, repetimos nuestro dolor al chismear al respecto. Se lo decimos a todo el mundo menos a Dios y a la persona con quien tenemos el problema. ¿Sabías que Dios odia los chismes? Los odia tanto como odia el orgullo, porque eso es lo que es el chisme. El chisme es puro y simple ego, tratar de vernos y sentirnos mejor. Cada vez que compartes chismes estás siendo orgulloso. Dios aborrece el orgullo y los chismes.

El amor no guarda ningún registro de los errores. El amor no repite una herida para que se convierta en resentimiento, chisme u orgullo.

Marcos 11:25 expresa: *«Cuando estén orando, primero perdonen a todo aquel contra quien guarden rencor, para que su Padre que está en el cielo también les perdone a ustedes sus pecados»*.

Déjalo ir. Así es como responde el amor.

12 DE NOVIEMBRE

La fe le agradece a Dios por adelantado

Abraham no fue incrédulo a la promesa de Dios ni dudó jamás. Al contrario, fortaleció su fe y así le dio gloria a Dios y le dio las gracias por aquella bendición antes que se produjera.

ROMANOS 4:20 (NBV)

Fe significa esperar con gozo que Dios te libere, incluso si no es como lo planeaste.

Eso es lo que hizo Abraham. Cuando se enfrentó a una situación imposible, tener un hijo a la edad de cien años, Abraham agradeció a Dios antes de que el Señor actuara.

La Biblia expresa: *«Abraham no fue incrédulo a la promesa de Dios ni dudó jamás. Al contrario, fortaleció su fe y así le dio gloria a Dios y le dio las gracias por aquella bendición antes que se produjera»* (Romanos 4:20, NBV).

Cuando le das gracias a Dios *después* de que obra es gratitud. Cuando le agradeces *antes* de que obre es fe. Abraham *«fortaleció su fe»* respecto a algo que parecía imposible para todos los demás. Esto muestra su increíble fe.

¡Incluso Jesús agradeció a Dios por adelantado! Oró con fe antes de resucitar a Lázaro de entre los muertos: *«Padre, gracias por haberme oído»* (Juan 11:41).

Dios no siempre te libera de la manera que esperas. De hecho, hay tres maneras diferentes en que Dios puede liberarte:

- **Circunstancial**: Dios cambia las circunstancias.
- **Personal**: Dios te cambia a *ti*. Te da una perspectiva más amplia, hace crecer tu carácter o cambia tu actitud.
- **Definitiva**: a veces Dios solo te libera en el cielo, donde no habrá más lágrimas ni más dolor.

Dios no prometió quitarte todo tu dolor. No te prometió que no tendrás retrasos ni callejones sin salida. En cambio, Dios prometió que un día estarás en el cielo sin dolor ni sufrimientos. Hasta entonces, te dará toda la fuerza que necesitas para salir adelante en esta vida. Prometió caminar contigo a través de todas las circunstancias dolorosas y al parecer imposibles.

Pablo escribió en Romanos 5:2: *«Nos regocijamos en la esperanza de alcanzar la gloria de Dios»* (NVI). Le demuestras a Dios que confías en él cuando le agradeces por su liberación, aunque sepas que no sucederá hasta que llegues al cielo. *«La fe es tener confianza en lo que esperamos, es tener certeza de lo que no vemos»* (Hebreos 11:1, NVI).

13 DE NOVIEMBRE

Intenta escribir tus oraciones

El Señor me contestó: «Escribe en tablas de barro lo que te voy a mostrar, de modo que pueda leerse de corrido».
HABACUC 2:2 (DHH)

Si quieres oír a Dios hablar, retírate a un lugar tranquilo. Espera con paciencia y expectativa y pídele a Dios que te dé una imagen de lo que quiere decirte. Luego, escribe las respuestas de Dios a tus preguntas.

Él libro de Habacuc menciona: *«El Señor me contestó: "Escribe en tablas de barro lo que te voy a mostrar, de modo que pueda leerse de corrido"»* (Habacuc 2:2, DHH).

Así es como obtuvimos el libro de Habacuc. En el capítulo 1, Habacuc escribió lo que le dijo a Dios. Y en el capítulo 2, escribió lo que Dios le respondió.

Así es también como obtuvimos el libro de los Salmos. Muchos salmos son el resultado directo de los tiempos de quietud de David. Él meditaba en los primeros cinco libros de la Biblia, la Torá, y luego escribía sus pensamientos, los cuales llamamos salmos. En muchos de los salmos, David comienza con lo que siente y termina escribiendo lo que Dios le dice.

Si tu vida de oración está atascada en una rutina y tiendes a orar las mismas cosas una y otra vez: «Dios, quédate con esta persona» o «Bendice estos alimentos para que sean nutritivos para nuestro cuerpo», te sugiero que escribas tus oraciones.

«¿Qué? ¿Quieres decir que no tengo que decirlas?». No. Escribirlas es una oración. Dios puede escucharlas en tus pensamientos. Solo escríbelas.

¿Está bien escribir una oración y luego leerla? Por supuesto que sí. Cuando la escribes, estás orando. Cuando la lees, estás orando.

Esto es el hábito espiritual de escribir un diario espiritual. Todos los cristianos se beneficiarían si lo hicieran.

Un diario espiritual no es un diario común. En un diario común escribes las cosas que haces. En un diario espiritual escribes sobre las lecciones que aprendiste, los errores que cometiste y lo que Dios te enseñó.

Comienza a escribir tu diario espiritual hoy. Te ayudará a escuchar y a recordar lo que Dios te dice.

14 DE NOVIEMBRE

Los problemas nos obligan a depender de Dios

Amados, no se sorprendan del fuego de prueba que en medio de ustedes ha venido para probarlos, como si alguna cosa extraña les estuviera aconteciendo.

1 PEDRO 4:12 (NBLA)

Jesús nos advirtió que tendríamos problemas en la vida. Nadie es inmune al dolor ni está aislado del sufrimiento. Nadie se desliza por la vida sin problemas.

El apóstol Pedro nos aseguró que los problemas son normales. Dijo acerca de esto: *«Amados, no se sorprendan del fuego de prueba que en medio de ustedes ha venido para probarlos, como si alguna cosa extraña les estuviera aconteciendo»* (1 Pedro 4:12, NBLA). Dios utiliza estos problemas para acercarte a él. La Biblia enseña: *«El Señor está cerca de los que tienen quebrantado el corazón; él rescata a los de espíritu destrozado»* (Salmo 34:18).

Es probable que tengas las experiencias más profundas e íntimas de adoración durante tus días más oscuros: cuando tu corazón está roto, cuando te sientes abandonado, cuando te quedas sin opciones, cuando el dolor es grande, cuando lo único que puedes hacer es volverte a Dios. Es durante el sufrimiento que aprendemos a hacer las oraciones más auténticas, sinceras y verdaderas. Cuando estamos sufriendo, no tenemos energía para oraciones superficiales.

Joni Eareckson Tada dijo: «Cuando la vida es color de rosa, podemos deslizarnos por la vida sabiendo *acerca* de él. Imitándolo, citándolo y hablando sobre él. Pero solo en la comunión del sufrimiento *conoceremos* a Jesús». En el sufrimiento aprendemos cosas que no podemos aprender de ninguna otra manera.

Dios pudo haber mantenido a José fuera de la cárcel, a Daniel fuera del foso de los leones, evitar que Jeremías fuera arrojado a un pozo lleno de lodo, que Pablo naufragara tres veces y que los tres jóvenes hebreos fueran arrojados al horno ardiente, pero no lo hizo. Permitió que esos problemas sucedieran. El resultado fue que cada una de esas personas estuviera más cerca de Dios.

Los problemas nos obligan a acudir a Dios y a depender de él en lugar de depender de nosotros mismos. Pablo testificó acerca de este beneficio: *«De hecho, esperábamos morir; pero, como resultado, dejamos de confiar en nosotros mismos y aprendimos a confiar solo en Dios, quien resucita a los muertos»* (2 Corintios 1:9). Nunca sabrás que Dios es todo lo que necesitas hasta que Dios sea todo lo que tienes.

15 DE NOVIEMBRE

El incómodo camino hacia un milagro

Luego el Señor *dijo a Elías: «Vete a vivir a la aldea de Sarepta, que está cerca de la ciudad de Sidón. Yo le he ordenado a una viuda de allí que te alimente». Elías se dirigió a Sarepta.*

1 REYES 17:8-10

Hay veces en las que te mueres de miedo y estás vulnerable. No sabes ni a dónde vas ni cuánto tardará ni qué pasará cuando llegues allí. Entonces, ¿qué haces?

Recuerda que el camino hacia un milagro a menudo pasa por un territorio incómodo, lo cual ilustra nuestro pasaje de hoy.

Por las instrucciones de Dios, Elías tuvo que caminar más de ciento sesenta kilómetros a través de un territorio peligroso. Acababa de enfurecer al rey Acab al profetizar una larga sequía. Quienes se encontraran con Elías sabrían quién era.

Cuando al fin llegó a Sarepta, se encontró con una viuda pobre que iba a alimentarlo, pero la ciudad estaba llena de gente pagana que no dudaría en matarlo. ¿Cómo podría ella defenderlo o protegerlo?

Elías no dijo: «Dios, me estás enviando en la dirección equivocada, al lugar equivocado y a la protección equivocada». Elías simplemente obedeció.

El camino de Dios hacia un milagro, a menudo, te lleva a través de un territorio incómodo para que aprendas a depender de él. Fue así para el pueblo de Dios a lo largo de la Biblia:

- Cuando Moisés sacó a los israelitas de la esclavitud y los llevó a la Tierra Prometida, primero tuvieron que pasar por el mar Rojo.
- David para matar a Goliat primero tuvo que entrar en el campo de batalla.
- Para que Josafat obtuviera la victoria, Dios le dijo que pusiera el coro delante del ejército.

Los milagros nunca suceden cuando estás cómodo en tu casa. Cuando todo está resuelto en tu vida, no necesitas un milagro. Solo necesitas un milagro cuando estás en tu peor momento.

¿Estás pasando por un tiempo difícil desde el punto de vista financiero, emocional o físico? Tal vez te sientas nervioso, inquieto o inseguro. Felicidades. ¡Estás en el camino hacia un milagro!

Ahora sigue el ejemplo de Elías: obedece a Dios para que puedas ver su milagro al final del camino.

16 DE NOVIEMBRE

Las muchas facetas de la misericordia

La sabiduría que proviene del cielo es, ante todo, pura y también ama la paz; siempre es amable y dispuesta a ceder ante los demás. Está llena de compasión.

SANTIAGO 3:17

La misericordia transformará tus relaciones. Para ser un agente de misericordia, hay siete facetas de la misericordia que debes entender:

1. **Misericordia significa ser paciente con las peculiaridades de las personas.** *«La sabiduría que proviene del cielo es, ante todo, pura y también ama la paz; siempre es amable y dispuesta a ceder ante los demás. Está llena de compasión»* (Santiago 3:17). Cuanto más sabio te vuelves, más paciente y misericordioso eres.

2. **Misericordia significa ayudar a cualquier persona que esté sufriendo.** *«No niegues el bien a quienes lo necesitan, si en tu mano está hacerlo»* (Proverbios 3:27, NVI). No puedes amar a tu prójimo como a ti mismo sin ser misericordioso.

3. **Misericordia significa darle a la gente una segunda oportunidad.** *«Líbrense de toda amargura, furia, enojo, palabras ásperas, calumnias y toda clase de mala conducta. Por el contrario, sean amables unos con otros, sean de buen corazón, y perdónense unos a otros, tal como Dios los ha perdonado a ustedes por medio de Cristo»* (Efesios 4:31-32). Cuando alguien te lastima es posible que quieras vengarte, pero el camino de Dios es diferente.

4. **Misericordia significa hacerles el bien a quienes te hacen daño.** *«Ustedes, por el contrario, amen a sus enemigos, háganles bien y denles prestado sin esperar nada a cambio. [...] Sean compasivos, así como su Padre es compasivo»* (Lucas 6:35-36, NVI). La misericordia les da a las personas lo que necesitan, no lo que merecen, porque eso es lo que Dios hace con nosotros.

5. **Misericordia significa ser amable con aquellos que te ofenden.** *«Deben tener compasión de los que no están firmes en la fe. Rescaten a otros arrebatándolos de las llamas del juicio. Incluso a otros muéstrenles compasión pero háganlo con mucho cuidado, aborreciendo los pecados que contaminan la vida de ellos»* (Judas 1:22-23). Tienes que estar más interesado en ganar a la gente para Cristo que en ganar la discusión.

6. **Misericordia significa construir puentes de amor hacia los impopulares.** *«"Quiero que tengan compasión, no que ofrezcan sacrificios". Pues no he venido a llamar a los que se creen justos, sino a los que saben que son pecadores»* (Mateo 9:13). La misericordia a propósito establece amistades con personas que no son aceptadas.

7. **La misericordia significa valorar las relaciones por encima de las reglas.** *«El amor no hace mal a otros, por eso el amor cumple con las exigencias de la ley de Dios»* (Romanos 13:10). Pone a las personas por encima de las políticas. Sus necesidades ante que los procedimientos. Las relaciones antes que las regulaciones.

Elige el amor por encima de la ley. Pide ayuda para hacerlo mediante la siguiente oración: «Dios, quiero estar lleno de misericordia, así como tú estás lleno de misericordia. Me mostraste cómo hacerlo en tu Palabra, pero no puedo hacerlo por mi cuenta. Necesito que el Espíritu Santo me recuerde en cada momento del día cómo Jesús trató a las personas para que yo pueda tratar a los demás de la misma manera. Por favor, ayúdame a analizar cada decisión y a considerar elegir la misericordia, el amor y la gracia en lugar de servirme a mí mismo. Ayúdame a elegir tu camino en lugar del mío para que otros puedan ver tu misericordia a través de mí. En el nombre de Jesús, amén».

Escoge volver a tener esperanza

¿Por qué estoy desanimado?
¿Por qué está tan triste mi corazón?
¡Pondré mi esperanza en Dios!
Nuevamente lo alabaré,
¡mi Salvador y mi Dios!
SALMO 42:5-6

El mundo está y siempre ha estado buscando esperanza. Incluso una popular revista de negocios tuvo una vez un titular de portada que decía: «En busca de esperanza». Como cristianos, sin embargo, ya no buscamos más. ¡Hemos encontrado nuestra esperanza en Jesús!

A pesar de que sabemos de dónde viene la esperanza, vamos a desanimarnos en esta vida. Vivimos en un mundo quebrantado y seguiremos pecando. En ocasiones, es fácil sentir que hemos perdido la esperanza.

El Salmo 42:5 enseña: *«¿Por qué estoy desanimado? ¿Por qué está tan triste mi corazón? ¡Pondré mi esperanza en Dios! Nuevamente lo alabaré, ¡mi Salvador y mi Dios!»*.

Presta atención a dos palabras en ese versículo: *esperanza* y *alabanza*. Esas dos ideas van juntas. Si quieres ser una persona esperanzada, tienes que alabar a Dios. Eso es lo que genera esperanza en tu vida.

Cuando alabas a Dios, él te ofrece lo siguiente: *«A todos los que se lamentan en Israel les dará una corona de belleza en lugar de cenizas, una gozosa bendición en lugar de luto, una festiva alabanza en lugar de desesperación»* (Isaías 61:3).

El duelo es la forma en que se expresa el dolor por la pérdida de algo. Muchos de nosotros hemos perdido mucho en los últimos años. Tal vez hayas perdido amigos o familiares, tu trabajo, la confianza, tu seguridad, dinero o sueños.

En Isaías 61:3, Dios te da una opción. ¿Quieres belleza o cenizas? ¿Bendición o luto? ¿Alabanza o desesperación?

Por supuesto, quieres belleza. Quieres tener bendiciones. Quieres poder alabar.

¡Y puedes tener esas cosas! Incluso cuando estás desanimado y de luto, puedes elegir alabar a Dios. Puedes elegir adorarlo, incluso en tu dolor. La decisión de alabar a Dios restaurará tu esperanza porque te recordará la verdad y por qué puedes tener esperanza de nuevo.

18 DE NOVIEMBRE

Eres libre para ser tú mismo

Pues somos la obra maestra de Dios. Él nos creó de nuevo en Cristo Jesús, a fin de que hagamos las cosas buenas que preparó para nosotros tiempo atrás.

EFESIOS 2:10

Dios no te creó para que fueras otra persona. Cuando llegues al cielo no te va a preguntar por qué no te pareces más a tu hermana, a tu padre o a tu vecino. Dios te hizo único y quiere que seas auténtico.

Quiere que seas *tú*.

La Biblia manifiesta: «*Pues somos la obra maestra de Dios. Él nos creó de nuevo en Cristo Jesús, a fin de que hagamos las cosas buenas que preparó para nosotros tiempo atrás*» (Efesios 2:10).

Dios quiere que seas quien te creó para que fueras con el propósito que hagas la obra que planeó que hicieras.

El problema es que muchas personas tratan de ser alguien que no son. Viven para la aprobación de los demás o piensan que Dios las amará más si actuaran de manera diferente. El amor de Dios, sin embargo, no se basa en cómo actúas. Te ama a pesar de lo que hagas.

Tener miedo a ser auténtico, a ser tú mismo, impide que vivas tu propósito. Tener miedo de no gustarle a la gente si descubren quién eres en realidad te hará vivir una vida llena de inseguridades. Pero la Biblia enseña: «*Y ustedes no recibieron un espíritu que de nuevo los esclavice al miedo, sino el Espíritu que los adopta como hijos y les permite clamar: "¡Abba! ¡Padre!"*» (Romanos 8:15, NVI).

El antídoto contra la inseguridad es el Espíritu de Dios obrando en ti. Cuando vives como un hijo de Dios, a pesar de tus errores y debilidades, eres libre para ser quien Dios te hizo que fueras.

¿Sabías que tus imperfecciones son en realidad algo bueno? Las personas no crecen a partir de sus fortalezas, sino a partir de sus debilidades. Mostrarle solo tus fortalezas al mundo no hará que los demás se sientan cercanos a ti, y hasta puede hacer que se sientan celosos o distantes. Por otro lado, cuando admites tus imperfecciones, cuando eres auténtico con los demás, la gente se acerca más a ti.

¿Estás listo para ser auténtico? Es tu decisión: puedes estar atrapado y esclavizado por el miedo o puedes ser tu verdadero yo y disfrutar de las cosas buenas que Dios planeó para ti hace mucho tiempo.

19 DE NOVIEMBRE

Otra oportunidad para empezar de nuevo

Al que disimula el pecado, no le irá bien; pero el que lo confiesa y lo deja, será perdonado.

PROVERBIOS 28:13 (DHH)

Tengo que hacer una confesión: en realidad no me gusta el golf. En cambio, a mi hermano le encantaba el golf. Cuando él estaba vivo, me encantaba jugar al golf con él porque nos daba la oportunidad de estar juntos.

Mientras jugábamos, aprendí que hay una cosa que en verdad me gusta del golf: el *mulligan*. En un juego informal de golf, un *mulligan* es una segunda oportunidad de tiro. Si haces un mal tiro, un *mulligan* te permite volver a intentarlo sin contar ese mal tiro en tu tarjeta de puntuación.

Como seguidores de Jesús debemos vivir en el *mulligan* de Dios: la gracia de Dios. Dios nos perdona una y otra y otra vez. Nos da la oportunidad de intentarlo de nuevo, de dar lo mejor de nosotros, de que nuestros errores no cuenten en nuestra contra.

Quizás pienses: «Eso no es justo». ¡Por supuesto que no! Es gracia. Es misericordia.

La Biblia está llena de versículos que son como un *mulligan*, versículos sobre la gracia y la misericordia de Dios. Uno de ellos es Proverbios 28:13: «*Al que disimula el pecado, no le irá bien; pero el que lo confiesa y lo deja, será perdonado*» (DHH). En otras palabras, recibe un *mulligan*. Esa es la asombrosa gracia de Dios. Si te niegas a admitir tus errores, nunca tendrás éxito, pero si confiesas y abandonas tus errores, tienes otra oportunidad.

Otro *mulligan* se encuentra en Lamentaciones 3:22-23: «*¡El fiel amor del Señor nunca se acaba! Sus misericordias jamás terminan. Grande es su fidelidad; sus misericordias son nuevas cada mañana*». Dios nunca dejará de amarte porque su amor se basa en quién es él, no en lo que haces. Cada nuevo día es otra oportunidad que Dios te da.

Tienes que empezar a ver cada nuevo día como un día de *mulligan*: otra oportunidad de parte de Dios. Cada mañana, Dios te está dando otra oportunidad, una nueva.

Cuando te despiertes mañana recuerda: «*Pues los dones de Dios y su llamado son irrevocables*» (Romanos 11:29). Ningún pecado que hayas cometido cambiará el llamado de Dios ni los dones de Dios en tu vida. Las misericordias de Dios son nuevas cada mañana.

20 DE NOVIEMBRE

Más misericordia, más como Jesús

El amor no es celoso ni fanfarrón ni orgulloso ni ofensivo. No exige que las cosas se hagan a su manera. No se irrita ni lleva un registro de las ofensas recibidas.

1 CORINTIOS 13:4-5

Una de las mejores maneras de demostrarle el amor a tu familia es a través de la misericordia. Misericordia es amor en acción. Si no te dejas llevar por el enojo y eliges ser amable con tu familia, incluso cuando no se lo merecen, estás siendo misericordioso.

Otra forma de tener misericordia es dejar de lado las heridas del pasado.

¿Llevas un registro mental cada vez que alguien de tu familia hace algo malo?

¿Estás siempre dispuesto a recordarles a las personas el daño que te hicieron? La Biblia afirma que el verdadero amor no acumula daños y ofensas para usarlos después como razón para vengarse. Cuando te aferras así al daño que te hicieron, no estás siendo amoroso.

Lee de nuevo 1 Corintios 13:4-5, y ten en cuenta que *«ofensivo»* y *«no lleva registro de las ofensas recibidas»* se encuentran en el mismo versículo. Esa es la razón por la cual las personas son ofensivas: están reaccionando a un dolor pasado al que se han estado aferrando y, luego, se desquitan con los demás. Cuando reaccionan a una herida del pasado, no pueden relacionarse bien con las personas en el presente.

Levítico 19:18 señala: *«No seas vengativo con tu prójimo ni le guardes rencor. Ama a tu prójimo como a ti mismo»* (NVI).

¿Los rencores del pasado mantienen tus relaciones como rehenes hoy? No acumules resentimiento sobre la cabeza de tu cónyuge ni de tus hijos. Y tampoco les cuentes a otras personas tus rencores. ¡Eso es chisme! Por el contrario, debes hacer a un lado el daño que te hayan hecho.

A veces es más difícil tener misericordia de las personas más cercanas, pero cuando puedes hacer a un lado las ofensas y ser misericordioso, estás aprendiendo a ser más como Jesús.

Tu decisión de tener misericordia también crea un efecto dominó que va más allá de tu familia. Elegir el amor y la misericordia demuestra a los demás que seguir a Jesús trae paz a tus relaciones. Hacer a un lado los daños y las ofensas muestra al mundo la clase de amor que sana y restaura.

21 DE NOVIEMBRE

¿Por qué deben ser agradecidos los cristianos?

Den gracias al Señor por su amor.
SALMO 107:8 (DHH)

Hay muchas razones para darle gracias a Dios todo el tiempo. A continuación, detallo algunas razones por las cuales, como cristianos, deberíamos ser las personas más agradecidas de todas.

Podemos ser agradecidos porque Dios nos dio la vida. El Salmo 139:13-14 enseña: «*Tú creaste las delicadas partes internas de mi cuerpo y me entretejiste en el vientre de mi madre. ¡Gracias por hacerme tan maravillosamente complejo!*». Ni siquiera estarías vivo si no fuera por Dios. ¡Esta es una buena razón para comenzar a estar agradecido!

Podemos ser agradecidos porque *todavía* estamos vivos. Dios te creó y te trajo hasta aquí. ¡Cada día es un regalo! La Biblia señala en Eclesiastés 11:8: «*Si alguien llega a la ancianidad, que disfrute de cada día de vida*».

Podemos ser agradecidos porque Dios nos salvó. El Salmo 13:5 afirma: «*Me gozo porque tú me has salvado*» (NBV).

Podemos ser agradecidos porque Dios es bueno. La Biblia expresa: «*Daré gracias a tu nombre, oh SEÑOR, porque es bueno*» (Salmo 54:6, RVA-2015).

Podemos ser agradecidos porque Dios contesta nuestras oraciones. «*Te doy gracias por contestar mi oración*» (Salmo 118:21).

Podemos ser agradecidos porque Dios nos guía. El Salmo 16:7 manifiesta: «*Bendeciré al Señor, quien me guía*».

Podemos ser agradecidos porque Dios nos perdona. La Biblia enseña en el Salmo 118:1: «*¡Den gracias al Señor, porque él es bueno! Su fiel amor perdura para siempre*».

Podemos ser agradecidos porque Dios nunca dejará de amarnos. El Salmo 107:8 nos instruye: «*¡Den gracias al SEÑOR por su gran amor*» (NVI).

Quiero darte una tarea para cuando te reúnas con amigos y familiares. Usa los versículos de la lista de arriba para comenzar un debate con el propósito de reconocer algunas de las razones más importantes por las cuales deben estar agradecidos. Cuando todos estén reunidos, pide a cada uno de los presentes por turno que lea uno de los versículos y diga por qué está agradecido de manera específica por ese atributo de Dios.

¡Verás cómo el agradecimiento fluye en esa reunión!

22 DE NOVIEMBRE

Ocho maneras en que Dios bendice la gratitud

Confirmados en la fe como se les enseñó y llenos de gratitud.
COLOSENSES 2:7 (NVI)

Cuando Dios quiere ayudarte a hacer lo correcto, le añade un beneficio a la obediencia. Es así en lo que respecta a la gratitud. ¡Tener una mentalidad de gratitud produce grandes bendiciones! A continuación, encontrarás ocho formas en que la gratitud te beneficia:

La gratitud mejora tu cerebro y tu salud física. Pregúntale a tu médico y es probable que te diga que la gratitud es la emoción humana más saludable.

La gratitud crea felicidad. Si quieres ser feliz, practica la gratitud recordando todo lo que Dios hizo por ti. Las personas más felices son las más agradecidas.

La gratitud te ayuda a dormir. Practicar la gratitud te recuerda que Dios cuida de ti y provee para tus necesidades. Confiar en la provisión de Dios te ayudará a reemplazar la preocupación por el descanso.

La gratitud es el antídoto contra las emociones tóxicas. Ayuda a vencer los sentimientos de preocupación, ira y temor.

La gratitud mejora las relaciones. Cuando expreses gratitud a los demás con más frecuencia, tendrás muchos menos conflictos en tus relaciones.

La gratitud abre puerta a oportunidades. Cuando expresas gratitud a las personas, haces amigos y tienes acceso a más oportunidades de las que tendrías de otra manera.

La gratitud es evidencia de madurez espiritual. Colosenses 2:7 enseña: *«Arraigados y edificados en él, confirmados en la fe como se les enseñó y llenos de gratitud»* (NVI). Cuanto más maduro espiritualmente seas, más agradecido estarás.

La gratitud trae bendición porque agrada a Dios. La Biblia afirma que Dios ama *«un sacrificio de agradecimiento»* (Salmo 116:17).

Es fácil perder de vista la gratitud durante el día cuando tenemos que preparar la comida, ir a trabajar, mirar fútbol por varias horas, hablar con los amigos o simplemente pasar el rato con ellos. Dedicamos uno o dos minutos a dar gracias a Dios en oración antes de comer, ¡una oración más larga haría que la comida se enfriara!

Es importante crear prácticas de gratitud todos los días del año porque Dios no quiere que seas agradecido solo cuando te acuerdas. En realidad, quiere que desarrolles un espíritu de agradecimiento durante todo el año para que puedas experimentar sus bendiciones todos los días.

23 DE NOVIEMBRE

El *verdadero* primer día de acción de gracias

Luego celebra el Festival de la Cosecha en honor al Señor tu Dios. Llévale una ofrenda voluntaria en proporción a las bendiciones que hayas recibido de él.

DEUTERONOMIO 16:10

Hace tres mil años, Dios dijo a la nación de Israel que estableciera un festival de acción de gracias llamado Festival de las Semanas o Festival de la Cosecha. Debían celebrar la bondad de Dios y expresar su gratitud llevándole una ofrenda anual especial de acción de gracias.

Deuteronomio 16:10-11 enseña: «*Luego celebra el Festival de la Cosecha en honor al Señor tu Dios. Llévale una ofrenda voluntaria en proporción a las bendiciones que hayas recibido de él. Será un tiempo de celebración delante del Señor tu Dios en el lugar de adoración que él designe para que su nombre sea honrado*».

En este día de acción de gracias, los israelitas debían llevar un regalo de acción de gracias al lugar donde adoraban. Esta ofrenda de acción de gracias ha sido practicada por el pueblo de Dios durante miles de años y se menciona a menudo en las Escrituras.

Dios dijo en el Salmo 50:23: «*Pero el dar gracias es un sacrificio que verdaderamente me honra; si permanecen en mi camino, les daré a conocer la salvación de Dios*». La Biblia nos enseña muchas veces que nuestra ofrenda debe ser la primera parte de nuestros ingresos, no las sobras, para que Dios tenga la preeminencia en nuestras finanzas.

Cada vez que das una ofrenda a Dios, esa ofrenda representa tres clases de gratitud: pasada, presente y futura. Tu ofrenda representa la gratitud por la bendición de Dios en el pasado, la bendición de Dios hoy y la fe en la bendición continua de Dios en el futuro. Dios siempre honra la fe con su bendición.

En la Biblia, hay más promesas asociadas al dar con fidelidad y a la generosidad que a cualquier otro tema. ¿Por qué? Porque Dios quiere que sus hijos sean como él. ¡Y él es un Dios generoso! Jesús afirmó en Lucas 6:38: «*Den, y recibirán. Lo que den a otros les será devuelto por completo: apretado, sacudido para que haya lugar para más, desbordante y derramado sobre el regazo. La cantidad que den determinará la cantidad que recibirán a cambio*».

Si confiaste en Jesús para que perdone tus pecados y salve tu alma, puedes confiar en que Dios cuidará de ti. Tu ofrenda de acción de gracias le muestra a Dios que confías en que él en todo momento se hará cargo de todas las cosas.

24 DE NOVIEMBRE

La clave para un amor duradero

El amor nunca se da por vencido, jamás pierde la fe, siempre tiene esperanzas y se mantiene firme en toda circunstancia.

1 CORINTIOS 13:7

El amor duradero es persistente. Determinado. Diligente. Resuelto. Soporta lo peor y no se da por vencido en una relación. ¡Es testarudo!

El propósito de una relación no es solo hacerte feliz, sino también hacerte santo. Las relaciones, ya sea con un cónyuge, un hijo o, incluso, con un amigo cercano, te enseñan a pensar en los demás más de lo que piensas en ti mismo. A medida que perseveras con ellos en los tiempos difíciles, aprendes algunas cosas que nunca aprenderías de otra manera.

Cuando mi esposa y yo nos casamos, descubrimos que éramos opuestos. Empezamos a discutir en nuestra noche de bodas, y todo empeoró a partir de ahí. Nos amábamos, pero no nos llevábamos bien.

Ya que habíamos hecho un voto, sin embargo, decidimos que el divorcio no era una opción. Dijimos: «Vamos a hacer que esto funcione si no nos mata primero», ¡y casi lo hace! Buscamos consejería matrimonial, a pesar de que estábamos en bancarrota. Nos sacrificamos para poder honrar nuestro compromiso mutuo. Crecimos. Batallamos durante los primeros dos años de nuestro matrimonio, pero las luchas nos ayudaron a mejorar.

Tal vez necesites escuchar esto hoy: no te rindas. Quédate. Persevera. Sé testarudo. No te pierdas el regalo de Dios del amor duradero solo porque tienes que trabajar por él. Siempre valdrá la pena luchar.

Aprender a amar es la lección más grande de la vida. Esa es la razón por la cual Dios te puso en este planeta. Pero no siempre es fácil, porque, para ser franco, es difícil amar a algunas personas.

No hay un «secreto» para el amor duradero. La clave es dejar que el amor de Dios fluya a través de ti.

Filipenses 2:5 enseña: *«Tengan la misma actitud que tuvo Cristo Jesús»*. El amor humano se desgasta. Tener el amor de Jesús en ti te permite ofrecerles a los demás amor duradero.

Ábrele tu vida a Jesús y, luego, deja que ame a los demás a través de ti.

25 DE NOVIEMBRE

¿Necesitas más equilibrio? Comienza a alabar a Dios

Que todo lo que soy alabe al Señor; con todo el corazón alabaré su santo nombre. Que todo lo que soy alabe al Señor; que nunca olvide todas las cosas buenas que hace por mí. Él perdona todos mis pecados y sana todas mis enfermedades. Me redime de la muerte y me corona de amor y tiernas misericordias. Colma mi vida de cosas buenas.

SALMO 103:1-5

Cuando llegan los problemas que nos agobian, tendemos a pasar por alto todo lo bueno de nuestra vida y solo vemos lo malo.

Enfocarte en el problema te desequilibra. Por ejemplo, si tienes un conflicto en una relación importante, ese conflicto puede afectar la forma en que percibes todo lo demás en la vida. Es difícil ver bendiciones cuando estás enfocado en los problemas. Alabar a Dios te ayuda a recordar sus bendiciones. ¡Te devuelve el equilibrio! Alabar, adorar y agradecer a Dios te recuerda que no todo en tu vida es malo.

En el Salmo 105, el salmista describió algunos momentos bastante difíciles por los que había pasado el pueblo de Dios. Pero el autor también hizo una lista de todas las cosas por las que podían agradecer y alabar a Dios: «*Que todo lo que soy alabe al Señor; con todo el corazón alabaré su santo nombre. Que todo lo que soy alabe al Señor; que nunca olvide todas las cosas buenas que hace por mí. Él perdona todos mis pecados y sana todas mis enfermedades. Me redime de la muerte y me corona de amor y tiernas misericordias. Colma mi vida de cosas buenas*» (Salmo 103:1-5).

Enfocarse en un problema tiende a enfatizarlo tanto que ignoras todo lo bueno de tu vida, pero tu vida nunca es del todo buena ni del todo mala.

Debido a que vivimos en un planeta arruinado, nunca habrá un momento en tu vida en el que todo esté bien. Así que a pesar de lo buenas que sean las cosas en tu vida, siempre habrá algo en lo que necesites trabajar. Tampoco habrá un momento en tu vida en el que todo sea malo. Incluso en los peores días hay cosas por las que puedes agradecer a Dios. Cuando estás desequilibrado, olvidas tu identidad en Cristo y puedes perder la confianza. La alabanza devuelve el equilibrio a tu sistema.

Cuando alabas a Dios, recuerdas sus bendiciones y recuerdas quién eres. La alabanza equilibra tu vida entre lo negativo y lo positivo *y* entre lo que otras personas dicen que eres y lo que eres en realidad.

26 DE NOVIEMBRE

Cómo mostrar gratitud en tiempos difíciles

También pedimos que se fortalezcan con todo el glorioso poder de Dios para que tengan toda la constancia y la paciencia que necesitan. Mi deseo es que estén llenos de alegría y den siempre gracias al Padre.

COLOSENSES 1:11-12

Mostrar gratitud puede ser un desafío, en especial durante tiempos difíciles. Esto se debe a que enfocas tu mirada en tus circunstancias y en tu dolor y no contemplas la verdad y la bondad inmutables de Dios.

Siempre podrás encontrar algo en tu propia vida por lo cual estar agradecido, incluso en los tiempos difíciles. También hay tres verdades acerca de Dios por las que todos podemos estar agradecidos fueran cuales fueran nuestras circunstancias. Podemos estar agradecidos porque:

Dios nos dará la fuerza para superarlos, como manifiesta nuestro pasaje de hoy.

Los malos tiempos no pueden cambiar el plan de Dios. Cuando estás anclado en los propósitos eternos de Dios, tu ancla se mantiene firme a pesar de la intensidad de la tormenta. Los tiempos malos no pueden cambiar los propósitos de Dios para tu vida, sin importar lo que te haya sucedido ni lo malo que hayas hecho.

«Así que nosotros, que estamos recibiendo un reino que no se puede alterar, seamos agradecidos. Y porque estamos agradecidos, adoremos a Dios como a él le gusta, con honra y reverencia» (Hebreos 12:28, NBV).

Dios está cambiando nuestra vida. Dios está ayudándote a crecer y cambiándote paso a paso, un día a la vez. No es un cambio instantáneo, pero es consistente. Dios terminará lo que comenzó a hacer en tu vida. ¡Te llevará a la eternidad!

La Biblia enseña en 2 Corintios 3:18: *«Así que, todos nosotros, a quienes nos ha sido quitado el velo, podemos ver y reflejar la gloria del Señor»*.

¿Qué hábitos saludables quiere Dios que desarrolles para que llegues a ser más como él? Mientras trabajas en esos hábitos, Dios está trabajando en ti. Cuando estás abierto a la obra de Dios en tu vida, él te lleva de un grado de madurez al siguiente.

Nada detendrá la obra de Dios en tu vida. Sé paciente contigo mismo mientras Dios te lleva hacia la madurez; busca maneras de alabarlo y de ser agradecido.

27 DE NOVIEMBRE

La gratitud puede cambiar tu vida

Hagan todo sin quejarse y sin discutir.
FILIPENSES 2:14

Si quieres pasar de vivir una vida agobiante a vivir una vida desbordante, empieza a ser agradecido y deja de quejarte.

En cuanto te despiertas, puedes escoger ser agradecido. Antes de levantarte de la cama, haz una lista de las cosas por las cuales estás agradecido. Por ejemplo: «Dios, estoy agradecido por el aire; estoy agradecido por esta cama; estoy agradecido por no estar en peligro». Incluso si no puedes pensar en algo por lo cual estar agradecido, el simple hecho de *tratar* de ser agradecido cambiará la química de tu cerebro y producirá sustancias químicas que te harán sentir en paz y feliz.

La Biblia enseña: «*Hagan todo sin quejarse y sin discutir*» (Filipenses 2:14).

Cuando te quejas de algo, ¿te ayuda? Si te quejas del tiempo, ¿cambia? Si te quejas de la forma en que te ves, ¿cambia tu apariencia? Si te quejas de tu cónyuge, hijos o trabajo, ¿cambian?

Quejarse es una pérdida total de tiempo. Es preocuparse sin hacer nada al respecto. Quejarte nunca te hará sentir mejor. En cambio, Dios quiere que tu vida esté siempre «*rebosando de gratitud*» (Colosenses 2:7, NBLA).

A veces la gente me dice: «Pastor Rick, solo quiero conocer la voluntad de Dios. ¿Qué quiere Dios que haga respecto a mi relación? ¿Qué quiere que haga respecto a mi trabajo? ¿Qué quiere que haga respecto a la escuela?».

¿Por qué Dios te mostraría el segundo paso cuando todavía no diste el primer paso? Para darte a conocer su voluntad, Dios quiere que des el primer paso: siempre estar agradecido. Luego, podrás pasar al segundo paso. «*Sean agradecidos en toda circunstancia, pues esta es la voluntad de Dios para ustedes, los que pertenecen a Cristo Jesús*» (1 Tesalonicenses 5:18).

Si quieres vivir una vida desbordante en lugar de una vida agobiante, da el primer paso: deja de quejarte y empieza a ser agradecido.

28 DE NOVIEMBRE

Perdona porque Dios te perdonó

Más bien, sean bondadosos y compasivos unos con otros y perdónense mutuamente, así como Dios los perdonó a ustedes en Cristo.

EFESIOS 4:32 (NVI)

La vida es dura, ¡todos lo sabemos a estas alturas!

Tristemente, serás herido en esta vida. Y muchas de esas heridas serán intencionales: el resultado directo de lo que la gente te hace o dice de ti. De hecho, cada vez que leas la palabra *perdón*, de manera instantánea, traerá a tu mente algunas angustias del pasado. Cuando fuiste herido en lo más profundo de tu ser, los recuerdos se mantienen frescos.

Con frecuencia, es difícil considerar perdonar cuando alguien te lastima. A veces, es más fácil aferrarse al dolor y mantener presente el dolor que te causaron. Crees que te hará sentir mejor o que hará que la otra persona se sienta mal. Pero al final, el único que se perjudica eres tú mientras la otra persona sigue con su vida.

El perdón te da la paz que necesitas para seguir adelante con un propósito, pero hay una razón aún más importante por la que necesitas perdonar: debes perdonar a los demás porque Dios te perdonó a ti.

La Biblia enseña en Efesios 4:32: «*Más bien, sean bondadosos y compasivos unos con otros y perdónense mutuamente, así como Dios los perdonó a ustedes en Cristo*» (NVI).

Pensar en cuánto te perdonó Dios te ayudará a estar más dispuesto a perdonar a quienes te lastimaron.

Lo opuesto también es cierto. Si no crees y aceptas con fe que fuiste perdonado por Dios, es probable que tengas dificultades para perdonar a los demás. Si ese es el caso, considera si en realidad crees que Dios te perdonó. Habla con Dios sobre cualquier duda que tengas.

Piénsalo así: Dios borró todos los pecados que cometiste mediante lo que Jesucristo hizo en la cruz. Todas las cosas por las cuales mereces ser castigado fueron eliminadas porque Dios te perdonó. A medida que aceptes esta verdad, te resultará cada vez más difícil guardar rencor a otra persona.

Pídele fe a Dios para aceptar que Jesús hizo todo lo necesario para que estuvieras bien con él. Y recuerda: no importa lo que te hagan, nunca tendrás que perdonar a otra persona más de lo que Dios ya te perdonó a ti.

29 DE NOVIEMBRE

El propósito de tu dolor es hacerte más como Cristo

Aunque era Hijo de Dios, Jesús aprendió obediencia por las cosas que sufrió.

HEBREOS 5:8

Todos los dolores en tu vida son una oportunidad para crecer en carácter. ¿Cómo aprendes a amar cuando no te sientes amado? ¿Cómo aprendes a estar alegre en medio del dolor? ¿Cómo aprendes a estar en paz cuando todo es un caos? ¿Cómo aprendes a tener paciencia cuando te sientes impaciente?

Aprendes esas cualidades, por la gracia de Dios, cuando estás pasando por el dolor. Tienes que decidir si permitirás que el dolor sea un trampolín que te impulse hacia la madurez o un obstáculo para tu crecimiento espiritual.

Una vez que decides seguir a Jesús, el propósito número uno de Dios para tu vida es hacerte más como Cristo. Si eres parte de la familia de Dios, ¡Dios quiere que crezcas! Te ayuda a lograrlo haciéndote pasar por todo lo que Jesús pasó. Hubo momentos en los que Jesús se sintió solo, frustrado, incomprendido, criticado y sufrió.

La Biblia enseña que *«aunque era Hijo de Dios, Jesús aprendió obediencia por las cosas que sufrió. De ese modo, Dios lo hizo apto para ser el Sumo Sacerdote perfecto, y Jesús llegó a ser la fuente de salvación eterna para todos los que lo obedecen»* (Hebreos 5:8-9).

Si Jesús fue perfeccionado a través del sufrimiento, por lógica, llegarás a la madurez de la misma manera.

Algunas cosas solo se aprenden a través del dolor. En ese sentido, el dolor se convierte en un beneficio si permites que te acerque más a Dios en adoración, más a los demás en comunión y profundizas más en el discipulado.

Cuando Pablo escribió a la iglesia de Corinto, reconoció las muchas maneras en que crecieron a través del dolor. Escribió en 2 Corintios 7:11: *«¡Tan solo miren lo que produjo en ustedes esa tristeza que proviene de Dios! Tal fervor, tal ansiedad por limpiar su nombre, tal indignación, tal preocupación, tal deseo de verme, tal celo y tal disposición para castigar lo malo»*.

Esas siete cualidades de semejanza a Cristo también se desarrollan en ti cuando le pides a Dios que use tu dolor para edificar tu carácter. Si lo haces, no serás la misma persona después de que pases por el dolor: ¡te transformará!

30 DE NOVIEMBRE

¿Qué te hace vulnerable a la tentación?

Por sobre todas las cosas cuida tu corazón,
porque de él mana la vida.
PROVERBIOS 4:23 (NVI)

Para poder luchar contra las tentaciones persistentes en tu vida, necesitas saber qué te hace vulnerable a los esfuerzos de Satanás.

Efesios 4:27 expresa: *«Ni den cabida al diablo»* (NVI). Dar cabida es proveer una posición segura que se puede utilizar para avanzar algo o hacerlo progresar. Por lo tanto, cuando la Biblia menciona que no le demos cabida al diablo, significa lo siguiente: no le des a Satanás un lugar en tu vida para que empiece a aprovecharse de tus debilidades y, como resultado, te arruine.

Hay un punto común que te hace particularmente vulnerable a la tentación. ¿Cuál es ese punto donde le das cabida al diablo? Cualquier emoción negativa. Cada vez que te obsesionas con una emoción negativa le das cabida a Satanás en tu vida y te vuelves vulnerable a la tentación. Es por eso que la Biblia enseña en Proverbios 4:23: *«Por sobre todas las cosas cuida tu corazón, porque de él mana la vida»* (NVI).

Podrías pensar que para vencer la tentación debes concentrarte en tu comportamiento. En cambio, Dios quiere que te concentres en tus pensamientos y en los sentimientos que surgen de esos pensamientos. En otras palabras, como menciona Proverbios 4:23, quiere que te concentres en tu corazón.

Así es como Satanás te engancha, no mediante tu comportamiento, sino a través de tus pensamientos. Juega con tus emociones todos los días de tu vida. Atrapa tus sentimientos. Es un maestro manipulador de tus estados de ánimo. Satanás agita tus emociones influyendo en tus pensamientos y haciéndote dudar de la Palabra de Dios.

Una vez que te involucra emocionalmente y tu corazón queda comprometido, te resulta difícil liberarte. Satanás sabe que tus emociones negativas te llevarán al pecado.

Satanás sabe cuáles son las emociones negativas más tentadoras para ti, y las trabajará para tu destrucción. Dado el poder que tienen esas emociones, ¿no deberías saber tú también cuáles son?

La única forma en que podrás luchar contra cualquier tentación persistente en tu vida es identificando las emociones que te hacen vulnerable. Luego, vuelve a enfocar tu mente en la Palabra de Dios para reemplazar esas emociones negativas con el amor de Dios.

1 DE DICIEMBRE

No necesitas saberlo todo

En realidad, sin fe es imposible agradar a Dios, ya que cualquiera que se acerca a Dios tiene que creer que él existe y que recompensa a quienes lo buscan.

HEBREOS 11:6 (NVI)

Es inevitable pasar por momentos difíciles en la vida. ¿Alguna vez estuviste en medio de una prueba y pensaste: *¿Por qué Dios no me advirtió sobre esto? ¡Seguro que eso me hubiera ayudado!*

Dios no nos explica su plan de antemano por dos razones. Primero, es probable que no lo entendamos. Nuestro cerebro no es lo suficientemente grande como para entender todo lo que Dios hace. Solo Dios es Dios. Nosotros no.

Segundo, Dios quiere que confiemos en él. La Biblia manifiesta una y otra vez que la única manera de agradar a Dios no es a través de los rituales, las reglas ni de la religión, sino de la *fe*. Hebreos 11:6 señala: «*En realidad, sin fe es imposible agradar a Dios, ya que cualquiera que se acerca a Dios tiene que creer que él existe y que recompensa a quienes lo buscan*» (NVI).

Es probable que a los personajes principales de la Biblia —Moisés, José, Ester, los profetas, Rut, Pedro, Pablo, Juan, María y otros— les hubiera gustado que Dios les advirtiera que experimentarían pruebas, tentaciones, persecuciones, sufrimientos, expectativas insatisfechas y circunstancias que parecían estar fuera de control. Su fe fue probada de maneras increíbles.

Al igual que nosotros, lo único que podían hacer cuando no entendían era confiar. Tenían que confiar que Dios sabía más que ellos, que podía ver más de lo que ellos veían y que estaba elaborando un buen plan.

Eso es lo que tendrás que hacer en esos momentos en los que no entiendes por qué las cosas no salen como las planeaste. Cuando tu negocio comienza a fallar, cuando tu hijo se aleja de Dios, cuando tus inversiones no van bien, cuando tu salud da un giro inesperado, Dios está probando tu fe. ¡Ese es el momento para dar un paso al frente y mostrarle lo que crees!

Cuando la vida no tenga sentido, sigue confiando en el plan de Dios. Confía en su sabiduría, en su tiempo, en sus promesas y en su amor.

2 DE DICIEMBRE

¿Por qué tener esperanza en Dios?

Honramos en gran manera a quienes resisten con firmeza en tiempo de dolor. Por ejemplo, han oído hablar de Job, un hombre de gran perseverancia. Pueden ver cómo al final el Señor fue bueno con él, porque el Señor está lleno de ternura y misericordia.

SANTIAGO 5:11

La gran pregunta que todos nos hacemos cuando estamos atravesando un valle largo y oscuro es la siguiente: «¿Cuándo volverán las cosas a la normalidad?».

Las cosas no siempre vuelven a ser como antes. En ocasiones se vuelven más difíciles antes de ponerse mejor. A veces terminamos con una nueva normalidad.

En lugar de preguntar cuándo las cosas volverán a la normalidad, debes preguntarte: «¿Qué haré si mi vida *no* vuelve a ser como antes?». La respuesta es simple: no confíes en que las circunstancias, la economía ni los demás harán que las cosas vuelvan a ser normales. Por el contrario, pon tu esperanza en Dios.

¿Por qué debemos poner nuestra confianza en Dios? Porque el futuro le pertenece. Porque ya escribió el final de la historia. Porque él resuelve los detalles de nuestra vida, razón por la cual no tenemos que preocuparnos por si las cosas estarán bien o no.

La historia de Job lo demuestra. Imagínate ser Job cuando le quitaron todo, incluyendo la salud, sus posesiones e incluso su familia. No conocía el futuro. No tenía idea de que Dios restauraría las cosas al final, pero aun así confiaba en Dios.

«*Honramos en gran manera a quienes resisten con firmeza en tiempo de dolor. Por ejemplo, han oído hablar de Job, un hombre de gran perseverancia. Pueden ver cómo al final el Señor fue bueno con él, porque el Señor está lleno de ternura y misericordia*» (Santiago 5:11).

Dios obró a través de los detalles de la vida de Job porque se preocupaba por él. Dios hará lo mismo por ti, a pesar de lo que hayas pasado hasta ahora en la vida. A medida que confíes en Dios para que se encargue de los detalles, él te mostrará el siguiente paso que debes dar. Se encargará de que todo esté bien en lo que falta de tu historia.

Tu historia es parte de la gran historia de Dios. Planeó todo para sus buenos propósitos y siempre está obrando para llevarlos a su cumplimiento, en su tiempo, a su manera y para su gloria.

No importa por lo que estés pasando en este momento, Dios promete que al final todo estará bien. Esa es una razón para tener esperanza y confiar fielmente en él.

3 DE DICIEMBRE

Dios sabe y se preocupa

Tan compasivo es el SEÑOR con los que le temen
como lo es un padre con sus hijos.
SALMO 103:13 (NVI)

Dios es un Padre cariñoso, amoroso y compasivo. Te ama más de lo que podrías comprender.

Dios *es* amor y te hizo para amarte. Es amoroso contigo en todo lo que hace; su compasión es una de sus cualidades más sobresalientes.

La Biblia expresa en el Salmo 103:13: *«Tan compasivo es el SEÑOR con los que le temen como lo es un padre con sus hijos»* (NVI). Se preocupa por todos los aspectos de tu vida, con compasión.

La mayoría de los discípulos de Jesús eran pescadores profesionales. Un día, mientras estaba en la barca con ellos, Jesús se sintió cansado y se durmió dentro de la barca. Cuando se desató una tormenta, no debería haber sido un problema para los discípulos. Como pescadores, estaban acostumbrados a las tormentas, pero deber haber sido una gran tormenta porque se asustaron. El barco se balanceaba de un lado para el otro; el agua entraba en el bote. Estaban tan desesperados que despertaron a Jesús para hacerle una de las preguntas más importantes de la vida: «Señor, ¿no te importa?».

Tú y yo le hacemos esa pregunta a Dios todo el tiempo y de mil maneras: «Dios, ¿viste el informe de mi médico? ¿No te importa?». «Mi matrimonio está en problemas, ¿no te importa?». «Mis hijos tienen dificultades en la escuela, ¿no te importa?». «Sabes que el miedo se apodera de mi mente, ¿no te importa?».

La respuesta es: sí, a Dios le importa. A él le importa más de lo que crees. Quiere ayudarte más de lo que tú quieres ayuda. Sabe mejor que tú qué es lo que te ayudará. Sabe y se preocupa.

La Biblia enseña: *«Depositen en él toda ansiedad, porque él cuida de ustedes»* (1 Pedro 5:7, NVI).

Si supieras y sintieras lo mucho que tu Padre celestial se preocupa de manera constante y compasiva, no podrías evitar amarlo.

Da el primer paso hacia la paz interior hoy *depositando toda ansiedad* sobre tu compasivo Padre celestial.

4 DE DICIEMBRE

Dios quiere lo que sea que tengas

¿Dónde vamos a comprar pan para que coma esta gente? Esto lo dijo solo para ponerlo a prueba, porque él ya sabía lo que iba a hacer.

JUAN 6:5-6 (NVI)

¿Recuerdas la historia en la que Jesús alimenta a cinco mil personas con solo cinco panes y dos peces? Había tanta gente que me parece increíble que solo una persona trajera el almuerzo. Creo que es probable que muchos de quienes estaban ahí hayan escondido sus canastas con comida debajo de sus mantos porque no querían compartirla con los demás.

Por su parte, un niño ofreció el pan y el pescado que había preparado para su almuerzo. Le dio a Jesús lo poco que tenía y Dios lo usó no solo para alimentar a miles de personas, sino también para mostrarles cuánto le importa y cuán poderoso es.

Dios siempre comienza con lo que sea que tengas. Es posible que no tengas mucho tiempo, que tus bienes no valgan mucho, que pienses que no tienes mucho talento, pero puedes darle a Dios todo lo que tienes en tu vida. Tu corazón. Tu reputación. Entrégale tu pasado, presente y futuro. Quizás no sea mucho, pero aun así puedes darle tus cinco panes y dos peces.

Jesús preguntó en Juan 6:5-6: *«¿Dónde vamos a comprar pan para que coma esta gente? Esto lo dijo solo para ponerlo a prueba, porque él ya sabía lo que iba a hacer»* (NVI).

A Jesús no le preocupaba cómo alimentar a cinco mil personas. Ya tenía en mente lo que iba a hacer. Vio la necesidad mucho antes de que los discípulos la vieran y tenía un plan.

Necesitas entender esta verdad hoy: Dios siempre tiene la respuesta antes de que conozcas el problema. Dios no está preocupado por tu problema imposible de resolver. No es demasiado tarde para Jesús. Vio tu problema mucho antes que tú. Sabía que llegaría y ya tenía un plan para resolverlo. Dios conoce la solución a tu problema, incluso antes de que reconozcas que es un problema.

Entonces, ¿por qué te preocupas? Simplemente admite que tienes un problema difícil de resolver y, luego, dale a Dios todo lo que tienes. Observa cómo usa tus panes y peces para convertirlos en un festín.

5 DE DICIEMBRE

La humildad comienza aquí

«Dios se opone a los orgullosos pero da gracia a los humildes». Así que humíllense delante de Dios.

SANTIAGO 4:6-7

Se necesita valor para ser humilde. ¿Por qué? Porque los seres humanos no tenemos una tendencia natural hacia la humildad. Debemos elegir de manera constante ser humildes.

Una de las formas más importantes de practicar la humildad con valor es rendirle tus planes a Dios. Lo que solemos hacer en lugar de esto es planear sin siquiera consultar a Dios. Oramos y le pedimos a Dios que bendiga nuestros planes, pero nunca lo invitamos a ser parte de ellos. Luego nos enojamos con él cuando nuestros planes no salen como esperábamos.

Este tipo de situaciones ponen de manifiesto nuestro orgullo. El problema es que Dios aborrece el orgullo. Santiago 4:6-7 afirma: *«"Dios se opone a los orgullosos pero da gracia a los humildes". Así que humíllense delante de Dios».*

Puedo pensar en muchas personas a quienes no me gustaría tener como oponente. No me gustaría competir en la piscina contra Michael Phelps ni en una cancha de baloncesto contra LeBron James.

Pero *en verdad* no quisiera que Dios se me opusiera, porque no hay manera de que gane esa batalla. La Biblia menciona que, cuando soy orgulloso, Dios no solo se enoja conmigo, sino que está en oposición a mí. Cada vez que me lleno de orgullo, soy un enemigo de Dios. Así de grave es.

¿Qué significa rendirse uno mismo y rendir los planes a Dios?

Romanos 6:13 enseña: *«Entréguense a Dios, como personas que han muerto y han vuelto a vivir, y entréguenle su cuerpo como instrumento para hacer lo que es justo ante él»* (DHH).

Rendirse significa hacer una oración parecida a esta: «Dios, estoy de acuerdo con tus planes para mi vida, no con los míos. Sé que no me revelarás tu plan de una sola vez, así que estoy dispuesto a dar un paso a la vez. Voy a confiar en que tú me proveerás todo lo que necesito en el proceso».

Ármate de valor y haz esa oración de humildad hoy y todos los días. Como resultado, verás que Dios comienza a bendecirte con su gracia a medida que pones en práctica sus planes para tu vida.

6 DE DICIEMBRE

¿Qué estás esperando que Dios haga?

En tres ocasiones distintas, le supliqué al Señor que me la quitara. Cada vez él me dijo: «Mi gracia es todo lo que necesitas; mi poder actúa mejor en la debilidad». Así que ahora me alegra jactarme de mis debilidades, para que el poder de Cristo pueda actuar a través de mí. [...] Pues, cuando soy débil, entonces soy fuerte.

2 CORINTIOS 12:8-10

Dios usó el dolor físico más intenso de mi vida para moldearme y enseñarme a depender de él.

Nací con un trastorno cerebral que, entre otras cosas, me produce dolor cuando hablo en público. En esencia, mi cerebro funciona con calor y rapidez extremos, eso le causa todo tipo de problemas en mi cuerpo. Durante más de cincuenta años, le rogué a Dios todos los días que me sanara. Su respuesta a mis oraciones fue siempre la misma: *«Mi gracia es todo lo que necesitas»*.

Aunque Dios escogió no quitar una de las cosas por las que más oré, digo como Job: *«¡Que me mate, en él tengo mi esperanza!»* (Job 13:15, NVI).

Ni siquiera el apóstol Pablo obtuvo respuesta a todas sus oraciones. De hecho, tenía lo que él llamaba una *«espina en [la] carne»*: un problema de toda la vida que le causaba un gran dolor. La Biblia expresa en 2 Corintios 12:8-10: *«En tres ocasiones distintas, le supliqué al Señor que me la quitara. Cada vez él me dijo: «Mi gracia es todo lo que necesitas; mi poder actúa mejor en la debilidad». Así que ahora me alegra jactarme de mis debilidades, para que el poder de Cristo pueda actuar a través de mí. [...] Pues, cuando soy débil, entonces soy fuerte»*.

Aunque Dios nunca más vuelva a decir que sí a otra de mis oraciones, le debo el resto de mi vida, y tú también. Sin lugar a dudas, tiene un plan mejor, una perspectiva más amplia y un propósito más grande.

¿Estás orando por algo que todavía no sucedió? Tal vez quieras casarte, mudarte u obtener un ascenso en el trabajo. Quizás le pediste a Dios que te diera algo o te quitara algo, como una enfermedad crónica. Tal vez estás pasando por una situación que te hace sentir que es el final de tu historia.

Este capítulo pasará, pero tu historia no ha terminado. Sea lo que sea que hayas estado esperando, puedes confiar en que Dios está obrando para tu bien. Aun cuando no quite tu dolor te dará su gracia y su poder para que camines a través de él.

Tres cosas que debes orar en tu dolor

Abba, Padre —clamó—, todo es posible para ti. Te pido que quites esta copa de sufrimiento de mí. Sin embargo, quiero que se haga tu voluntad, no la mía.

MARCOS 14:36

La noche antes de ir a la cruz, Jesús oró en el huerto de Getsemaní. Sabía que al día siguiente iba a enfrentar la tortura y la muerte en la cruz. No quería pasar por ese dolor, así como tú o yo tampoco querríamos.

«Se adelantó un poco más y cayó en tierra. Pidió en oración que, si fuera posible, pasara de él la horrible hora que le esperaba» (Marcos 14:35).

Jesús quería saber si había alguna otra manera en que Dios pudiera cumplir su voluntad para la salvación del mundo. Así que oró y le pidió a su Padre que le diera una salida. Al hacerlo, Jesús te muestra que está bien decirle a Dios que no quieres pasar por un sufrimiento.

Marcos 14:36 señala: *«Abba, Padre —clamó—, todo es posible para ti. Te pido que quites esta copa de sufrimiento de mí. Sin embargo, quiero que se haga tu voluntad, no la mía».*

En esta oración, Jesús modela las tres cosas que debes orar cuando estás sufriendo:

Reconoce el poder de Dios. Dile a Dios: «¡Padre, tú tienes poder sobre todo! Sé que te encargarás de esta situación. Sé que podrías sacarme de este sufrimiento. Sé que podrías quitarme este dolor al instante».

Pide con pasión. Dile a Dios: «Señor, por favor, concédeme lo que te pido. Quita este sufrimiento y este dolor. Sé que ves mi dolor. Sé que te importa y que estás conmigo. Y sé que responderás a mi oración. Por favor, no dejes que este dolor sea mi carga por más tiempo».

Acepta el plan de Dios. Por último, dile: «Dios, no quiero pasar por este sufrimiento. Aun así, lo que más quiero es tu plan, tu propósito y tu perspectiva para mi vida. Por favor, haz tu voluntad en mi vida, incluso si eso significa que tengo que soportar este dolor. Sé que estarás conmigo y me ayudarás y me harás más como tú».

No es fácil hacer esta oración, en especial cuando estás viviendo una situación dolorosa, pero es la oración que Dios honra y responde siempre.

¿Qué hay al otro lado de tus problemas?

Pues los sufrimientos ligeros y efímeros que ahora padecemos producen una gloria eterna que vale muchísimo más que todo sufrimiento. Así que no nos fijamos en lo visible, sino en lo invisible, ya que lo que se ve es pasajero, mientras que lo que no se ve es eterno.

2 CORINTIOS 4:17-18 (NVI)

Cuando llega una crisis hay que obrar con inteligencia y hacer lo que sea necesario para superarla. Escuchas la Palabra de Dios y los consejos piadosos, tomas buenas decisiones y sigues adelante sabiendo que la crisis pasará. ¡No durará para siempre!

La Biblia enseña en 1 Pedro 4:12: *«Amados, no se sorprendan del fuego de prueba que en medio de ustedes ha venido para probarlos, como si alguna cosa extraña les estuviera aconteciendo»* (NBLA).

En este mundo habrá dificultades y pruebas. Desde que el pecado entró en el mundo nada funciona de manera perfecta. Todo en este planeta está arruinado: el clima, la economía, tu cuerpo e incluso tus mejores planes. Isaías 24 afirma: *«La tierra sufre por los pecados de sus habitantes, porque han torcido las instrucciones de Dios, han violado sus leyes y quebrantado su pacto eterno. [...] La tierra se ha hecho pedazos. Se ha derrumbado por completo; se sacude con violencia»* (versículos 5, 19). En la tierra todo está perdido, abandonado y confuso. Incluso la naturaleza gime.

Naturalmente, podrías preguntar por qué Dios permitió que el pecado y la maldad entraran en el mundo, por qué Dios quiso que tuviéramos una opción. Con frecuencia elegimos el mal; somos egoístas y egocéntricos y causamos problemas en la sociedad y en nuestro entorno.

Esta tierra en la que vivimos no es el cielo. Es por eso que Jesús nos enseñó a orar el Padre Nuestro: *«Hágase tu voluntad en la tierra como en el cielo»* (Mateo 6:10, NVI). El cielo es perfecto, sin dolor, enfermedad, tristeza ni estrés, pero no debemos esperar el cielo en la tierra. Algún día llegaremos allí, pero aún no lo hemos hecho. Superarás cualquier prueba que estés experimentando. Cuando veas la realidad desde el otro lado, te maravillarás de todo lo que Dios hizo a través de tus problemas.

Te esperan más desafíos y tendrás que soportar más adversidades, pero puedes tener esperanza en esta verdad siempre: *«Pues los sufrimientos ligeros y efímeros que ahora padecemos producen una gloria eterna que vale muchísimo más que todo sufrimiento. Así que no nos fijamos en lo visible, sino en lo invisible, ya que lo que se ve es pasajero, mientras que lo que no se ve es eterno»* (2 Corintios 4:17-18, NVI).

9 DE DICIEMBRE

Rinde tu defensa a Dios

Dispones ante mí un banquete en presencia de mis enemigos.
SALMO 23:5 (NVI)

El rey David sabía lo que significaba ser atacado emocional, verbal y físicamente. Cuando era joven, el profeta Samuel lo ungió para que fuera el próximo rey de Israel, pero Saúl seguía siendo rey.

A pesar de que David lo sirvió con lealtad, Saúl tenía celos del futuro rey y decidió matarlo. David se escondía en cuevas mientras se decían mentiras sobre él por todo el reino, pero él nunca dijo nada malo contra el rey Saúl. Nunca tomó represalias porque Dios estaba preparando a David para que fuera un rey conforme a su corazón.

David dijo acerca de Dios: *«Dispones ante mí un banquete en presencia de mis enemigos»* (Salmo 23:5, NVI).

David no tuvo que gastar toda su energía en defenderse, porque confiaba en que Dios era su defensor.

Se necesita de mucha fe y humildad para confiar en Dios y descansar cuando estás bajo ataque, eres incomprendido y se difunden rumores sobre ti. Todo tu ser quiere revelarse y hacer algo al respecto cuando eso sucede. Cuando la gente te ataque, sin embargo, confía en que Dios es tu defensor y deja que Dios se encargue de ellos.

Dios quiere defenderte y tener comunión contigo: *«Pero que siempre se alegren todos los que buscan tu protección, que canten gozosos porque tú los protegerás. ¡Que festejen los que te aman!»* (Salmo 5:11, PDT).

Tanto el Salmo 23 como el Salmo 5 pintan la imagen de un banquete, o una fiesta, en un momento poco probable; no solo durante los buenos tiempos, sino también cuando estás bajo ataque.

¿Estás en el fragor de una batalla? Dios lo sabe. Tal vez estés luchando por tu trabajo, tu salud, tu cordura o tu dignidad. Mientras la batalla se libra, Dios quiere organizar un banquete en el campo de batalla para animarte. Puedes contar con ese ánimo hoy si entregas tu preocupación y dolor a Jesús y descansas en las promesas que te hizo.

Si eres hijo de Dios, tu Padre celestial está orgulloso de ti. Los críticos pueden calumniarte, ignorarte, ridiculizarte o hacerte daño, pero no pueden detener la bendición de Dios en tu vida. Como la Biblia enseña: *«Él me escolta hasta la sala de banquetes; es evidente lo mucho que me ama»* (Cantar de los Cantares 2:4).

10 DE DICIEMBRE

El Buen Pastor dirige y protege

Todos nosotros nos hemos extraviado como ovejas;
hemos dejado los caminos de Dios para seguir los nuestros.
ISAÍAS 53:6

Para Dios, todos somos valiosos y dignos de ser buscados, hallados y salvados. La Biblia afirma que Dios *«quiere que todos se salven y lleguen a conocer la verdad»* (1 Timoteo 2:4).

Muchas personas, sin embargo, están espiritualmente perdidas. Esto significa que están siguiendo su propio plan para su vida en lugar del plan de Dios. Las personas que están perdidas espiritualmente pierden dos cosas: dirección y protección.

Esta verdad se puede entender a través de la historia de la oveja perdida que se encuentra en Lucas 15:3-6, la cual cuenta acerca de un pastor que deja noventa y nueve ovejas salvas para ir a buscar a la oveja perdida. El pastor no dice: «Tengo noventa y nueve ovejas salvas, ¡así que la que se perdió, perdida está!». No, todas son importantes para él. Y cuando encuentra a la oveja perdida, *«lleno de alegría, la carga en los hombros»* (Lucas 15:5, NVI) y se va a casa a celebrar.

Al igual que las ovejas, las personas que están espiritualmente extraviadas pierden la dirección. De hecho, todos los seres humanos somos así. No tenemos la intención de perdernos. Simplemente pensamos: *Esa hierba se ve más verde.* Y, sin darnos cuenta, seguimos nuestro propio camino y perdemos el rumbo. La Biblia afirma: *«Todos nosotros nos hemos extraviado como ovejas; hemos dejado los caminos de Dios para seguir los nuestros»* (Isaías 53:6).

Otra cosa que las personas espiritualmente extraviadas pierden es la protección de Dios. Al igual que las ovejas que se alejan de su pastor, tú también eres vulnerable cuando no tienes un pastor que te proteja de los lobos de la vida. Es por eso que necesitas seguir a Jesús, el Buen Pastor, para no estar solo e indefenso.

La Biblia también enseña: *«Así que mi pueblo vaga como ovejas perdidas, y las atacan porque no tienen pastor»* (Zacarías 10:2).

Cuando te pones bajo el cuidado del Buen Pastor, recibes dirección y protección. Eso no significa que no tendrás más problemas, sino que Dios hará que *«todas las cosas cooperen para el bien de quienes lo aman»* (Romanos 8:28).

Tal vez tú o alguien que conoces está lejos de la dirección y la protección de Dios hoy. Recuerda: Jesús es el Buen Pastor para quien todos son extremadamente valiosos y quien *«quiere que todos se salven»*.

Sin importar lo que hayas hecho, Dios te recibirá de nuevo

Con gran compasión te recibiré de nuevo.

ISAÍAS 54:7

En esta temporada navideña, ¿necesitas un tiempo de refrigerio en tu vida? ¿Te sientes un poco seco? ¿Necesitas avivamiento?

Regresa a Dios.

Tal vez digas: «Rick, no sabes lo que hice». No necesito saberlo, porque no importa quién seas ni lo que hayas hecho. Dios quiere que vuelvas a él.

Quizás te preguntes: «¿No me va a regañar Dios? Estuve lejos de él durante meses, años, incluso décadas». Esto es lo que Dios afirma que hará si regresas a él: *«Con gran compasión te recibiré de nuevo»* (Isaías 54:7).

Recuerda: Dios no está enojado contigo. ¡Dios está loco *por* ti! Dios el Padre te creó, Jesús el Hijo murió por ti y el Espíritu de Dios quiere vivir en ti. La Navidad es una prueba del amor de Dios por ti.

Muchas personas no pueden sentir el amor de Dios porque están escuchando las voces equivocadas. Si escuchas lo que otras personas afirman de ti o lo que te dices a ti mismo, te deprimirás. Deja de creer todo lo que te dices a ti mismo. ¡No todo es verdad! Te mientes a ti mismo más de lo que le mientes a cualquier otra persona. No eres el mejor juez de ti mismo porque tus sentimientos mienten todo el tiempo. (¡Todos somos así!).

Tienes que decidir a quién le vas a creer. ¿Construirás tu vida basándote en lo que los demás piensan de ti? ¿Vas a escuchar lo que los críticos afirman de ti en las redes sociales? ¿Vas a escuchar tus propios sentimientos?

¿O escucharás lo que Dios declara de ti, es decir, la verdad?

Hechos 3:19 enseña: *«Por tanto, arrepiéntanse y conviértanse, para que sus pecados sean borrados, a fin de que tiempos de alivio vengan de la presencia del Señor»* (NBLA).

Eres profundamente imperfecto, pero eres profundamente amado y eres infinitamente valioso. Es posible que hayas llegado al final de tus fuerzas y sientas que no tienes a dónde ir, pero siempre tienes a alguien a quien acudir.

12 DE DICIEMBRE

Cómo luchar contra los pensamientos destructivos

Los que están dominados por la naturaleza pecaminosa piensan en cosas pecaminosas, pero los que son controlados por el Espíritu Santo piensan en las cosas que agradan al Espíritu.

ROMANOS 8:5

Nunca te resultará fácil liberar tu mente de pensamientos destructivos. Hay tres fuerzas que luchan en tu mente contra las buenas intenciones, y ninguna de ellas cede terreno con facilidad. ¡Tienes que luchar para liberar tu mente!

¿Cuáles son los enemigos, las fuerzas, que luchan en tu mente?

El primero es tu vieja naturaleza. Romanos 8:5 afirma: «*Los que están dominados por la naturaleza pecaminosa piensan en cosas pecaminosas, pero los que son controlados por el Espíritu Santo piensan en las cosas que agradan al Espíritu*». Tienes una nueva naturaleza, pero tu vieja naturaleza —quién eras antes de convertirte en cristiano— sigue influyendo en ti.

La segunda cosa que obra en tu contra es Satanás. Aunque Satanás no puede obligarte a *hacer* nada, está sembrando de manera continua pensamientos negativos en tu mente. Puedes luchar contra esos pensamientos resistiendo al diablo. La Biblia enseña: «*Así que humíllense delante de Dios. Resistan al diablo, y él huirá de ustedes*» (Santiago 4:7).

El tercer enemigo de tu mente es el sistema de valores del mundo. La Biblia señala: «*Porque nada de lo que hay en el mundo —los malos deseos de la carne, la codicia de los ojos y la arrogancia de la vida—, proviene del Padre, sino del mundo*» (1 Juan 2:16, NVI).

La Biblia nos enseña cómo pelear esta batalla mental: «*Las armas con que luchamos no son del mundo, sino que tienen el poder divino para derribar fortalezas. Destruimos argumentos y toda altivez que se levanta contra el conocimiento de Dios, y llevamos cautivo todo pensamiento para que obedezca a Cristo*» (2 Corintios 10:4-5, NVI).

«*Llevamos cautivo*» significa poner tus pensamientos bajo control. No dejar que tus pensamientos vayan a donde quieran. En vez de eso, hacer que se sometan a la verdad de la Palabra de Dios.

Dios te da el poder que necesitas para vencer tus pensamientos. Cuando comiencen a ir en la dirección equivocada, ¡cambia de dirección!

13 DE DICIEMBRE

La debilidad puede ser algo bueno

¡Cuán bienaventurado es el hombre cuyo poder está en Ti!

SALMO 84:5 (NBLA)

¿Estás cansado todo el tiempo? ¿Sientes que ya no te quedan energías?

La razón es simple: eres humano.

Tu fortaleza es limitada, pero la fortaleza de Dios es ilimitada. Tu fortaleza es finita, pero la fortaleza de Dios es infinita. Tu fortaleza se agota, pero la fortaleza de Dios es inagotable. Dios nunca se cansa ni se queda sin energías.

El Salmo 84:5 afirma: «*¡Cuán bienaventurado es el hombre cuyo poder está en Ti!*» (NBLA). ¿Quieres la bendición de Dios en tu vida? Tu fortaleza debe depender de Dios.

Hudson Taylor, uno de los cristianos más conocidos del siglo XIX, fue misionero en China. Era un gigante espiritual y un hombre brillante, pero en su vejez perdió la salud y se debilitó bastante. En una ocasión envió una carta a un amigo, en la cual confesaba: «Estoy tan débil que no puedo escribir; no puedo leer mi Biblia; ni siquiera puedo orar. Solo puedo quedarme quieto en los brazos de Dios como un niño pequeño y confiar».

Es posible que en algún momento de tu vida estés demasiado débil para trabajar, orar, leer la Biblia o ir a un estudio bíblico. ¿Qué haces en esos momentos? Descansas en la fortaleza del Señor, como un niño pequeño en brazos, y confías.

La debilidad puede ser algo bueno si te hace depender de Dios. En 2 Corintios 12:8-10, Pablo escribió lo siguiente: «*En tres ocasiones distintas, le supliqué al Señor que me la quitara. Cada vez él me dijo: "Mi gracia es todo lo que necesitas; mi poder actúa mejor en la debilidad". Así que ahora me alegra jactarme de mis debilidades, para que el poder de Cristo pueda actuar a través de mí. Es por esto que me deleito en mis debilidades, y en los insultos, en privaciones, persecuciones y dificultades que sufro por Cristo. Pues, cuando soy débil, entonces soy fuerte*».

Esa es la paradoja de depender de Dios: cuanto más débil te vuelves, más dependes de él. Y cuanto más dependes de Dios, más fuerte te vuelves.

14 DE DICIEMBRE

Ante la oposición, escoge adorar en lugar de preocuparte

Pero, aun si sufren por hacer lo correcto, Dios va a recompensarlos. Así que no se preocupen ni tengan miedo a las amenazas. En cambio, adoren a Cristo como el Señor de su vida. Si alguien les pregunta acerca de la esperanza que tienen como creyentes, estén siempre preparados para dar una explicación.

1 PEDRO 3:14-15

El cristianismo no es para los débiles ni para los cobardes. Hay que ser hombres y mujeres valientes para seguir a Jesús.

¿Cuánto te cuesta seguir a Cristo? A diferencia de muchos creyentes que viven en diferentes lugares del mundo, es posible que no vivas en un área donde te enfrentes a una opresión violenta. También es probable que sí te enfrentes a la represión silenciosa todos los días porque la mayoría de las culturas se están volviendo cada vez más secularizadas y anticristianas.

Sin importar de dónde seas, cuando te enfrentas a oposición debido a tu fe, es natural sentir miedo. ¿Cómo te deshaces del temor a la oposición? ¿Cómo vences el miedo a la desaprobación? ¿Cómo echas fuera el temor a ser rechazado?

Necesitas estar lleno del amor de Dios. La Biblia enseña: «*En el amor no hay temor, sino que el amor perfecto echa fuera el temor*» (1 Juan 4:18, NVI). Cuando te enfrentes a oposición, elige enfocarte en el amor que Dios tiene por ti. Las personas que descansan en la certeza del amor de Dios no temen el rechazo ni la desaprobación.

La Biblia expresa en 1 Pedro 3:14-15: «*Pero, aun si sufren por hacer lo correcto, Dios va a recompensarlos. Así que no se preocupen ni tengan miedo a las amenazas. En cambio, adoren a Cristo como el Señor de su vida. Si alguien les pregunta acerca de la esperanza que tienen como creyentes, estén siempre preparados para dar una explicación*».

Cuando te sientes presionado a guardar silencio acerca de tu fe, tienes una opción: puedes preocuparte o puedes adorar. Eso significa que entras en pánico u oras; te enfocas en el problema, la presión y la persecución o te enfocas en Dios.

Sentirás mucha presión cuando se opongan a ti por causa de tu fe. A pesar de eso, escoge alejarte de la presión que sientes y poner tu enfoque en Dios. En otras palabras, elige adorar porque enfocarse en Dios es en esencia adorar.

La próxima vez que te enfrentes a oposición por causa de tu fe, decide adorar en lugar de preocuparte.

15 DE DICIEMBRE

La Buena Noticia del amor de Dios

Hay un Dios y un Mediador que puede reconciliar a la humanidad con Dios, y es el hombre Cristo Jesús.

1 TIMOTEO 2:5

La Navidad tiene que ver con buenas noticias. Pero no son las buenas noticias de los regalos especiales. No es la buena noticia de una gran comida. Ni siquiera es la buena noticia de pasar tiempo con amigos y familiares.

La Navidad es la Buena Noticia del amor de Dios.

La Biblia afirma que todos estamos perdidos sin Dios. Sin Dios, no tienes dirección. Tu potencial impacto eterno sobre el mundo queda truncado. No tienes verdadero gozo. Tu eternidad en el cielo no es segura.

La buena noticia sobre Navidad es que Dios envió a Jesús a buscar y a salvar a los perdidos. La Biblia afirma: *«Hay un Dios y un Mediador que puede reconciliar a la humanidad con Dios, y es el hombre Cristo Jesús»* (1 Timoteo 2:5).

Si alguna vez has estado en la iglesia, es probable que hayas escuchado la palabra *salvación* muchas veces. Aun así, es posible que no sepas lo que la Biblia quiere decir cuando usa esa palabra. La salvación es como un diamante que puedes mirar desde muchos ángulos. Estos son solo algunos:

- **Jesús vino a rescatarte.** No puedes resolver todos tus problemas por tu cuenta. Podrías tratar de cambiar una y otra vez, pero no tienes el poder que necesitas para transformar tu vida. Jesús vino a darte ese poder.
- **Jesús vino a recuperarte.** Anhelas recuperar partes de tu vida que se perdieron: tu fuerza, confianza, reputación, inocencia y relación con Dios. Pero solo Jesús puede recuperarlas.
- **Jesús vino a reconectarte.** Muchas personas piensan que Dios las regañará si regresan a él. Pero Dios no está enojado contigo. Está loco *por* ti. Jesús vino para que volvieras a tener armonía con el Padre.

Demasiadas personas celebran la Navidad sin aceptar el regalo gratuito de la salvación de Jesús. El regalo se queda sin abrir año tras año tras año. ¡No cometas el mismo error en tu vida! Fuiste hecho por Dios y para Dios. Hasta que entiendas eso, la vida no tendrá sentido para ti.

Esta Navidad, abre el regalo más importante que jamás te hayan dado: una nueva relación con Dios a través de Jesús.

16 DE DICIEMBRE

No solo esperes ir al cielo

Y el testimonio es este: que Dios nos ha dado vida eterna y esa vida está en su Hijo. El que tiene al Hijo, tiene la vida; el que no tiene al Hijo de Dios, no tiene la vida.

1 JUAN 5:11-12 (NVI)

Si fueras a un centro comercial hoy y le preguntaras a la gente si creen que irán al cielo o al infierno, es probable que muchos te dijeran: «*Espero* ir al cielo».

Esperar no basta. Ruego que esa no sea tu respuesta. Tu destino eterno es demasiado importante como para no saberlo con certeza.

No tienes garantizado ni un minuto extra en este planeta, mucho menos otra hora extra. Las estadísticas más recientes muestran que el índice de mortalidad en el mundo se mantiene en el 100%. La muerte es inevitable, así que es una tontería no estar preparado. No pospongas la decisión más importante que tomarás en tu vida.

La Biblia expresa en 1 Juan 5:11-12: «*Y el testimonio es este: que Dios nos ha dado vida eterna y esa vida está en su Hijo. El que tiene al Hijo, tiene la vida; el que no tiene al Hijo de Dios, no tiene la vida*» (NVI).

No hay una forma de explicarlo con mayor claridad. Si tienes a Jesús, tienes la vida. Si no tienes a Jesús, no tienes la vida. Por lo tanto, tienes que elegir.

No irás al cielo por la fe de otra persona. Ni tampoco irás al infierno por la decisión de otra persona. ¡Es *tu* decisión! Tú decides dónde pasarás la eternidad.

Por eso celebramos Navidad y Pascua. Si Jesús no hubiera venido en Navidad, y si no hubiera muerto y vuelto a la vida en la Pascua, nuestra situación sería desesperante. Nada de lo que hagas importaría. No tendrías esta opción.

La Biblia afirma: «*Ustedes estaban muertos a causa de sus pecados y porque aún no les habían quitado la naturaleza pecaminosa. Entonces Dios les dio vida con Cristo al perdonar todos nuestros pecados. Él anuló el acta con los cargos que había contra nosotros y la eliminó clavándola en la cruz*» (Colosenses 2:13-14).

La cruz es la respuesta a tu problema más profundo: tu separación de Dios. Toma la decisión hoy de reconciliarte con Dios a través de Jesús y asegurar así tu eternidad en el cielo.

17 DE DICIEMBRE

Ábrele todo tu corazón a Jesús

¡Mira! Yo estoy a la puerta y llamo. Si oyes mi voz y abres la puerta, yo entraré y cenaremos juntos como amigos.

APOCALIPSIS 3:20

¿Alguna vez pensaste en lo que el posadero debe haber pensado esa primera Navidad cuando se dio cuenta de que no había hecho lugar para el Hijo de Dios? Así es como creo que podría haber sido escrito su testimonio: «Fue la temporada más ajetreada que tuve como posadero, cortesía de César Augusto y su censo. Todas las habitaciones de mi posada estaban reservadas por un mes completo; ese ingreso me sirvió para toda la vida.

»Pero, entonces, apareció *esa* pareja. ¿Cómo iba a saber quiénes eran? No se veían diferentes a la docena de otras familias a las que ya había rechazado. Así que les dije: "Lo siento, todos los cuartos están reservados. No tenemos vacantes. No hay lugar para ustedes".

»Pensé que, al menos, les haría un favor si les permitiría dormir con los animales en el establo detrás de la posada. Ahora siempre seré conocido como el hombre que les dijo: "Lo siento, no hay lugar". Yo soy el que puso al Salvador del mundo en la parte de atrás con los animales. Ese es mi legado: no le di lugar a Jesús.

»Me perdí a Jesús porque estaba demasiado ocupado para darme cuenta de lo que Dios estaba haciendo justo frente a mí. No era el mejor momento para que Jesús apareciera, así que simplemente lo obligué a quedarse en un rincón. Pero ahora que lo pienso, pareciera que siempre hay alguna distracción, inconveniente o preocupación que podemos utilizar como excusa para no darle lugar a Jesús.

»Si tuviera una nueva oportunidad, le daría toda la posada. Pasé por alto el llamado a mi puerta. Pero tú todavía estás a tiempo de recibirlo. Todavía tienes tiempo para analizar tu vida, para considerar si tus habitaciones están llenas de lo que más importa. Todavía estás a tiempo de reservar un lugar para el invitado más importante de todos.

Cuando Jesús llame a la puerta, decide darle la bienvenida y la recepción que se merece. De hecho, está llamando ahora mismo para decirte: *«Si oyes mi voz y abres la puerta, yo entraré y cenaremos juntos como amigos»* (Apocalipsis 3:20).

¿Lo oyes? ¿Estás prestando atención? ¿Abrirás la puerta?

Tres barreras que impiden escuchar la voz de Dios

Así que quiten de su vida todo lo malo y lo sucio, y acepten con humildad la palabra que Dios les ha sembrado en el corazón, porque tiene el poder para salvar su alma.

SANTIAGO 1:21

¿Qué tienen en común la voz de Dios y los teléfonos celulares? En ambos casos, debes estar posicionado correctamente para escucharlos con claridad.

En un edificio enorme y resistente, la cobertura de tu celular puede ser irregular. En un área silvestre, es probable que no tengas servicio. Debes estar en la posición correcta para tener una señal clara y confiable.

Lo mismo sucede con tu relación con Dios. Para escuchar la voz de Dios de manera clara y consistente, debes estar posicionado correctamente.

Cuando tu mente está cerrada —es decir, quieres hacer lo que tú quieres, no lo que él quiere— es porque estás en la posición equivocada para escuchar a Dios. En la posición equivocada, tu corazón se endurece. Por lo tanto, no estás dispuesto a escuchar.

Tres barreras que mantienen tu corazón y tu mente cerrados son:

1. **El orgullo.** Si piensas que no necesitas a Dios en tu vida y quieres manejar las cosas por ti mismo, es probable que no estés prestando atención para escuchar a Dios. El orgullo te impide estar abierto a la posibilidad de que Dios quiera decirte algo.

2. **El miedo.** Muchas personas no quieren oír a Dios porque tienen temor de oírle hablar. Tal vez piensas que escuchar la voz de Dios o sentir su dirección te convierte en una especie de fanático religioso. O quizás tienes miedo de los cambios que tendrías que hacer en tu vida si escucharas la dirección de Dios.

3. **La amargura.** Cuando te aferras al dolor, al resentimiento o al rencor, no puedes escuchar a Dios porque tu corazón se endurece. Un corazón endurecido se enfría y te pone a la defensiva, incluso contra el amor de Dios.

Con base en Santiago 1:21, es hora de deshacerse de la amargura, el miedo y el orgullo que te impiden escuchar la voz de Dios y de vivir su propósito para tu vida. Así podrás escuchar a Dios con el corazón y la mente abiertos y aceptar con humildad lo que te está diciendo.

19 DE DICIEMBRE

Tienes que querer escuchar a Dios

Buscarán nuevamente al Señor su Dios. Y si lo buscan con todo el corazón y con toda el alma, lo encontrarán.

DEUTERONOMIO 4:29

No escucharás a Dios a menos que en realidad quieras hacerlo.

Dios no te contará el sueño que tiene para tu vida si tu intención es debatirlo. Dios no te hablará sobre su visión para tu vida si lo único que quieres es rebatirla. Dios no te dirá para qué te puso en la tierra solo para que le respondas: «Déjame pensarlo».

¡No! Tiene que ser una necesidad imperativa. Debes decir: «Necesito saber por qué estoy aquí. Necesito saber qué es lo que quieres que haga con mi vida. Necesito oír tu voz. Necesito tener tu visión».

El rey David escribió en el libro de los Salmos: *«Me complace hacer tu voluntad, Dios mío»* (Salmo 40:8) y *«Se consume mi alma deseando tus leyes en todo tiempo»* (Salmo 119:20, NVI).

David fue apasionado en su declaración de que lo que más quería era honrar a Dios. Ser obediente y seguir a Dios no eran opciones para él. Eran *las únicas cosas que David quería hacer.* Usaba frases para buscar a Dios como «Lo anhelo», «Lo necesito», «Tengo hambre de Dios» y «Soy como un ciervo que brama por agua».

Cuando llegues a estar así de desesperado, escucharás a Dios.

Mucha gente habla con Dios, pero nunca escucha a Dios. Para ellos, la oración es un monólogo. Claro que no se puede tener una relación a través de un monólogo. ¿Qué hubiera pasado si me hubiera casado con mi esposa y hubiera hablado con ella, pero ella nunca hubiera hablado conmigo? Esa no sería una relación. Debes tener una conversación.

Tan importante como hablar con Dios en oración es escuchar a Dios y permitir que te hable. ¿Cómo sucede eso? Antes que nada, tienes que anhelarlo más que cualquier otra cosa.

Deuteronomio 4:29 señala que *«buscarán nuevamente al Señor su Dios. Y si lo buscan con todo el corazón y con toda el alma, lo encontrarán»*. ¡Sin lugar a dudas, así será!

20 DE DICIEMBRE

Tu tiempo está en las manos de Dios

Yo, SEÑOR, en ti confío,
y digo: «Tú eres mi Dios».
Mi vida entera está en tus manos.
SALMO 31:14-15 (NVI)

Cuando las cosas no suceden conforme a tu agenda, es posible que te sientas tentado a dudar y a cuestionar a Dios y su tiempo. Es posible que comiences a sentir temor por el futuro y te presiones porque las cosas no están ocurriendo como las planeaste.

Mientras más confíes en Dios, menos temor tendrás. ¿Por qué? Porque lo opuesto al miedo es la fe. Cuando llenas tu vida de fe, no queda lugar para el miedo.

Jesús dijo en Marcos 5:36: *«No tengas miedo. Solo ten fe»*.

Tan importante es este mensaje a lo largo de la Biblia que la frase «No tengas miedo» se repite una y otra vez tanto en el Antiguo como en el Nuevo Testamento. Dios quiere que recibamos el mensaje de que no tenemos que temer porque podemos confiar en su tiempo.

Confiar en Dios es el principal alivio del estrés en tu vida. Mientras más confíes en Dios, más disminuirá tu estrés. Puedes demostrar tu confianza en Dios pidiéndole algo en oración. Cuando lo hagas, no trates de establecer una fecha límite para su respuesta. Deja el tiempo en manos de Dios. Demuéstrale que quieres que se haga su voluntad en tu vida no la tuya.

Lo que te puede ayudar a que tu fe se profundice es hacer una oración como la del Salmo 31:14-15: *«Yo, SEÑOR en ti confío, y digo: "Tú eres mi Dios". Mi vida entera está en tus manos»* (NVI).

¿Por qué no memorizar esos versículos? Cuando te levantes cada mañana, lee el Salmo 31 como una oración y dile a Dios: «Confío en ti, Señor. Tú eres mi Dios. Mis tiempos están en tus manos».

Es probable que tengas más cosas que hacer hoy que tiempo para hacerlas. Pídele a Dios que te ayude a planear tus actividades de modo que puedas hacer lo más importante y no preocuparte por el resto. Dile algo así: «Renuncio a mi horario. Renuncio a mis planes. Renuncio a mi agenda. Mis tiempos están en tus manos, así que no temeré. Voy a confiar en ti».

Así es como crece tu fe. ¡Así es como la fe reemplaza al temor!

Renuncia a tu necesidad de desquitarte

No tomen venganza, queridos hermanos, sino dejen el castigo en las manos de Dios, porque está escrito: «Mía es la venganza; yo pagaré», dice el Señor.

ROMANOS 12:19 (NVI)

El corazón del verdadero perdón es renunciar a tu derecho a vengarte. La Biblia enseña en Romanos 12:19: *«No tomen venganza, queridos hermanos, sino dejen el castigo en las manos de Dios, porque está escrito: "Mía es la venganza; yo pagaré", dice el Señor»* (NVI).

Podrías decir: «Es injusto renunciar a mi derecho a vengarme de alguien que me hizo daño». ¡Tienes razón, lo es! Pero ¿quién dijo que el perdón es justo? ¿Fue justo que Jesucristo perdonara todo lo malo que hicimos y nos dejara en libertad? No. Pero no queremos que Dios sea *justo* con nosotros, sino *misericordioso*. Todos queremos justicia para los demás y perdón para nosotros mismos.

Sabemos que la vida no es justa, ni tampoco lo es el perdón. Eso se llama gracia, y Dios te la mostró. Un día, Dios tendrá la última palabra, corregirá lo incorrecto y ajustará cuentas. Déjale la parte de la justicia a él. Solo concéntrate en el perdón para tener paz en tu corazón y seguir adelante con tu vida.

Si no lo haces, caerás en la trampa de la amargura. El resentimiento y la amargura son emociones sin valor. Los médicos dicen que son las emociones más malsanas que existen. Te comerán vivo como el cáncer. Tu resentimiento y amargura hacia las personas que te lastimaron no cambiará el pasado y, ciertamente, no cambiará el futuro. Lo único que puede hacer es arruinar el presente.

Cuando te aferras al resentimiento, permites que las personas de tu pasado continúen lastimándote hoy. ¡Eso no es sabio! Las personas de tu pasado pertenecen al pasado. No pueden seguir lastimándote a menos que elijas aferrarte al dolor. En su lugar, deja de lado tu necesidad de desquitarte o de hacer justicia. Deja todo en manos de Dios.

Hebreos 12:15 enseña: *«Cuídense unos a otros, para que ninguno de ustedes deje de recibir la gracia de Dios. Tengan cuidado de que no brote ninguna raíz venenosa de amargura, la cual los trastorne a ustedes y envenene a muchos»*.

22 DE DICIEMBRE

Confrontando por las razones correctas

¿Y por qué te preocupas por la astilla en el ojo de tu amigo, cuando tú tienes un tronco en el tuyo? [...] ¡Hipócrita! Primero quita el tronco de tu ojo; después verás lo suficientemente bien para ocuparte de la astilla en el ojo de tu amigo.

MATEO 7:3, 5

Aprender a amar como Jesús es un proceso. Comienzas con maneras simples y fáciles de amar. A medida que maduras, aprendes a involucrarte en situaciones más complejas con amor. Con el tiempo, aprenderás a enfrentar los problemas de relación que te asustan y aprenderás a hacerlo con amor.

Uno de esos desafíos aterradores y complejos de las relaciones es aprender a confrontar a alguien sobre los problemas en la relación que impiden tener más intimidad. Ese tipo de confrontación asusta a casi todas las personas, pero hay una cosa que puedes hacer desde el principio que marcará la diferencia: comprobar tu motivación.

Verificar tu motivación te permite determinar si estás confrontando a alguien por la razón correcta. ¿Cuál es la razón correcta? Es cuando lo haces por el beneficio de la otra persona y no por el tuyo. ¿Cuál es la razón equivocada? Cuando dices algo porque necesitas desahogarte o descargarte; de ese modo, no estás confrontando a la otra persona con amor.

Todos tendemos a criticar a otras personas por las debilidades que odiamos en nosotros mismos. Si tiendes a ser orgulloso, distingues el ego en un segundo. Si tiendes a ser perezoso, te das cuenta cuando los demás son perezosos. En otras palabras, si conoces tus debilidades y no te gustan en ti mismo, *sin lugar a dudas* no te gustarán en otra persona.

Es por eso que Jesús enseña: *«¿Y por qué te preocupas por la astilla en el ojo de tu amigo, cuando tú tienes un tronco en el tuyo? [...] ¡Hipócrita! Primero quita el tronco de tu ojo; después verás lo suficientemente bien para ocuparte de la astilla en el ojo de tu amigo»* (Mateo 7:3, 5).

No tienes que ser perfecto para decir la verdad con amor. Solo tienes que asegurarte de que no eres culpable de ese mismo pecado. Así que antes de confrontar a alguien con un espíritu de amor, asegúrate de no estar haciendo también lo que estás criticando.

Comienza una confrontación con la motivación correcta. ¿Cuál es esa motivación? Ayudar, no herir. ¡Haz todo con amor!

23 DE DICIEMBRE

Regala tu tiempo

Queridos hijos, no amemos de palabra ni de labios para afuera, sino con hechos y de verdad.

1 JUAN 3:18 (NVI)

¿Terminaste tus compras navideñas?

Es posible que tus amigos y familiares te hayan dado su lista de deseos navideños llenas de cosas que les encantaría recibir. Tal vez pidieron el último dispositivo tecnológico o juguetes o entradas para un evento especial.

Lo que la gente en realidad quiere, sin embargo, no es algo que puedan sostener, usar o con lo cual jugar. Lo que en verdad quieren es tu tiempo.

El tiempo es tu bien más preciado porque tu tiempo es tu vida. Solo tienes una cierta cantidad. Dios decidió de antemano el número de días que vas a vivir. No tendrás más que eso.

Cuando le das a alguien tu tiempo, le estás dando a esa persona una parte de tu vida que nunca recuperarás. ¡Por eso es un regalo que no tiene precio!

Las relaciones siempre deben tener prioridad en nuestra vida. Pero muchas relaciones están hambrientas de tiempo. Incluso, hay personas que viven en la misma casa, pero se cruzan como barcos en la noche, con un beso de despedida aquí y allá. Las relaciones mueren cuando el tiempo que deben pasar juntos escasea.

Muchas cosas pueden robarle a una relación el tiempo que necesita para prosperar: el trabajo, las actividades, los pasatiempos, incluso demasiado ministerio puede robarle tiempo a una relación.

Si te preguntas cómo tener más tiempo para las personas que amas, eso es bastante simple: ¡comienza por apagar el televisor y dejar tu teléfono! Esos dos cambios sencillos te ayudarán a priorizar el tiempo para los demás.

Dios solo te dio una cierta cantidad de tiempo en esta tierra, pero ese tiempo es suficiente para hacer las cosas que en realidad importan. Tienes que decidir cuáles son esas cosas y, luego, hacer tiempo para ellas.

La Navidad es una de las épocas más activas del año. Es probable que el tiempo parezca escaso. Pero todo lo que en verdad necesitas hacer es poner las cosas más importantes, como las personas, en la parte superior de tu lista.

A medida que realizas tus compras navideñas y todas las demás actividades de la temporada, recuerda qué es lo más importante. Esta Navidad, regala tu tiempo.

24 DE DICIEMBRE

Esta Navidad, recibe el mejor regalo jamás dado

Por lo tanto, ya que fuimos hechos justos a los ojos de Dios por medio de la fe, tenemos paz con Dios gracias a lo que Jesucristo nuestro Señor hizo por nosotros.

ROMANOS 5:1

Si me dieras un regalo de Navidad y nunca lo abriera, ciertamente te decepcionarías. Además, sería un regalo sin valor porque no recibiría el beneficio del regalo dado que nunca lo abrí.

Jesucristo es el regalo de Navidad de Dios para nosotros, pero algunos de nosotros hemos celebrado muchas navidades y nunca hemos abierto el mejor regalo de todos: el regalo de la salvación de Dios. ¿Para qué celebrar la Navidad si no vas a abrir el regalo más grande? No tiene sentido no abrir el regalo de tu pasado perdonado, de un propósito para vivir y un hogar en el cielo.

Dios hizo un camino para que esta Navidad estés a cuentas con él. Todo lo que tienes que hacer es recibir su regalo de salvación. La Biblia afirma: *«Por lo tanto, ya que fuimos hechos justos a los ojos de Dios por medio de la fe, tenemos paz con Dios gracias a lo que Jesucristo nuestro Señor hizo por nosotros»* (Romanos 5:1).

A continuación encontrarás una oración que hice hace años cuando di un paso de fe y acepté a Jesús. Es una oración sencilla, pero si sus palabras expresan el deseo en tu corazón, léelas ahora mismo como una oración. Cuando lo hagas, ¡esta será la mejor Navidad de tu vida!

«Querido Dios, no lo entiendo todo, pero te agradezco que me ames. Gracias por estar conmigo. Gracias porque estás a mi favor y porque no enviaste a Jesús para condenarme, sino para salvarme.

»Hoy quiero recibir el regalo de Navidad que es tu Hijo. Confieso que pequé y te pido que me perdones. Por favor, sálvame de mi pasado, de mis remordimientos, errores, pecados, hábitos, heridas y complejos. ¡Sálvame de mí mismo!

»Me comprometo a seguirte el resto de mi vida y te pido la gracia, la fuerza y la sabiduría que necesito para ser obediente y fiel a ti.

»Gracias porque tengo paz contigo y paz en mi corazón. Ayúdame a contarles a quienes conozco acerca de la paz que ellos también pueden tener contigo. En el nombre de Jesús, te lo ruego, amén.

La Navidad todavía trae buenas noticias

Traigo buenas noticias que serán motivo de mucha alegría para todo el pueblo.
LUCAS 2:10 (NVI)

A pesar de lo que esté pasando en el mundo o en tu vida, puedes regocijarte en esta Navidad. Las buenas noticias de gran gozo proclamadas por el ángel hace más de dos mil años *siguen* siendo buenas noticias y una fuente de gozo eterno.

El ángel les dijo: «*No tengan miedo. Miren que traigo buenas noticias que serán motivo de mucha alegría para todo el pueblo. Hoy ha nacido en la Ciudad de David un Salvador, que es Cristo el Señor. Esto les servirá de señal: Encontrarán a un niño envuelto en pañales y acostado en un pesebre*» (Lucas 2:10-12, NVI).

Hay tres motivos para celebrar esta Navidad con mucha alegría:

Dios te ama. Dios envió a Jesús en una misión de amor. De hecho, la Biblia afirma que Dios *es* amor. Dios creó el universo entero solo para crear a la raza humana, solo para *crearte*, solo para *amarte.*

El amor de Dios no se basa en lo que haces. Su amor se basa en quién es él. La Biblia expresa: «*Gloria a Dios en las alturas, y en la tierra paz a los que gozan de su buena voluntad*» (Lucas 2:14, NVI).

Dios está contigo. La Biblia dice que Jesús es Emanuel: «*Dios está con nosotros*» (Mateo 1:23). Él estuvo en el pasado y todavía está con nosotros hoy. Tal vez no sientas su presencia, pero eso no lo hace menos cierto. Quizás te abandonaron, pero Dios nunca te abandonará.

Saber que Dios está cerca significa que no tienes que preocuparte ni estar ansioso por lo que viene después. Dios, no tus circunstancias, tiene el control. Cuando está cerca, no hay necesidad de temer.

Dios está a tu favor. Está de tu lado. Quiere que tengas éxito. De hecho, Jesús afirmó que «*Dios no envió a su Hijo al mundo para condenar al mundo, sino para salvarlo por medio de él*» (Juan 3:17). Muchas personas temen a Dios porque tienen culpa, pero Jesús no vino a condenar al mundo, sino a salvarlo.

¡Es una buena noticia! Es una razón para celebrar esta Navidad.

Cómo obtener la ayuda que necesitas hoy

Cuando pases por aguas profundas, yo estaré contigo.
Cuando pases por ríos de dificultad, no te ahogarás.
Cuando pases por el fuego de la opresión, no te quemarás;
las llamas no te consumirán. Pues yo soy el Señor, tu Dios.

ISAÍAS 43:2-3

Cuando te convertiste en cristiano, ¿esperabas que la vida fuera perfecta?

Si lo hiciste, apuesto a que descubriste muy pronto que los cristianos enfrentan todo tipo de pruebas: relacionales, financieras, físicas y mentales. Algunas personas esperan que la vida sea el cielo en la tierra. ¡Pero no estamos en el cielo!

En la tierra, la voluntad de Dios rara vez se cumple. Todo en este planeta está arruinado. El clima, la economía, nuestros cuerpos y nuestras relaciones a menudo no andan bien. Por causa del pecado, suceden cosas malas.

La buena noticia es que podemos apoyarnos con confianza en las promesas de Dios: «*Cuando pases por aguas profundas, yo estaré contigo. Cuando pases por ríos de dificultad, no te ahogarás. Cuando pases por el fuego de la opresión, no te quemarás; las llamas no te consumirán. Pues yo soy el Señor, tu Dios*» (Isaías 43:2-3).

Cuando atraviesas aguas profundas y ríos de dificultad, Dios no promete que no te mojarás, pero *sí* promete que no te ahogarás. Cuando pases por el fuego, sin lugar a dudas sentirás su calor, pero Dios promete que no te quemarás. Vas a salir adelante.

Filipenses 4:13 afirma: «*Puedo enfrentar cualquier situación porque Cristo me da el poder para hacerlo*» (PDT).

Eso no significa que puedas hacer cualquier cosa por ser quien *eres*. Significa que puedes tener confianza ante cualquier problema que te traiga la vida, porque lo enfrentas con el poder de Cristo en ti.

Es posible que no te sientas muy fuerte hoy. Pero tendrás la fortaleza que necesitas cuando llegue el momento. La Biblia no dice que pidas a Dios tu pan semanal o mensual, dice que hay que orar: «Dios, dame el pan de *cada día*. Necesito fortaleza suficiente para hoy».

Dios estará contigo en tus problemas. Siempre suple la fortaleza que necesitas para hoy.

Cómo examinar tu vida

Presta mucha atención a tu propio trabajo, porque entonces obtendrás la satisfacción de haber hecho bien tu labor y no tendrás que compararte con nadie.

GÁLATAS 6:4

Dios tuvo el propósito de formarte y hacerte único, pero a veces es posible que no sepas cómo avanzar. Tal vez, cuando piensas en el futuro, sientes más confusión que alegría.

Si te sientes identificado con esto, podría ser porque olvidaste el consejo que la Biblia da en Gálatas 6:4: *«Presta mucha atención a tu propio trabajo, porque entonces obtendrás la satisfacción de haber hecho bien tu labor y no tendrás que compararte con nadie»*.

La Biblia provee una guía de dos partes en ese versículo. Primero, debes examinar tu propio trabajo: contemplar tu pasado y aprender de él. Segundo, no debes compararte con otra persona. No dejes que tus ojos se desvíen hacia la obra que Dios estuvo haciendo en otras personas. Enfócate en lo que hizo en ti y a través de ti. Cuando te comparas con otras personas, te desanimas o te llenas de orgullo. Cualquiera de las dos actitudes te roba la alegría.

Dios tiene una mejor forma para ayudarte a descubrir su próximo paso para ti. Quiere que analices tu pasado con cuidado para que puedas avanzar hacia tu futuro. Así es, Dios no quiere que desperdicies tu pasado. *Dios quiere usarlo.*

Aun así, a veces puede ser difícil saber cómo analizar el pasado de manera efectiva. Este es un ejercicio que te ayudará con eso: toma un pedazo de papel y siéntate a escribir. Separa cada período de tu vida con una línea (los períodos de cinco años o décadas funcionan bien).

Ahora es el momento de examinar tu propio trabajo creando un inventario de tu vida y respondiendo a estas dos preguntas para cada período de tu vida: *¿En qué eras bueno? ¿Qué te gustaba hacer?*

Luego, analiza tu pasado y busca patrones. Si eras bueno en algo cuando eras joven, es probable que todavía lo seas. Tal vez olvidaste algo que disfrutaste hace unos años. Una vez que hayas identificado los patrones en tu vida, pregúntale a Dios qué quiere que hagas con esta información: victorias para celebrar o trabajo que podría tener para ti en el futuro.

No caigas en la trampa de la comparación. En lugar de eso, echa un vistazo honesto a tu propio pasado. Luego, con confianza, da un paso hacia tu futuro.

28 DE DICIEMBRE

No puedes dar más que Dios

Den, y recibirán. Lo que den a otros les será devuelto por completo: apretado, sacudido para que haya lugar para más, desbordante y derramado sobre el regazo. La cantidad que den determinará la cantidad que recibirán a cambio.

LUCAS 6:38

Cuando das con un corazón motivado por el amor a Jesús, no lo haces con el objetivo de obtener una bendición. Pero la verdad es que Dios te *bendecirá* de todos modos.

A veces, parece como que Dios estuviera diciendo: «Veamos quién puede dar más. Tú me das a mí y a otras personas, y yo te doy a ti; veremos quién gana».

¡Dios siempre gana! Las Escrituras afirman una y otra vez que recibirás más de lo que das si aprendes a ser generoso. A veces, esas bendiciones serán materiales. Otras veces serán las bendiciones espirituales que provienen de un corazón generoso.

Jesús afirmó: *«Den, y recibirán. Lo que den a otros les será devuelto por completo: apretado, sacudido para que haya lugar para más, desbordante y derramado sobre el regazo. La cantidad que den determinará la cantidad que recibirán a cambio»* (Lucas 6:38).

Imagina que vas a un mercado a comprar granos. Traes un saco de arpillera y pagas para que te llenen el saco. Mientras el dueño de la tienda vierte el grano, lo presionas en tu saco. Luego agitas suavemente el saco para que el grano se asiente aún más. Debes colocar la máxima cantidad de grano en tu saco.

Jesús está diciendo que así funcionan las bendiciones de Dios. Cuando eres generoso, él será tan generoso contigo que tendrás que hacer espacio para más. Cuando aprendes a ser generoso como él, Dios te da a rebosar y algo más. La forma en que das a los demás es la forma en que Dios te dará a ti. Quiere que seas generoso porque quiere que seas como él. No puedes llegar a ser más como Cristo sin aprender a dar con generosidad.

Esta es una de las decisiones más importantes que tendrás que tomar: ¿Dedicarás tu vida a regalar aquello con lo cual Dios te bendijo? ¿Estará tu vida marcada por un gozoso deseo de aferrarte a las promesas de Dios dejando ir las cosas de esta tierra?

«La cantidad que den determinará la cantidad que recibirán a cambio». Tú determinas cuánto bendecirá Dios tu vida.

29 DE DICIEMBRE

Este no es el final de la historia

Por todos lados nos presionan las dificultades, pero no nos aplastan. Estamos perplejos pero no caemos en la desesperación. Somos perseguidos pero nunca abandonados por Dios. Somos derribados, pero no destruidos. [...] Sabemos que Dios, quien resucitó al Señor Jesús, también nos resucitará a nosotros con Jesús y nos presentará ante sí mismo junto con ustedes.

2 CORINTIOS 4:8-9, 14

Cuando el futuro es incierto y tienes temor, puede parecer que tu historia está llegando a su fin.

Sin embargo, la Biblia enseña: «*Por todos lados nos presionan las dificultades, pero no nos aplastan. Estamos perplejos pero no caemos en la desesperación. Somos perseguidos pero nunca abandonados por Dios. Somos derribados, pero no destruidos. [...] Sabemos que Dios, quien resucitó al Señor Jesús, también nos resucitará a nosotros con Jesús y nos presentará ante sí mismo junto con ustedes*» (2 Corintios 4:8-9, 14).

Cuando la vida parezca incierta, recuerda esta verdad: ¡no puedes perder! Al final ganarás, pase lo que pase. Incluso si pierdes tu vida, vas directamente a la presencia de Dios si crees en Jesucristo como Salvador.

Y cuando llegas al cielo, tu historia apenas comienza.

¿Alguna vez has visto una serie dramática en la que cada episodio termina en suspenso y te deja pensando que el héroe podría no sobrevivir? La tensión es enorme. Cuando ya se estrenaron todos los episodios de todas las temporadas, sin embargo, la tensión se alivia porque sabes que el héroe sobrevive otras seis temporadas. Sabes que cada episodio no es el final de la historia. El héroe saldrá de un aprieto y pasará a la siguiente temporada.

Así es tu vida. Incluso cuando te encuentras en una circunstancia difícil, sabes que el aprieto no es el final de tu historia. Puedes vivir con esperanza en medio de una crisis cuando tienes una perspectiva eterna.

Un día, cuando te encuentres con Jesús en el cielo, todo tu dolor, enfermedad, pena, tristeza, estrés y aflicción terminarán. Esto es lo que tienes que esperar en el cielo: «*Él enjugará toda lágrima de los ojos. Ya no habrá muerte ni llanto, tampoco lamento ni dolor, porque las primeras cosas han dejado de existir*» (Apocalipsis 21:4, NVI).

Esta vida no es el final de la historia. No sabemos lo que nos depara el futuro, pero sí sabemos quién tiene el futuro en sus manos.

30 DE DICIEMBRE

Cómo alabar a Dios cuando estás atascado

A eso de la medianoche, Pablo y Silas se pusieron a orar y a cantar himnos a Dios, y los otros presos los escuchaban. De repente se produjo un terremoto tan fuerte que la cárcel se estremeció hasta sus cimientos. Al instante se abrieron todas las puertas y a los presos se les soltaron las cadenas.

HECHOS 16:25-26 (NVI)

¿Alguna vez llegaste al final del año y, mientras todos los demás estaban entusiasmados por las cosas nuevas que vendrían, todo lo que podías hacer era mirar hacia atrás y pensar que te sentías como si nada hubiera cambiado en un año? Si eso te pasó, sabes lo que es sentirse atascado.

Si te sientes prisionero del temor, una adicción o una situación que está fuera de tu control, este es el mejor momento para agradecer a Dios y alabarlo por adelantado. Alabar a Dios rompe cadenas en tu vida. También abre puertas a oportunidades que parece que no puedes atravesar.

En Hechos 16, Pablo y Silas fueron encarcelados porque a los funcionarios de la ciudad no les gustó que hablaran de Jesús. A medianoche decidieron tener una sesión de alabanza y adoración. No esperaron a ser liberados para alabar a Dios; ¡lo hicieron mientras estaban encadenados! *«A eso de la medianoche, Pablo y Silas se pusieron a orar y a cantar himnos a Dios, y los otros presos los escuchaban. De repente se produjo un terremoto tan fuerte que la cárcel se estremeció hasta sus cimientos. Al instante se abrieron todas las puertas y a los presos se les soltaron las cadenas»* (Hechos 16:25-26, NVI).

¡Qué milagro! Esta historia sirve como una metáfora de lo que Dios hace cuando lo alabas mientras te sientes atascado. Rompe las cadenas que parecen estar reteniéndote. Cambia tu forma de pensar y te ayuda a ver que sigue obrando para bien en tu vida.

Ten en cuenta que los demás prisioneros escucharon a Pablo y a Silas alabar a Dios. Tu alabanza es siempre un testimonio para los incrédulos. Creemos que lo que impresiona a la gente es nuestra prosperidad, en cambio, lo que las impresiona es la forma en que manejamos la adversidad. No es el éxito que tienes lo que hace que la gente quiera venir a Cristo, sino cómo manejas los problemas.

A pesar de lo que estés enfrentando, decide alabar a Dios. A medida que desarrolles el hábito de la alabanza, verás cómo Dios cambiará tu vida, comenzando con la forma en que piensas.

Apoyándonos en las promesas de Dios

Pues el Señor, Dios del cielo, quien me sacó de la casa de mi padre y de mi tierra natal, prometió solemnemente dar esta tierra a mis descendientes. Él enviará a su ángel delante de ti y se encargará de que encuentres allí una esposa para mi hijo.

GÉNESIS 24:7

Muchas personas comienzan el año con una meta. Deciden perder peso, pasar más tiempo con sus hijos, leer más, lograr algo específico en el trabajo o lograr alguna otra meta noble (o no tan noble).

No todas las metas son agradables a Dios. Las metas que agradan a Dios están unidas a las promesas de Dios en su Palabra. Sus promesas nos dan el valor y la fe que necesitamos para seguir adelante cuando es mucho más natural estar asustados o preocupados.

En Génesis 24, Abraham le dio a su siervo Eliezer una meta muy difícil: encontrar una esposa para su hijo Isaac. Al principio, Eliezer dejó que el miedo se apoderara de él. Le preguntó a Abraham: «¿Qué hago si encuentro una esposa para Isaac, pero ella no quiere venir conmigo?».

Entonces Abraham le recordó a su siervo la promesa de Dios: *«Pues el Señor, Dios del cielo, quien me sacó de la casa de mi padre y de mi tierra natal, prometió solemnemente dar esta tierra a mis descendientes. Él enviará a su ángel delante de ti y se encargará de que encuentres allí una esposa para mi hijo»* (Génesis 24:7). Después de que Abraham le recordara a Eliezer la promesa del Señor, su temor desapareció. Lo mismo sucede con nosotros. Produce temor poner todo lo que tenemos en una gran meta. Nadie quiere fracasar.

La Biblia nos insta a no recurrir a nuestras propias fuerzas para alcanzar nuestras metas. De hecho, si podemos lograr nuestras metas con nuestro propio poder, no estamos persiguiendo metas que agraden a Dios. En las Escrituras, una y otra vez Dios promete darnos su fuerza. Isaías 40:31 afirma: *«En cambio, los que confían en el Señor encontrarán nuevas fuerzas; volarán alto, como con alas de águila. Correrán y no se cansarán; caminarán y no desmayarán»*.

A lo largo de las Escrituras, Dios promete ayudarnos con nuestras metas de mantenernos saludables, convertirnos en mejores padres, eliminar nuestras deudas y orar más durante el próximo año. Pero a menos que conozcamos esas promesas y las reclamemos, nos preocuparemos innecesariamente por lograr esas metas.

La verdad es que no tienes que tener mucha fe para lograr grandes metas. Solo necesitas un poco de fe, ¡en un Dios grande! Tu Dios es el Dios del universo que puede hacer cualquier cosa.

¿Estás listo para confiar en Dios para lograr lo increíble? Entonces, dile hoy: «Dios, creo que estás haciendo grandes cosas en el mundo y quiero que me uses para hacer grandes cosas para tu reino. Ayúdame a ser fiel en el estudio de tu Palabra para que pueda conocer tus promesas y construir mis planes, metas y sueños sobre tu verdad. Dame tu sabiduría para conocer el camino correcto a seguir y el valor para ir por ese camino, incluso cuando tenga miedo. Mientras observo todas las formas asombrosas en que estás trabajando, ayúdame a recordar que la obra más grande que podría hacer es servir y amar a los demás en tu nombre en silencio y fielmente. Oro por una fe osada para el próximo año que me permita confiar en tu amor y en tu plan y tu propósito para mí. En el nombre de Jesús, amén».

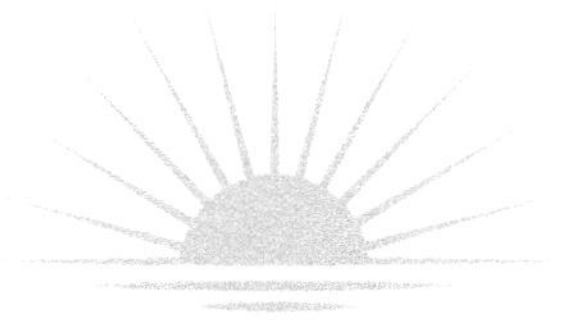

Reconocimientos

Quiero expresar mi más sincero agradecimiento a Jon Walker, quien ha sido un valioso miembro de mi equipo editorial durante más de dos décadas. Su compromiso y colaboración fueron parte integral del desarrollo de cientos de recursos, contribuyendo inmensurablemente con la creación de herramientas de crecimiento espiritual que Dios utilizó para transformar millones de vidas en todo el mundo.

Notas

2 DE FEBRERO

Es como si Dios tomara tus pecados y los lanzara: Corrie ten Boom, *Tramp for the Lord* [Vagabunda para el Señor] (Washington, PA: Publicaciones CLC, 1974), 55.

23 DE MARZO

En enero de 1956, cinco misioneros estadounidenses: Para más información sobre esta historia, ver Elisabeth Elliot, *Through Gates of Splendor* (Carol Stream, IL: Tyndale, 1996). Publicado en español como *Portales de esplendor*.

26 DE MARZO

«No es tonto aquel que da»: Justin Taylor, «They Were No Fools: The Martyrdom of Jim Elliot and Four Other Missionaries» [No fueron tontos: El martirio de Jim Elliot y otros cuatro misioneros], The Gospel Coalition, 8 de enero del 2016, https://www.thegospelcoalition.org/blogs/justin-taylor/they-were-no-fools-60-years-ago-today-the-martyrdom-of-jim-elliot-and-four-other-missionaries/.

28 DE MARZO

Era una palabra común en la sociedad griega antigua: «Tetelestai: Pagado en su totalidad», Precept Austin, actualizado el 7 de noviembre del 2022, https://www.preceptaustin.org/tetelestai-paid_in_full.

20 DE MAYO

«No puedo decir con certeza que estuve perdido»: John Bakeless, *Daniel Boone: Master of the Wilderness* [Daniel Boone: Amo de las tierras salvajes], (Lanham, MD: Stackpole Books, 1939), capítulo 20.

1 DE JUNIO

«Produce sustancias químicas cerebrales»: Sarah Moore, «The Science of Gratitude» [La ciencia de la gratitud], News Medical, última actualización el 7 de abril del 2023, https://www.news-medical.net/health/The-Science-of-Gratitude.aspx.

9 DE JUNIO

«Esperen grandes cosas de parte de Dios»: Tom Houston, «Cooperation and Unity in Evangelisation» [Cooperación y unidad en la evangelización], 14 de septiembre del 2007, ALCOE III Compendium Documents, Lausanne Movement, https://lausanne.org/content/alcoe-iii-compendium.compendium.

11 DE JUNIO

«Viviendo un día a la vez»: Ver «Serenity Prayer» [Oración de la serenidad], Celebrate Recovery, https://www.celebraterecovery.com/resources/serenity-prayer.

20 DE JUNIO

La frase «el siguiente tramo lo reconstruyó» o «el tramo contiguo lo reconstruyeron» se repite varias veces: Nehemías 3, NVI.

20 DE JULIO

«Dios nos susurra en el placer»: C. S. Lewis, *The Problem of Pain* (Nueva York: HarperCollins, 2001), 88–89. Publicado en español como *El problema del dolor*.

24 DE AGOSTO

«El comienzo de las buenas obras»: Agustín de Hipona, «Homilies on the Gospel of St. John» [Homilías sobre el Evangelio de San Juan], *Selected Writings* [Escritos Selectos], trad. Mary T. Clark (Nueva York: Paulist Press, 1984), 291.

14 DE NOVIEMBRE

«Cuando la vida es color de rosa»: Joni Eareckson Tada, *31 Days toward Intimacy with God* [31 días hacia la intimidad con Dios], (Colorado Springs, CO: Multnomah Books, 2005), 9.

17 DE NOVIEMBRE

Incluso una popular revista de negocios: *Bloomberg Businessweek*, 15 de noviembre del 2021.

13 DE DICIEMBRE

«Estoy tan débil que no puedo escribir»: L. B. Cowman, *Streams in the Desert* (Grand Rapids, MI: Zondervan, 2006), 10 de mayo. Publicado en español como *Manantiales en el desierto*.

Créditos de las Escrituras

Las citas bíblicas sin otra indicación han sido tomadas de la *Santa Biblia,* Nueva Traducción Viviente, © 2010 Tyndale House Foundation. Usada con permiso de Tyndale House Publishers, 351 Executive Dr., Carol Stream, IL 60188, Estados Unidos de América. Todos los derechos reservados. Las citas bíblicas indicadas con NVI han sido tomadas de la Santa Biblia, Nueva Versión Internacional, ® NVI. ® © 1999 por Biblica, Inc. ® Usada con permiso. Todos los derechos reservados mundialmente. Las citas bíblicas indicadas con RVR60 han sido tomadas de la versión Reina-Valera 1960® © Sociedades Bíblicas en América Latina, 1960. Renovado © Sociedades Bíblicas Unidas, 1988. Usada con permiso. Reina-Valera 1960® es una marca registrada de las Sociedades Bíblicas Unidas y puede ser usada solo bajo licencia. Las citas bíblicas indicadas con RVA-2015 han sido tomadas de la versión Reina Valera Actualizada © 2015 por Editorial Mundo Hispano. Usada con permiso. Las citas bíblicas indicadas con RVC han sido tomadas de la versión Reina Valera Contemporánea © 2009, 2011 por Sociedades Bíblicas Unidas. Usada con permiso. Las citas bíblicas indicadas con PDT han sido tomadas de Palabra de Dios para Todos © 2005, 2008, 2012. Centro Mundial de Traducción de La Biblia. Usada con permiso. Las citas bíblicas indicadas con DHH han sido tomadas de la versión Dios habla hoy® – Tercera edición © Sociedades Bíblicas Unidas 1966, 1970, 1979, 1983, 1996. Usada con permiso. Las citas bíblicas indicadas con TLA han sido tomadas de la Traducción en lenguaje actual © Sociedades Bíblicas Unidas, 2000. Usada con permiso. Las citas bíblicas indicadas con NBV han sido tomadas de la Nueva Biblia Viva © 2006, 2008 por Biblica, Inc. ® Utilizada con permiso de Biblica, Inc. ® Reservados todos los derechos en todo el mundo. Las citas bíblicas indicadas con NBLA han sido tomadas de versión Nueva Biblia de las Américas™ NBLA™ © 2005 por The Lockman Foundation. Usada con permiso. Las citas bíblicas indicadas con JBS han sido tomadas de la versión Biblia del Jubileo 2000 (JUS) © 2000, 2001, 2010, 2014, 2017, 2020 por Ransom Press International. Usada con permiso.

Acerca del autor

Rick Warren fue nombrado en un artículo de portada de la revista *Time* como el líder espiritual más influyente de los Estados Unidos y una de las cien personas más influyentes del mundo.

Decenas de millones de copias de los libros de Warren han sido publicadas en doscientos idiomas. Sus libros más conocidos, *Una vida con propósito* y *Una iglesia con propósito*, han sido nombrados tres veces en encuestas nacionales de pastores (por Gallup, Barna y Lifeway) como los dos libros impresos más útiles.

Rick Warren y su esposa, Kay, fundaron la Iglesia Saddleback, Purpose Driven Network (Una red con propósito), the PEACE Plan (El plan PEACE) y Hope for Mental Health (Esperanza para los problemas mentales). Warren también es el cofundador de Celebrate Recovery (Celebremos la recuperación). Ha pronunciado discursos en ciento sesenta y cinco países y en las Naciones Unidas, el Congreso de los Estados Unidos, numerosos parlamentos, el Foro Económico Mundial, TED y el Aspen Institute (Instituto Aspen), y dio conferencias en Oxford, Cambridge, Harvard y otras universidades.

Warren es director ejecutivo de Finishing the Task (Terminando la tarea), un movimiento global de denominaciones, organizaciones, iglesias e individuos que trabajan juntos para lograr los objetivos de la Gran Comisión, los cuales incluyen garantizar que todos en todas partes tengan acceso a una Biblia, un creyente, un cuerpo local de Cristo y una oración que abra brechas.

ESPERANZA DIARIA
DEL PASTOR RICK

¡Aprende de, ama y vive según la Palabra!

Para animarte en tu trayectoria hacia todo lo que Dios tiene para ti, yo cree *Esperanza diaria*, mi correo electrónico devocional y pódcast gratuitos que traen la enseñanza bíblica a tu buzón cada día. Conectarte con *Esperanza diaria* te inspirará a estudiar la Palabra de Dios y a cultivar una relación profunda y significativa con él, lo cual es esencial para vivir la vida para la cual fuiste diseñado.

Continúa tu jornada...

Encuentra tu Devocional de esperanza diaria GRATUITO en PastorRick.com/espanol.

CP2019